Arbeit und Zeit

Schriftenreihe zur
interdisziplinären Arbeitswissenschaft

Band 12

Herausgegeben von
Axel Haunschild, Günther Vedder

Axel Haunschild, Florian Krause,
Christiane Perschke-Hartmann,
Andrea-Kristin Schubert, Günther Vedder,
Martin Vogel (Hrsg.)

Arbeit und Zeit

Rainer Hampp Verlag Augsburg, München 2020

Bibliografische Information der Deutschen Nationalbibliothek

Die Deutsche Nationalbibliothek verzeichnet diese Publikation in der Deutschen Nationalbibliografie; detaillierte bibliografische Daten sind im Internet über http://dnb.d-nb.de abrufbar.

ISBN 978-3-95710-274-4 (print)
ISBN 978-3-95710-374-1 (e-book)
Schriftenreihe zur interdisziplinären Arbeitswissenschaft: ISSN 2196-8089
ISBN-A/DOI 10.978.395710/3741

1. Auflage, 2020

 Rainer Hampp Verlag Augsburg, München
Vorderer Lech 35 86150 Augsburg
www.Hampp-Verlag.de

Inhaltsverzeichnis

Vorwort

Der Titel „Arbeit und Zeit“ weckt Assoziationen an den Kampf um Begrenzung der Arbeitszeit als ein vorherrschendes Ziel der Arbeiterbewegung gegen Ende des 19. Jahrhunderts. Den damaligen Forderungen lag die Vorstellung zugrunde, dass der Arbeitstag auf 8 Stunden begrenzt und für alle gleich sein sollte. Das Transformationsproblem von Arbeitsvermögen in Arbeitsleistung wurde zu Beginn der Industrialisierung vornehmlich an die Ausdehnung der Arbeitszeit geknüpft, womit Konfliktlinien zwischen Kapital und Arbeit klar benennbar waren. Das Aufkommen der industriellen Arbeit zog einige gravierende Veränderungen bezogen auf die Dimension Zeit mit sich. Im Gegensatz zur landwirtschaftlichen Arbeit, die den zyklischen Bedingungen der Jahreszeiten unterworfen war und keine klare zeitliche und räumliche Trennung von Arbeit und Freizeit kannte, wurde Lohnarbeit erstmalig an die Vorgaben der mechanischen Uhr gebunden, in Arbeitszeit und Freizeit differenziert und erstere unabhängig von den anstehenden Aufgaben in eine abstrakte, durch Kalender und Uhr bestimmte Dauer festgelegt.

Die aktuellen Arbeitsbedingungen im 21. Jahrhundert stehen vor anderen und sehr diffizilen Herausforderungen: Das sog. Normalarbeitsverhältnis gerät angesichts der Zunahme von prekären und befristeten Arbeitsverhältnissen, Minijobs und Leiharbeit, Teilzeitarbeitsverhältnissen und Solo-Selbstständigen und befeuert durch die neuen Möglichkeiten der Digitalisierung - wie beispielsweise in Form der Plattformökonomien - ins Hintertreffen. Arbeit ist in weiten Teilen nicht mehr räumlich und zeitlich fixiert, sondern flexibel gestaltbar. Die räumliche und zeitliche Deregulierung von Arbeit erscheint auf den ersten Blick für Arbeitskräfte als Erweiterung ihrer Autonomie und Handlungsräume, fordert ihnen auf den zweiten Blick aber erhebliche Gestaltungskompetenzen in eigener Sache ab, sofern sie eine schädigungsfreie Balance zwischen Arbeit und Privatheit realisieren wollen. Dazu kommt, dass neue, ergebnisorientierte Steuerungsformen die „interessierte Selbstgefährdung“ als selbst gewählte Variante der Verausgabung befördern. Die ehemals klaren Konfliktlinien zwischen Kapital und Arbeit werden angesichts des Arbeitskraftunternehmers als neuem Typus von Arbeitskraft durchlässiger und verschwimmen. Um der gesellschaftsweiten Ökonomisierung und Vermarktlichung standzuhalten, ist der Arbeitskraftunternehmer gehalten sich permanent selbst zu optimieren und seine Arbeitskraft quasi als eigenständiger Unternehmer auf dem Markt anzubieten. Rechtliche Rahmenbedingungen wie z. B. Bestimmungen zum gesetzlichen Arbeitsschutz bieten keinen ausreichenden Schutz gegen die modernen Risiken, die nicht mehr in Form überlanger Arbeitszeiten u. Ä. unmittelbar auf der Hand liegen, sondern sich quasi in die Persönlichkeitsstruktur der Beschäftigten verlagern. Das Transformationsproblem von Arbeit wandelt sich damit zu einem Problem, das Arbeitskräfte eigenständig zu lösen haben.

Beschleunigung sei der Antrieb der Moderne, was als solches nicht nur für die kapitalistische Wirtschaftsordnung, sondern für die gesamte Gesellschaft prägend sei (Rosa 2005 und 2019). Laut der Diagnose von Hartmut Rosa ist die moderne Gesellschaft dadurch gekennzeichnet, dass schneller kommuniziert und produziert wird und – bezogen auf eine bestimmte Zeiteinheit - auch mehr als in der jeweiligen Generation zuvor. Ursache für die Zeitnot der Moderne sei demnach, dass die enormen Zeitgewinne durch Beschleunigung in Folge technologischer Entwicklungen (z. B. Emails anstatt Briefe) mit den Wachstumsraten der Handlungsepisoden (z. B. Anzahl Emails pro Stunde) nicht Schritt halten: Die Steigerung der Handlungsepisoden pro Zeiteinheit übersteige die Zeitgewinne durch Beschleunigung. Das Diktat der Beschleunigung betrifft technologische Leistungssteigerungen ebenso wie das allgemeine Lebenstempo und den sozialen Wandel, denn auch für Familienstrukturen, Parteien- und Berufspräferenzen und weitere soziale Phänomene sind beschleunigte Veränderungsraten zu konstatieren.

Das Besondere der modernen Gesellschaft besteht in ihrer „Eskalationslogik“: Ziel von Steigerung und Dynamisierung sei nicht die Verbesserung ökonomischer und gesellschaftlicher Verhältnisse, sondern das Verhindern ihres Rückschritts. Um den institutionellen status quo der westlichen Gesellschaft aufrechtzuerhalten, bedarf es des stetigen (ökonomischen) Wachstums, der (technischen) Beschleunigung und der (kulturellen) Innovierung. Dieses Prinzip der „dynamischen Stabilisierung“ sei für die gesamte Gesellschaft prägend. Konflikte entstehen dann insbesondere dort, wo das Prinzip der Beschleunigung auf Desynchronisationen stößt, so z. B. in Form ökologischer Krisen wie Treibhauseffekt und Klimawandel, wenn der Ressourcenverbrauch von Natur ihren zeitlichen Reproduktionsbedarf bei weitem unterläuft oder wenn demokratische (und damit zeitaufwendige) Entscheidungsprozesse nicht mit den veränderungsintensiven und beschleunigten Anforderungen aus dem gesellschaftlichen und wirtschaftlichen Umfeld Schritt halten können. Ebenso deuten steigende Fehlzeiten aufgrund psychischer Erkrankungen daraufhin, dass auch die menschliche Psyche an ihre Grenze zu kommen scheint.

Beschleunigung und Verdichtung kennzeichnen die moderne Arbeits- und Lebenswelt. Zeit wird zu einem extrem knappen Gut, das mit explodierenden und unaufhörlich nachwachsenden Aufgabenlisten gefüllt wird. Das gilt für Individuen und in besonderer Weise auch für Organisationen. Denn auch Organisationen sehen sich den beschleunigten Anforderungen einer zunehmend komplexeren Umwelt ausgesetzt, die sich permanent und disruptiv verändert und in der ihnen der wirtschaftliche Überlebenskampf eine permanente Anpassung abfordert. Herkömmliche Prozesse des Entscheidens und Organisierens erscheinen dann als zu schwerfällig und nicht mehr zeitgemäß. Die Frage stellt sich, wie reagieren Organisationen darauf? Welche Arbeitsmethoden erscheinen ihnen als geeignet? Bieten agile Methoden eine Lösung für das Problem? Ist es möglich, das Erfordernis schneller Entscheidungen mit der gesellschaftlichen Anforderung zur Nachhaltigkeit in Einklang zu bringen? Welche Auswirkungen haben veränderte Arbeitsbedingungen auf die Beschäftigten? Wie lässt sich Arbeit menschengerecht und gesundheitsförderlich gestalten? Wie kann die Gestaltung der Arbeitszeit dazu beitragen?

Der vorliegende Band befasst sich mit diesen arbeitswissenschaftlichen Fragestellungen. „Arbeit und Zeit“ ist ein sehr umfassendes Thema, auf das die Beiträge aus unterschiedlichen Perspektiven eine Art Blitzlicht werfen. Die Beschleunigung der Gesellschaft hat Auswirkungen auf Organisationen und ihre Art des Organisierens ebenso wie auf die konkrete Gestaltung von Arbeitsbedingungen und –zeit, was wiederum Auswirkungen auf die Beschäftigten hat, die sich zunehmend selbst zu organisieren und zu managen haben. Alle Beiträge haben zwar die Zeitdimension im Fokus, argumentieren aber aus sehr unterschiedlichen Perspektiven.

Die Autorinnen und Autoren dieses Bandes setzen sich aus Mitarbeitenden des Instituts für interdisziplinäre Arbeitswissenschaft (Teil A) und Studierenden im Masterstudiengang Arbeitswissenschaft an diesem Institut (Teil B) zusammen. Die Beiträge der Mitarbeitenden befassen sich in Form theoretischer Diskurse mit zentralen Fragestellungen zum Thema; die Beiträge der Studierenden bilden Ergebnisse ihrer Forschungsprojekte ab. Die in diesem Band zu Wort kommenden Studierenden entstammen der ersten Kohorte des Studiengangs, der eine umfassende und interdisziplinäre Auseinandersetzung mit Arbeit, ihrer historischen und modernen Gestaltung, ihren Anforderungen und Wirkungen, ihren institutionellen Rahmenbedingungen und ihrer organisatorischen Gestaltung vorsieht. Im Verlauf des Studiums erhalten die Studierenden die Möglichkeit, eine eigene arbeitswissenschaftliche Fragestellung in Form eines empirischen Forschungsprojektes zu bearbeiten. Die Ergebnisse einiger Forschungsprojekte dieser Kohorte sind im vorliegenden Band enthalten. Aufgrund von Verschwiegenheitsklauseln u. Ä. konnten leider nicht alle Forschungsergebnisse veröffentlicht werden. Für Dozierende ist es sehr erfreulich zu sehen, welche thematische Vielfalt und Tiefe die Beiträge der Studierenden beinhalten.

Die ersten beiden Beiträge argumentieren aus dem Blickwinkel von Organisationen, die sich mit einer zunehmend komplexen, veränderlichen und disruptiven Umwelt konfrontiert sehen und gehalten sind, ihre Entscheidungen und Prozesse des Organisierens daraufhin abzustellen. Der Beitrag von Florian Krause und Axel Haunschild beschäftigt sich mit Nachhaltigkeit, einem Begriff, der ursprünglich aus der Fortwirtschaft stammt und das Dilemma aufgreift, dass die Reproduktion natürlicher Ressourcen häufig länger dauert als ihr Verbrauch. Der Begriff beinhaltet per se den Einbezug der Kategorie Zeit in Form eines Abgleichs zwischen Gegenwart und Zukunft. Eine Entscheidung in der Gegenwart soll ein Handeln in der Zukunft festlegen. Aber wie passt Nachhaltigkeit in eine Welt, die als Multioptionsgesellschaft bezeichnet wird und dadurch gekennzeichnet ist, dass Beschleunigung und Verdichtung dominieren, was die Planbarkeit der Zukunft ungemein erschwert, wenn nicht sogar verunmöglicht?

Eine zunehmend komplexere und disruptive Umwelt ist auch Ausgangspunkt des Beitrags von Martin Vogel. Um den Unternehmen angesichts vielfältiger Unsicherheiten ein wirtschaftliches Überleben zu ermöglichen, gelten herkömmliche klassische Modelle des Organisierens als zu starr und ungeeignet. Agile Arbeitsmethoden seien dann die Lösung für das Problem der wachsenden Komplexität. Agile Arbeitsmethoden sehen eine gründlichere und detailreichere Bearbeitung von Arbeitsaufgaben vor. Zudem werden Arbeitsaufgaben durch den Einbezug einer größeren Bandbreite von Personen quasi demokratisiert, was beides zusammen genommen paradoxerweise eigentlich die sachliche und soziale Komplexität der Entscheidungsbedarfe erheblich vergrößert und damit dem Ansatz des agilen Arbeitens als beschleunigte Anpassung an die komplexe VUKA Welt zuwider zu laufen scheint. Wie kann dieses Paradox aufgelöst werden bzw. welche Rolle spielt die Zeitdimension? Der Beitrag von Martin Vogel diskutiert dieses Phänomen aus einer systemtheoretischen Perspektive.

Einen anderen Blickwinkel wählt Andrea-Kristin Schubert, indem sie sich in ihrem Beitrag auf historische Spurensuche nach Deutungsmustern zu erschöpfungsbedingten Erkrankungen begibt und festhält, dass nicht erst in der Moderne ein Zusammenhang zwischen dieser Art Erkrankungen und den vorherrschenden Arbeits- und Lebensbedingungen konnotiert wird. Die moderne Burnout Erkrankung hat durchaus historische Vorläufer, deren „Entstehung" und Konstruktion in unmittelbaren Zusammenhang zu den Vorkommnissen der damaligen Zeit gesetzt wurden. Die in der Deutung dieser Erkrankungen enthaltene Kritik an den äußeren Bedingungen wird jedoch in der Gegenwart und möglicherweise Zukunft tendenziell zugunsten einer zunehmenden Zuweisung von Verantwortlichkeit an das Individuum aufgegeben.

Angesichts bestimmter Lebensereignisse wie Familiengründung oder Pflegebedarfe von Angehörigen oder auch angesichts erweiterter Freizeitbedarfe sind Wünsche nach einer Arbeitszeitreduktion von Mitarbeitenden „normal" und gehören für Betriebe zum Alltagsgeschäft. Führungsaufgaben gelten dagegen zwingend als nur unter den Bedingungen einer Vollzeitbeschäftigung möglich. Im Kampf um qualifizierte Nachwuchskräfte stehen Organisationen zunehmend vor der Frage, wie sie auch die Arbeit für das Führungspersonal attraktiver und d.h. am lebensphasenorientierten Bedarf gestalten können. Wie lassen sich Führungsaufgaben als Teilzeittätigkeit organisieren? Dies ist die zentrale Fragestellung, der Günther Vedder in seinem Beitrag unter Hinzuziehung eines konkreten Fallbeispiels nachgeht. Deutlich wird darin, dass es grundsätzlich möglich ist, jedoch eine Reihe von Voraussetzungen und Bedingungen zu erfüllen sind.

Der Beitrag von Marvin Arndt, Silke Cieplik, Cornelia Reithmeier und Iris Werner widmet sich den besonderen Anforderungen, denen mobil Arbeitende ausgesetzt sind: Grenzen zwischen Arbeit und Privat werden aufgeweicht; die ständige Erreichbarkeit stellt hohe Anforderungen an das Selbstmanagement und die Selbstorganisation mobil Arbeitender. Der Beitrag lotet die rechtlichen Vorgaben im Sinne des Arbeitsschutzes, Vorgaben zu Arbeitssicherheit und –zeit u.a. aus. Vorgaben, die dazu dienen sollen, die Sicherheit der Arbeitenden zu gewährleisten und ihre Gesundheit zu schützen. Am Beispiel zweier Organisationen und den dort beschäftigten mobil arbeitenden Ingenieurinnen und Ingenieuren wird das Feld eruiert. Ihr Forschungsdesign setzt auf Triangulation und verwendet Gruppendiskussionen, Experteninterviews und Dokumentenanalyse. Zur Sprache kommen mobil Arbeitende, Führungskräfte, Fachkräfte für Arbeitssicherheit und Personalverantwortliche. Der Beitrag geht den Fragen nach, wie Organisationen mit diesen neuen Arbeitsformen und ihren gesundheitlichen Risiken umgehen und welche Bedeutung dabei die gesetzlichen Regelungen für die Organisationen haben? Deutlich wird u. a., dass diese Form der Tätigkeit für Organisationen und speziell das Miteinander von Führung, Arbeitsschutz, Personalverantwortung und Betroffene ein neu auszutarierendes Faktum bedeutet. Die Frage ist, inwiefern die bestehenden gesetzlichen Vorgaben dazu nur angemessene Plattform bieten.

Arbeitszeitgestaltung ist für Organisationen in ihrem Bemühen um qualifizierte Nachwuchskräfte ein zentrales Gestaltungselement. Während „Sabbatical" als zeitliche Auszeit von der Arbeitssituation relativ bekannt ist, ist das Modell „Workation", das „nur" eine räumliche Distanz zu den Arbeitsbedingungen ermöglicht, noch relativ unbekannt. Katrin Leder, Dina Sündermann und Bernadette Sudeikat-Gichtbrock gehen in ihrem Forschungsprojekt der Fragestellung nach, wie diese Arbeitszeitmodelle auszugestalten sind, um für Organisationen und Mitarbeitende attraktiv zu sein. Methodisch setzen sie eine Dokumentenanalyse der Homepages der 30 Dax Unternehmen sowie Experteninterviews mit Personalverantwortlichen und freien Beraterinnen ein. In ihrem Beitrag erörtern sie die Motive von Organisationen und Beschäftigten solche Arbeitszeitmodelle anzubieten bzw. sie in Anspruch zu nehmen und kommen in ihren Ergebnissen überein, dass zwischen offiziell ausgewiesenen Argumenten und verdeckten zu unterscheiden ist.

Im Focus des Beitrags von Maleen Halter und Marie Heidelberg steht der Umgang mit Arbeitszeit bzw. zeitlichen Belastungsspitzen von Lehrkräften. Bekannt ist, dass Lehrkräfte ihre Soll-Arbeitszeit häufig überschreiten, die sich überdies über das Jahr ungleich verteilt. Die Autorinnen gehen der Frage nach, wie Lehrkräfte diese möglicherweise gesundheitsbeeinträchtigenden Belastungsspitzen managen und inwiefern mögliche Bewältigungsmuster erkennbar sind. Methodisch basiert das Forschungsprojekt auf 15 leitfadengestützten problemzentrierten Interviews mit Lehrkräften an niedersächsischen Gymnasien. Das Projekt verdeutlicht, dass mit dem Lehrerberuf ein hohes Maß an Entgrenzung zwischen Arbeit und Freizeit und damit Erfordernissen des Selbstmanagements verbunden ist und diskutiert Unterstützungsmöglichkeiten für Lehrkräfte.

Ich hoffe, dieses Vorwort hat „Appetit" gemacht, die einzelnen Beiträge zu lesen. An dieser Stelle möchte ich mich – im Namen des gesamten Teams - bei allen Beteiligten bedanken. Insbesondere geht unser Dank an Katharina Band und Lisa Hartmann für das Korrekturlesen.

Christiane Perschke-Hartmann

Literatur

Rosa, Hartmut 2005: Beschleunigung. Die Veränderung der Zeitstrukturen in der Moderne. Suhrkamp: Frankfurt a. M.

Rosa, Hartmut 2019: Unverfügbarkeit. 4. Auflage, Residenz: Wien, Salzburg

Teil A

Nachhaltigkeit und Zeit

Florian Krause und Axel Haunschild[1]

Gliederung

Abstract

Nachhaltigkeit geht von einer ganz bestimmten Zukunft aus, die es zu erreichen bzw. zu vermeiden gilt. Es werden im Jetzt Entscheidungen getroffen, mit denen auch künftiges Handeln festgelegt werden soll. Bei einem Fokus auf Zeit wird hier ein Spannungsfeld zu anderen aktuellen (Organisations-)Regimen (Agilität, Disruption) deutlich. Dies wirft die in diesem Beitrag behandelte Frage auf, ob und wie sich Nachhaltigkeit eigentlich in einem agilen bzw. disruptiven organisationalen Umfeld denken und umsetzen lässt.

---

[1] Dr. Florian Krause ist wissenschaftlicher Mitarbeiter am Institut für interdisziplinäre Arbeitswissenschaft der Leibniz Universität Hannover und am Institut für Wirtschaftsethik der Universität St.Gallen (HSG); E-Mail: Florian.Krause@wa.uni-hannover.de.
Prof. Dr. Axel Haunschild ist Direktor des Instituts für interdisziplinäre Arbeitswissenschaft der Leibniz Universität Hannover; E-Mail: Axel.Haunschild@wa.uni-hannover.de.

1. Einleitung

> „Natürlich, was Zeit ist, wissen wir alle; sie ist das Allerbekannteste. Sobald wir aber den Versuch machen, uns über das Zeitbewußtsein Rechenschaft zu geben [...], verwickeln wir uns in die sonderbarsten Schwierigkeiten, Widersprüche, Verworrenheiten“
> Edmund Husserl, Vorlesungen zur Phänomenologie des inneren Zeitbewußtseins.

Die Diagnose Husserls ist wohl auch heute noch aktuell. Obwohl – oder gerade weil – das, was Zeit genannt wird, als allgegenwärtig beschrieben wird, bleibt sie seltsam unausgesprochen und verborgen. Gleichwohl wurden auf Basis erlebter Zeit menschliche Strukturen geschaffen, die auch Grundlage jeder Form von Organisation sind. Der Soziologe Norbert Elias (1939) sieht gar eine enge Verbindung zwischen dem Prozess der Zivilisation und den menschlichen Versuchen, Zeit in eigenen Strukturen wie Uhren und Kalendern umzusetzen. Ob bei der Produktion oder Arbeitsorganisation, bei Fragen der Mobilität oder beim Treffen von Freunden, bei unserer Tages- und Lebensplanung – Zeit ist eine zentrale Komponente.

Trotz dieser Bedeutung spielt Zeit in der Organisationsforschung meist nur implizit eine Rolle und wird als Voraussetzung von Organisationen kaum selbst reflektiert (z. B. Lee & Liebenau 1999; Lawrence, Winn & Jennings 2001, Bluedorn & Denhardt 1988). Wenn sie explizit auftaucht, dann aktuell beispielsweise als Element bei Fragen von (organisationaler) Identität (Hatch & Schultz 2017; Suddaby, Forster & Trank 2015) oder bei der Betrachtung von Organisationen „auf Zeit“, sogenannten temporären Organisationen (Lundin & Söderholm 1998).

Durch eine explizite Betrachtung von Zeit können jedoch auch andere Blicke auf aktuell gesellschaftlich relevante Fragen geworfen werden. Der Begriff der Nachhaltigkeit beispielsweise, nicht zuletzt durch die „Fridays for Future“ Demonstrationen ein wichtiger Kondensationspunkt verschiedener Diskurse, kann sehr fruchtbar aus einer Zeitperspektive interpretiert werden: Bereits in seinen ersten Erwähnungen im Bereich Forstwirtschaft bei Hans Carl von Carlowitz (1713) (vgl. Grober 2013), in denen es darum ging, nur so viel Holz zu schlagen, wie nachwachsen kann, wurden mit dem Begriff Erwartungen über künftige Entwicklungen für gegenwärtige Entscheidungen und Handlungen relevant gemacht. Heute wird dieses Prinzip neben der Nutzung von Ressourcen auf viele andere Bereiche übertragen: Produktion (z. B. Walther 2010, Corsten & Roth 2012), Arbeitsorganisation (z. B. Weltz 2011, Bleses & Jahns), Mobilität (Götz 2011, Dangschat & Segelt 2011), Städteplanung (Drilling & Schnur 2011, Bärenbrinker 2012) bis hin zur Lebensführung (Hildebrandt 2000, Scholl & Hage 2004). Mit dem Begriff Nachhaltigkeit wurde somit ein zeitbezogener Imperativ eingeführt, der die *Orientierung gegenwärtiger Handlungen an längeren Zeitspannen* einfordert. Der Imperativ der Nachhaltigkeit steht jedoch in gewissen Spannungsverhältnissen zu anderen, zeitbezogenen (Organisations-)Regimen, welche durch einen Fokus auf Zeit erkennbar werden. Dies ist zum einen ein eher vergangenheitsorientiertes und auf Verlässlichkeit, Stabilität und Tradition abzielendes Regime, zum anderen ein auf Digitalisierung und Disruptionen reagierendes Regime, das auf permanente Veränderung, Agilität und Dynamik setzt. Das Spannungsfeld zwischen Nachhaltigkeit und Agilität bzw. Disruption steht im Zentrum dieses Beitrags.

Das Kapitel besteht aus vier Teilen. Im nächsten Teil wird auf die Bedeutung von Zeit für und in (Organisations-)Strukturen eingegangen und es werden die Themen der Agilität und Disruption erläutert. Der dritte Teil geht auf den Begriff der Nachhaltigkeit und die Bedeutung von Zeit im Diskurs um Nachhaltigkeit ein. Im vierten Teil werden die beiden vorangegangenen Teile aufeinander bezogen und diskutiert.

2. Zeit und (Organisations-)Strukturen

Ausgangspunkt der Betrachtung von Zeit ist im Rahmen des Kapitels das *Jetzt* – das unmittelbare, individuelle Erleben des Augenblickes. Im Jetzt können Vergangenheit, in Form von Erinnerungen, (Er-)Kenntnissen oder Erzählungen, oder Zukunft, in Form von Annahmen oder Erwartungen, eine wichtige Rolle spielen: Sie prägen Entscheidungen. Für Martin Heidegger (1927) ist das *Sein zum Tode*, also die Gewissheit einer finalen Begrenztheit der eigenen Handlungsmöglichkeiten, essenziell. Diese Begrenztheit – man könnte hier auch „Lebenszeit" sagen – macht es überhaupt erst notwendig, sich über Zeit Gedanken zu machen, weil die Vorstellung davon, dass der Zeitraum, in dem überhaupt gehandelt werden kann, begrenzt ist, konstitutiv für den Mensch und sein Handeln ist.

Wie die jeweilige Zeit zu nutzen ist, ist wiederum von gesellschaftlichen Normen bzw. korrespondierenden Erwartungen geprägt und diese sind wiederum verschieden in unterschiedlichen Lebensphasen (z. B. Säuglingsalter, Kindheit, Jugend, Erwachsensein, Alter). Arbeit, als ein wesentlicher Bestandteil des Lebens, ist (aktuell und in unserer Gesellschaft) beispielsweise einem bestimmten alters- und entwicklungsbedingten Lebensabschnitt vorbehalten und andere gesellschaftliche Institutionen (z. B. Schule, Ausbildung, Kindergeld, Rente, Lebensarbeitszeit) korrespondieren hiermit. Hieraus kann sowohl gefolgert werden, dass gesellschaftliche Verschiebungen bezüglich Zeit auch Anpassungen der korrespondierenden Institutionen sinnvoll erscheinen lassen, als auch, dass Individuen, die ihre Lebensplanung auf Basis aktuell bestehender Institutionen vorgenommen haben, solche Anpassungen wohl ablehnen würden, wenn ihnen hieraus aus ihrer Sicht Nachteile entstünden. Offensichtliches Beispiel wäre hier wohl eine gestiegene Lebenserwartung, die auf der einen Seite Anpassungen im Rentensystem nach sich zieht, auf der anderen Seite aber auch neue Vorstellungen von Lebensarbeitszeit.

Komplexer zu betrachten sind Beispiele aus dem Bereich der *Digitalisierung und Technisierung*. Es wird in diesen Zusammenhängen häufig von einer mit der Moderne beginnenden gesellschaftlichen Beschleunigung (Rosa 2013) gesprochen. Technische Entwicklungen ermöglichen beispielsweise schnellere Produktion, schnellere Kommunikation und schnelleren Transport. Hartmut Rosa spricht von einer ‚Steigerung der Zahl an Handlungs- und Erlebnisperioden pro Zeiteinheit' (Rosa, 2005), was eigentlich eher eine Verdichtung als eine Beschleunigung darstellt: In der gleichen Zeit kann nun mehr gemacht werden. Damit steigen jedoch auch die Möglichkeiten (und damit wohl auch die individuellen Erwartungen), was in einem Leben möglich ist. Der Soziologe Peter Gross (1994) diagnostizierte daher eine „Multioptionsgesellschaft". Nach Hartmut Rosa wachsen die Möglichkeiten deutlich schneller als die Lebensentwürfe Schritt halten können. Lebensentwürfe können als Set gesellschaftlicher Normen und Erwartungen (z. B. Ricœur 1996) dem Individuum jedoch helfen, Möglichkeiten im Leben einzuordnen und zu bewerten.[2] Das Fehlen von Lebensentwürfen, die den Möglichkeiten entsprechen, führt nach Rosa zu einem permanenten Gefühl der Unruhe bzw. Unzufriedenheit, weil das, was alles erlebt werden könnte, nicht mehr in das eigene Leben integrierbar erscheint.

Ökonomisch interpretiert lassen die zunehmenden Möglichkeiten die eigenen, auf tradierte Erwartungen fußenden Planungen der Zukunft immer ineffizienter erscheinen. Das bequeme Korsett aus individuellen (und gesellschaftlichen) Erwartungen an die eigene Lebenszeit wird durch immer neue Möglichkeiten und korrespondierende Entwurfsangebote kontinuierlich in Frage gestellt und kontinuierlich werden Veränderungen angeregt. Zukunft lässt sich für das Individuum somit nicht mehr aus der Vergangenheit bzw. bekannten Lebensentwürfen extrapolieren, sondern sie erfordert kontinuierliche und kurzfristige Entscheidungen und Anpassungen mit dem Resultat, dass sich das Individuum mit dem Wunsch auf ein erfülltes Leben im Jetzt kontinuierlich auf instabile, sich wandelnde und verrückende Ziele in der Zukunft ausrichtet.

Im Gegensatz zu Individuen haben Organisationen keinen zeitlich beschränkten Handlungshorizont. Es scheint dennoch folgerichtig zu sein, anzunehmen, dass die technischen Entwicklungen auch in Organisationen und insbesondere in Unternehmen zu einer Verdichtung und zu kontinuierlichen Anpassungen führen, da analog auch hier die Anzahl an Möglichkeiten zunimmt. Vor diesem Hintergrund lassen sich unterschiedliche, in der Arbeitswissenschaft und darüber hinaus diskutierte Phänomene interpretieren.

In Bezug auf Verdichtung lassen sich hier beispielsweise neue Kommunikationswege nennen, die kontinuierliche Erreichbarkeit ermöglichen oder das Home- bzw. Mobile Office, das die Erledigung von Arbeitsaufgaben losgelöst vom Arbeitsort beschreibt. Der Begriff des Work-Life-Blending (z. B. Scholz 2016) beschreibt in diesem Kontext eine heute in einigen Bereichen bereits mögliche Gleichzeitigkeit von Arbeitstätigkeit und nicht arbeitsbezogenen Aktivitäten. Die Zunahme von Projektarbeit und eine damit einhergehende Arbeit an unterschiedlichen Projekten zur gleichen Zeit sowie Formen der indirekten Steuerung erhöhen den individuellen (Selbst-)Koordinationsbedarf und gehen mit einem permanenten Profilierungs- und Bewährungsdruck einher (Haunschild 2015). Christine

[2] Zum Zusammenhang zwischen Normen und Lebensentwürfen z. B. Krause 2019.

Morgenroth spricht von einer Simultaneität bzw. einer Vergleichzeitigung verschiedener Routinen im Leben, die vormals voneinander zeitlich entkoppelt waren. Die hieraus resultierende „De-Fokussierung der Aufmerksamkeit ist ebenso Voraussetzung wie Folge dieser Veränderung" (Morgenroth 2014, siehe auch 2005). Der Wandel des (arbeits-)rechtlichen Rahmens flankiert diesen Prozess auf institutioneller Ebene durch die Gleichzeitigkeit regulierender (Plattformarbeit, EU-Arbeitszeitrichtlinie) und deregulierender (Befristungen, Leiharbeit) Tendenzen.

In Bezug auf kontinuierliche Anpassungen lassen sich zum einen fortwährende Restrukturierungsprozesse nennen, die ihrerseits auch zur bereits beschriebenen Verdichtung beitragen. Sie können als eine Reaktion auf immer neue Anforderungen der Umwelt beschrieben werden oder auch als mimetische Prozesse, also eine Orientierung an immer wieder anderen Organisationen (Haunschild 2015). Die Dynamik nimmt weiter Fahrt auf, wenn mitgedacht wird, dass auch die Organisationen, an denen sich orientiert wird, diesem Prozess folgen und sich ebenfalls kontinuierlich anpassen. Ein Extrem stellen temporäre Organisationen dar, die selbst nicht auf Fortbestand ausgelegt sind, sondern beispielsweise nur für die Produktion eines Kinofilmes oder eines Festivals existieren.

Des Weiteren zeichnet sich durch Managementkonzepte wie Agilität (Denning 2018) und Disruption (Christensen 1997) ab, dass permanente Anpassung und eine unklare Zukunft immer mehr als Fundamente bzw. Rahmenbedingung von Organisation angesehen werden. In den Mittelpunkt dieser Anpassungen werden dynamische Markt-, Wettbewerbs- und Kundenorientierungen gestellt. Die Organisation soll trotz der damit verbundenen Unbeständigkeit bzw. auf ihr aufbauend Bestand haben und bedarf einer „Neuerfindung" (Laloux 2014). Die Konzepte können somit als eine Operationalisierung bzw. als ein Versuch des Umgangs mit den sich ständig ändernden Möglichkeiten angesehen werden. Die Annahmen über die Zukunft sind in diesen Konzepten daher, dass sie unbeständig ist (volatil, unsicher, komplex, mehrdeutig) und daher organisationale Agilität erfordert oder dass Zukunft gerade durch einen Bruch mit der Vergangenheit neu gedacht und gestaltet werden soll (disruptive Innovationen).

Diese dynamische Zukunft bzw. der disruptive Bruch mit der Vergangenheit als Entscheidungsgrundlagen im Jetzt sind aus der beschriebenen Entwicklung heraus als eine Konsequenz nachvollziehbar. Gleichzeitig haben bestimmte Entscheidungen im Jetzt jedoch großen Einfluss auf die Zukunft – zum Teil mit globalen Auswirkungen. Würden diese zu erwartenden Auswirkungen berücksichtigt, würden sich häufig sicher andere Entscheidungen im Jetzt ergeben. Das Konzept der Nachhaltigkeit, das im folgenden Abschnitt beschrieben wird, hat gerade Annahmen über die Auswirkungen von Entscheidungen auf die Zukunft als Ausgangspunkt.

3. Nachhaltigkeit und Zeit

Der Begriff der Nachhaltigkeit wird in vielen unterschiedlichen Kontexten verwendet. Im Folgenden werden zunächst Verwendungen in organisationalen Kontexten sowie der individuellen Lebensführung im Hinblick auf die Rolle von Zeit kurz erläutert.

Eine der ersten Verwendungen stammt aus dem Bereich Forstwirtschaft (von Carlowitz 1732, vgl. Grober 2013) und weist darauf hin, dass nur soviel Holz geschlagen werden sollte, wie nachwachsen kann um das Geschäft auch in Zukunft erhalten zu können. In jüngerer Zeit wurde der Begriff auch auf andere Bereiche ausgeweitet und umfasst, beispielsweise in Unternehmen, ökologische, ökonomische und soziale Nachhaltigkeit. Gemeint ist mit Nachhaltigkeit in der Regel, dass Produktionsgrundlagen in Bezug auf Ressourcen, Personal, aber auch Finanzierung, auf absehbare Zukunft gesichert sind.

Mit ökonomischer Nachhaltigkeit ist meist die Behauptung des Unternehmens mit aktuellen oder neuen Produkten am Markt gemeint und damit sein Fortbestand. Soziale Nachhaltigkeit bezieht sich häufig auf den Bereich „Personal“. Hierunter werden in der Regel Maßnahmen des Arbeits- und Gesundheitsschutzes, aber auch – vor dem Hintergrund des fortschreitenden technischen Wandels – Qualifizierungsmaßnahmen verstanden. Unter ökologischer Nachhaltigkeit werden meist Maßnahmen zur Schonung oder effizienteren Nutzung von Ressourcen bzw. zur Reduzierung von Auswirkungen der Produktion auf natürliche Lebensräume verstanden. Neben auf der Hand liegenden Überschneidungen der Bereiche werden die aus den unterschiedlichen Bedeutungen entstehenden Widersprüche bzw. Zielkonflikte viel diskutiert, wenn zum Beispiel eine ökologisch sinnvolle Maßnahme die Marktposition oder auch Arbeitsplätze gefährden könnte.

Im Bereich der individuellen Lebensführung richtet sich Nachhaltigkeit meist auf ökologische Aspekte. Gemeint ist häufig der Konsum von Produkten nachhaltig produzierender Unternehmen, Eigenproduktion oder der Verzicht auf Konsum mit Zielen wie beispielsweise der Reduktion von Treibhausgasen oder der abstrakte „Schutz der Umwelt“. Auch im privaten Umfeld zeigen sich Widersprüche durch Zielkonflikte, wenn beispielsweise Eigenproduktion ressourcenintensiver als der Kauf ist oder wenn noch funktionsfähige Gebrauchsgüter weggeworfen und durch neu produzierte, „nachhaltigere“ Produkte ersetzt werden.

Die Zeitdimension im Bereich Nachhaltigkeit ist aktuell kaum Teil der Debatte – obwohl schon bei einer oberflächlichen Betrachtung auffällt, dass so gut wie alle Handlungen und Maßnahmen, die mit Nachhaltigkeit in Verbindung stehen, einer langfristigen Logik folgen und auf das Erfüllen bestimmter Ziele in der mittleren oder fernen Zukunft gerichtet sind. Hieraus folgt jedoch, dass die aus Nachhaltigkeitsmaßnahmen resultierenden Strukturen bzw. Handlungsanleitungen nur dann ihren Zweck erfüllen können, wenn sie auch in Zukunft konsequent (weiter)verfolgt werden. Das Ziel bzw. das Resultat der Handlung liegt somit in einer ganz bestimmten Vorstellung von Zukunft. Beispielsweise trägt ein Tag sportliche Betätigung kaum zu einem gesünderen Körper bei – kontinuierliche sportliche Betätigung jedoch schon. Umgekehrt führt ein Tag ohne sportliche Betätigung nicht unmittelbar zum Scheitern dieses Vorhabens – extremer Sport jedoch schon. Ganz analog sind auch in Unternehmen temporäre Maßnahmen des Betrieblichen Gesundheitsmanagements insbesondere bei konsequenter Verfolgung wirksam. Die Nachhaltigkeitsmaßnahme muss demnach über die Zeit durchgehalten werden, um ihren Zweck zu erfüllen. Damit erfordert Nachhaltigkeit gerade das Gegenteil dessen, was die Logiken der Konzepte der Agilität und Disruption einfordern.

4. Diskussion

Es wird deutlich, dass Agilität und Disruption auf der einen Seite und Nachhaltigkeit auf der anderen Seite Entscheidungen im Jetzt nahelegen, die auf unterschiedlichen Konzepten von Zukunft aufbauen. Das Konzept der Agilität nimmt immer neue, sich verschiebende Entwürfe von Zukunft an. Entscheidungen im Jetzt prägen die Zukunft folglich nur bedingt bzw. sie soll bewusst flexibel und wenig bestimmt gehalten werden. Um gut zu handeln richten sich Entscheidungen im Jetzt höchstens auf eine unmittelbare Zukunft und können in künftigen Jetzt Momenten jederzeit revidiert werden. Bei der Disruption steht der Bruch mit der Vergangenheit bzw. mit deren handlungs- und damit auch entscheidungsprägendem Charakter im Fokus. Um gemäß dieses Konzeptes gut zu entscheiden, muss auch hier die Zukunft möglichst unbestimmt gehalten werden und insbesondere frei von einer Prägung durch Erfahrungen der Vergangenheit sein.

Anders ist es beim Konzept der Nachhaltigkeit. Hier geht es im Jetzt darum, Entscheidungen zu treffen, die dann (als Entscheidungen aus der Vergangenheit) auch Entscheidungen in der Zukunft prägen oder gar vorwegnehmen. Es geht hier gerade um bestimmte Vorstellungen von Zukunft, die verwirklicht oder vermieden werden sollen. Im Gegensatz zur Disruption oder Agilität sollen in künftigen Jetzt-Momenten demnach die Prägung aus der Vergangenheit und bestimmte Vorstellungen von der Zukunft gerade nicht irrelevant, sondern handlungsleitend sein.

Trotz ihrer Gegenläufigkeit erscheinen alle Perspektiven auf ihre Art plausibel und berechtigt. Die Frage ist jedoch, ob und wie es möglich ist, die entgegengesetzten Logiken im dialektisch dreifachen Sinne aufzuheben (Hegel 1807) – also auf der einen Seite die jeweilige Logik zu negieren, sie gleichzeitig zu bewahren und die Logiken gemeinsam auf eine andere Ebene zu heben.

Anders könnte gefragt werden: *(Wie) lässt sich Nachhaltigkeit in einem disruptiven bzw. agilen Umfeld denken?*

Eine Möglichkeit bestünde darin, agiles Management und disruptive Innovation schlicht einem Nachhaltigkeitsimperativ unterzuordnen. Dies würde voraussetzen, dass sich Veränderungen und Innovationen an gesellschaftlichen Zielen und gerade nicht an Märkten und Kunden orientieren, was jedoch eine deutliche Abkehr vom ursprünglichen Denkansatz darstellen würde.

Eine naheliegende Antwort könnte sicher darin gesehen werden, die Radikalität aller drei Ansätze zu reduzieren, indem sie beispielsweise nur auf bestimmte Bereiche angewendet werden. Dies dürfte jedoch schwieriger umzusetzen sein, als es zunächst erscheinen mag, weil alle drei Ansätze auf ihre Art dann am besten wirken sollen, wenn sie möglichst radikal bzw. total angewendet werden. Aber welche Alternativen wären hierzu denkbar?

Alle drei Ansätze könnten auch einem weiteren Imperativ untergeordnet werden, der sie dann moderiert. Agilität und Disruption fügen sich hier mit einer radikalen Kundenorientierung vergleichsweise leicht ein – zumindest mit einer ökonomischen Nachhaltigkeit wäre demnach ein gemeinsamer Nenner möglich. In der Praxis werden zudem Zielkonflikte zwischen ökonomischer, ökologischer und sozialer Nachhaltigkeit nicht selten durch einen ökonomischen Imperativ gelöst: Es wird überlegt, welchen ökonomischen Nutzen eine bestimmte Nachhaltigkeitsmaßnahme bringt und diese dann mit diesem ökonomischen Nutzen begründet. Dies erscheint vor dem Hintergrund des beschriebenen Zusammenhangs von Nachhaltigkeit und Zeit nicht unproblematisch zu sein, denn wenn eine soziale oder ökologische Maßnahme ökonomisch begründet wird, was spricht dann dagegen, sie nicht weiter zu verfolgen, wenn sich eine ökonomisch sinnvollere Maßnahme bietet? Ein sozialer oder ökologischer Aspekt, der mit einer Maßnahme verbunden war, diese jedoch nicht motiviert bzw. begründet hat, tritt bei Unterordnung unter einen ökonomischen Imperativ argumentativ in den Hintergrund.

Auf der anderen Seite könnte ein Fokus auf ökologische oder soziale Aspekte wiederum zunächst ökonomische Herausforderungen mit sich bringen, weil sie nicht selten hohe Investitionen erfordern, die sich erst über die Zeit amortisieren und dies hauptsächlich dann, wenn ihre Logik nicht ausgehebelt wird. Insbesondere vor der im ersten Teil beschriebenen Situation permanenten Wandels besteht zudem die Herausforderung, dass sich zum einen zwar ständig neue Möglichkeiten sozialen und ökologischen Engagements bieten, jedoch die ständige Adaption an diese ihren eigentlichen Zweck untergraben kann. Ein Beispiel hierfür ist, wenn mit einem Fokus auf CO2- Einsparung beispielsweise immer neue, energiesparendere Technologien eingekauft werden, bevor sich die durch die Herstellung der letzten Technologie erzeugten CO2 Emissionen durch Einsparungen amortisieren konnten. Auch im sozialen Bereich kann das Dilemma auftreten, dass die ständige Anpassung an neue, etwas gesündere Formen der Arbeitsorganisation durch den kontinuierlichen Stress durch Veränderung ihre Wirkung verfehlen. Immer neue Investitionen, die noch während ihrer Amortisationszeit durch neue Investitionen ersetzt werden, können zudem ein ökonomisches Risiko mit sich bringen.

Hieraus lässt sich folgern, dass die Ansätze in einer radikalen Form nicht miteinander kompatibel erscheinen. Zukunft lässt sich nicht gleichzeitig bestimmt und unbestimmt, die Vergangenheit nicht gleichzeitig verpflichtend und irrelevant denken. Die unterschiedlichen gesellschaftlichen und ökonomischen Herausforderungen, auf die die Ansätze jeweils als eine Antwort verstanden werden können, bleiben jedoch bestehen.

Dies lenkt den Blick auf durch die Zeit beständige Strukturen, die Anreize dazu bieten, angestrebte soziale und ökologische Ziele als Argumente für eine Maßnahme immer aktuell zu halten und gleichzeitig auch Flexibilität und Wandel zulassen. Die Betriebliche Mitbestimmung bietet beispielsweise insbesondere in Bezug auf soziale Ziele hierfür einen sinnvollen Ansatz (Haunschild & Krause 2014). Als erster Effekt kann die Entschleunigung durch mehrstufige Verhandlungs- und Entscheidungsstufen dazu führen, dass Projekte, von denen nur wenig Verbesserung erwartet wird, noch vorab verworfen werden. Daneben können in einem solchen Prozess unterschiedliche, widersprüchliche Ziele gegeneinander abgewogen werden. Ökologische Ziele treten hier jedoch nicht selten in den Hintergrund, wenn sie nicht mit ökonomischen oder sozialen Zielen zusammenfallen (Krause & Haunschild 2018). Ökologisch nachhaltige Entwicklung ließe sich in das bestehende Modell integrieren, wenn beispielsweise klar wäre, was ökologische Nachhaltigkeit genau verlangt und sie von allen Akteuren auch tatsächlich als notwendig gewollt wäre. Alternativen wären wohl in entsprechenden verbindlichen Rahmenvorgaben durch staatliche Institutionen zu sehen.

5. Schlussbetrachtung

Vor dem Hintergrund von Zukunftsszenarien der Auswirkungen eines sich wandelnden Klimas wird vielerorts ein „Umdenken" in allen Bereichen der Gesellschaft gefordert. Dass es so weit gekommen ist, dazu haben traditionelle Unternehmen und Produktionsformen sicher einen beträchtlichen Beitrag geleistet. Neue Managementansätze wie Agilität und Disruption haben zwar den Bruch mit den (Produktions-)Methoden der Vergangenheit im Kern, gestalten die Zukunft jedoch nicht notwendigerweise ökologisch und sozial, weil sie primär auf ökonomische Ziele ausgerichtet gedacht werden. Der Fokus auf Zeit offenbart im Rahmen dieses Kapitels, dass den Ansätzen sich widersprechende Konzepte von Zukunft zugrundeliegen. Während sie bei disruptiven und agilen Ansätzen möglichst freigehalten werden soll (insbesondere von Prägungen aus der Vergangenheit), wird bei Nachhaltigkeit gerade ein bestimmtes Bild von Zukunft zum Ausgangspunkt von Entscheidungen im Jetzt gemacht und diese Entscheidungen sollen auch Entscheidungen in der Zukunft vorwegnehmen. In dieser Situation könnte gerade der „alte Zopf" der Betrieblichen Mitbestimmung zumindest für soziale Nachhaltigkeit eine Möglichkeit bieten, weil sie zum einen überhastete Veränderungen bremst und zudem einen geregelten Rahmen für die Verhandlung widerstrebender Interessen bietet.

Es bleibt jedoch fraglich, inwieweit das Aushandeln sozialer und ökologischer Nachhaltigkeit in und für einzelne Unternehmen sowie ökonomisch notwendiger Veränderungen von Produktionsprozessen vor dem Hintergrund globaler Herausforderungen überhaupt ausreichen können und inwieweit nicht koordinierte, verbindliche Leitplanken gebraucht werden, die als Rahmenbedingungen sicherstellen, dass disruptive und agile Lösungen auch langfristigen gesellschaftlichen Zielen dienlich sein können.

Literatur

Bärenbrinker, V. (2012): Nachhaltige Stadtentwicklung durch Urban Governance, Berlin.

Bleses, P. & Jahns, K. (2015): Nachhaltige Beschäftigungsfähigkeit durch Innovationen in der Arbeitsorganisation ambulanter Pflegeunternehmen, in: Jeschke, S.. et. al. (Hrsg.): Exploring Demographics – Transdisziplinäre Perspektiven zur Innovationsfähigkeit im demographischen Wandel, Wiesbaden.

Bluedorn, A. C., & Denhardt, R. B. (1988): Time and Organizations, in: Journal of Management, 14 (2), 299–320.

Christensen, C. M. (1997): The Innovator's Dilemma: When New Technologies Cause Great Firms to Fail, Boston.

Corsten, H. & Roth, S. (2012): Nachhaltigkeit - Unternehmerisches Handeln in globaler Verantwortung, Wiesbaden.

Dagschat, J. S. & Segert, A. (2011): Nachhaltige Alltagsmobilität – soziale Ungleichheiten und Milieus, in: Österreichische Zeitschrift für Soziologie, 36, S. 55–73.

Denning, S. (2018): The Challenge of Leadership in the Age of Agile, in: Leader to Leader, 2018/89, S. 20-25.

Drilling, M. & Schnur, O. (2011): Nachhaltige Quartiersentwicklung: Positionen, Praxisbeispiele und Perspektiven, Wiesbaden.

Elias, N. (1939): Über den Prozess der Zivilisation, Basel: Verlag Haus zum Falken.

Götz, K. (2011): Nachhaltige Mobilität, in: Groß, M. (Hrsg.): Handbuch Umweltsoziologie, Wiesbaden.

Grober, U.: Urtexte – Carlowitz und die Quellen unseres Nachhaltigkeitsbegriffs. In: Natur und Landschaft. Jahrgang 2013, Heft 2, S. 46.

Gross, P. (1994): Die Multioptionsgesellschaft, Frankfurt am Main: Suhrkamp.

Haunschild, A. (2015): Arbeitshetze und Zeitdruck: Be- und Entschleunigung in der Wissenschaft, in: Forschung und Lehre, Nr. 07/15, S. 528-530.

Haunschild, A. & Krause, F. (2014): Germany: Binding agreements preferable to voluntary CSR, Preuss, L.; Gold, M.; Rees, C. (Hrsg.): Corporate Social Responsibility and Trade Unions - Perspectives across Europe, Routledge.

Hatch, M. J., & Schultz, M. (2017): Toward a Theory of Using History Authentically: Historicizing in the Carlsberg Group, in: Administrative Science Quarterly, 62 (4), S. 657–697.

Heidegger, M. (1927): Sein und Zeit, Tübingen.

Hegel, G. W. F. (1807): Phänomenologie des Geistes, Bamberg und Würzburg.

Hildebrandt, E. (2000): Flexible Arbeit und nachhaltige Lebensführung, in: Hildebrandt, E & Linne, G. (Hrsg.): Reflexive Lebensführung. Zu den sozialökologischen Folgen flexibler Arbeit, Berlin, S. 271-310.

Husserl, E. (1928): Vorlesungen zur Phänomenologie des inneren Zeitbewusstseins, Halle a. S.

Krause, F. (2019): Unternehmensethik – ein phänomenologischer Beitrag zur theoretischen Fundierung, Marburg: Metropolis.

Krause, F. & Haunschild, A. (2018): Voluntary cooperation between NGOs and corporations from the perspective of German trade unions – a micropolitical analysis, in: Organization & environment, 31 (2), S. 95-112.

Laloux, F. (2014): Reinventing Organizations: A Guide to Creating Organizations Inspired by the Next Stage in Human Consciousness, Brüssel: Nelson Parker.

Lawrence, T. B., Winn, M. I., & Jennings, P. D. (2001): The Temporal Dynamics of Institutionalization, in: Academy of Management Review, 26 (4), S. 624–644.

Lee, H., & Liebenau, J. (1999): Time in Organizational Studies: Towards a New Research Direction, in: Organization Studies, 20 (6), S. 1035–1058.

Lundin, R.A. & Söderholm, A. (1998): Conceptualizing a projectified society: Discussion of an eco- institutional approach to a theory on temporary organizations: in Lundin, R.A. & Midler, C. (Hrsg.): Projects as arenas for renewal and learning processes, Norwell: Kluwer, S. 13-23.

Morgenroth, C. (2014): Der gedopte Mensch? Suchtgefahr durch Erwerbsarbeit, in: Vedder et. al (Hrsg.): Befristete Beziehungen – Menschengerechte Gestaltung von Arbeit in Zeiten der Unverbindlichkeit, München und Mehring, S. 73-86.

Morgenroth, C. (2005): Subjektives Zeiterleben, gesellschaftliche Entgrenzungsphänomene und depressive Reaktionen. Ein sozialpsychologischer Versuch., Klett-Cotta.

Weltz, F. (2011): Nachhaltige Innovation – Ein industriesoziologischer Ansatz zum Wandel in Unternehmen, Berlin: Sigma.

Ricœur, P. (1996): Das Selbst als ein Anderer, München.

Rosa, H. (2005): Beschleunigung. Die Veränderung der Zeitstrukturen in der Moderne. Frankfurt am Main: Suhrkamp.

Scholl, G. & Hage, M. (2004): Lebensstile, Lebensführung und Nachhaltigkeit, Berlin.

Scholz, C. (2018): Mogelpackung Work-Life Blending, Weinheim.

Suddaby, R., & Foster, W. M., & Quinn Trank, C. (2015): Organizational Re Membering: The Use of Rhetorical History to Create Identification, in: Pratt M et. al (Hrsg.): Oxford Handbook of Organizational Identity, Oxford: Oxford University Press, S. 297–316.

von Carlowitz, H. C.: Sylvicultura oeconomica. Braun, Leipzig 1732.

Walther, G. (2010): Nachhaltige Wertschöpfungsnetzwerke - Überbetriebliche Planung und Steuerung von Stoffströmen entlang des Produktlebenszyklus, Wiesbaden.

Die Zeit der Agilität – Paradoxien der agilen Organisation

Martin Vogel[1]

Gliederung

Abstract

In den Managementdiskursen sowohl der Praxis wie der Wissenschaft spielt gegenwärtig die „agile Organisation“ eine zentrale Rolle. Organisationen, die langfristig in komplexen und sich schnell ändernden Umwelten erfolgreich sein wollen, müssen schnell und flexibel reagieren können, sie müssen agil sein, so die verbreitete Überzeugung. Was sich darüber hinaus allerdings hinter dem Begriff verbirgt, bleibt meist uneindeutig. Die Diskussion des Konzepts bleibt ebenso oberflächlich, eine Einordnung in einen organisationstheoretischen Kontext bleibt in der Regel aus. Ausgehend von einem systemtheoretischen Grundverständnis der Organisation werden in diesem Artikel daher wesentliche Annahmen des Konzepts organisationstheoretisch verortet. Dabei zeigt sich, dass die Befürworter der agilen Organisation wie die systemtheoretische Perspektive die ähnlichen Probleme fokussieren – nur mit sehr unterschiedlichen Lösungsvorschlägen.

---

[1] Dipl.-Psych. Martin Vogel ist wissenschaftlicher Mitarbeiter am Institut für interdisziplinäre Arbeitswissenschaft der Leibniz Universität Hannover; E-Mail: martin.vogel@wa.uni-hannover.de

„Anscheinend fällt, wenn in sachlicher und in sozialer Hinsicht Ideale formuliert werden, der Zeit die Aufgabe zu, Realität zu repräsentieren."
(Luhmann 2009a: 403)

1. Agilität und Komplexität – zwei „flottierende Signifikanten"

„Zeit" ist von Anbeginn(!) in Organisationen ein Thema. Allein die für Organisationen typische Arbeitsteilung wird nur möglich durch den Rückgriff auf Koordinationsleistungen in der Zeitdimension. Neben der Sach- und der Sozialdimension ist Zeit jedenfalls eine primäre Kategorie sozialer Systeme und als solche auch im täglichen Erleben allgegenwärtig (Luhmann 1984: 112ff). Dies zeigt sich auch darin, dass „Zeit" eines der am häufigsten gebrauchten Substantive der deutschen Sprache ist (Dohm-van Rossum 1988: 89). Für Organisationen bedeutet dies, dass sie nicht nur klären müssen, WER welche Aufgabe (WAS) macht, sondern eben auch entscheidend: WANN? Die Aufteilung von Arbeit sowie ihre Re-Kombination erfordern Termine zur Koordination, die bei steigender Komplexität der Organisation in weitläufigen Kaskaden integriert und ihrerseits untereinander koordiniert werden müssen. Allein schon deshalb entsteht die für Organisationen sprichwörtliche Zeitknappheit verbunden mit jener „Vordringlichkeit des Befristeten", die Niklas Luhmann in seinem gleichnamigen Artikel analysiert (Luhmann 1968).

Seit einiger Zeit erfährt die allgemeine Beschäftigung mit Zeitverhältnissen in Organisationen in der Managementliteratur allerdings eine besondere Konkretisierung. Auf der Suche nach den Organisationen der Zukunft besuchen die Vorstände der old-economy die Start-up-Szene im Nahen Osten oder fahren ins Silicon Valley, um von den googles, apples, facebooks und ebays zu lernen, wie man trotz dynamischer Umwelten stabile Gewinne erzielen kann. Eine Organisation, die sich in immer schneller verändernden Umwelten behaupten will, muss selbst schneller, wendiger, dynamischer – kurz: agiler werden[2], so eine derzeit weit verbreitete Annahme der Managementliteratur (vgl. Fischer et al. 2017). Beweglichkeit, Dynamik, Schnelligkeit haben schon von sich aus die Vermutung der Richtigkeit auf ihrer Seite – wer möchte schon gern starr, unflexibel und langsam erscheinen? Doch wie kommt es zu der Annahme, dass dies auch die angemessenen Umgangsformen mit komplexen Umwelten seien? Gern wird in diesem Zusammenhang auf die Evolution als Grundprinzip des erfolgreichen Wandels hingewiesen (z. B. Laloux 2015) – und ebenso gern übersehen, dass es gerade die evolutionär Angepasstesten sind, die in der nächsten Runde Schwierigkeiten bekommen.

Was Agilität genau meint ist schwierig auszumachen – Kerstin Förster und Roy Wendler haben einen Versuch unternommen, eine zusammenfassende Definition aus der Literatur zu Agilität aus fast 30 Jahren zu extrahieren (Förster & Wendler

[2] Vgl. nur z. B. die Studie der Beratungsfirmen osb-i und Kienbaum (Hahn et al. 2017; Mollbach & Bergstein 2015).

2012).[3] Demnach sind agile Organisationen in erster Linie schnell in ihren Entscheidungen, aber auch flexibel, fluide, dynamisch, beweglich, prozessorientiert, extrem kundennah, umweltsensibel, qualitätsbewusst aber auch innovativ, zukunftsorientiert, menschlich, hierarchiearm, teamorientiert, resilient, proaktiv ... und vieles mehr! Dass sich dabei das eine oder andere Kriterium widerspricht, fällt nicht weiter ins Gewicht. Fabian Brückner und Falko von Ameln fassen zusammen:

„Das Konzept der Agilität steht für ein Idealprinzip der Organisationsgestaltung, dessen Ziele im kurzen Abriss wie folgt zusammengefasst werden können:

- höhere Reagibilität auf (kritische) Entwicklungen in der Umwelt,
- gesteigerte Fähigkeit zur kontinuierlichen Selbstveränderung,
- schnellere Entscheidungsfindung,
- Nutzung verteilten Wissens,
- Selbstorganisation in netzwerkförmigen Strukturen“ (Brückner & Ameln 2016: 383)

Im Rückgriff auf ein Konzept von Claude Levi-Strauß bezeichnet Günther Ortmann derartige Begriffe als „flottierende Signifikanten“ (Ortmann 2017), letztlich inhaltsleere Worthülsen, die dennoch in der Lage sind, Verständigung zu organisieren. Man weiß nicht, was Agilität eigentlich genau meint, kann aber dennoch kommunikativ problemlos anschließen, wenn davon die Rede ist.

Es gehört zum guten Ton kritischer Managementforschung, genau diesen Umstand der „Management-Adjektive“ zu kritisieren (vgl. „lean“ oder „smart“ bei Ortmann (2017)), oder zumindest das Alte in den neuen Konzepten zu suchen, sie als Moden zu desavouieren (vgl. Kieser 1996; Kühl 2000) und damit sich selbst in eine unangreifbare Position zu bringen (Nicolai & Simon 2001). In ähnlicher Weise ließe sich auch die „agile Organisation“ kritisieren. Die Betonung des „Faktor Mensch“, die Fokussierung auf teil-autonome Gruppen, flache Hierarchi-

[3] Diese Zusammenfassung wird im übrigen gern in Veröffentlichungen zu Agilität als Beleg für die langjährige wissenschaftliche Tradition des Begriffs zitiert (z. B. Häusling 2017: 30ff). Interessant ist, dass an diesen Stellen auch oft der Name Parsons als „Mit-Begründer“ der Agilitäts-Perspektive genannt wird, vermutlich weil er seine Darstellung der Grundfunktionen von Systemen (Adaptation; Goal Attainment; Integration; Latency bzw. Latent Pattern Maintenance) mit dem Akronym „A-G-I-L“ abkürzte (Parsons & Smelser 1956). Vermutlich handelt es sich hier um ein Beispiel der Folgeprobleme digitaler Literaturrecherche, das zwar schnell gefunden, aber ungeprüft übernommen wurde.

en ... all dies sind erst einmal keine neuen Ideen.[4] Das wird aber von den Befürwortern der „agilen Organisation“ auch nicht ernsthaft behauptet – im Gegenteil: man bezieht sich gerade auf eine langjährige wissenschaftliche Entwicklungsgeschichte des Konzepts, um dem Anschein einer „Managementmode“ vorzubeugen (vgl. Häusling 2017). Agilität in ihren Einzelheiten ist lange bekannt, nur ist jetzt der Zeitpunkt gekommen, wo sie besonders wichtig wird – so die Argumentation. Der Hintergrund hierfür ist die, auch in der Organisationstheorie nachvollzogene, Beobachtung, dass organisationale Umwelten in den letzten Jahrzehnten durch einen dramatischen Anstieg[5] von Volatilität, Unsicherheit, Komplexität und Ambiguität gekennzeichnet sind – Globalisierung, technologische Entwicklung (insbesondere im Zuge der Digitalisierung), demografischer Wandel und steigende gesellschaftliche Erwartungen an Organisationen sind nur einige Treiber dieser sogenannten „VUKA-Welt“ (vgl. Mack 2016; von Ameln & Wimmer 2016) bzw. unter Umständen einer „next society“ (vgl. Baecker 2007, 2018; Drucker 2017; Nassehi 2019). Mit Agilität soll nun die Lösung für das Problem der Komplexität der Umwelt gefunden sein (vgl. bereits Goldman et al. 1996; Warnecke 1997).

Dass das Konzept der Agilität in all seiner Unbestimmtheit für die Organisationspraxis seinen Reiz hat (mindestens auf der „Schauseite“ (Kühl 2011: 136ff), aber sicher auch auf der Ebene der praktischen Umsetzung), bleibt unbenommen - aus organisationstheoretischer Perspektive darf man hier jedoch skeptischer sein.

[4] So findet sich z. B. der „Fokus Mensch“ und die Betonung der informalen Organisation nicht nur im Kontext der agilen Organisation, sondern bereits im Human-Relation-Ansatz (vgl. Bea & Göbel 2006: 77) und die Betonung der Eigenverantwortung und Selbstmotivation wird aus dem Human-Ressource-Ansatz übernommen (Schreyögg 2003: 53). Hierzu gehört auch die Verlagerung der Entscheidungsgewalt von der Spitze an die Basis der Organisation und eine „Firmenkultur der geteilten Verantwortung und Haftung“ (Goldman et al. 1996: 96ff). Auch die hierarchiekritische Haltung und die Betonung der Idee der Selbst-Organisation ist nicht neu (vgl. Herbst 1976; Baecker 1999a). Entsprechend finden sich in der Litera-tur zur Agilen Organisation Bezüge zur sozialwissenschaftlichen Selbstorganisationstheorie (Haken & Schiepek 2006; Schiepek 1999). Übernommen wird insbesondere die Perspektive, dass ein einzelner Entscheidungsträger nicht das gesamte Spektrum der Entscheidungsmöglichkeiten erfassen kann (Kruse 2004). Die agile Organisation strebt eine Kontextsteuerung (Willke 1989) an, die zwischen inkrementeller Anpassung und der direkten zielgerichteten Intervention liegt. Zudem werden diskursive Entscheidungsprozeduren empfohlen (Wolf 2011: 433). Dass sich bei all der Betonung der Notwendigkeit von autonomer Selbst-Organisation in der Literatur dennoch zahlreiche Gestaltungsempfehlungen für das Management(!) finden, scheint indes wenig zu irritieren (vgl. D. J. Anderson et al. 2012; K. Anderson & Uhlig 2015; Brandes & Gemmer 2014). „Insofern steht der aktuelle Hype um Agilität in einer langen Traditionslinie von Enthierarchisierungsprogrammen (von Lean Management und Kaizen über Projektmanagement bis hin zu den Partizipationskonzepten der Organisationsentwicklung)“ (Brückner & Ameln 2016: 383).

[5] Wir lassen hier den Komparativ stehen, ohne zu diskutieren, ob Unsicherheit oder Komplexität überhaupt steigerungsfähig sind. Siehe zu dieser Diskussion z. B. (Baecker 1999b; Luhmann 2009b).

Können agile Formen des Organisierens eine Lösung für theoretische Organisationsprobleme sein?

Im Folgenden wird mit Hilfe der Systemtheorie eine teilweise Rekonstruktion wesentlicher Elemente des Agilitätskonzepts entwickelt. Dabei fällt auf, das insbesondere agile Methoden des Organisierens durchaus auch Lösungen für organisationstheoretische Probleme darstellen können. Allerdings wird auch deutlich, dass dies nur unter bestimmten Bedingungen gelingt. Zuvor werden jedoch zunächst einige grundlegende Begriffe eingeführt, die für die Rekonstruktion nötig sind.

2. Zentrale Begriffe

2.1. Organisation

Ausgehend von einem systemtheoretischen Organisationsverständnis werden Organisationen im Folgenden als Entscheidungssysteme gefasst, als Systeme also, deren Elemente Entscheidungen sind (und nicht etwa Menschen!). Soziale Systeme, also auch Organisationen, bestehen aus Kommunikationen, die sich auf Kommunikationen beziehen und die an Kommunikationen anschließen.[6] Für Organisationen ist nun eine bestimmte Form von Kommunikation besonders relevant: In Organisationen kann alles (muss aber nicht!), was passiert, als Entscheidung behandelt werden.[7] „Das mag als nachträgliche Überraschung kommen, besonders wenn es um Unterlassungen geht. Man hatte sich verhalten wie immer, und plötzlich wird festgestellt, dass das eine Entscheidung war, oder man wird behandelt wie jemand, der sich entschieden hat, etwas zu unterlassen" (Luhmann 1988: 166f). In Organisationen beziehen sich Entscheidungen immer auf bereits getroffene Entscheidungen und verweisen auf zukünftige.

„Auf dieser Theoriegrundlage können organisierte Sozialsysteme begriffen werden als *Systeme, die aus Entscheidungen bestehen und die Entscheidungen, aus denen sie bestehen, durch die Entscheidungen, aus denen sie bestehen, selbst anfertigen.* Mit „Entscheidung" ist dabei nicht ein psychischer Vorgang gemeint, sondern eine Kommunikation; nicht ein psychisches Ereignis, eine bewusstseinsinterne Selbstfestlegung, sondern ein soziales Ereignis" (Luhmann 1988: 166 Hervorhebung im Original).

[6] Luhmann beginnt also mit einer zirkulären Definition: „Eine Organisation ist ein System, das sich selbst als Organisation erzeugt" (Luhmann 2000: 45). Die systemtheoretische Perspektive kann an dieser Stelle nicht grundlegend erörtert werden. Für einen umfassenden Überblick dieser Theorie-Perspektive siehe z. B. (Luhmann 1984, 2004) bzw. einführend mit Blick auf Organisationen (Tacke & Drepper 2018: 58ff).

[7] So ist z. B. auch die Mitgliedschaft in einer Organisation immer nur Folge einer (doppelten) Entscheidung – der der Organisation, eine Person einzustellen und der der Person, Mitglied zu werden.

2.2. Zeit

Über den Entscheidungsbegriff bekommt man nun einen Zugang zur Zeitlichkeit in und von Organisationen. Nimmt man z. B. mit „Schnelligkeit" eines der wesentlichen Bestimmungsstücke von Agilität in den Blick, so zeigt sich zunächst eine zentrale Schwierigkeit: die Beobachterabhängigkeit dieses Kriteriums! Zeit als solche ist als diffuses Hintergrundrauschen immer gegeben (unabhängig von der philosophischen Frage, was Zeit eigentlich ist – vgl. Augustinus, 2000). Ein Problem im Umgang mit Zeit ist damit, dass sie als solche nicht beobachtbar ist – zumindest so lange nicht, wie kein Beobachter die Unterscheidung von Vorher und Nachher einführt. Es bedarf also eines Ereignisses, eines Zeitpunktes, der diese Unterscheidung möglich macht. Die Gegenwart bietet sich da förmlich an, als Übergang von „Noch nicht" in „Nicht mehr" markiert sie zugleich die Unterscheidung von Vergangenheit und Zukunft. „Zeit ist demnach für Sinnsysteme die Interpretation der Realität im Hinblick auf eine Differenz von Vergangenheit und Zukunft" (Luhmann 1984: 116).[8]

Neben der Gegenwart bieten sich vor allem in Organisationen Entscheidungen als „Zeitgeber" an. Auch über Entscheidungen wird nicht nur die Zeit in die Zeit eingeführt, d.h. Zeit wird durch das „Vor" und das „Nach" einer Entscheidung beobachtbar (das setzt übrigens voraus, dass die Entscheidungen selbst „zeitfest" gebaut sind, also vor der Entscheidung die gleichen sind wie nach der Entscheidung), sondern Entscheidungen richten Zeit selbst in Vergangenheit und Zukunft ein. Das klingt kompliziert, ist aber leicht verständlich, wenn man sich die Frage vor Augen führt, wann und unter welchen Umständen Entscheidungen überhaupt möglich bzw. notwendig sind. Zunächst würde man Entscheidungen immer dann für notwendig halten, wenn es gilt, eine Wahl zwischen mindestens zwei Alternativen treffen zu müssen. Der Bezug zur Zeitdimension wird hier nicht sofort deutlich und ist dennoch gegeben. Denn wenn man eine Wahl treffen muss, so geht man davon aus, dass sich die Dinge in der Zukunft anders entwickeln werden, je nachdem, ob man die Entscheidung so oder anders trifft. Die Zukunft liegt gewissermaßen als gestaltbar (und „leer") vor uns. Bezogen auf die Vergangenheit belegt allein die Tatsache, vor einer Entscheidung zu stehen, dass die gegenwärtige Situation eben nicht durch die Vergangenheit komplett determiniert ist. Entscheidungen wären sonst gar nicht möglich oder zumindest nicht notwendig. Über die Möglichkeit zur Entscheidung scheint man einen gewissen Spielraum in der Zeit zu gewinnen – die Zukunft erscheint gestaltbar, obwohl unbekannt und noch unbeobachtbar, die Vergangenheit ist zwar unabänderlich, aber doch interpretierbar (vgl. Luhmann 2005a: 35f).

Nimmt man die Annahme der Systemtheorie ernst, dass sich Organisationen als soziale Kommunikationssysteme lediglich aus Entscheidungen zusammensetzen, so hat dies für das Konzept der Agilität eine bemerkenswerte Konsequenz: Entscheidungen haben die Zeitform eines Ereignisses, eines Vorfalls, der sich nur

---

[8] Hier zeigt sich allerdings die Zeit-Paradoxie: Die Gegenwart existiert eben nur als Differenz von Vergangenheit und Zukunft, „sie hat keinen Platz in der Welt" (Luhmann 2000: 154).

beobachten lässt, wenn man die Unterscheidung „vor der Entscheidung/nach der Entscheidung" benutzt (Luhmann 2000: 45). Als Ereignisse haben Entscheidungen selbst keine Dauer – können also damit weder schneller noch langsamer getroffen werden! Entscheidungen vergehen sofort wieder, nachdem sie gefallen sind – sie müssen erinnert werden, sollen sie Bestand haben, in dem sich andere, Folge-Entscheidungen von Moment zu Moment in der Gegenwart (wo sonst?) auf sie beziehen. Organisationen, wie alle Sinn verarbeitenden Systeme, bestehen damit aus höchst-flüchtigen Elementen! Auf operativer Ebene sind Organisationen als soziale Systeme also per se agil – d.h. sie reproduzieren sich aus den Elementen (Entscheidungen), die sie selbst produzieren, permanent neu.[9] Die Bezeichnung einer Organisation als „agil" ist vor diesem Hintergrund also zunächst einmal irreführend – auch die starrste Bürokratie wäre in dieser Perspektive eine agile Organisation. Um sich permanent als „starre Bürokratie" reproduzieren zu können, müssen auch dort immerfort Entscheidungen angefertigt, aufeinander bezogen und immer wieder neu getroffen werden – und so herrscht auch in der Bürokratie durchaus Geschäftigkeit: Akten werden angefordert, weitergegeben, Bescheide geprüft, erstellt, verschickt, widersprochen ... ob dabei „in der Sache" entschieden wird oder die Organisation darüber entscheidet, ob hier richtig entschieden wird, ist für die Fortsetzung der Autopoiesis (Stabilität des Systems, s.u.) zunächst einmal unerheblich.

In der Perspektive der Systemtheorie stellt sich folglich ein ähnliches und dennoch nahezu gegensätzliches Problem zu dem, was die Befürworter der Agilität in Organisationen ausgemacht haben. Auch die Systemtheorie sucht in gewisser Weise nach den Bedingungen des „Überlebens" der Organisation, allerdings nicht verbunden mit der Frage, wie sie dynamisiert werden kann, sondern vielmehr, wie sie sich überhaupt dauerhaft herstellt! Wie ist Systemstabilität möglich, wenn ein System aus Elementen besteht, die sofort nach ihrem „Erscheinen" wieder vergehen?[10] Die Antwort der Systemtheorie: Soziale Systeme bilden Strukturen aus, um Anschlüsse von Ereignissen an Ereignissen, zu ermöglichen, „um einzuschränken, was auf was folgen kann. [...] Alles, was der Überbrückung der Distanz von Entscheidung zu Entscheidung dient, hat deshalb im System die Funktion einer Struktur. [...] Sofern eine Entscheidung als Prämisse anderer Entscheidungen dient - sei es qua Erinnerung oder qua Antizipation -, bildet sich eine Struktur. Da es sich um ein dynamisches System handelt, das aus ständig wegfallenden Elementen besteht, genügen für die Autopoiesis schon ad hoc und kurfris-

[9] Die Unterscheidung von „operativen" und „strategischen" Formen der Agilität (Schrempf & Schwaiger 2019: 628f) macht vor diesem Theoriehintergrund wenig Sinn.

[10] Und mit Blick auf die Befürworter der Agilität in Organisationen: Wie entsteht der Eindruck von Starrheit angesichts solch basaler Dynamik?

tig gebildete Strukturen, sofern sie nur irgendwie einschränken und damit entscheidbar machen, wie entschieden werden kann" (Luhmann 1988: 172).[11]

2.3. Komplexität

Komplexität ist eines der zentralen Konzepte der Systemtheorie (vgl. Luhmann 1970a, 1970b, 1984: 45ff, 249ff, 1987: 6ff, 1999a Kap. IIX, 2004: 172ff, 2005a, 2009b, 2009c, 2019; Baecker 1999b; Esposito 2009; Willke 2009). Grundlegend ist hier zunächst der Gedanke, dass Komplexität kein Wesensmerkmal an sich ist. Das heißt die Welt ist (vermutlich, es lässt sich schlicht keine überprüfbare Aussage darüber machen) nicht „an sich" komplex, sondern sie wird als solche konstruiert, indem ein Beobachter Unterscheidungen in eine „an sich" differenzlose Welt einführt. Man kann nur „etwas" sehen, indem man es von „etwas anderem" unterscheidet, so die ebenso einfache wie weitreichende Grundprämisse der systemtheoretischen Beobachtungstheorie (vgl. zusammenfassend Krause 2005: 88ff). Für Luhmann stehen hierfür lediglich drei Dimensionen zur Verfügung, auf denen grundsätzlich Unterscheidungen sinnhaft getroffen werden können: Zum einen kann ein Ereignis als solches zeitlich beobachtet werden, indem ein „Vorher" und ein „Nachher" unterschieden wird (so schon oben die Beobachtung der Zeitlichkeit in Organisationen). Auf der Zeit-Dimension wird also zwischen Vergangenheit und Zukunft unterschieden. Zum anderen lässt sich auf der Sachdimension ein Ereignis von anderen unterscheiden, indem sachliche Kriterien bestimmt werden, die diese Unterscheidung leiten. „Dies" und nicht „Das" wird betrachtet. Zum Dritten schließlich wird in der Sozialdimension deutlich, dass der Beobachter nicht allein auf die Welt schaut – auch andere Beobachter beobachten die Welt und beobachten, wie andere beobachten … Es gibt folglich unterschiedliche Perspektiven auf die Welt, die sich unterscheiden lassen. Warum es genau diese drei Dimensionen sind, die Beobachtung und Kommunikation sinnhaft leiten, vermag auch Luhmann selbst nicht zu sagen (Luhmann 2004: 238). Vielmehr ist ihm der Verweis darauf, dass sich keine vierte Dimension finden lasse, die sich hinreichend von den übrigen dreien abgrenzen ließe, Argument genug, es bei den

---

[11] Strukturen dieser Art können sich „in hohem Maße adhocratisch" (Luhmann 1988: 173) bilden, sie können aber auch selbst wiederum zum Gegenstand von Entscheidungen gemacht werden. In Anlehnung an Herbert Simon nennt Luhmann solche Entscheidungen, die über andere Entscheidungen entscheiden, Entscheidungsprämissen (Programme, Kommunikationswege, Personal) (Luhmann 1988: 176ff, 2000: 222ff) z. B. in Form von Personalentscheidungen oder aber der Entscheidung, zukünftig vermehrt agile Organisationsmethoden einzusetzen und auf hierarchische Steuerung zu verzichten. Es gibt aber auch Strukturen, die sich „wie von allein" entwickeln (nichtentschiedene Entscheidungsprämissen, oder „Organisationskultur" (Luhmann 2000: 145). Das Besondere an dieser Form der Entscheidungsprämissen ist, dass sie nicht mit Hilfe von Entscheidungen zu ändern ist, eben weil über sie niemals entschieden wurde (Kühl 2011: 116ff).

dreien zu belassen.[12] Wir kommen weiter unten auf diese drei von Luhmann als „Sinndimensionen" bezeichneten Perspektiven als Analyseheuristik der agilen Organisation zurück. Wesentlich ist hier zunächst der Hinweis, dass sich Komplexität als Konstruktion eines Beobachters in allen drei Dimensionen steigern lässt: Als Ausdifferenzierung in der Zeit („und davor…", „und davor…"), auf der Sachdimension („genauer betrachtet zeigt sich, dass …") und auf der Sozialdimension („die einen sagen so, die anderen so …").

Als Beobachter der Welt kommen für die Systemtheorie selbst wiederum nur Systeme in Frage (psychische aber auch soziale[13]). Der Eindruck einer komplexen Welt als solche entsteht nun durch ein System, das sich von seiner Umwelt unterscheidet und selbst weniger Möglichkeiten zur Reaktion besitzt, als die es umgebende Umwelt.[14] Wie schon für Organisationen dargestellt, erzeugen Systeme die Elemente, aus denen sie bestehen selbst, sie sind operational geschlossen – d.h. es gibt keinen direkten Bezug zwischen Umwelt und System. „Geht man von dieser Annahme einer selbstreferentiellen Geschlossenheit aus, muss man alle externen Referenzen, die im System benutzt werden, als interne Operationen auffassen. […] Alles kommt, mit anderen Worten, darauf an, was in Entscheidungen explizit oder implizit zitiert wird; und es gibt keine davon unabhängige Realität, die eine Organisation direkt beeinflussen könnte" (Luhmann 1988: 166).

Systeme haben also keinen direkten Bezug zu „ihrer" Umwelt, allerdings sind sie in der Lage Probleme der Umwelt in eigene zu übertragen. Systeme „suchen" sich Problemlagen in ihrer Umwelt, transformieren sie intern in Systemprobleme, für die sie dann geeignete Lösungen finden können (Problemverschiebung, s. Luhmann 1970a: 117).[15] Wenn also in Organisationen von Komplexität der Umwelt die Rede ist, dann ist immer von systeminterner, also systemseitig „zugerichteter" Umweltkomplexität die Rede – letztlich also von der Komplexität des

[12] Hin und wieder wurde der Versuch unternommen, die „Raum-Dimension" als eine vierte Sinndimension einzuführen (vgl. Krutter 2009; Lippuner 2005; Schroer 2007, 2008). Für Luhmann lässt sich die Raumdimension allerdings nicht hinreichend von der Sachdimension unterscheiden (vgl. Luhmann 2004: 239).

[13] Für diese Unterscheidung siehe (Luhmann 1984: 346ff).

[14] Schon Ross Ashby hatte mit seinem Gesetz der „requisite variety" darauf hingewiesen, dass es immer ein Komplexitätsgefälle zwischen Umwelt und System gibt (Ashby 1958). Die Umwelt war für Organisationen also schon immer „vuka", also immer schon komplexer als die Organisation selbst.

[15] „Infolge eigener Komplexität kann ein System mehr und mehr Umweltprobleme in sich hineinziehen, ihnen eine andere, oft unvergleichbare Fassung geben und sich dadurch einen vereinfachten Bezugsrahmen für den bewussten oder unbewussten Einsatz systeminterner Problemlösungstechniken schaffen, die in der Umwelt nicht zur Verfügung stehen und auch nicht unvermittelt auf die Umwelt angewandt werden könnten" (Luhmann 1970a: 117f). Was der Kunde „wirklich" will bleibt für die Organisation damit unerreichbar – sie kann versuchen, sich entlang allerlei Kundenbefragungen einen Reim darauf zu machen.

Systems und gerade nicht der Umwelt. Die Umwelt ist also für die Organisation immer nur so komplex, wie sie sie intern abbildet.

Ein System kann allerdings selbst wiederum „komplex“ sein, wenn es so groß wird, also so viele Elemente enthält, dass nicht mehr jedes Element mit jedem anderen verknüpft werden kann. Nicht nur die Elemente, sondern auch ihre Verknüpfungen sind in komplexen Systemen kontingent. Nimmt die Größe eines Systems weiter zu, ist relativ schnell der Punkt erreicht, wo zwischen Relationen selektiert werden muss. Eine Form des Umgangs mit systeminterner Komplexität ist, Zeit in Anspruch zu nehmen, um die Elemente nicht zeitgleich, sondern nacheinander zu verknüpfen. Eine weitere wäre, verschiedene Aufgaben zeitgleich, parallel zu bearbeiten – in beiden Fällen bleibt das Problem der Koordination der einzelnen Prozesse.

3. Wie auf Komplexität reagieren? – Varietät oder Redundanz?

Wie lässt sich also mit der Komplexität der Welt umgehen? – Die Antwort der Systemtheorie: Durch die Bildung von Systemen und die Übersetzung von Umwelt-Komplexität in systemeigene Probleme! Luhmann unterscheidet allgemein für soziale Systemen drei grundlegende „Ersatzprobleme“ für die Komplexität der Welt entlang der drei genannten Sinndimensionen: „In der Zeitdimension vor allem das Problem des Bestandes, in der Sachdimension das Problem der Knappheit, in der Sozialdimension das Problem des Dissenses“ (Luhmann 1970a: 118).[16]

Für die Ausdifferenzierung eines komplexen sozialen Systems wie einer Organisation sind diese „Ersatzprobleme“ allerdings noch zu unbestimmt, sie müssen weiter spezifiziert werden. In Organisationen geschieht dies „vornehmlich durch ‚Programmierung‘ des Handelns, d.h. durch Entscheidung über Entscheidungsprämissen, bei deren Beachtung das Handeln richtig und bei deren Verfehlung es falsch ist. Das ursprüngliche Problem der Umweltkomplexität wird so aufgelöst und verkleinert in Probleme der Programmkoordination und des Vermeidens von ‚Fehlern‘ (Luhmann 1970a: 118f).

Wie sorgen wir dafür, dass es uns morgen noch gibt? Wie sorgen wir bei knappen Ressourcen für richtige Entscheidungen? Wie sorgen wir für Folgebereitschaft und Akzeptanz von Entscheidungen unter den Mitgliedern? – dies als drei Bei-

[16] Die Bestandsproblematik wird auch in der Diskussion um Agilität offenbar – Organisationen müssen agil werden, wollen sie langfristig bestehen bleiben. Die Knappheitsproblematik ist weit weniger intensiv diskutiert worden – Geldknappheit ist dabei nicht die einzige Variante. Viele Dinge sind knapp in Systemen: Knappheit an Energie, an physischen Zwangsmitteln, an Konsens, an Stimmenzahlen, an Innvoationen, an Zeit, usw. (vgl. Luhmann 1968).

spielfragen, die – gestellt auf einem Gründungs-Meeting eines Start-ups – die systemseitige Komplexität unmittelbar in die Höhe schnellen lassen dürften.[17]

Die Antworten auf Fragen dieser Art werden Entscheidungen sein, die weiteres Entscheiden orientieren: Entscheidungsprämissen (Luhmann 2000: 222ff.). Mit Hilfe dieser Prämissen „für richtiges Entscheiden" lässt sich systemeigene Komplexität in Teilen steuern – nämlich indem sie formal festlegen, was zum Gegenstand zukünftiger Entscheidungen einer Organisation werden kann – und was nicht: Produkte, Personal, Märkte… und weniger die religiöse Gesinnung der Mitglieder (obwohl es Organisationen gibt, die auch dies formal regeln). Über die Entscheidung über Entscheidungsprämissen lässt sich die systeminterne Komplexität so entweder steigern oder verringern.

Luhmann (1988) führt mit Blick auf diese Perspektive die Begriffe der Redundanz und Varietät ein. Beide Begriffe legen den Standpunkt eines Beobachters zugrunde, der sich über ein System informieren möchte. Als Redundanz ließe sich die strukturelle Einschränkung der Entscheidungszusammenhänge bezeichnen (Elaboriertheit der Entscheidungsprämissen, s. Fußnote 10). Sie „erreicht ihren Höchstwert, wenn ihm eine Information genügt, um das System kennen zu können. […] Die Redundanz nimmt ab, wenn im Falle von Organisationen die Kenntnis einer Entscheidung weniger und weniger Rückschlüsse darauf ermöglicht, wie vorher entschieden worden ist und wie weiterhin entschieden wird" (Luhmann 1988: 174). Im Fall der Varietät liegt der Fall andersherum: „Sie ist gering, wenn das System immer nur mit sehr ähnlichen Entscheidungen befasst ist, und sie nimmt zu, wenn die Spannweite der getroffenen Entscheidungen erweitert wird" (Luhmann 1988: 174).

In dieser Gegenüberstellung von Redundanz und Varietät lässt sich nun unschwer die bekannte Unterscheidung zwischen starrer Bürokratie und agiler Organisation ausmachen. In der Selbstbeschreibung derjenigen Organisationen, die sich selbst als agil bezeichnen, finden sich nicht selten Hinweise auf Diversität, Dynamik, Innovation ..., alles Attribute, die eher mit Varietät als mit Redundanz im Entscheidungsverhalten von Organisationen verbunden werden: „Agilität als Antwort" (Hahn et al. 2017) auf die ausgemachten Herausforderungen der gegenwärtigen Marktbedingungen – und nicht „Mehr desselben!" (Redundanz)! Eine Organisation, die unter diesen Bedingungen erfolgreich sein will, muss sich beständig in Frage stellen, sich immer wieder neu erfinden, neue Themen für sich entdecken – anders entscheiden.

Was aber meint hier „Erfolg"?

Für die Systemtheorie ist das einzig „harte" Erfolgskriterium für Organisationen, dass es sie noch gibt (vgl. Simon 2009): Stabilität, verstanden als die permanente Fortsetzung der Autopoiesis. So lange für die Organisation sich Entscheidungen

---

[17] Sofern diese nicht bereits anders reduziert wird – weil man sich z. B. schon lange kennt und weiß, oder glaubt zu wissen, was man voneinander erwarten kann. Oder weil Diskussionen dieser Art mit dem „Primat der Tat" (Peters & Waterman 1984) unterbunden werden: Nicht lang reden - „Einfach machen!" (Bergfeld 2020).

an Entscheidungen anschließen und auf bereits getroffene Entscheidungen Bezug genommen wird, so lange besteht die Organisation „erfolgreich". Wie dies genau geschieht, also über Stärkung des internen Regelwerks und Erhöhung der Redundanz oder über die Ausweitung der Entscheidungsvielfalt ist dabei unerheblich. „Beide Veränderungen können der Stabilität des Systems, interpretiert als Fortsetzbarkeit der Autopoiesis, dienen oder ihr abträglich sein. Mit anderen Worten: Die Frage der Stabilität und die Anschlussfrage der Stabilitätsdifferenz im Verhältnis zur Umwelt betreffen verschiedene Dimensionen" (Luhmann 1988: 175). Abbildung 1 zeigt eine mögliche Darstellung dieses Zusammenhangs.

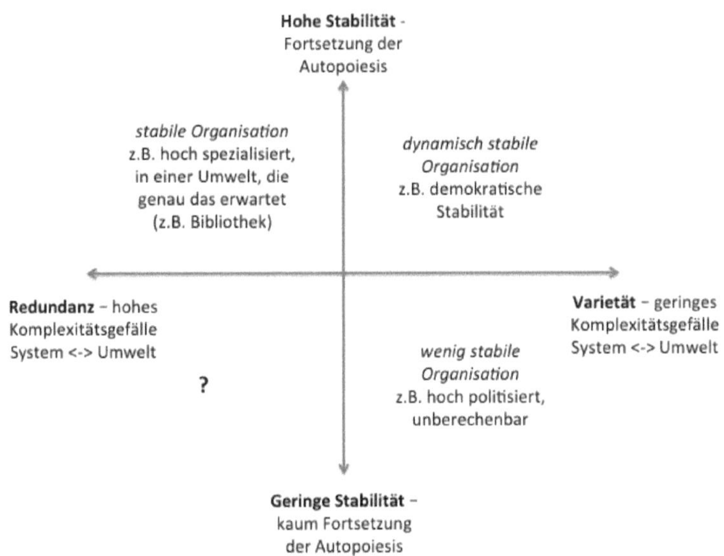

Abbildung 1: Zum Verhältnis von Stabilität, Redundanz und Varietät[18]

[18] Dies ist ein erster Versuch, der Redundanz und Varietät als die zwei Seiten einer Unterscheidung darstellt. Diese Darstellung legt der Text von Luhmann (1988) nahe – allerdings wäre auch eine Darstellung von Redundanz und Varietät als zwei Dimensionen (wenn auch nicht orthogonal!) mit dem Text vereinbar: Varietät lässt sich nicht direkt auf Redundanz zurückführen, hängt aber mit ihr zusammen, heißt es wenig konkret auf Seite 174. Als „Leerstelle" in dem Konzept zeigt sich in der Tat der III. Quadrant – als noch zu füllende Forschungslücke.

Daraus folgt, dass sowohl Varietät im Entscheidungsverhalten als auch Redundanz für Stabilität sorgen können (es gibt eben Organisationen, die gut beraten sind, „ihre Redundanzen zu pflegen“). „Starrheit als Antwort!“ – wäre also aus dieser Perspektive ebenso plausibel. Auch „organisationale Trägheiten“ scheinen ihre Vorteile zu haben, vor allem wenn man langfristige Erfolge in den Blick nimmt (vgl. Becker 1995; Hannan & Freeman 1984; Miller & Ming-Jer Chen 1994). Man darf eben auch nicht auf jede vermutete Veränderung in der Umwelt reagieren (vgl. die „neurotische“ Organisation bei Day & Schoemaker 2004, 2006), vielmehr ist die Fähigkeit, unterschiedliche Ereignisse gleich behandeln zu können, ein ebenso wirksames Erfolgsrezept: „Lob der Routine“ (Luhmann 1971). Welches Konzept letztlich Erfolg verspricht, ist immer abhängig von dem Bild, das sich die Organisation von ihrer Umwelt macht. Welcher Ansatz Erfolg hat, sieht man immer erst hinterher!

Das Konzept der agilen Organisation, das sich selbst als Reaktion auf sich „immer schneller verändernde VUKA-Umwelten“ beschreibt, erscheint in diesem Punkt selbst wenig umweltsensibel, indem es versucht, Agilität als allgemeine Lösung darzustellen.[19] „Wie agil ist das Konzept der Agilität?“ wäre hier eine interessante, rekursive Frage.[20]

4. Paradoxien der Agilität

Varietät und Redundanz scheinen sich auf den ersten Blick wechselseitig auszuschließen – als die beiden Pole einer Dimension lässt sich die eine nur durch die Reduktion der anderen erhöhen, zusammen lassen sich beide nicht steigern. Die These des folgenden Abschnitts ist allerdings, dass dies dem Konzept der „Agilität“ durchaus gelingt, die Paradoxie der „Gleichzeitigkeit des Ungleichzeitigen“ (Luhmann 2009d: 96) zu entfalten – wenn auch auf unterschiedlichen Ebenen.

4.1. Steigerung der Varietät: Die agile Organisation

Wenn man sich nun die Attribute betrachtet, die allgemein mit dem Konzept der Agilität in Verbindung gebracht werden, so ist zu vermuten, dass in agilen Organisationen zunächst einmal die Varietät des Entscheidungsverhaltens gesteigert wird. Mit Blick auf die oben eingeführten drei Sinndimensionen stehen ihnen da-

---

19 Vgl. etwa Versuche, Agilität in Verwaltungen zu etablieren (Bartonitz et al. 2018), deren gesellschaftliche Funktion auch gerade in der „Entschleunigung“ als eine Gegenstrategie zu einer „hochtemporalisierten Welt“ zu vermuten ist (Fuchs 2010: 36).

20 In ähnlicher Weise ließen sich im Übrigen auch die Konzepte zur Einführung von Agilität in Organisationen beobachten, die oftmals erstaunlich „wasserfallartig“ auftreten, also eindeutige Stufenpläne vorgeben und damit alles andere als agil daherkommen, z. B. „Ein maßgeschneiderter Kommunikationsplan für das gesamte Vorhaben ist Pflicht“ (Klaffke 2017: 15). Auch entwickeln sich agile Organisationen offenbar erstaunlich linear, entlang eindeutiger Reifegrade-Modelle (vgl. Häusling 2017: 33ff).

für grundlegend zwei Varianten zur Verfügung: a) Entscheidungen genauer zu treffen – relevante Sachthemen werden detaillierter betrachtet (Sach-Dimension) – und/oder b) mehr und andere Personen an den Entscheidungen zu beteiligen (Sozial-Dimension), jeweils mit dem Ziel, der Komplexität der Umwelt gerechter zu werden. Der ersten Variante entsprechen Ideen zunehmender Rationalisierung von Entscheidungszusammenhängen, der zweiten Bestrebungen der Demokratisierung von Organisationen. In der agilen Organisation wird letztlich besser entscheiden, weil die Themen gründlicher durchdacht werden, weil in cross-funktional vernetzten Teams verschiedene Personen mit unterschiedlichen Wissensbeständen zu adäquateren Lösungen kommen, als die Entscheidungen einer einzelnen, durch Hierarchie ausgewiesenen Führungskraft. In der Darstellung der Agilitäts-Befürworter sind diese Entscheidungsprozesse zudem noch schneller und effektiver, ja schlanker, weil sie direkt in den Teams ohne den langen Weg durch die hierarchischen Instanzen getroffen werden können.

Eine Steigerung der sachlichen wie sozialen Komplexität, die aber dennoch schneller bearbeitet werden kann? – Aus einer systemtheoretischen Perspektive ist das schwer nachvollziehbar. Vielmehr ist zu erwarten, dass Rationalisierungs- wie Demokratisierungsbestrebungen in Organisationen eher zu Wachstum der Entscheidungsbedarfe als zu deren Verschlankung führen (vgl. Luhmann 2009a: 399). Der Grund dafür ist in der Theorie leicht nachzuvollziehen: Soziale Systeme können ihre Elemente nicht weiter aufteilen! Entscheidungen lassen sich nicht in kleinere Teile zerlegen (z. B. in Motive oder Nervenimpulse) – sondern nur in weitere Entscheidungen! Ein Thema aus verschiedenen Perspektiven zu betrachten, meint eben auch eine Entscheidung durch verschiedene Entscheidungen zu ersetzen. „Rationalisierung erzeugt, mit anderen Worten Strukturprobleme, die nicht mitrationalisiert worden sind“ (Luhmann 2009a: 401).

In ähnlicher Weise erhöht auch die Beteiligung mehrerer Personen an einer Entscheidung ebenfalls den Entscheidungsbedarf: Wer ist zu beteiligen? Warum? Wie kommen wir zu einer Entscheidung? Was ist mit Veto-Rechten? Für wen? … – Luhmann nennt diese Form auch „parasitäres Entscheiden“ (Luhmann 1988: 179ff) – der eigentlichen Entscheidung werden weitere Entscheidungen vorgeschaltet, ohne das man dadurch der „eigentlichen“ ein Stück näher gekommen wäre. „Hinter den normativen Prämissen von Rationalisierung und Demokratisierung gibt es also noch eine weitere Prämisse, nämlich die des weiteren Wachstums“ (Luhmann 2009a: 402).

Eingebremst werden diese Wachstumsprozesse interessanter Weise auf der dritten Sinndimension: durch zeitliche Ressourcen, die durch Erwartungen aus der Umwelt knapp gehalten werden. Während in Organisationen Rationalisierung und Beteiligung prinzipiell unbegrenzt steigerungsfähig sind, kommt der Zeit offenbar „die Aufgabe zu, Realität zu repräsentieren“ (Luhmann 2009a: 403).

Denn die drei Sinndimensionen sind nicht so unabhängig voneinander, wie sie in der organisationalen Rhetorik und bisher auch in diesem Text behandelt wurden.[21] „Wer in einer sozial komplexen Welt leben will und deshalb viel Konsens braucht, strapaziert damit sein Zeitbudget. Aber auch derjenige, der in einer sachlich komplizierten Welt leben und sich an ihr orientieren will, braucht längere Entscheidungszeiten" (Luhmann 1968: 6), bzw. mutet anderen längere Wartezeiten zu. Den Möglichkeiten warten zu können, sind aber unter Umständen durch Anforderungen aus der Umwelt enge Grenzen gesetzt. Knappe Zeitressourcen führen zu suboptimalen Entscheidungen, den Verzicht auf vollumfängliches Abwägen aller Informationen und der Herstellung von vollständigem Konsens unter allen Beteiligten.

Umgekehrt gilt: Gerade im Verzicht auf Konsens im Einzelfall, etwa durch eine strikte Anordnung oder einen Befehl, lässt sich Zeit sparen. Zum Beispiel im Kontext militärischer Organisationen lässt sich so u.U. ein überlebenswichtiger Zeitvorteil erzielen. In ähnlicher Weise führt das Herabsetzen des Anspruchsniveaus in Bezug auf optimale Entscheidungen zu einer Verringerung von Entscheidungsprozessen. „Brauchbare Lösungen" sind schneller zu erreichen als „die beste". „Und es erleichtert im Übrigen auch die Konsensbildung, wenn man nicht gehalten ist, höchste Ideale oder einzig-richtige Lösungen anzustreben. Entsprechend kann man umgekehrt durch rationale Zeitplanung für kritische Fragen Überlegungs- oder Kommunikationszeit gewinnen, also Druck aus der Sachdimension oder der Sozialdimension abfangen. Oder man kann die umweltgegebene Reaktionszeit bis an ihre Grenzen ausschöpfen, um durch eine solche Strategie der letzten Minute Zeit für Konsensbildung oder für rationale Informationsverarbeitung zu erhalten" (Luhmann 1968: 7f).

4.2. Steigerung der Redundanz: Agiles Organisieren

Also doch alles nur Mode? Nach dem vorangegangenen Kapitel erscheint die „agile Organisation" in der Tat als eine weitere Wunschvorstellung einer optimalen Organisation, die ihre Attraktivität schnell verliert, sobald sie die geordnete Welt der Managementliteratur verlässt.[22] Und doch wird diese kritische Haltung dem Konzept nicht ganz gerecht – Agilität bewegt sich eben „zwischen diffuser Erlösungsfantasie und neuem Paradigma" (Brückner & Ameln 2016: 386). Das „Neue" lässt sich aber nicht auf der Ebene der „Organisation" finden, sondern

[21] Die „sachliche Komplexität" der Welt, nämlich unendlich viele Dinge und Konstellationen zu umfassen, wäre kein Problem, wenn ihre Erforschung unbegrenzt Zeit in Anspruch nehmen dürfte und sich die Forschenden in ihrem Urteil sofort einig wären. Meinungsverschiedenheiten wären unproblematisch, wenn unendlich viel Zeit zur Verständigung gegeben oder die Welt sachlich so einfach wäre, dass man über sie nicht streiten könnte. In einer einfachen Welt wäre auch die Zeit nicht knapp und die Konsensbildung ginge in Sekundenschnelle. „In Wirklichkeit begrenzen und verknappen die Weltdimensionen sich wechselseitig. […] Immerhin lehrt diese Überlegung, dass in unserer Welt Zeit, Sinnbesitz und Konsens knappe Güter sind und dass ihre Problematik auf einem Verhältnis wechselseitiger Bedingung beruht" (Luhmann 1968: 6).

[22] Zur Attraktivität nicht-aktualisierter Management-Ideen s. die Arbeiten von Niels Brunsson, beispielhaft (Brunsson 2007, 2009).

eher auf der Ebene des „Organisierens“: Agilität meint vor allem auch den Einsatz agiler Methoden (vgl. z. B. Scheer 1998).

Als ein Beispiel dieser Methoden gilt das Anfang der 90er Jahre im Kontext der Software-Entwicklung entstandene Projektmanagementkonzept Scrum[23]. Die folgende Darstellung wird sich nur auf diese Methode stützen, weil sie prototypisch für eine agile Methode steht.[24]

Vor dem Hintergrund des Agilen Manifests (Fowler & Highsmith 2001), in dem eine Reihe von selbstständigen Software-Programmierern die Grundzüge einer dynamischen und kundenorientierten Software-Entwicklung festgelegt hatten, entstand die Methode, mit der in klar vorgegebenen Strukturen in kurzer Zeit möglichst marktfähige Produkte entwickelt werden sollen. Die Vorgehensweise ist iterativ, Produkte werden inkrementell ausgeliefert und so die Gelegenheiten für Rückkopplungen und Verbesserungen erhöht. Die Scrum-Teams werden cross-funktional zusammengesetzt und bestehen im Wesentlichen nur aus drei Rollen: Der Product Owner ist vergleichbar mit dem Auftraggeber der Produktentwicklung, das Entwicklungsteam fertigt in der Umsetzung selbstbestimmt und eigenständig die inkrementellen Produkte. Der Scrum Master agiert im Sinne eines „Servant Leaders“ als „Kümmerer“. Neben der Sorge für ein regel- und prinzipientreues Arbeiten nach der Scrum-Methodik vermittelt er Methodenwissen, coacht im Interesse einer reibungslosen Zusammenarbeit und schafft angemessene Rahmenbedingungen im Unternehmen (vernetzt mit anderen Scrum-Mastern). Während sich das Entwicklungsteam in seiner konkreten Arbeit („Sprints“) selbst organisiert und sich z.T. aus dem sogenannten Product-Backlock seine Aufträge selbst wählen darf, ist der Rahmen äußerst rigide strukturiert. Fest vorgeschrieben sind z. B. sich wiederholende Ereignisse wie formale Zusammenkünfte mit rigidem Zeitfenster (Time Box) zur Reflexion des jeweiligen Status Quo (daily scrum).

Detaillierter muss diese Methode hier nicht vorgestellt werden, in der Praxis der Organisationen ist sie inzwischen vielfach bekannt (vgl. z. B. Maximini 2018) – doch was ist das organisationstheoretisch Interessante an dieser Form des Organisierens? – Mit Blick auf den Fokus dieses Artikels ist es der Versuch, unter dem Primat der Zeitdimension organisationsseitige Komplexität zu steigern und zugleich auf ein „realistisches Maß“ zu reduzieren!

Folgt man zunächst den einschlägigen Darstellungen der Scrum-Methodik, so finden sich die üblichen Schlagwörter der agilen Organisation: Selbstorganisation, Nutzung organisationsweiter Wissensbestände, weitgehende Hierarchiefreiheit, demokratisches Entscheiden, etc. Cross-funktionale Lösungs-Teams dienen

---

[23] Offizielle Scrum-Guides in verschiedenen Sprachen finden sich unter www.scrumguides.org (06.01.2019).

[24] Dennoch haben sich natürlich weitere Methoden entwickelt (z. B. Design-Thinking (vgl. Kelley 2016) oder das Koordinationstool Kanban (vgl. D. J. Anderson et al. 2012)), die hier aber nicht weiter berücksichtig werden können – inwieweit eine Analyse dieser Methoden zu einem ähnlichen Ergebnis käme, bleibt die Aufgabe zukünftiger Arbeiten.

als Kontingenz-Generatoren der agilen Organisation mit interaktionsbasierten Entscheidungen unter Anwesenden und entsprechender Mikrodiversität, verbunden mit der Möglichkeit immer auch andere Themen, Innovationen zu fokussieren – und eben immer auch wieder anders zu entscheiden. Insofern fokussieren agile Methoden konsequenter Weise vor allem die Strategien der Rationalisierung und Demokratisierung, also auf Komplexitätssteigerungen auf der Sach- sowie der Sozialdimension.

Dies ist insbesondere in Bezug auf die favorisierte Teamarbeit des agilen Arbeitens nicht unproblematisch. Häufig finden sich in Selbstbeschreibungen von Teams Bilder wie die einer „Familie". Familien aber können zu „Systemen mit enthemmter Kommunikation" (Luhmann 2005b: 194) werden, in denen alles, was die beteiligten Teammitglieder betrifft, Thema der Kommunikation werden kann. Das ist prinzipiell in solchen agilen Teams nicht unerwünscht, wie sonst soll es zu Innovationen kommen (Teams als Kontingenzgeneratoren, s.o.), nur wie gelingt die Rückbindung an die Organisation und das Projekt, wenn prinzipiell alles zum Thema der teaminternen Kommunikation gemacht werden kann und zugleich die Hierarchie als Steuerungsinstrument ausfällt (Kühl 2015a: 82ff.; Muster et al. im Druck)?

Zum einen wäre hier die teaminterne Kollegialität als begrenzende Instanz zu nennen – wenn man nur gemeinsam Erfolg haben kann, dann sorgen die Kollegen schon dafür, das idiosynkratrische Ansprüche begrenzt bleiben (Luhmann 1999b: 314ff.). Teams sind kein Ort der Individualität, was den Anspruch auf persönliche Wertschätzung der agilen Organisation nicht unproblematisch erscheinen lässt (vgl. Zwack & Muraitis 2013).

Die zentrale Antwort auf diese Frage liegt aber vor allem in der Strukturierung in der Zeitdimension. Feste Termine für Ergebnispräsentationen vor dem „Kunden" nach einem zeitlich klar umrissenen Sprint und tägliche, fest terminierte Meetings, zu denen der aktuelle Arbeitsfortschritt präsentiert werden muss, sorgen für starke Reduktion der Kommunikationsmöglichkeiten. Es sind diese rigiden Zeitstrukturen, die für die Rationalisierung der Rationalisierung sorgen: „I don't want it good, I want it Tuesday!" (vgl. Mintzberg 1973: 29).

Die Folgen dieses „timeboxings" sind kaum zu überschätzen: Die Teams organisieren sich zwar selbst – aber sie haben dafür nur sehr begrenzte Zeit. Die Abstimmungsmeetings (dailys) finden gleich im Stehen statt, damit man es sich gar nicht erst in einer Entscheidungsarena gemütlich macht. Um zum Ende eines Sprints termingerecht innovative Lösungen liefern zu können, werden die Lösungsteams zwar cross-funktional zusammengesetzt – aber sie bleiben klein und überschaubar. Sie dürfen zwar das Ziel für den Sprint selbst wählen – aber es muss eines sein, das in der vorgegebenen Zeit zur Vorführreife getrieben werden kann. In der Regel bleibt die Themenwahl damit auf eine Aufgabe begrenzt, und damit das so bleibt, darf ein Lösungsteam, das sich „im Sprint" befindet, nicht gestört werden. Die Maßgabe, dass „brauchbare Lösungen" ausreichen, ist ohnehin Teil des „Mindsets" agilen Organisierens. Kleine Teams bearbeiten ungestört überschaubare Themen in strikten Zeitfenstern! Im Vergleich zu „normalen" Organisationen, wo beständig andere Kunden sich melden, Führungskräfte aus Nachbarabteilungen eine Frage haben oder anderes Wichtiges dazwischenkommt, ist dies eine geradezu radikal unterkomplexe Situation!

Und wo bleibt die Komplexität? – Sie verschwindet nicht, sondern taucht an anderer Stelle wieder auf, so die These von Stefan Kühl (Kühl 2015a: 110). Wenn Komplexität – wie hier – innerhalb der Teams durch rigide Arbeitsstrukturen reduziert wird, zeigt sie sich häufig an ihren Rändern, z. B. zwischen den Teams bzw. an ihren „Grenzstellen" (Luhmann 1999b: 220ff). Die Koordination zwischen den Teams bzw. deren Anbindung an den „Rest" der Organisation wird zum Problem. Typischerweise überführen Organisationen derart organisationale Probleme in Rollenkonflikte und machen sie damit zu persönlichen Konflikten der Rolleninhaber („Externalisierung" (Luhmann 2000: 35)). Hier ist es z. B. der „Scrum Master", der dafür sorgen muss, dass die Lösungsteams erfolgreich und vor allem in Ruhe arbeiten können und damit sämtliche Aushandlungskonflikte mit der Linien-Organisation auf sich zieht. Aber auch der „Product-Owner", der Kunde, wird permanent zu Entscheidungen gezwungen – auch hier lagert die Organisation massiv Komplexität an ihre Umwelt aus. Zwar verlieren hierarchische Führungspositionen potentiell an Einfluss in agilen Organisationen – dafür übernehmen Kunden und vor allem der Terminkalender die Regie.

5. Statt Fazit … – Agilität als Lösung?

Agilität ist kein Selbstzweck[25]: Agilität ist eine Lösung in Organisationen … aber, für welches Problem eigentlich? In der Regel wird von den Befürwortern des Konzepts die schnell steigende Komplexität der Umwelt ins Feld geführt, die Organisationen nötigt, selbst schneller, dynamischer eben agiler zu werden. Wie dieser Artikel zeigt, ist diese Antwort aus organisationstheoretischer Perspektive zu konkretisieren. Für Organisationen spielt immer nur der Blick auf die eigene – selbst-organisierte(!) – Komplexität eine Rolle, nicht hingegen die Komplexität einer wie immer auch gearteten Umwelt. Dabei können die Steigerung der Binnen-Komplexität (Varietät), aber auch ihre Reduktion (Redundanz) erfolgsversprechende Varianten zur Ausgestaltung der Organisation sein. Agilität als Ausweitung der Varietät des Entscheidungsverhaltens von Organisationen (in Form von Rationalisierung und Demokratisierung von Entscheidungsprozessen) muss allerdings ihr Regulativ in der „Knappheit der Zeit" finden. Im Rahmen agiler Methoden wird die Steigerung der Komplexität (selbst-organisierte, cross-funktionale Teams entscheiden über selbstgewählte Themen) durch sehr rigide Strukturen vor allem entlang der Zeitdimension wieder reduziert (Time-Boxing). Selbstorganisation, Beteiligung aller Mitglieder … aber nur für 10 Minuten am Tag. Die übrige Zeit wird im Sprint an überschaubaren Problemstellungen, in kleinen Teams, relativ ungestört durch den Rest der Organisation an brauchbaren Lösungen gearbeitet. Wie entlang der drei Sinn-Dimensionen gezeigt werden konnte, bietet die agile Organisation auf der Rhetorik-Seite eine Steigerung der

---

[25] Zum Konzept der Zweck/Mittel-Vertauschung siehe (Luhmann 1973: 273ff.).

internen Komplexität („Talk“), während sie in der Praxis des agilen Organisierens auf eine handhabbare Form reduziert wird („Action“).[26]

Ist die „agile Organisation“ also letztendlich auch nur ein weiterer Versuch, die optimale Organisationsstruktur zu finden? „Organisier dich selbst – aber nicht so!“ (Kühl 2015b: 46ff.)?

Die Suche nach der „optimalen Organisationsstruktur“ (Kühl 2015b) muss ziemlich sicher fortgesetzt werden –

> „Soweit werden wir hier aber nicht mehr kommen. Denn um entsprechende theoretische Akzente setzen zu können, braucht es zunächst eine gewisse Distanz, die nur dann hergestellt werden kann, wenn man davon absieht, Veränderung prinzipiell für gut zu halten und sie einer Nicht-Veränderung vorzuziehen - wenn man also bereit ist, auch Degeneration, Verfall und Verlernen als Formen der Veränderung anzuerkennen und wenn man sich daran gewöhnt hat, Trägheit und Stabilität nicht für natürliche Feinde des Wandels zu halten. Es wird noch immer ignoriert, wie viel Arbeit, Aufwand und deshalb auch Verlernen und Veränderung notwendig ist, um alles beim Alten belassen zu können“ (Karafilidis 2013: 94).

Literatur

Anderson, D. J., A. Shalloway & S. Denning, 2012: Lessons in Agile Management: On the Road to Kanban. Sequim, WA: Blue Hole Press.

Anderson, K. & J. Uhlig, 2015: Das agile Unternehmen: Wie Organisationen sich neu erfinden Mit vielen Beispielen aus der Praxis bekannter Topmanager. Campus Verlag.

Ashby, R., 1958: Requisite Variety and Its Implications for the Control of Complex Systems. Cybernatica 1: 83–99.

Baecker, D., 1999a: Mit der Hierarchie gegen die Hierarchie. S. 198–236 in: Organisation als System. Frankfurt a. M.: Suhrkamp Taschenbuch Wissenschaft.

Baecker, D., 1999b: Fehldiagnose „Überkomplexität“. S. 27–37 in: D. Baecker (Hrsg.), Organisation als System. Frankfurt a. M.: Suhrkamp Taschenbuch Wissenschaft.

Baecker, D., 2007: Studien zur nächsten Gesellschaft. Frankfurt am Main: Suhrkamp.

Baecker, D., 2018: 4.0 oder Die Lücke die der Rechner lässt. Leipzig: Merve Verlag.

Bartonitz, M., V. Lévesque, T. Michl, W. Steinbrecher, C. Vonhof & L. Wagner (Hrsg.), 2018: Agile Verwaltung. Berlin, Heidelberg: Springer Berlin Heidelberg.

Bea, F. X. & E. Göbel, 2006: Organisation : Theorie und Gestaltung. Stuttgart: Lucius & Lucius.

Becker, H. S., 1995: The power of inertia. Qualitative Sociology 18: 301–309.

[26] Für die Unterscheidung von „Talk“, „Decision“ und „Action“ als organisationale Reaktionsformen auf Umwelterwartungen siehe (Brunsson 1986, 1989).

Bergfeld, K., 2020: Einfach machen. S. 137–144 in: A. Ternès von Hattburg (Hrsg.), Digitalisierung als Chancengeber : Wie KI, 3D-Druck, Virtual Reality und Co. neue berufliche Perspektiven eröffnen. Wiesbaden: Springer Fachmedien.

Brandes, U. & P. Gemmer, 2014: Management Y: Agile, Scrum, Design Thinking & Co. ; so gelingt der Wandel zur attraktiven und zukunftsfähigen Organisation. Frankfurt am Main: Campus Verlag.

Brückner, F. & F. von Ameln, 2016: Agilität. Gruppe. Interaktion. Organisation. Zeitschrift für Angewandte Organisationspsychologie 47: 383–386.

Brunsson, N., 1986: Organizing for inconsistencies: On organizational conflict, depression and hypocrisy as substitutes for action. Scandinavian Journal of Management Studies 2: 165–185.

Brunsson, N., 1989: The organization of hypocrisy: talk, decisions and actions in organizations. Chichester: Wiley.

Brunsson, N., 2007: Mechanismen der Hoffnung. Revue für postheroisches Management 1/07: 44–53.

Brunsson, N., 2009: Mythos Change-Management. Harvard Business Manager.

Day, G. S. & P. J. H. Schoemaker, 2004: Peripheral Vision: Sensing and Acting on Weak Signals. Long Range Planning 37: 117–121.

Day, G. S. & P. J. H. Schoemaker, 2006: Peripheral Vision: Detecting the Weak Signals That Will Make or Break Your Company: Seven Steps to Seeing Business Opportunities Sooner. Harvard Business Review Press.

Dohm-van Rossum, G., 1988: Dohm-van Rossum, G. (1988). Zeit der Kirche, Zeit der Händler, Zeit der Städte. in R. Zoll (Hrsg.), Zerstörung und Wiederaneignung von Zeit. Frankfurt/Main: Campus. S. 89–119 in: R. Zoll (Hrsg.), Zerstörung und Wiederaneignung von Zeit. Frankfurt a.M.: Campus.

Drucker, P. F., 2017: The New Society : The Anatomy of Industrial Order. Routledge.

Esposito, E., 2009: Zwischen Komplexität und Beobachtung: Entscheidungen in der Systemtheorie. Soziale Systeme 15: 54–61.

Fischer, S., S. Weber & A. Zimmermann, 2017: Agilität heißt .... Personalmagazin 2017/04: 40–43.

Förster, K. & R. Wendler, 2012: Theorien und Konzepte zu Agilität in Organisationen. Bd. 62/12. Dresden: Technische Universität Dresden.

Fowler, M. & J. Highsmith, 2001: The agile manifesto. Software Development 9: 28–35.

Fuchs, P., 2010: Diabolische Perspektiven: Vorlesungen zu Ethik und Beratung. Berlin: Lit-Verl.

Goldman, S. L., R. N. Nagel, K. Preiss & H.-J. Warnecke, 1996: Agil im Wettbewerb: Die Strategie der virtuellen Organisation zum Nutzen des Kunden. Berlin: Springer.

Hahn, A. L., H. Kühne & N. Riemer, 2017: Agilität als Antwort. (osb-international, Hrsg.). osb-international Consulting AG.

Haken, H. & G. Schiepek, 2006: Synergetik in der Psychologie: Selbstorganisation verstehen und gestalten. Göttingen: Hogrefe-Verlag.

Hannan, M. T. & J. Freeman, 1984: Structural Inertia and Organizational Change. American Sociological Review 49: 149–164.

Häusling, A., 2017: Agile Organisationen: Transformationen erfolgreich gestalten - Beispiele agiler Pioniere. Haufe-Lexware.

Herbst, P. G., 1976: Alternatives to hierarchies. Leiden: M. Nijhoff Social Sciences Division.

Karafilidis, A., 2013: Eine Master-Institution für beharrliche Veränderung. revue für postheroisches Management Heft 13: 94–95.

Kelley, T., 2016: The Art of Innovation. London: Profile Books.

Kieser, A., 1996: Moden & Mythen des Organisierens. Die Betriebswirtschaft 56: 21–39.

Klaffke, M., 2017: Neue Arbeitwelten erfolgreich einführen. changemangement! 2017/01: 14–17.

Krause, D., 2005: Luhmann-Lexikon: eine Einführung in das Gesamtwerk von Niklas Luhmann ; mit über 600 Lexikoneinträgen einschließlich detaillierter Quellenangaben. (N. Luhmann, Hrsg.). Stuttgart: Lucius & Lucius.

Kruse, P., 2004: next practice. Erfolgreiches Management von Instabilität. GABAL-Verlag GmbH.

Krutter, S., 2009: Verräumlichung von Komplexität: Zum Wandel gesellschaftlicher Raumsemantiken. Eine wissenssoziologische Untersuchung über die gesellschaftliche Beobachtung des Raums. unveröffentlichte Magisterarbeit, Wien.

Kühl, S., 2000: Das Regenmacher-Phänomen: Widersprüche und Aberglaube im Konzept der lernenden Organisation. Frankfurt am Main: Campus Verlag.

Kühl, S., 2011: Organisationen - Eine sehr kurze Einführung. Wiesbaden: VS Verlag für Sozialwissenschaften.

Kühl, S., 2015a: Wenn die Affen den Zoo regieren: die Tücken der flachen Hierarchien. Frankfurt am Main: Campus-Verlag.

Kühl, S., 2015b: Sisyphos im Management: die vergebliche Suche nach der optimalen Organisationsstruktur. Frankfurt am Main: Campus-Verlag.

Laloux, F., 2015: Reinventing organizations: ein Leitfaden zur Gestaltung sinnstiftender Formen der Zusammenarbeit. München: Verlag Franz Vahlen.

Lippuner, R., 2005: Raum, Systeme, Praktiken: Zum Verhältnis von Alltag, Wissenschaft und Geographie. Wiesbaden: Franz Steiner Verlag.

Luhmann, N., 1968: Die Knappheit der Zeit und die Vordringlichkeit des Befristeten. Die Verwaltung 1: 3–30.

Luhmann, N., 1970a: Soziologie als Theorie sozialer Systeme. S. 113–136 in: Soziologische Aufklärung 1. VS Verlag für Sozialwissenschaften.

Luhmann, N., 1970b: Soziologische Aufklärung. S. 66–91 in: Soziologische Aufklärung 1. VS Verlag für Sozialwissenschaften.

Luhmann, N., 1971: Lob der Routine. S. 113–142 in: N. Luhmann (Hrsg.), Politische Planung. Wiesbaden: Westdeutscher Verlag.

Luhmann, N., 1973: Zweckbegriff und Systemrationalität. Über die Funktion von Zwecken in sozialen Systemen. Frankfurt a.M.: Suhrkamp Taschenbuch Wissenschaft.

Luhmann, N., 1984: Soziale Systeme: Grundriss einer allgemeinen Theorie. Frankfurt am Main: Suhrkamp.

Luhmann, N., 1987: Rechtssoziologie. Opladen: Westdeutscher Verlag.

Luhmann, N., 1988: Organisation. S. 165–186 in: W. Küpper & G. Ortmann (Hrsg.), Mikropolitik: Rationalität, Macht und Spiele in Organisationen. Opladen: Westdeutscher Verlag.

Luhmann, N., 1999a: Die Gesellschaft der Gesellschaft, 2 Bände. Frankfurt a. M.: Suhrkamp.

Luhmann, N., 1999b: Funktionen und Folgen formaler Organisation: Mit einem Epilog 1994. Berlin: Duncker & Humblot.

Luhmann, N., 2000: Organisation und Entscheidung. Opladen: Westdeutscher Verlag.

Luhmann, N., 2004: Einführung in die Systemtheorie. (D. Baecker, Hrsg.). Heidelberg: Carl-Auer-Systeme Verlag.

Luhmann, N., 2005a: Entscheidungen in der „Informationsgesellschaft“. S. 27–40 in: G. Corsi & E. Esposito (Hrsg.), Reform und Innovation in einer unstabilen Gesellschaft. Stuttgart: Lucius & Lucius.

Luhmann, N., 2005b: Sozialsystem Familie. S. 189–209 in: Soziologische Aufklärung 5. VS Verlag für Sozialwissenschaften.

Luhmann, N., 2009a: Organisation und Entscheidung. S. 389–450 in: N. Luhmann (Hrsg.), Soziologische Aufklärung 3: Soziales System, Gesellschaft, Organisation. Wiesbaden: VS Verlag für Sozialwissenschaften.

Luhmann, N., 2009b: Haltlose Komplexität. S. 58–74 in: Soziologische Aufklärung 5: Konstruktivistische Perspektiven. Wiesbaden: VS Verlag für Sozialwissenschaften.

Luhmann, N., 2009c: Komplexität. S. 255–276 in: Soziologische Aufklärung 2: Aufsätze zur Theorie der Gesellschaft. Wiesbaden: VS Verlag für Sozialwissenschaften.

Luhmann, N., 2009d: Gleichzeitigkeit und Synchronisation. Bd. 5, S. 92–126 in: N. Luhmann (Hrsg.), Soziologische Aufklärung. Wiesbaden: VS Verlag für Sozialwissenschaften.

Luhmann, N., 2019: Zur Komplexität von Entscheidungssituationen. S. 161–197 in: N. Luhmann, E. Lukas & V. Tacke (Hrsg.), Schriften zur Organisation 2: Theorie organisierter Sozialsysteme. Wiesbaden: Springer Fachmedien Wiesbaden.

Mack, O. (Hrsg.), 2016: Managing in a VUCA world. Cham: Springer.

Maximini, D., 2018: Scrum-Einführung in der Unternehmenspraxis: von starren Strukturen zu agilen Kulturen. Berlin, Germany: Springer Gabler.

Miller, D. & Ming-Jer Chen, 1994: Sources and Consequences of Competitive Inertia: A Study of the U.S. Airline Industry. Administrative Science Quarterly 39: 1–23.

Mintzberg, H., 1973: Nature of managerial work. New York: Haper & Row.

Mollbach, A. & J. Bergstein, 2015: Agility - überlebensnotwendig für Unternehmen in unsicheren und dynamischen Zeiten. Change-Management-Studie 2014/2015. Köln: Kienbaum Consultants International GmbH.

Muster, J., S. Büchner, T. Hoebel & T. Koepp, im Druck: Führung als situativ erfolgreiche Einflussnahme in kritischen Momenten. Grundzüge, Implikationen und Forschungsperspektiven. in: C. Barthel (Hrsg.), Managementmoden in der Verwaltung – Sinn und Unsinn. Wiesbaden: Springer VS.

Nassehi, A., 2019: Muster: Theorie der digitalen Gesellschaft. München: C.H. Beck.

Nicolai, A. T. & F. B. Simon, 2001: Kritik der Mode, Managementmoden zu kritisieren. S. 499–524 in: H. A. Wüthrich, W. B. Winter & A. F. Philipp (Hrsg.), Grenzen ökonomischen Denkens: Auf den Spuren einer dominanten Logik. Wiesbaden: Gabler Verlag.

Ortmann, G., 2017: Kolumne: Flottierende Signifikanten. OrganisationsEntwicklung 2017/02: 128.

Parsons, T. & N. J. Smelser, 1956: Economy and society: a study in the integration of economic and social theory. Glencoe, Ill: Free Press.

Peters, T. J. & R. H. Waterman, 1984: Auf der Suche nach Spitzenleistungen: was man von den bestgeführten US-Unternehmen lernen kann. Landsberg am Lech: Verlag Moderne Industrie.

Scheer, A.-W., 1998: Neue Märkte, neue Medien, neue Methoden — Roadmap zur agilen Organisation: 19. Saarbrücker Arbeitstagung für Industrie, Dienstleistung und Verwaltung 5.–7. Oktober 1998 Universität des Saarlandes, Saarbrücken. Berlin: Springer.

Schiepek, G., 1999: Selbstorganisation in psychischen und sozialen Prozessen: Neue Perspektiven der Psychotherapie. S. 280–317 in: K. Mainzer (Hrsg.), Komplexe Systeme in Natur und Gesellschaft. Komplexitätsforschung in Deutschland auf dem Weg ins nächste Jahrhundert. Berlin: Springer.

Schrempf, F. & M. Schwaiger, 2019: Survival of the Quickest – Agilität als organisationale Ressource in der digitalen Transformation. S. 623–648 in: R. Obermaier (Hrsg.), Handbuch Industrie 4.0 und Digitale Transformation: Betriebswirtschaftliche, technische und rechtliche Herausforderungen. Wiesbaden: Springer Fachmedien.

Schreyögg, G., 2003: Organisation: Grundlagen moderner Organisationsgestaltung ; mit Fallstudien. Wiesbaden: Gabler.

Schroer, M., 2007: Raum als soziologischer Begriff. Programmatische überlegungen. S. 35–53 in: Shopping Malls. VS Verlag für Sozialwissenschaften.

Schroer, M., 2008: Raum. Das Ordnen der Dinge. S. 141–157 in: S. Moebius & A. Reckwitz (Hrsg.), Poststrukturalistische Sozialwissenschaften. Frankfurt a.M.: Suhrkamp Taschenbuch Wissenschaft.

Simon, F. B., 2009: Einführung in die systemische Organisationstheorie. Heidelberg: Carl-Auer-Systeme Verlag.

Tacke, V. & T. Drepper, 2018: Soziologie der Organisation. Wiesbaden: Springer VS.

von Ameln, F. & R. Wimmer, 2016: Neue Arbeitswelt, Führung und organisationaler Wandel. Gruppe. Interaktion. Organisation. Zeitschrift für Angewandte Organisationspsychologie (GIO) 47: 11–21.

Warnecke, H.-J., 1997: Komplexität und Agilität — Gedanken zur Zukunft produzierender Unternehmen. S. 1–8 in: G. Schuh & H.-P. Wiendahl (Hrsg.), Komplexität und Agilität: Steckt die Produktion in der Sackgasse? Berlin, Heidelberg: Springer.

Willke, H., 1989: Controlling als Kontextsteuerung - Zum Problem dezentralen Entscheidens in vernetzten Organisationen. S. 63–96 in: R. Eschenbach (Hrsg.), Supercontrolling - vernetzt denken, zielgerichtet entscheiden. Wien: Fachverlag an der Wirtschaftsuniversität Wien.

Willke, H., 2009: Zur Komplexität der Entscheidungstheorie. Soziale Systeme 15: 62–72.

Wolf, J., 2011: Organisation, Management, Unternehmensführung: Theorien, Praxisbeispiele und Kritik. Wiesbaden: Gabler.

Zwack, M. & A. A. Muraitis, 2013: Der Kontext der (Nicht-)Wertschätzung. Beitrag zu einer praktischen Theorie der Wertschätzung in Organisationen. S. 77–93 in: M. Vogel (Hrsg.), Organisation - außer Ordnung. Außerordentliche Betrachtungen organisationaler Praxis. Göttingen: Vandenhoeck & Ruprecht.

Arbeit, Erschöpfung und Zeit(geist)

Andrea-Kristin Schubert[1]

Gliederung

Abstract

Der vorliegende Beitrag skizziert die in der arbeitswissenschaftlichen Literatur bislang kaum rezipierte Geschichte der Erschöpfungserkrankungen. Zunächst werden mit der Neurasthenie und der Managerkrankheit zwei – eher unbekannte – Modediagnosen des 19. und 20. Jahrhunderts vorgestellt. Anschließend werden die gegenwärtig geführte Diskussion um die „Volkskrankheit" Burnout sowie das populärmediale Aufmerksamkeit erfahrende Konzept der Hochsensibilität in den Blick genommen. Die aus der vergleichenden Analyse dieser Phänomene gewonnenen Erkenntnisse tragen dazu bei, das Verhältnis von Arbeit, Erschöpfung und Zeit(geist) zu verstehen und (wieder) in einen gesellschaftlichen Rahmen einzuordnen.

[1] Dr. Andrea-Kristin Schubert ist wissenschaftliche Mitarbeiterin am Institut für interdisziplinäre Arbeitswissenschaft der Leibniz Universität Hannover;
Email: andrea.schubert@wa.uni-hannover.de

1. Erschöpfung: Universalphänomen oder Modediagnose?

Der vorliegende Beitrag erzählt die in der arbeitswissenschaftlichen Literatur bislang kaum rezipierte Geschichte der Erschöpfungserkrankungen. Seit einigen Jahren sind diese aus der medialen wie wissenschaftlichen Beschäftigung nicht mehr wegzudenken. Mögliche Ursachen für die konstatierte Zunahme erschöpfungsbedingter Erkrankungen werden u.a. in einer zunehmenden Leistungsverdichtung, Intensivierung sowie Beschleunigung von Arbeitsprozessen gesehen (vgl. Fuchs et al. 2019: 7). Ehrenberg (2008) spricht in diesem Zusammenhang vom „erschöpften Selbst". Seiner Ansicht nach unterliegen viele Menschen dem nicht mehr hinterfragten ökonomischen Imperativ der modernen kapitalistischen Gesellschaft nach Selbstverwirklichung und permanenter Selbstoptimierung. Es stellt sich jedoch die Frage, ob es sich bei Erschöpfungserkrankungen wie beispielsweise dem Burnout – wie vielfach suggeriert wird – tatsächlich um neuartige Phänomene des 21. Jahrhunderts handelt. Schließlich ist zu vermuten, dass Menschen zu Zeiten von Krieg, Hungersnöten oder Epidemien weitaus existenzielleren Belastungen ausgesetzt waren. Waren Menschen früherer Epochen also vergleichbar erschöpft? In dem Versuch der Beantwortung dieser Frage bin ich auf die in der Arbeitswissenschaft (leider) viel zu wenig beachtete Geschichte der Erschöpfungserkrankungen gestoßen, welche ich – für den deutschsprachigen Raum – nachfolgend skizzieren werde.

Der Blick auf die historische Genese von Erschöpfungserkrankungen kann aus meiner Sicht dabei helfen, die gegenwärtige Debatte um die erschöpfte Leistungsgesellschaft besser zu verstehen und in einen größeren Kontext einordnen zu können. So könnte die Betrachtung früherer Erschöpfungserkrankungen möglicherweise Aufschluss über das Mensch-Umwelt Verhältnis vergangener Epochen geben. Die aktuelle Dynamik des Wandels ließe sich in ihrer Bedeutung relativieren, wenn man feststellte, dass die Einführung der Postkutsche, der Eisenbahn oder des Telegrafen auch damals schon das Gefühl erzeugte, alles würde viel schneller und die Anforderungen würden immer größer. Auch setzt eine Positionierung in der vielfach geführten Debatte, ob es sich bei dem Burnout-Phänomen um eine Modediagnose oder eine ernstzunehmende Erkrankung handelt, eine Kenntnis der historischen Genese voraus.

Der vorliegende Beitrag wird in drei Analyseschritten vorgehen: Zunächst werden mit der Neurasthenie und der Managerkrankheit zwei – heutzutage eher unbekannte – Erschöpfungserkrankungen des 19. und 20. Jahrhunderts vorgestellt. Anschließend wird die gegenwärtig geführte Diskussion um die „Volkskrankheit" Burnout in den Blick genommen. Infolge wird das derzeit viel populärmediale Aufmerksamkeit erfahrende Konzept der Hochsensibilität dargelegt. Wie sich herausstellen wird, ist der „Erfolg" der Begriffe Neurasthenie, Managerkrankheit, Burnout und Hochsensibilität vor allem im Wechselspiel gesellschaftlicher, technischer, politischer und kultureller Entwicklungen nachzuvollziehen. Die aus dem historischen Vergleich gewonnenen Erkenntnisse werden abschließend in Bezug auf ihre übergeordneten Funktionen verdichtet. Die Rekonstruktion der Entwicklungslinien des Verhältnisses von Arbeit, Erschöpfung und Zeit(geist) erfolgt anhand wissenschaftlicher, populärwissenschaftlicher sowie massenmedialer Quellen. Selbst in der Geschichtswissenschaft findet eine Beschäftigung mit der Kultur- und Wissenshistorie arbeitsbedingter Erschöpfungserkrankungen erst seit Kurzem statt. Erwähnenswert sind für den deutschsprachigen Raum vor allem die Habilitationsschrift des Historikers Patrick Kury „Der überforderte Mensch“ (2012) sowie für den englischsprachigen Raum die Monografie des Medizinhistorikers Mark Jackson „The Age of Stress“ (2013). Der vorliegende Beitrag baut auf dieser Forschung auf, erweitert diese jedoch um eine arbeitswissenschaftliche Perspektive.

2. Neurasthenie und Managerkrankheit: Erschöpfungserkrankungen der Vergangenheit

In den 1880er Jahren setzte sich in West- und Mitteleuropa das erstmals durch den amerikanischen Neurologen George M. Beard in „A Practical Treatise on Nervous Exhaustion (Neurasthenia)“ (1880) und „American Nervousness“ (1881) beschriebene Krankheitsbild der *Neurasthenie* bzw. Nervenschwäche durch. Unter Neurasthenie verstand Beard einen „Mangel an Nervenkraft“ (Beard 1881: iv), welcher sich in einer Vielzahl unterschiedlichster Symptome, wie beispielsweise Kopfschmerzen, Schlaflosigkeit, jugendlichem Aussehen oder einer abnormen Hauttrockenheit (vgl. Roelcke 1999: 113) niederschlage. Noch heute findet sich das Krankheitskonzept der Neurasthenie als Kategorie F48.0 im Diagnosemanual ICD-10 wieder. Es wird dort folgendermaßen beschrieben:

„Im Erscheinungsbild zeigen sich beträchtliche kulturelle Unterschiede. Zwei Hauptformen überschneiden sich beträchtlich. Bei einer Form ist das Hauptcharakteristikum die Klage über vermehrte Müdigkeit nach geistigen Anstrengungen, häufig verbunden mit abnehmender Arbeitsleistung oder Effektivität bei der Bewältigung täglicher Aufgaben. Die geistige Ermüdbarkeit wird typischerweise als unangenehmes Eindringen ablenkender Assoziationen oder Erinnerungen beschrieben, als Konzentrationsschwäche und allgemein ineffektives Denken. Bei der anderen Form liegt das Schwergewicht auf Gefühlen körperlicher Schwäche und Erschöpfung nach nur geringer Anstrengung, begleitet von muskulären und anderen Schmerzen und der Unfähigkeit, sich zu entspannen. Bei beiden Formen finden sich eine ganze Reihe von anderen unangenehmen körperlichen Empfindungen wie Schwindelgefühl, Spannungskopfschmerz und allgemeine Unsicherheit. Sorge über abnehmendes geistiges und körperliches Wohlbefinden, Reizbarkeit, Freudlosigkeit, Depression und Angst sind häufig. Der Schlaf ist oft in der ersten und mittleren Phase gestört, es kann aber auch Hypersomnie im Vordergrund stehen“ (ICD-10-WHO Version 2019).

Die Beschreibung verdeutlicht, dass unter Neurasthenie bis heute eine Reihe unspezifischer und wenig abgegrenzter Symptome integriert werden. Beard schrieb diese Erscheinungen den Lebensumständen einer technisierten und beschleunigten Moderne im 19. Jahrhundert zu. Gestützt wurden seine Annahmen durch den deutschen Nervenarzt Wilhelm Erb, demzufolge das städtische Leben „durch den ins Unangemessene gesteigerten Verkehr, durch die weltumspannenden Drahtnetze des Telegrafen und Telephons" (Erb 1893, zit. nach Kury 2012: 45) zunehmend unruhiger geworden sei:

„[A]lles geht in Hast und Aufregung vor sich, die Nacht wird zum Reisen, der Tag für die Geschäfte benützt, selbst die ‚Erholungsreisen' werden zu Strapazen für das Nervensystem; grosse politische, industrielle, finanzielle Krisen tragen ihre Aufregung in viel weitere Bevölkerungskreise als früher ... und zwingen die Geister zu immer neuen Anstrengungen und rauben die Zeit für Erholung, Schlaf und Ruhe" (Erb 1893, zit. nach Kury 2012: 45).

Da mit der Neurasthenie erstmals äußere Umstände der frühen Industrialisierung wie eine beschleunigte Lebensführung und Urbanisierung mit pathologischen Reaktionen des menschlichen Körpers zusammengebracht wurden, wird sie in der medizinhistorischen Literatur als erste Zivilisationskrankheit bezeichnet (vgl. z. B. Roelcke 1999: 120). Bereits zu ihrer Hochzeit wurde die Neurasthenie als Modekrankheit kritisiert (vgl. Kury 2012: 48). Nach dem Ende des ersten Weltkriegs verlor sie weitgehend an Bedeutung. Als eine mögliche Erklärung für das plötzliche Verschwinden des Krankheitsbilds führt Kury an, dass angesichts der durch den ersten Weltkrieg verursachten Traumatisierungen Zivilisationskrankheiten wie die Neurasthenie bagatellisiert wurden (vgl. Kury 2012: 51). Mit dem für das Jahr 2022 geplanten Erscheinen der revidierten Fassung des ICD-11 wird die Neurasthenie endgültig aus den Diagnosemanualen verschwinden.

Während sich das Neurastheniekonzept – zumindest im Bewusstsein der Allgemeinmediziner*innen – mehr als ein Jahrhundert lang gehalten hat, markiert die *Managerkrankheit* ein heutzutage weitgehend unbekanntes, vergleichsweise kurzes Kapitel in der Geschichte der Erschöpfungserkrankungen. Basierend auf der in den Medien diskutierten Beobachtung einer zunehmenden „Managersterblichkeit" etablierte sich ein Belastungsdiskurs, welcher die Erkrankungen von Führungskräften aus Wirtschaft und Politik mit den besonderen sozioökonomischen Anstrengungen des Wiederaufbaus in Verbindung brachte. Die Managerkrankheit wurde anfangs als Herzgefäßerkrankung verstanden. Später wurden unter dem Begriff eine Vielzahl unterschiedlicher Leiden und psychosomatischer Symptome subsummiert:

„Die Beschwerden beginnen häufig mit dem Gefühl, ‚beruflich gehetzt' zu sein und mit den Belastungen des Alltags nicht mehr fertig zu werden (...) Die Anforderungen des Berufes, beruflich gebundene Nebenämter und beruflich notwendige Repräsentation jagen einander in pausenloser Hast, wobei das bedrückende Moment aus dem Gefühl erwächst, getrieben und genötigt zu werden (...) Eine unüberwindbare bleiernde Schwere liegt in den Gliedern der Ausgepowerten. Sie sind schnell ermüdbar oder klagen über dauernde Müdigkeit" (Der Spiegel 1954: 36).

Die Annahme einer erhöhten Sterblichkeit der wirtschaftlichen und politischen Verantwortungsträger wurde nie überzeugend belegt, setzte sich jedoch als „idée fixe der frühen Nachkriegszeit" (Kury 2012: 118) durch. Die Managerkrankheit galt – ähnlich wie die Neurasthenie, welche vorwiegend als eine Erkrankung der Mittel- und Oberschichten diskutiert wurde – als eine Erkrankung der (männlichen) Elite. Analog zur Neurasthenie wurden ausschließlich exogene Faktoren der Krankheitsentstehung, hauptsächlich die Belastungserfahrungen des Wiederaufbaus, in Betracht gezogen. Die mit der Krankheit assoziierten Leiden bezogen sich ausschließlich auf die somatische Ebene, während von einer grenzenlosen Belastbarkeit der menschlichen Psyche ausgegangen wurde. Dementsprechend beschränkte sich die Diskussion möglicher Behandlungsmethoden auf die Verabreichung geeigneter Medikamente, wie z. B. eines „Anti-Herztod-Pulverchens" (Der Spiegel 1958: 54). Da sie unmittelbar mit der Erfolgsgeschichte des Wirtschaftswunders in Verbindung stand, war die Managerkrankheit vor allem positiv besetzt. Wie auch beim Krankheitsbild der Neurasthenie (und – wie sich zeigen wird – beim Burnout) wurde eine Erkrankung keinesfalls als persönliche Schwäche gedeutet, sondern galt als Zeichen übermäßigen, verantwortungsvollen Engagements in anspruchsvollen Zeiten des Wandels. Als am Ende der 1950er Jahre wesentliche Etappen des Wiederaufbaus erreicht worden waren, verlor der Begriff „Managerkrankheit" an Bedeutung und verschwand aus der Literatur. In Deutschland setzte sich daraufhin ab Mitte der 1970er Jahre das – in den USA und in Skandinavien längst präsente – psychosoziale Stresskonzept (Wolff 1953, Levi 1964, Lazarus 1966) durch, welches die psycho- und soziosomatischen Ursachen gesundheitlicher Störungen in den Mittelpunkt rückte, und einen Boom der Stressbewältigungsratgeber nach sich zog.

3. Burnout und Hochsensibilität: Erschöpfungserkrankungen der Gegenwart

Seit den 1990er Jahren nimmt das *Burnout* als Zustand physischer und psychischer Erschöpfung in der öffentlichen Wahrnehmung im deutschsprachigen Raum eine herausragende Stellung ein. Der Begriff „Burn-Out" wurde erstmals in einer Publikation des Psychotherapeuten Herbert Freudenberger erwähnt, welcher in „Staff Burn-Out" (Freudenberger 1974) anekdotisch von den Erschöpfungserfahrungen seines Teams berichtet:

„The physical signs are easy to spot. For one, there is a feeling of exhaustion and fatigue, being unable to shake a lingering cold, suffering from frequent headaches and gastrointestinal disturbances, sleeplessness and shortness of breath. (...) A staff member's quickness to anger and his instantaneous irritation and frustration responses are the [behavioral] signs" (Freudenberger 1974: 160).

Kurze Zeit später griff die Sozialpsychologin Christina Maslach die von Freudenberger geschilderten Beobachtungen in ihren empirischen Forschungsarbeiten auf (u.a. Maslach 1976, Maslach et al. 2001). Maslach identifizierte emotionale Erschöpfung (exhaustion), Depersonalisierung (detachment) im Sinne einer zunehmenden Distanzierung und Zynismus in Bezug auf Klient*innen, Arbeitsaufgabe etc. sowie Erleben von Wirkungslosigkeit (inefficacy) als wesentliche Dimensionen des Burnouts (vgl. Maslach et al. 2001: 403). Maslachs Erkenntnisse mündeten in die Konstruktion des Maslach-Burnout-Inventory (Maslach et al.

1981), eines Fragebogens zur standardisierten Erfassung von Burn-Out, welcher den Ausgangspunkt der internationalen Beschäftigung mit dem neuen Krankheitskonzept darstellte. In einigen Forschungsarbeiten werden die Ursachen von Burnout in der Persönlichkeitsstruktur der Betroffenen ausgemacht (z. B. Edelwich et al. 1984), andere betonen die Bedeutung arbeitsweltbedingter Faktoren (z. B. Maslach et al. 1981, Bröckling 2013). Burnout ist derzeit nicht als eigenständiges Krankheitsbild anerkannt und fließt in die ICD10 Klassifikation daher nur als Zusatzdiagnose Z73 der Hauptdiagnosegruppe „Faktoren, die den Gesundheitszustand beeinflussen und zur Inanspruchnahme des Gesundheitswesens führen" ein. Nach Meyer et al. haben sich die Arbeitsunfähigkeitstage aufgrund der Diagnose Z73 in Deutschland von 2009 bis 2018 um das Zweifache erhöht (vgl. Meyer et al. 2019: 461f.). Nach Hochrechnungen der Autorinnen und des Autors waren im Jahr 2018 ca. 176.000 Menschen mit insgesamt 3,9 Mio. Fehltagen aufgrund eines Burnouts krankgeschrieben. Angesichts dieser Zahlen erscheint es nicht weiter verwunderlich, dass Burnout in den deutschen Leitmedien vielfach als „Volkskrankheit" bezeichnet wird. Jedoch wird Burnout auch in der 2022 in Kraft tretenden Überarbeitung des ICD Diagnosemanuals (ICD-11) lediglich als Zusatzdiagnose auftauchen, wenngleich die Burnout-Dimensionen dort näher spezifiziert sein werden.

Besonders interessant erscheint die gegenwärtig geführte Diskussion um das Konzept der *Hochsensibilität* bzw. Sensory processing sensitivity. Dieser erstmals durch Aron et al. etablierte Begriff bezeichnet Menschen, die sowohl eine hohe Sensitivität für subtile Reize als auch eine leichte Übererregbarkeit aufweisen (vgl. Aron et al. 1997: 364). Aus Sicht der Forschenden handelt es sich hierbei um ein Temperamentsmerkmal, welches sich als unidimensionales Konstrukt von anderen Merkmalen wie Introversion oder negativer Emotionalität unterscheidet (vgl. Aron et al. 1997: 365). Im Gegensatz zu den bislang dargelegten Konzepten wird Hochsensibilität also nicht als Erkrankung, sondern als Disposition angesehen. Zur Messung von Hochsensibilität wird der von Aron et al. (1997) entwickelte Fragebogen Highly Sensitive Person Scale (HSPS) genutzt, welcher von Konrad et al. (2017) unter Berücksichtigung weiterer Studien (u.a. Smolewska et al. 2006, Evans et al. 2008) für den deutschsprachigen Raum adaptiert wurde. Der vergleichsweise geringen Studienlage zum Thema Hochsensibilität steht seit einigen Jahren eine breite populärmediale Aufmerksamkeit gegenüber. Seit dem Jahr 2011 erschienen zahlreiche Ratgeber zum Leben mit Hochsensibilität, in Internetforen wird über Hochsensibilität diskutiert und in Zeitschrifteninterviews beschreiben Menschen sich als hochsensibel. Es stellt sich die Frage, warum Hochsensibilität Jahre nach dem Erscheinen der Forschungsarbeiten von Aron et al. (1997) sowie Aron (1996) (wieder)entdeckt wird.

4. Vergleichende Analyse: Erschöpfungserkrankungen im Wandel der Zeit

Wie sich gezeigt hat, sind die Erschöpfungserkrankungen vergangener und gegenwärtiger Zeiten vor allem als Ausdruck eines Wechselspiels gesellschaftlicher, technischer, politischer und kultureller Entwicklungen zu verstehen. Zudem stehen sie in einem engen Zusammenhang zu den Arbeits- und Lebensbedingungen westlicher Gesellschaften. Wenngleich es sich um Zeitdiagnosen handelt und die Konzepte bezüglich der geschilderten Symptome, Zielgruppen und Ursachenattributionen variieren, gehen von ihnen ähnliche Angebote aus. Im Folgenden werden die aus der historischen Analyse gewonnenen Erkenntnisse zusammengeführt und zu übergeordneten Bedeutungsebenen verdichtet.

Erschöpfungsdiskurse als Deutungsangebot

Sämtliche der geschilderten Erschöpfungsdiskurse beinhalten den Versuch, unterschiedliche physische und psychische Symptome zu subsummieren und als Folgeerscheinungen der jeweiligen Arbeits- und Lebensbedingungen zu deuten. Unterschiedlichste Belastungserfahrungen der modernen Zivilisation können auf diese Weise einer medizinischen Deutung zugeführt sowie individuelle Befindlichkeiten auf gesellschaftlicher und medizinischer Ebene erklärt werden. So sieht Roelcke im Erscheinen der Neurasthenie den Ausdruck einer „bürgerlichen Selbst- und Weltdeutung“ (Roelcke 1999: 26). Mithilfe des Neurastheniekonzepts konnten die mit der Krise des Bürgertums verbundenen Belastungserfahrungen auf die als bedrohlich empfundenen Lebensumstände der damaligen Zeit zurückgeführt werden. Die Managerkrankheit ermöglichte es, das nach dem zweiten Weltkrieg empfundene Leid auf die Anstrengungen des Wiederaufbaus zurückzuführen und somit die traumatischen Folgen von Krieg und Verfolgung zu verdrängen. Die wahrgenommene Zunahme körperlicher und psychischer Beschwerden konnte auf diese Weise mit der gesellschaftlichen Situation der 1950er Jahre in Verbindung gebracht werden. Während Neurasthenie und Managerkrankheit auf einem statischen Erklärungsmodell im Sinne von Reiz und Reaktion fußen, wird beim Burnout von einem dynamischen Gleichgewichtsmodell ausgegangen (vgl. Kury 2012: 297). Es wird also angenommen, dass Individuen in der Lage sind, sich den Anforderungen ihrer Umwelt anzupassen und dadurch ihre physische wie psychische Balance wieder herzustellen.

Kury betont zudem die „euphemistische Funktion“ (Kury 2012: 47) der dargestellten Erschöpfungsdiskurse. So stellte die Neurasthenie ein Distinktionsmerkmal einer leistungsfähigen städtisch-bürgerlichen Elite dar (vgl. Kury 2012: 42). Die Managerkrankheit stand für die Erfolgsgeschichte des Wiederaufbaus nach dem zweiten Weltkrieg. Burnout gilt als eine Erkrankung der „Starken“ und Leistungsträger*innen (vgl. DGPPN 2012: 1). Hochsensibilität beschreibt weniger eine Schwäche als eine besondere Eigenschaft, die nur wenigen in gewisser Weise „hochbegabten“ Menschen zuteil wird. Die folgende Interviewaussage verdeutlicht, welches Deutungsangebot von Hochsensibilität ausgehen kann:

„Ich glaube, das war entlastend. Weil das dann nicht mehr dieses Gefühl war von: oh, ich bin irgendwie komisch oder andere halten das doch auch aus, warum kann ich das nicht aushalten? So ein bisschen war's sogar sowas: oh, das ist ja irgendwie was Besonderes oder so. Ich habe auf einmal auch die positiven Seiten gespiegelt bekommen und nicht nur diese Ohnmacht, dem so ausgeliefert zu sein" (Rauschenberger 2019).

Im Hinblick auf die eingangs gestellte Frage lässt sich also nicht mit Gewissheit sagen, ob Menschen in vergangenen Epochen physische und psychische Belastungen vergleichbar wahrgenommen haben. Es ist zu vermuten, dass Erschöpfungszustände zwar existierten, aber vor dem Bekanntwerden entsprechender Krankheitskonzepte nicht medizinisch oder gesellschaftlich gedeutet werden konnten.

Erschöpfungsdiskurse als Artikulationsangebot

Eine weitere Funktion der dargestellten Krankheitskonzepte besteht in der Möglichkeit zur Artikulation unspezifischer Erschöpfungserfahrungen. Demzufolge bietet das Reden über Neurasthenie, Managerkrankheit, Burnout oder Hochsensibilität in Phasen wahrgenommener Beschleunigung, Veränderung und Flexibilisierung die Möglichkeit, das eigene Unbehagen zu artikulieren (vgl. Kury 2012: 259). Bezugnehmend auf die eingangs gestellte Frage liegt nahe, dass den Menschen in vergangenen Epochen in Ermangelung eines passenden Begriffs diese Möglichkeit nicht zur Verfügung stand und somit auch kein gesellschaftlicher Diskurs über Arbeit und Erschöpfung stattfand. So stellte schon Wittgenstein fest: „Wovon man nicht reden kann, darüber muß man schweigen" (Wittgenstein 2003: 7).

Erschöpfungsdiskurse als Zivilisationskritik und Handlungsangebot

Weiterhin zeichnen sich Neurasthenie und Managerkrankheit dadurch aus, dass der gesellschaftliche Wandel als pathogen wahrgenommen und implizit kritisiert wird. Sie erlauben den Individuen, auf diese Weise die Verantwortung für ihr eigenes Unbehagen zu externalisieren. Gleichzeitig ermöglichen sie den Betroffenen, sich an die mit dem Wandel verbundenen Herausforderungen anzupassen. Kury beschreibt diese Doppelfunktion als Auflehnung und Anpassung im Reden über und im Umgang mit Erschöpfung (vgl. Kury 2012: 297). Mit dem Burnout, so die Annahme des vorliegenden Beitrags, scheint die Kritik an den gesellschaftlichen Verhältnissen zunehmend verloren zu gehen. Bröckling zufolge ist zwar auch dem Burnout eine Zivilisationskritik immanent, da es ganz offensichtlich auf die „entgrenzten Leistungsanforderungen eines allgegenwärtigen Wettbewerbsregimes, (...) [den] unerbittliche[n] Takt der Projekttermine und Zielvereinbarungen, der ‚Milestones' und Deadlines" (Bröckling 2013: 180) zurückzuführen sei. Allerdings kam Bernhardt (2017) in ihrer wissenschaftlichen Analyse sprachlicher und visueller Bilder des Burnoutdiskurses der letzten 10 bis 15 Jahre zu dem Ergebnis, dass Burnout als Ausnahmezustand individuellen Versagens im Umgang mit den eigenen Ressourcen in einer perfekt funktionierenden Welt portraitiert wird (vgl. Bernhardt 2017: 145). Kury (2012) stützt diese Auffassung, indem er anmerkt, dass der einer Zivilisationskrankheit immanente „gesellschaftskritische Unterton" (Kury 2012: 274) durch die Bezeichnung von Burnout als Volkskrankheit verloren gegangen sei. Er spricht in diesem Zusammenhang von einer „Entvergesellschaftlichung gesellschaftlicher Problemlagen" (Kury 2012: 297). Das in vergangenen Erschöpfungserkrankungen implizit enthaltene Element der Auflehnung gegen eine als pathogen erlebte Zivilisation scheint zugunsten einer Strategie der Anpassung, bei der die Verantwortung für die Krankheitsbewältigung beim Individuum angesiedelt ist, abhanden gekommen zu sein. Ähnlich verhält es sich mit dem Konzept der Hochsensibilität, bei welchem der Bezug auf den gesellschaftlichen Wandel kaum mehr ersichtlich ist. Im Gegensatz zum Burnout kann die Verantwortung für das eigene Unbehagen durch die Vorstellung von Hochsensibilität als unveränderliche Disposition jedoch zurückgewiesen werden. Zwar sind auch hochsensible Menschen angehalten, sich an ihre Umwelt anzupassen. Diese Anpassung weist jedoch definierte Grenzen auf. Begründet sich im Konzept der Hochsensibilität eine neue Generation, die Flexibilisierung, Entgrenzung und permanente Reorganisation als notwendig hinnimmt und dennoch nicht bereit ist, sich – im Gegensatz zur „Burnout-Generation" – über die Maßen zu verausgaben? Es bleibt zu beobachten, wie sich die Popularität des Konzepts der Hochsensibilität entwickeln wird.

5. Fazit

Die vorausgegangenen Überlegungen legen nahe, dass es sich bei den dargelegten Erschöpfungserkrankungen um Modeerscheinungen handelt, welche in Abhängigkeit des jeweiligen Zeitgeistes erscheinen und wieder verschwinden (werden). Es wurde gezeigt, dass Neurasthenie, Managerkrankheit, Burnout und Hochsensibilität Massenphänomene darstellen, welche in engem Zusammenhang mit den Arbeits- und Lebensbedingungen der Menschen in westlichen Gesellschaften stehen. Als Momentaufnahmen eines Prozesses kontinuierlichen sozioökonomischen Wandels spiegeln sie das empfundene Mensch-Umwelt Verhältnis in einer Gesellschaft wider und gewähren Einblicke in Selbstbeschreibungs- und Deutungsmechanismen vergangener und gegenwärtiger Zeiten.

Zahlreiche wissenschaftliche Arbeiten belegen, dass Krankheiten a) sozial produziert werden (z. B. Lampert 2016), b) sozial konstruiert werden (z. B. Blech 2013; Fechner 2011) und c) von der Organisation des Gesundheitswesens beeinflusst werden (z. B. Klein et al. 2016). Krankheitskonzepte sind ferner kulturgebunden. Aus Perspektive der Ethnologin Helene Basu leben in jeder Kultur Menschen, „die besser und solche, die schlechter mit ihrem Dasein zu Rande kommen. Aber manche Gesellschaften gehen entspannter als unsere mit Mitgliedern um, die nicht der Norm entsprechen" (Fechner 2011: 125). So werden Zustände völliger Erschöpfung vorwiegend in westlichen Kulturkreisen als „Burnout" etikettiert.[2]

Die gesellschaftliche Beeinflussung von Krankheit impliziert jedoch keinesfalls, wie der Ausdruck „Modeerscheinung" im ersten Eindruck vermitteln mag, dass

---

[2] Auch die Behandlungsmethoden sind kulturabhängig. So ist es z. B. in Indien nicht unüblich, dass Brahmanen zur Heilung psychischer Erkrankungen konsultiert werden (vgl. Fechner 2011: 124).

die Betroffenen keinen Leidensdruck verspürten. Obwohl es sich bei Neurasthenie, Managerkrankheit, Burnout und Hochsensibilität um Phänomene handelt, welche in engem Zusammenhang mit den gesellschaftlichen, technischen und ökonomischen Bedingungen einer Epoche stehen, kann es sich hierbei um ernstzunehmende Manifestationen physischer und psychischer Störungen handeln. So wird davon ausgegangen, dass Menschen vor dem Bekanntwerden des Neurastheniekonzepts aufgrund von Hungersnöten, ökonomischen Krisen oder Epidemien höheren Belastungen ausgesetzt waren (vgl. Kury 2012: 12). Die hiermit verbundenen Erschöpfungserfahrungen konnten in Ermangelung eines Krankheitskonzepts zwar nicht artikuliert und gedeutet werden, waren jedoch mit hoher Wahrscheinlichkeit für die Betroffenen spürbar. Die vorwiegend populärwissenschaftlich geführte Diskussion, ob es sich bei den beschriebenen Erschöpfungserkrankungen um Modeerscheinungen oder ernstzunehmende Manifestationen einer Erkrankung handelt, erscheint vor diesem Hintergrund weder sinnvoll noch weiterführend.

Die jahrhundertelange Präsenz von Erschöpfungsdiskursen verdeutlicht, dass es – zumindest in westlichen Gesellschaften – einer Krankenrolle bedarf, um sich den Anforderungen der Wettbewerbs- und Leistungsgesellschaft zu entziehen. Gerade diese Krankenrolle sowie zahlreiche in der Ratgeberliteratur propagierte Selbsttechniken und -technologien (vgl. Foucault 2005: 968) des Umgangs mit Erschöpfung verstellen den Blick auf die Strukturen. Fragen nach gesellschaftspolitischen Lösungen für die im Zuge von Deregulierung, Selbstoptimierung und Beschleunigung gewachsenen Belastungen werden tendenziell ausgeblendet. Während mit der Neurasthenie und der Managerkrankheit noch eine Zivilisationskritik verbunden war, geht diese mit dem Burnout teilweise und der Hochsensibilität fast gänzlich verloren. Haller et al. sprechen in diesem Zusammenhang von einer „spezifische[n] Subjektivierungsweise in einer durch Erfolg und Leistung strukturierten Wettbewerbsgesellschaft" (Haller et al. 2014: 362). Wenn betriebliche Herrschaftszusammenhänge zunehmend internalisiert werden, Regeln scheinbar eigenverantwortlich definiert werden (vgl. Voß et al. 1998) und Arbeitsverhältnisse zunehmend flexibilisiert werden, stellt sich jedoch die Frage, ob und wie betriebliche Strukturen und Arbeitsbedingungen (noch) reflektiert und bearbeitet werden können (vgl. Schubert 2019: 42f.).

Eine Aufgabe der Arbeitswissenschaft wird darin gesehen, kritisch zu reflektieren, auf welche Weise etablierte Erschöpfungsdiskurse gesellschaftliche Denk- und Handlungsmuster prägen. Sprache konstruiert (Welt)Bilder. Daher erscheint es wichtig zu reflektieren, inwiefern gegenwärtige Begrifflichkeiten und Erschöpfungsdiskurse zu einer subjektivierenden Sichtweise auf die Arbeitswelt beitragen. Aus der Perspektive von Keupp ist es „notwendig, den gesellschaftlichen Rahmen [wieder] mit in den Blick zu nehmen und danach zu fragen, wie er einerseits den einzelnen Menschen mit Erwartungen und Ansprüchen fordert und zunehmend überfordert und andererseits die ‚vereinzelten Einzelnen' damit allein lässt" (Keupp 2009: 136). Die konstatierte Zunahme von Burnout und anderen Erschöpfungserkrankungen verweist über das Individuum hinaus und macht es erforderlich, krankmachende Arbeits- und Lebensbedingungen zu verändern. Eine zeithistorische Betrachtung des Verhältnisses von Arbeit, Erschöpfung und Zeit(geist) kann hierzu wesentlich beitragen.

Literatur

Aron, E. N., 1996: Counseling the highly sensitive person. Counseling and Human Development 28: 1-7.

Aron, E. N., & A. Aron, 1997: Sensory-processing sensitivity and its relation to introversion and emotionality. Journal of Personality and Social Psychology 73: 345-368.

Beard, G. M., 1880: A Practical Treatise on Nervous Exhaustion (Neurasthenia). Its Symptoms, Nature, Sequences, Treatment. New York: William Wood & Company.

Beard, G. M., 1881: American Nervousness. Its Causes and Consequences, A Supplement to Nervous Exhaustion (Neurasthenia). New York: G.P. Putnam's Sons.

Bernhardt, S. C., 2017: Von Streichhölzern und gebeugten Menschen. Sinnbilder des Ausnahmezustands im populären Burnout-Diskurs des frühen 21. Jahrhunderts. S. 141-163 in: H. Ahlheim (Hrsg.), Gewalt, Zurichtung, Befreiung? Individuelle »Ausnahmezustände« im 20. Jahrhundert. Göttingen: Wallstein.

Blech, J., 2013: Wahnsinn wird normal. Der Spiegel 04/2013: 110-119.

Bröckling, U., 2013: Der Mensch als Akku, die Welt als Hamsterrad. Konturen einer Zeitkrankheit. S. 179-200 in: S. Neckel & G. Wagner (Hrsg.), Leistung und Erschöpfung. Burnout in der Wettbewerbsgesellschaft. Berlin: edition Suhrkamp.

Der Spiegel, 1954: Manager-Krankheit. Wen die Götter lieben. 14. April 1954: 34-37.

Der Spiegel, 1958: Manager-Krankheit: Der chemische Herztod. 11. Juni 1958: 54.

Deutsche Gesellschaft für Psychiatrie, Psychotherapie und Nervenheilkunde (DGPPN), 2012: Positionspapier der Deutschen Gesellschaft für Psychiatrie, Psychotherapie und Nervenheilkunde (DGPPN) zum Thema Burnout. Verfügbar unter: http://www2.psychotherapeutenkammer-berlin.de/uploads/stellungnahme_dgppn_2012.pdf (zuletzt abgerufen am 10.12.2019).

Edelwich, J. & A. Brodsky, 1984: Ausgebrannt: das "Burn-out"-Syndrom in den Sozialberufen. München: AVM.

Ehrenberg, A., 2008: Das erschöpfte Selbst. Depression und Gesellschaft der Gegenwart. Frankfurt a.M.: Suhrkamp.

Erb, W., 1893: Über die wachsende Nervosität unserer Zeit. Heidelberg: Universitäts-Buchdruckerei von J. Hörning.

Evans, D. E., & M. K. Rothbart, 2008: Temperamental sensitivity: Two constructs or one? Personality and Individual Differences 44: 108-118.

Foucault, M., 2005: Technologien des Selbst. S. 966-999 in: M. Foucault (Hrsg.), Schriften in vier Bänden. Dits et Ecrits, Band IV. Frankfurt a.M.: Suhrkamp.

Freudenberger, H. J., 1974: Staff Burn-Out. Journal of Social Issues 30(1): 159-165.

Fechner, A., 2011: Sprechstunde im Tempel. Spiegel Wissen 1/2011: 121-125.

Fuchs, T., L. Iwer & S. Micali, 2019: Einleitung. S. 7-24 in: T. Fuchs, L. Iwer & S. Micali (Hrsg.), Das überforderte Subjekt. Zeitdiagnosen einer beschleunigten Gesellschaft. Frankfurt a.M.: Suhrkamp.

Haller, L., S. Höhler & H. Stoff, 2014: Stress – Konjunkturen eines Konzepts. Zeithistorische Forschungen 11: 359-381.

Jackson, M., 2013: The Age of Stress: Science and the Search for Stability. Oxford: University Press.

Keupp, H., 2009: Psychische Störungen und Psychotherapie in der spätmodernen Gesellschaft. Psychotherapeut 54: 130-138.

Klein, J. & O. von dem Knesebeck, 2016: Soziale Einflüsse auf die gesundheitliche Versorgung. S. 341-352 in: M. Richter & K. Hurrelmann (Hrsg.), Soziologie von Gesundheit und Krankheit. Wiesbaden: Springer VS.

Konrad, S., & P. Y. Herzberg, 2017: Psychometric Properties and Validation of a German High Sensitive Person Scale (HSPS-G). European Journal of Psychological Assessment 35(3): 364-378.

Kury, P., 2012: Der überforderte Mensch. Eine Wissensgeschichte vom Stress zum Burnout. Frankfurt a.M.: Campus.

Lampert, T., 2016: Soziale Ungleichheit und Gesundheit. S. 121-138 in: M. Richter & K. Hurrelmann: Soziologie von Gesundheit und Krankheit. Wiesbaden: Springer VS.

Lazarus, R. S., 1966: Psychological stress and the coping process. New York: McGraw-Hill.

Levi, L., 1964: Stress. Körper, Seele und Krankheit. Eine Einführung in die psychosomatische Medizin. Göttingen: Musterschmidt.

Maslach, C., 1976: Burned-out. Human Behavior 5 (9): 16-22.

Maslach, C. & S. E. Jackson, 1981: The Measurement of Experienced Burnout. Journal of Organizational Behavior 2(2): 99-113.

Maslach, C., W. B. Schaufeli M. P. & Leiter, 2001: Job Burnout. Annual Review of Psychology 52: 397-422.

Meyer, M., M. Maisuradze & A. Schenkel, 2019: Krankheitsbedingte Fehlzeiten in der deutschen Wirtschaft im Jahr 2018 – Überblick. S. 413-477 in: B. Badura, A. Ducki, H. Schröder, J. Klose & M. Meyer (Hrsg.), Fehlzeiten-Report 2019. Digitalisierung – gesundes Arbeiten ermöglichen. Berlin, Heidelberg: Springer.

Rauschenberger, P., 2019: Hochsensible Menschen – Mehr als Neurotiker? Verfügbar unter: https://www.deutschlandfunkkultur.de/hochsensible-menschen-mehr-als-neurotiker.976.de.html?dram:article_id=446057 (zuletzt abgerufen am 14.09.2019).

Roelcke, V., 1999: Krankheit und Kulturkritik. Psychiatrische Gesellschaftsdeutungen im bürgerlichen Zeitalter (1790-1914). Frankfurt a.M.: Campus.

Schubert, A.-K., 2019: Gesundheit als organisationaler Lernprozess. Eine lern- und organisationstheoretische Analyse von Betrieblicher Gesundheitsförderung. Augsburg, München: Hampp.

Smolewska, K. A., S. B. McCabe & E. Z. Woody, 2006: A psychometric evaluation of the Highly Sensitive Person Scale: The components of sensory-processing sensitivity and their relation to the BIS/BAS and "Big Five". Personality and Individual Differences 40: 1269-1279.

Voß, G. & H. Pongratz, 1998: Der Arbeitskraftunternehmer: Eine neue Grundform der Ware Arbeitskraft? Kölner Zeitschrift für Soziologie und Sozialpsychologie 50(1): 131-158.

Wittgenstein, L., 2003: Tractatus logico-philosophicus. Frankfurt a.M.: Suhrkamp.

Wolff, H. G., 1953: Stress and Disease. Springfield, IL: Charles C Thomas Publisher.

Teilzeitführung – auf die Arbeitsorganisation kommt es an

Günther Vedder[1]

Gliederung

Abstract

Wenn Führungskräfte Teilzeit arbeiten wollen, dann stellen sich aus Sicht ihrer Vorgesetzten, Kolleg*innen und Mitarbeiter*innen viele Fragen. Sie betreffen vor allem die zukünftige Arbeitsteilung und Arbeitsorganisation im direkten Arbeitsumfeld. Es geht aber auch um die grundsätzliche Zeitkultur im Unternehmen. Vor der Implementierung von Teilzeitführung macht es daher Sinn, die Rahmenbedingungen in der Organisation genauer zu analysieren. Dieser Beitrag wirft einen arbeitswissenschaftlich inspirierten Blick auf die Einführung von Teilzeitarbeit im Management. Er stellt Fragen, die für die Arbeits- und Zeitanalyse der Tätigkeit von Führungskräften von besonderer Bedeutung sind. Seine zentrale Botschaft lautet: Teilzeitführung ist machbar, sie muss aber auch gewissenhaft vorbereitet werden.

[1] Dr. Günther Vedder ist wissenschaftlicher Mitarbeiter am Institut für interdisziplinäre Arbeitswissenschaft der Leibniz Universität Hannover;
E-Mail: guenther.vedder@wa.uni-hannover.de

1. Einleitung

Seit 1990 gibt es im deutschsprachigen Raum vermehrt Forschung und Publikationen zum Thema Teilzeitführung (vgl. Ramme 1990, Domsch et al. 1994, Straumann et al. 1996, Vedder 1999, Kohn & Breisig 1999, Blum et al. 2008, Vedder & Vedder 2008, Abrell 2015, Jochmann-Döll 2016, Karlshaus & Kaehler 2017). Was mit wenigen Einzelfällen in Verwaltungen begann, hat sich zu einem bundesweiten Trend entwickelt. Inzwischen arbeiten über 200.000 Führungskräfte in Deutschland in Teilzeit (vgl. Vedder & Vedder 2017: 72). Für nahezu jede Branche (Verwaltung, Chemie, Bank...), jede Hierarchieebene (oberes, mittleres, unteres Management) und jeden Arbeitsbereich (Personal, Marketing, Produktion...) gibt es gut dokumentierte Beispiele, die zeigen, dass Teilzeitarbeit im Management möglich ist. In diversen Organisationen existieren heute Programme, die eine Arbeitszeitreduktion auch für Führungskräfte ermöglichen (vgl. Karlshaus & Kaehler 2017: 153ff.). Gesetzliche Regelungen unterstützen eine weitere Verbreitung dieses Arbeitszeitmodells (vgl. BMAS 2015).

Dennoch gab es in den 30 Jahren immer auch kritische Stimmen zur Teilzeitführung: „Teilzeit behindert die Karriere" oder „Teilzeit ist eine Lösung nur für Frauen" oder „Wer um 18 Uhr gehen will, sollte Tarifangestellter bleiben" (Vedder & Vedder 2008: 429). Brigitte Abrell zitierte im Jahr 2015 den Personalchef eines mittelständischen Unternehmens: „Bei uns geht Führen in Teilzeit nicht. Das mag bei einer Behörde oder im öffentlichen Dienst mit geregelten Arbeitszeiten unter Umständen machbar sein, aber nicht in der freien Wirtschaft" (Abrell 2015: 3). Häufiger tauchen Argumente auf wie „Teilzeitführung ist aufgrund der Aufgabenfülle im Management nicht durchführbar" oder „Führung kann man nicht teilen". Dem letzten Statement widerspricht der Arbeitszeitexperte Andreas Hoff energisch: *„Jede Stelle ist immer Ergebnis und Bestandteil von Arbeitsteilung und daher ihrerseits auch stets weiter teilbar"* (www.teilzeitführung.info).

Vor diesem Hintergrund macht es Sinn, einmal einen arbeitswissenschaftlich inspirierten Blick auf die Teilzeitführung zu werfen: Was sind die Erfolgsfaktoren einer Arbeitszeitreduktion für Führungskräfte (Kapitel 2)? Welche Aufgaben und Rollen werden von Führungskräften in der Regel übernommen (Kapitel 3)? Wie lassen sich die Arbeitsinhalte bei einer Reduktion der Arbeitszeit neu verteilen (Kapitel 4)? Welchen Einfluss hat die Unternehmens- bzw. Zeitkultur auf diesen Prozess (Kapitel 5)? Es geht in diesem Beitrag vor allem um zentrale Fragen, die sich die handelnden Personen in einer an Teilzeitführung interessierten Organisation bei der Implementierung von Teilzeitarbeit im Management stellen sollten. Sie betreffen sowohl die Arbeitsorganisation der Führungskräfte als auch den Umgang mit der Zeit im Unternehmen.

2. Erfolgsfaktoren einer Arbeitszeitreduktion im Management

Jede Form der Arbeitszeitreduktion im Management ist ein Einzelfall, bei dem unterschiedliche Parameter eine besondere Rolle spielen (vgl. Abrell 2015: 67ff.). Für den Erfolg der Veränderung ist zum Beispiel von Bedeutung, wer seine Arbeitszeit verringert (Erfahrung, Kompetenzen), in welcher Form (Teilzeit-Modell), in welchem Umfang, auf welcher Hierarchieebene und mit welcher Personalverantwortung. Für diesen Beitrag wird daher ein spezifischer Fall konstruiert, der in den folgenden Ausführungen immer wieder angesprochen wird:

> Es geht um die Personalleiterin eines Unternehmens der IT-Branche mit 1.000 Beschäftigten. Sie ist 39 Jahre alt, arbeitet seit 7 Jahren im Unternehmen, hat die Stelle seit 3 Jahren inne, gehört zum mittleren Management und ist für 10 Beschäftigte die direkte Vorgesetzte. Die reguläre Arbeitszeit im IT-Unternehmen beträgt 40 Stunden pro Woche. Sie hat bisher im Durchschnitt 46 Wochenstunden gearbeitet. In Zukunft möchte sie ihre Arbeitszeit auf 30 Stunden pro Woche reduzieren. Es geht also um eine 75%-Stelle, die folgendermaßen organisiert werden soll: vier volle Arbeitstage (MO, DI, DO, FR) und mittwochs einen komplett freien Tag. Die Personalleiterin möchte dadurch mehr von ihrer gerade geborenen Tochter mitbekommen und ihrem Mann eine begrenzte Weiterführung seiner Berufstätigkeit ermöglichen. Durch den ganzen freien Tag am Mittwoch sollen die relativ langen Fahrtzeiten zur Arbeit reduziert werden.

Legt man die Ergebnisse der Teilzeitführungsforschung zu Grunde, dann wird der Erfolg des Vorhabens zunächst einmal von der klaren *Unterstützung der Unternehmensleitung* abhängen (vgl. Blum et al. 2008, Jochmann-Döll 2016, Karlshaus & Kaehler 2017a). Wenn das Top-Management signalisiert „Wir wollen und wir machen das!“, weil so eine bessere Work-Life-Balance ermöglicht und eine familienfreundliche Arbeitskultur gefördert wird, sind das sehr gute Voraussetzungen (vgl. Abrell 2015: 47). Im genannten Beispiel wären dann auch schon die direkten Vorgesetzten der Teilzeitführungskraft mit im Boot. Und im Idealfall hätte bereits jemand aus der Geschäftsführung ein solches Teilzeitmodell im Management erprobt.

Zu den Erfolgsfaktoren gehört weiterhin die *Unterstützung durch die Mitarbeiter*innen* (vgl. Bessing et al. 2017: 95ff.). Sind insbesondere die direkt unterstellten Personen offen für solch ein flexibles Modell? Sind sie bereit, selbständiger zu arbeiten und mehr Verantwortung zu übernehmen (insbesondere am Mittwoch, wenn die Personalleiterin nicht im Unternehmen ist)? Dies wird stark davon abhängen, wie sich der Implementierungsprozess gestaltet. Alle Arbeitsabläufe müssen analysiert, die Dringlichkeiten bestimmter Entscheidungen dokumentiert und die Kapazitäten im Umfeld festgestellt werden (vgl. Kapitel 3). Es geht um eine umfassende Bestandsaufnahme, welche Aufgaben auf der zukünftigen Teilzeitstelle anfallen sowie um eine faire Festlegung, wer welchen Part in Zukunft übernehmen wird.

Entscheidend für den Erfolg des Teilzeitführungsmodells sind auch die *persönlichen Kompetenzen der Führungskraft* (vgl. Köster 2017: 132ff.). Wie viel Erfahrung hat sie in ihrem Aufgabenbereich? Kann sie loslassen und delegieren? Benötigt sie selbst noch intensive Führung? Ist sie gut organisiert? Von der Beantwortung dieser Fragen wird besonders abhängen, ob die Mitarbeiter*innen eine Teilzeitregelung bei dieser Person akzeptieren können. Wer es schon unter Vollzeitbedingungen kaum geschafft hat, seine Aufgaben zu bewältigen, dem wird es bei reduzierter Arbeitszeit erst recht schwerfallen. Geeignet sind hingegen Menschen mit einer hohen Flexibilität, Disziplin und Methodenkompetenz (vgl. Abrell 2015: 72).

Ob die Teilzeitführung erfolgreich sein wird oder nicht hängt zudem vom *Verhalten anderer Führungsakteur*innen* ab. Grundsätzlich besteht die Möglichkeit, einige Aufgaben der Teilzeitführungskraft auf Kolleg*innen der gleichen Managementebene zu verteilen. Dies sollte durch den Wegfall anderer Aufgaben kompensiert werden, damit die Entlastung der einen Person nicht mit einer Überlastung im Umfeld einhergeht (vgl. Karlshaus & Kaehler 2017: 20). Zu den anderen wichtigen Akteur*innen können auch Personaler*innen oder Organisationsentwickler*innen gezählt werden, die damit betraut wurden, die Teilzeitarbeit im Management zu fördern. Auf eine transparente Kommunikation und die frühzeitige Einbeziehung aller Betroffenen kommt es an, wenn der Kulturwandel gelingen soll (vgl. Bessing u.a. 2017: 93).

Aus den genannten Erfolgsfaktoren resultieren *Chancen und Risiken der Teilzeitführung*, die an unterschiedlichen Stellen zum Tragen kommen. Die Organisation erhofft sich eine stärkere Bindung qualifizierter Mitarbeiter*innen, eine Erhöhung der Arbeitgeberattraktivität und eine Verringerung der Rekrutierungskosten. Sie nimmt dafür einen höheren Abstimmungsaufwand, eine geringere Flexibilität sowie eine eingeschränkte Erreichbarkeit der Manager*innen in Kauf. Die Teilzeitführungskräfte erhoffen sich eine bessere Work-Life-Balance, eine höhere Zeitsouveränität sowie weniger Stress. Im konkreten Fall der Personalleiterin aus der IT-Branche kommt noch die deutliche Reduktion von Fahrzeiten zur Arbeit hinzu. Risiken können sich hingegen aus einer Verdichtung der Arbeit während der Anwesenheit, aus geringeren Profilierungsmöglichkeiten oder auch aus einem möglichen Informationsdefizit ergeben. Das teilzeitgeführte Team freut sich ggf. über eine bessere Arbeitsorganisation, kann aber auch unter der Mehrbelastung durch Aufgabenumverteilung leiden (vgl. Ladwig & Domsch 2017: 123f.).

3. Funktionen, Rollen und Arbeitsverhalten von Führungskräften

Wenn Manager*innen in Zukunft weniger Zeit für ihre Berufstätigkeit zur Verfügung steht, dann stellen sich allgemein die Fragen: Weniger Zeit wofür? Welche Funktionen übernehmen sie in der Regel? Welche unterschiedlichen Rollen müssen abgedeckt werden? Und wie sieht das Arbeitsverhalten von vollzeitarbeitenden Führungskräften in der Regel aus?

Zur Beantwortung dieser Fragen lohnt sich ein Blick auf die Grundlagen des Managements. Harold Koontz und Cyril O'Donell haben bereits 1955 fünf Managementfunktionen herausgearbeitet, die bis heute als zentral angesehen werden (vgl. Schreyögg & Koch 2015: 9ff.):

a) *Planung:* Festlegung von Zielen, Handlungsoptionen und Programmen;

b) *Organisation:* Abgrenzung von Aufgaben, Stellen und Entscheidungskompetenzen;

c) *Personaleinsatz:* Sicherstellung und Erhaltung der Humanressourcen;

d) *Führung:* Steuerung der Arbeitshandlungen, Motivation und Kommunikation;

e) *Kontrolle:* Überprüfung der Planung, Einleitung von Korrekturmaßnahmen.

Weitere häufig genannte Funktionen wie Information, Kommunikation oder auch Entscheidungsfindung liegen quer zu diesen Standards und sind in jedem der fünf Bereiche von Bedeutung. Die zentralen Managementfunktionen müssen nicht zwangsläufig von der Führungskraft selbst wahrgenommen werden. Sie können auch auf Stellvertreter*innen, Expert*innen oder Stäbe (z. B. Controlling) übertragen bzw. von Technologien, Programmen oder Werteordnungen (z. B. Unternehmenskultur) abgedeckt werden (vgl. Blessin & Wick 2017: 163).

An die Führungskräfte werden in Organisationen unterschiedliche Rollenerwartungen gerichtet. Von Henry Mintzberg wurden 1973 zehn zentrale Rollen von Manager*innen herausgearbeitet, die sich in drei Gruppen einteilen lassen:

Interpersonelle Rollen	Informationelle Rollen	Entscheidungsrollen
(1) Repräsentationsrolle	(4) Beobachtungsrolle	(7) Unternehmerrolle
(2) Führungsrolle	(5) Verteilungsrolle	(8) Entstörungsrolle
(3) Verbindungsrolle	(6) Sprecherrolle	(9) Ressourcenzuteilungsrolle
		(10) Verhandlungsrolle

Abb. 1: Zehn Führungsrollen in Anlehnung an Mintzberg 1973

Die oben genannte Personalleiterin mit Teilzeitwunsch sollte vor diesem Hintergrund unbedingt klären (vgl. Blessin & Wick 2017: 161f.), wer in ihrer Abwesenheit …

- …für die Abteilung zeremonielle Aufgaben übernimmt (Repräsentationsrolle);
- …die ihr unterstellten Mitarbeiter*innen anleitet (Führungsrolle);
- …an internen oder externen Vernetzungstreffen teilnimmt (Verbindungsrolle);
- …Erkenntnisse zum Marktgeschehen sammelt (Beobachtungsrolle);
- …zentrale Informationen an Mitarbeiter*innen weitergibt (Verteilungsrolle);
- …die Ziele der Abteilung gegenüber der Umwelt vertritt (Sprecherrolle);
- …für die Umsetzung von Innovationen sorgt (Unternehmerrolle);
- …Konflikte schlichtet und unerwartete Probleme löst (Entstörungsrolle);

- …zeitliche und finanzielle Ressourcen definiert (Ressourcenzuteilungsrolle);
- …für die Organisation mit externen Stellen verhandelt (Verhandlungsrolle).

Diese Rollen müssen nicht zwangsläufig von einer Führungskraft selbst ausgefüllt, sondern können an andere Personen delegiert werden.

Für die in diesem Beitrag relevante Frage nach einer Arbeitszeitreduktion im Management ist weiterhin von Interesse, wie Führungskräfte tatsächlich arbeiten. Welches konkrete Verhalten legen sie an den Tag? Wie häufig sind sie am eigenen Schreibtisch anzutreffen? Welche typischen Arbeitsmuster zeichnen sich bei Manager*innen ab? Diesen Fragen geht die empirische Managementforschung nach, die seit den 1950er Jahren zu oft identischen Befunden kommt (vgl. Schreyögg & Koch 2015: 14f.): Der Arbeitstag von Führungskräften ist durch eine Vielzahl von wechselnden Einzelaktivitäten gekennzeichnet, durch ad-hoc-Gespräche und ungeplante Besuche. Sie verbringen 70% ihrer Zeit mit mündlicher Kommunikation (Sitzungen, Telefonate…), stellen viele Fragen, hören zu und geben Auskünfte. Plötzlich auftauchende Schwierigkeiten gehören zum Alltag von Führungskräften, für die kurzfristige Lösungen gefunden werden müssen. Diverse Steuerungsprobleme laufen dabei parallel und sollen zeitgleich bearbeitet werden. Manager*innen sind häufig nicht an ihrem Arbeitsplatz erreichbar (vgl. Vedder 2001: 81). Sie befinden sich dann vor Ort bei ihren Vorgesetzten, Kolleg*innen oder Kund*innen. Während der eher kurzen Anwesenheit im eigenen Büro häufen sich dann die Kontaktwünsche der Mitarbeiter*innen und es müssen schriftliche Vorgänge bearbeitet werden. Es ist für sie nicht einfach, trotz aller Störungen den roten Faden ihrer Arbeit nicht aus dem Auge zu verlieren. Ein Grundproblem der Führungskräfte besteht darin, dass weder die Arbeitsprozesse noch die Umwelteinflüsse in allen Wirkungszusammenhängen eindeutig planbar sind.

4. Arbeitsanalyse und Arbeitsteilung bei Führung in Teilzeit

Sind die grundsätzlichen Funktionen und Rollen von Führungskräften bekannt, lässt sich darüber nachdenken, wie Managementaufgaben in Teilzeit bewältigt werden können. Der hier zugrundeliegende Fall einer Personalleiterin aus der IT-Branche gibt folgende Eckdaten vor: bisherige reguläre Vollzeitstelle = 40 Wochenstunden (100%); bisherige tatsächliche Arbeitszeit = 46 Wochenstunden (115%); zukünftige reduzierte Arbeitszeit = 30 Wochenstunden (75% der Vollzeitstelle; ca. 66% der tatsächlichen Arbeitszeit). Es ist klar, dass unter diesen Rahmenbedingungen nur noch Teile der bisherigen Aufgaben auf der Teilzeitstelle erledigt werden können. Vor diesem Hintergrund ist zu klären: (1) Welche Kernaufgaben sind nicht delegierbar und müssen immer von der Stelleninhaberin übernommen werden? (2) Welche Aufgaben können sinnvoll abgegeben werden? (3) Welche Tätigkeiten können ggf. ganz entfallen?

Zunächst gilt es, die Arbeitsaufgaben und Arbeitsabläufe genau zu analysieren (vgl. Abrell 2015: 83): Gibt es auf der Stelle Personalverantwortung und welche Verpflichtungen sind damit verbunden? Welche Termine sind wahrzunehmen

(Meetings, Veranstaltungen, Repräsentationspflichten…)? Was ist zu tun, um die Arbeit im Team fair zu verteilen und deren Erledigung sicherzustellen? Welche Arbeiten fallen regelmäßig an und welche in größeren Abständen? Gibt es auf der Stelle häufiger Zeitdruck und wodurch entsteht dieser? Welche externen Faktoren beeinflussen die Tätigkeit und in welcher Form müssen sie Berücksichtigung finden? Durch das Stellen detaillierter Fragen lässt sich das konkrete Arbeitsspektrum der Managementstelle immer genauer eingrenzen. Besonders wichtig ist es, auch jene Aufgaben zu berücksichtigen, die nicht täglich oder monatlich, sondern ggf. nur einmal im Jahr anfallen.

Sind die Tätigkeiten der Führungskraft dokumentiert, muss zwischen delegierbaren und nicht delegierbaren Aufgaben unterschieden werden. Folgende Arbeiten wurden im Rahmen der Implementierung von Teilzeitführung bei der HUK-COBURG erfolgreich reduziert bzw. auf andere Personen übertragen (vgl. Rössler & Renning 2017: 204):

- Mitarbeit im Tagesgeschäft;
- Gestaltung der Arbeitsabläufe;
- Unterstützung bei der Projektarbeit;
- Zuarbeit bei der Erstellung von Statistiken;
- Fachliche Rücksprachen und Entscheidungen;
- Regelmäßige Mitwirkung an externen Arbeitskreisen;
- Erstellung von Vorlagen und sonstigen Ausarbeitungen.

Davon sind echte Führungsaufgaben zu unterscheiden, die nur einen Teil der Arbeitszeit in Anspruch nehmen und nicht auf andere übertragbar sind (vgl. Abbildung 2):

Leitungs-aufgaben	**Mitarbeiter-führung**	**Arbeits-organisation**	**Ergebnis-verantwortung**	**Information + Repräsentation**
Personal-beschaffung	Eingliederung neuer MA	Vorgaben entgegennehmen	Strategien entwickeln	Vertretung „nach außen“
Gehalts-verhandlungen	Lösung von Teamkonflikten	Aufgaben verteilen	Ziele vereinbaren	Führungsdialog
Monatsgespräche mit dem Betriebsrat	Anträge auf Veränderung der Arbeitszeit	Abläufe kontrollieren	Entscheidungen fällen	Beschäftigte informieren
	Fortbildungs-planung			
	Beurteilungs-gespräche			

Abb. 2: Nicht delegierbare Kernaufgaben von Führungskräften (vgl. Abrell 2015: 84)

Wenn geklärt ist, welche Tätigkeiten grundsätzlich delegierbar sind, stellt sich die Frage, wer diese Aufgaben übernehmen könnte. Wie qualifiziert bzw. kompetent sind die verschiedenen Mitarbeiter*innen im Team? Gibt es bereits eine Stellvertretungsperson? Arbeiten die Kolleg*innen Vollzeit oder Teilzeit? Wer verfügt über welches Potenzial und könnte bei einer entsprechenden Einarbeitung auch höherwertige Aufgaben übernehmen? An welchem Arbeitsplatz ist noch Luft für zusätzliche Aufgaben? Die Arbeitszeitreduktion auf einer Stelle im Management kann also zu einer Bestandsaufnahme in der gesamten Abteilung genutzt werden.

Wenn Mitarbeiter*innen diverse Aufgaben der Führungskraft mit übernehmen sollen, müssen sie an anderer Stelle entlastet werden. Dies kann zum Beispiel durch den *Wegfall überflüssiger Arbeiten und Treffen* geschehen. Muss Statistik XY wirklich noch gepflegt werden oder kann sie entfallen? Wer nutzt die dort enthaltenen Daten denn noch? Wie oft geschieht das und aus welchem Grund? Woher könnte man diese Informationen sonst bekommen, wenn sie wirklich hin und wieder benötigt würden? In ähnlicher Form lässt sich über Meetings, Besprechungen, Arbeitskreise… nachdenken. Muss die Abteilungssitzung wirklich alle 14 Tage stattfinden oder würde auch ein vierwöchiger Rhythmus ausreichen? Macht der Arbeitskreis Weiterbildung tatsächlich noch Sinn? Was waren die Ergebnisse der letzten Treffen? Wurde dort inhaltlich etwas weiterentwickelt oder handelt es sich nur noch um ein Ritual aus längst vergangenen Tagen?

5. Einfluss der Unternehmens- und Zeitkultur

Ob die Arbeit an unterschiedlichen Arbeitsplätzen nicht auch in weniger Zeit erledigt werden kann, wird derzeit in diversen Organisationen getestet, die sich einer Arbeitszeitreduktion für alle Beschäftigten bei vollem Lohnausgleich verschrieben haben. Die ersten Erfahrungen mit 6-Stunden-Tagen oder 30-Stunden-Wochen für alle sind durchaus positiv: sowohl die Motivation der Mitarbeiter*innen als auch ihre Produktivität erhöht sich häufig (vgl. Brommer 2019: 261). Der Impuls für solche New Work-Innovationen geht in der Regel von Geschäftsführungen aus, die ihre Unternehmens- und Zeitkultur komplett überdenken. Meist werden als Erstes Zeiträuber minimiert (z. B. Dauer von Sitzungen, Häufigkeit von Geschäftsreisen) und Phasen ungestörter Arbeit eingeführt. Der Arbeitszeitreduktion für alle liegt die Idee zu Grunde, dass viele Beschäftigte sowieso nur wenige Stunden am Tag konzentriert arbeiten können und dass eine lange Anwesenheit nicht mit qualitativ guten Ergebnissen verwechselt werden darf.

Diese Erfahrungen lassen sich auch auf teilzeitarbeitende Führungskräfte übertragen: Die allgemeine Unternehmens- und Zeitkultur ist ein wesentlicher Einflussfaktor auf Teilzeitführung. Wenn sich die in vielen Organisationen etablierte *Präsenzkultur* in Richtung einer stärkeren *Ergebnisorientierung* verändert, steigen die Chancen für mehr Teilzeitarbeit im Management. Dies bestätigen Projekte aus diversen deutschen Großunternehmen. Bosch hat im Jahr 2011 die Initiative „More“ ins Leben gerufen, um die Vorteile flexibler Arbeitsmodelle unter anderem dadurch herauszustellen, dass Führungskräfte als Vorbilder dienen. Damit soll gefördert werden, dass sich alle Beschäftigten in jeder Lebensphase bestmöglich mit ihren Fähigkeiten und Interessen in die Organisation einbringen können (vgl. Abrell 2015: 50). Die Daimler AG hat es sich im Rahmen des Diversity Managements zum Ziel gesetzt, die „Working Culture“ so zu gestalten, dass Beruf und Privatleben möglichst optimal miteinander vereinbart werden können. Seit 2015 unterhält sie eine Teilzeit-Community für Führungskräfte und bietet einmal im Jahr ein Forum für Manager*innen mit Teilzeitwunsch an (vgl. Lechner 2017: 176f.).

Solche gut gemeinten Initiativen können dennoch an den ungeschriebenen Werten und Normen eines Unternehmens scheitern. Wenn die *Anwesenheitskultur* in einer Organisation sehr ausgeprägt ist und wenn Präsenz immer noch mit Leistung gleichgesetzt wird, fällt es Manager*innen schwer, sich auf Teilzeitarbeit einzulassen (vgl. Hipp & Stuth 2013: 116). Die Führungskräfte fürchten dann, „aufgrund eines i.d.R. zusätzlichen Engagements außerhalb des Arbeitsplatzes und einer bereits sichtbaren zeitlichen Reduktion als weniger engagiert, motiviert, flexibel und karriereorientiert zu gelten (Karlshaus & Kaehler 2017a: 15).“ Die Rahmenbedingungen verändern sich oft dann, wenn hochrangige Führungskräfte selbst ihre Arbeitszeit reduzieren und damit als Rollenvorbilder herangezogen werden können. Sie haben die Macht zu verhindern, dass Sitzungszeiten in die Abendstunden verlegt werden und dies zu mikropolitisch motivierten Benachteiligungen der Teilzeitmanager*innen führt. Eine veränderte Zeitkultur kann nur am Ende eines umfassenden Change-Prozesses stehen, der Akzeptanz aufbaut und Teilzeitführung langsam als eigenständigen Wert in die Unternehmenskultur integriert (vgl. Domsch et.al. 1994, Vedder & Vedder 2008, Fauth-Herkner & Wiebrock 2017). Im hier besprochenen Anwendungsfall der Personalleiterin eines IT-Unternehmens bestehen wahrscheinlich gute Chancen, eine solche Kulturänderung anzustoßen. In Branchen mit Fachkräftemangel wird derzeit viel experimentiert, um die Arbeitszeiten soweit irgend möglich an die Bedürfnisse der Beschäftigten anzupassen. Viele IT-Expert*innen legen großen Wert auf Freiheit im Sinne einer relativen Unabhängigkeit von Zeit und Ort. Auch Werte wie Offenheit, Fairness, Selbständigkeit sind für sie sehr wichtig (vgl. Brommer 2019). Die Teilzeitarbeit in Führungspositionen ist dazu geeignet, gleich mehreren dieser Wünsche zu entsprechen und eine wichtige Mitarbeiterin im Unternehmen zu halten.

6. Fazit

Teilzeitarbeit im Management ist realisierbar, wenn man bei der Einführung des Arbeitszeitmodells die richtigen Fragen stellt und bezogen auf den Einzelfall auch beantwortet. Ein arbeitswissenschaftlich inspirierter Blick hilft dabei, die existierende *Arbeitsteilung und Arbeitsorganisation* genauer zu analysieren. Soll die Teilzeitführung in der ganzen Organisation möglich sein, dann empfiehlt sich eine vorherige Analyse der *Zeitkultur* im Unternehmen. Eine ausgeprägte Präsenz-/Anwesenheitskultur mit langen Sitzungszeiten und vielen Überstunden behindert die Verbreitung von Teilzeitarbeit im Management. Zu den *Erfolgsfaktoren der Implementierung* einer solchen Arbeitszeitinnovation zählen hingegen die persönlichen Kompetenzen der Führungskräfte, die Unterstützung der Mitarbeiter*innen und vor allem der Unternehmensleitung (vgl. Kapitel 2). Die daraus resultierenden Chancen und Risiken der Teilzeitführung sollten der Organisation und den interessierten Manager*innen stets bewusst sein. Insgesamt scheinen die Chancen allerdings zu überwiegen sonst gäbe es nicht bereits so viele teilzeitarbeitende Führungskräfte in Deutschland (vgl. Vedder & Vedder 2017: 72).

Literatur

Abrell, B., 2015: Führen in Teilzeit – Voraussetzungen, Herausforderungen und Praxisbeispiele. Wiesbaden: Springer Gabler.

Bessing, N., Gärtner, M. & K. Schiedrig, 2017: Reduzierte Arbeitszeit in Führungspositionen. S. 83-100 in: A. Karlshaus & B. Kaehler (Hrsg.), Teilzeitführung, Wiesbaden: Springer Gabler.

Blessin, B. & A. Wick, 2017: Führen und führen lassen. 8. Auflage, Konstanz und München: UVK/Lucius.

Blum, D., Henschel, L., Radermacher, S. & S. Wagner, 2008: Teilzeitarbeitende Führungskräfte. S. 79-146 in: G. Vedder & J. Reuter (Hrsg.), Die Vielfalt der Work-Life-Balance, München und Mering: Rainer Hampp Verlag.

Brommer, D., 2019: Alles neu oder nur neu gedacht? Ein Aufruf zu UN.kultur! S. 257-269 in: Brommer, D., Hockling, S. & A. Leopold (Hrsg.), Faszination New Work: 50 Impulse für die neue Arbeitswelt. Wiesbaden: SpringerGabler.

Bundesministerium für Arbeit und Soziales – BMAS, 2015: Teilzeit – Alles was Recht ist. Bonn: Publikation der Bundesregierung.

Domsch, M., Kleiminger, K., Ladwig, D. & C. Strasse, 1994: Teilzeitarbeit für Führungskräfte – eine empirische Analyse am Beispiel des hamburgischen öffentlichen Dienstes. München und Mering: Rainer Hampp Verlag.

Fauth-Herkner, A. & S. Wiebrock, 2017: Implementierung von Teilzeitführung. S. 101-114 in: A. Karlshaus & B. Kaehler (Hrsg.), Teilzeitführung, Wiesbaden: Springer-Gabler.

Hipp, L. & S. Stuth, 2013: Management und Teilzeit? Eine empirische Analyse zur Verbreitung von Teilzeitarbeit unter Managerinnen und Managern in Europa. Kölner Zeitschrift für Soziologie und Sozialpsychologie 65(1): 101-128.

Jochmann-Döll, A., 2016: Führen in Teilzeit – Möglichkeiten und Grenzen im Polizeidienst. Studie 317 der Hans Böckler Stiftung.

Karlshaus, A. & B. Kaehler (Hrsg.), 2017: Teilzeitführung, Wiesbaden: SpringerGabler.

Karlshaus, A. & B. Kaehler, 2017a: Führen in Teilzeit – zum Stand der Dinge in Theorie und Praxis. S. 3-30 in: A. Karlshaus & B. Kaehler (Hrsg.), Teilzeitführung, Wiesbaden: SpringerGabler.

Köster, G., 2017: Persönliche Kompetenzen und unterstützende Rahmenbedingungen für eine gelungene Teilzeitführung. S. 127-140 in: A. Karlshaus & B. Kaehler (Hrsg.), Teilzeitführung, Wiesbaden: SpringerGabler.

Kohn, S. & T. Breisig, 1999: Teilzeitarbeit für Führungskräfte? Arbeit 8 (2): 162-178.

Ladwig, D. & M. Domsch, 2017: Chancen und Risiken bei der Implementierung von Teilzeitführung. S. 115-126 in: A. Karlshaus & B. Kaehler (Hrsg.), Teilzeitführung, Wiesbaden: Springer Gabler.

Lechner, A., 2017: Praxisbeispiel Daimler AG: Teilzeitführung als Bestandteil eines umfassenden Diversity-Management-Ansatzes. S. 175-184 in: A. Karlshaus & B. Kaehler (Hrsg.), Teilzeitführung, Wiesbaden: Springer Gabler.

Mintzberg, H., 1973: The Nature of Managerial Work. New York: Harper & Row.

Ramme, I., 1990: Die Arbeit von Führungskräften – Konzepte und empirische Ergebnisse. Bergisch-Gladbach/Köln: Eul.

Rössler, S. & G. Renning, 2017: Praxisbeispiel HUK-COBURG: Teilzeitführung im Rahmen einer familienbewussten Unternehmens- und Personalpolitik. S.197-206 in: A. Karlshaus & B. Kaehler (Hrsg.), Teilzeitführung, Wiesbaden: Springer-Gabler.

Schreyögg, G. & J. Koch, 2015: Grundlagen des Managements. 3. Auflage, Wiesbaden: SpringerGabler.

Straumann, L., Hirt, M. & W. Müller, 1996: Teilzeitarbeit in der Führung. Perspektiven für Frauen und Männer in qualifizierten Berufen. Zürich: vdf.

Vedder, G., 1999: Teilzeitarbeit für Fach- und Führungskräfte – empirische Befunde. Personal 51(1): 70-74.

Vedder, G., 2001: Zeitnutzung und Zeitknappheit im mittleren Management. München und Mering: Rainer Hampp Verlag.

Vedder, G. & M. Vedder, 2008: Wenn Managerinnen und Manager ihre Arbeitszeit reduzieren (wollen)… S. 427-442 in: G. Krell (Hrsg.), Chancengleichheit durch Personalpolitik, 5. Auflage, Wiesbaden: Gabler.

Vedder, G. & M. Vedder, 2017: Chancengleichheit zwischen Teilzeit- und Vollzeitführungskräften. S. 69-82 in: A. Karlshaus & B. Kaehler (Hrsg.), Teilzeitführung, Wiesbaden: Springer Gabler

Teil B

Anforderungen an mobil arbeitende erwerbstätig beschäftigte Personen - eine qualitative Untersuchung an der Personengruppe von Ingenieuren[1]

Marvin Arndt, Silke Cieplik, Cornelia Reithmeier und Iris Werner[2]

Gliederung

Abstract

Der vorliegende Beitrag umfasst Ergebnisse aus einem Forschungsprojekt im Rahmen des Master-Studienganges der interdisziplinären Arbeitswissenschaften. Zentrale Fragestellung des Projektes war, welchen Anforderungen mobil Arbeitende ausgesetzt sind und wie Unternehmen und Betroffene auf diese reagieren. Ziel des Projektes war, im Rahmen einer Feldstudie empirisches Datenmaterial aus der Praxis zu generieren sowie zentrale Herausforderungen herauszukristallisieren und deskriptiv darzustellen. Es wurden im Rahmen der qualitativen Untersuchung, Ingenieurinnen und Ingenieure in einem Wirtschaftsunternehmen sowie einer Verwaltung betrachtet. Dabei wurden die Perspektiven der mobil Beschäftigten, ihrer Führungskräfte, der jeweils personalverantwortlichen Stelle sowie der Fachkräfte für Arbeitssicherheit berücksichtigt.

[1] Dieser Beitrag ist als arbeitswissenschaftliches Forschungsprojekt im Rahmen des berufsbegleitenden Master-Studiengangs Arbeitswissenschaft an der Leibniz Universität Hannover entstanden.

[2] E-Mail: cornelia.reithmeier@icloud.com, silke@cieplik.net, werner_iris@web.de

1. Einleitung

Berufliche Mobilität ist eine gesellschaftliche Entwicklung, die potenziell alle erwerbstätigen Menschen betrifft. Es gibt unterschiedliche Mobilitätsformen und -intensitäten, z. B. in Form von mobiler Arbeit im Hotel, im Zug, in der Lobby, zu Hause, auf dem Weg zum oder das Arbeiten beim Kunden, an verschiedensten Unternehmensstandorten, auf Dienstreisen etc. (vgl. Ducki & Gerstenberg 2016: 1). Die verschiedenen Formen und Intensitäten sind mit unterschiedlichen Chancen und Risiken verbunden. Mobile Arbeit kann die Arbeitssituation der Beschäftigten durch flexiblere Gestaltung von Arbeitszeit und -ort verbessern, gleichsam steigen jedoch die Anforderungen an die Selbstkompetenzen der mobil Arbeitenden. Selbstständigkeit, Flexibilität, Eigeninitiative und Verantwortungsbereitschaft (vgl. Prümper et al. 2016: 27) sind gefordert.

Mobile IT-gestützte Arbeit stellt damit sowohl Unternehmen als auch Mitarbeitende vor große Herausforderungen, die neben den ergonomischen arbeitsschutzrechtlichen Gestaltungserfordernissen insbesondere erfordern, die psychische Belastung und die entsprechende Gefährdungsbeurteilung in den Fokus zu rücken. Kulturell erlernte Grenzen zwischen Arbeits- und Privatleben werden durch mobile Arbeit aufgeweicht, permanente Erreichbarkeit und Arbeiten in der Freizeit können daraus als mögliche Spannungsfelder resultieren (vgl. Gisin 2014: 1).

Neben den Anforderungen an ArbeitgeberInnen und Führungskräfte, Arbeitszeiten und -volumen der Mitarbeitenden angemessen auszutarieren, bedarf es klar formulierter und kommunizierter angemessener Erwartungshaltungen hinsichtlich Ansprech- und Reaktionszeiten. Es gilt die Mitarbeitenden vor dem Gefühl der ständig notwendigen Erreichbarkeit zu schützen. Gleichfalls ist aber auch die Eigenverantwortung der Beschäftigten hervorzuheben. Wer im Zuge von mobiler Arbeit größere berufliche Autonomie beansprucht, kann sich auch der eigenen Verantwortlichkeit in Sachen Gesundheitsschutz nicht entziehen (vgl. Steffes et al. 2017: 469).

Darüber hinaus bedarf es eines hohen Maßes an individueller Gestaltungskompetenz der mobil Arbeitenden, um effektiv zu arbeiten und gleichzeitig zu lernen, Belastungen zu reduzieren und mit den eigenen begrenzten Ressourcen hauszuhalten. Nur so ist der Erhalt der Beschäftigungs- und Leistungsfähigkeit bis ins hohe Alter möglich (vgl. Janneck et al. 2018: 2). Dieser Eigenverantwortung kommt umso größere Bedeutung zu, da hier präventive, örtlich vorhandene Angebote der betrieblichen Gesundheitsförderung die Zielgruppe nur schwer erreichen.

Wie dies in der Praxis gelingt und wo besondere Herausforderungen deutlich werden, soll in diesem Beitrag auf Grundlage des erhobenen Datenmaterials in zwei Organisationen mit mobil Beschäftigten dargestellt werden. Forschungsziel ist, Handlungs- und Problemfelder aufzudecken, auf deren Grundlage in weiteren wissenschaftlichen Arbeiten Lösungsmöglichkeiten entwickelt werden können.

2. Forschungsfrage

Mobile IT-gestützte Arbeit als eine der dynamischsten und herausforderndsten der derzeit existierenden Arbeitsformen macht die Betrachtung einer Vielzahl von Einflussfaktoren in einem mehrdimensionalen komplexen System notwendig (vgl. Bretschneider-Hagemes & Kohn 2010: 49). Mobile Arbeit wirkt auf die Beschäftigten, deren Führungskräfte, die Organisation als solche, die Teamkohäsion, die Arbeitgeber-Bindung, die Anforderungen an gesunde Arbeitsgestaltung, die Abhängigkeit von Technik etc.. Mobil Arbeitende können sich durch die spezifischen Anforderungen psychosozialen Belastungen ausgesetzt sehen, die neben mangelnder Identifikationsmöglichkeit und Chancen der gestalterischen Teilhabe am Unternehmen unter anderem aus der sozialen Isoliertheit, den massiv erhöhten Anforderungen an das Selbstmanagement sowie einer Grenzverwischung zwischen Arbeit und Außerberuflichem resultieren (vgl. ebd.). In diesem komplexen Konstrukt fehlt es bislang an ganzheitlicher Wahrnehmung und systematischer Gestaltung mobiler IT-gestützter Arbeit, wobei es auch die Geschäftsprozessgestaltung und die Unternehmenskultur in den Blick zu nehmen gilt (vgl. ebd.: 50). Die individuellen Spezifika und Heterogenität der betroffenen Personen (vgl. Arnold et al. 2015: 2) sind zu berücksichtigen. Im „Forschungsbericht 460 Mobiles und entgrenztes Arbeiten" des Bundesministeriums für Arbeit und Soziales wird hervorgehoben, dass bislang nur wenig über Rahmenbedingungen von mobiler Arbeit auf betrieblicher und individueller Ebene bekannt ist. Dies ist umso brisanter, da der Arbeits- und Gesundheitsschutz vor neuen Herausforderungen steht, gelten doch die entsprechenden Normen für mobile Arbeit nicht oder nur eingeschränkt (vgl. Breisig et al. 2015: 7). Wir widmen uns in diesem Beitrag daher auch einer intensiven Betrachtung der rechtlichen Anforderungen und Grenzen. Die bislang fehlende ganzheitliche Betrachtung gepaart mit der Tatsache, dass bereits heute ein Fünftel der abhängig Beschäftigten in Deutschland mobil arbeiten (vgl. Weißbuch 2017: 75), begründet das Forschungsinteresse zum Thema.

Insbesondere aus arbeitswissenschaftlicher Sicht ergeben sich eine Menge möglicher physischer und psychischer Gefährdungen für die Beschäftigten bei mobiler Arbeit. Allein die ergonomische Gestaltung der ständig wechselnden mobilen Arbeitsplätze (Arbeitstisch, Stuhl oder Bildschirm) und der Arbeitsbedingungen der jeweiligen Umgebung (Klima, Lärm oder Beleuchtung) sind vom Arbeitgeber nur bedingt gestaltbar. Fraglich ist, wie für mobil Beschäftigte Arbeitsschutzvorgaben auf individueller und organisationaler Ebene umgesetzt werden. Insbesondere wollen wir auch der Frage nachgehen, wie sich die psychische Gefährdungsbeurteilung in der Praxis gestaltet und ob die mobil Beschäftigten in ihrer Arbeitsform besonders betrachtet werden.

Die zentrale Forschungsfrage des Projekts lautet:

> *Welchen besonderen Anforderungen sind mobil arbeitende abhängig Beschäftigte ausgesetzt, und wie reagieren Unternehmen sowie die Betroffenen darauf?*

Der Fokus des Forschungsprojekts richtet sich explizit darauf, welche besonderen Herausforderungen in Form von Belastungen und Ressourcen in der Praxis von den Beteiligten erlebt werden und wie diesen begegnet wird. Welche organisatorischen Rahmenbedingungen werden von den Unternehmen für mobile Arbeit gesetzt? Welche arbeitsschutzrechtlichen Vorgaben gibt es, und wie werden diese in der Praxis umgesetzt?

Die systematische Literaturrecherche hat ergeben, dass diese Thematik bisher nur wenig untersucht wurde, sodass diese empirische Forschungslücke zum Anlass für das Forschungsprojekt genommen wurde. Unser Forschungsbeitrag soll einen wissenschaftlichen Erkenntnisbeitrag zur Identifizierung von Problembereichen bei mobiler Arbeit abhängiger Beschäftigung sowie zur Gestaltung gesunderhaltender Arbeitsbedingungen liefern.

Eine besondere Relevanz des Themas ist aktuell gegeben, da die beschriebene mobile Arbeit mit den damit einhergehenden Herausforderungen laut Bundesministerium für Arbeit und Soziales auf jede/n fünfte/n Erwerbstätige/n in Deutschland (vgl. BMAS 2017: 75) zutrifft. Es kann also davon ausgegangen werden, dass zumindest 20 Prozent der abhängig Beschäftigten schon heute von dieser Form des Arbeitens betroffen sind. Die Digitalisierung geht dabei mit steigenden Anforderungen an örtliche und zeitliche Flexibilität einher, wobei zeitgleich sich auch der Anteil der Arbeit, die von Zuhause oder unterwegs erledigt wird, erhöht (vgl. Holler 2017: 45).

Beschleunigt durch sektoralen Wandel, technische Innovationen in der Arbeitswelt und immer globaleren Wettbewerb in vielen Bereichen der Erwerbsarbeit ist anzunehmen, dass die Flexibilität von Arbeitszeit und Arbeitsort auch zukünftig weiter steigen werden und damit auch die Anzahl der mobil arbeitenden Beschäftigten ansteigt. Die Beantwortung der gestellten Forschungsfrage ist daher von hoher Relevanz für die praktische Gestaltung im Bereich des Arbeitsschutzes. Es ist eine Aufgabe der empirischen Sozialforschung, sich mit den potenziellen gesundheitlichen Folgen der Digitalisierung auseinanderzusetzen (vgl. Steffes et al. 2017: 464) und mögliche Lösungsansätze für die Praxis zu erarbeiten. In diesem Beitrag werden im Schwerpunkt Belastungen und Ressourcen von mobiler Arbeit aufgezeigt. Die konkrete Darstellung von Lösungsansätzen für die Praxis würde den Rahmen des Forschungsprojekts überschreiten und ist daher nicht Bestandteil dieses Beitrags.

2.1. Begriffsbestimmungen

Der Begriff der mobilen Arbeit ist weder in der Wissenschaft noch im allgemeinen Sprachgebrauch einheitlich definiert. Dies wird allerdings notwendig, da gerade die räumliche Unabhängigkeit zunehmend an Bedeutung gewinnt. Räumliche Mobilität stellt dabei eine zentrale soziale Praxis dar, die Menschen über Distanzen verbinden oder trennen kann und bei der sozial sowie psychisch weit mehr geschieht, als nur die reine Ortsveränderung (vgl. Schivelbusch 1977 zitiert aus Kesselring 2012: 83). Diese schon 1977 getroffene Feststellung Schivelbuschs hat vor dem Hintergrund der aktuellen Veränderungen, Digitalisierung, vernetzten Arbeitswirklichkeiten sowie des Internets der Dinge noch an Bedeutung gewonnen. Mobilität von Menschen, Arbeitskraft und Wissen sind Voraussetzung für Globalisierung und Industrialisierung von Raum und Zeit (vgl. Kesselring 2012: 83). Umso notwendiger erscheint es, hier zunächst die dem Forschungsprojekt zugrundeliegende Definition der „Mobilen Arbeit" darzustellen und zu präzisieren. Im Weißbuch des Bundesministeriums für Arbeit und Soziales findet sich folgende Definition:

> „Der Begriff ‚Mobiles Arbeiten' bezeichnet das Arbeiten außerhalb von Betriebsstätten. Es umfasst die Arbeit von zuhause aus (Telearbeit, alternierende Telearbeit), die Arbeit beim Kunden (z. B. Service oder Vertrieb), die Arbeit von unterwegs (z. B. Flugzeug, Hotelzimmer) und die Arbeit im Rahmen von Dienstreisen (z. B. Messe, Kongress)" (Weißbuch 2017: 201).

Diese Definition scheint im Zusammenhang mit arbeitsschutzrechtlichen Gesichtspunkten zugleich zu eng und zu weit gefasst. Für die Einrichtung auf Dauer genutzter Arbeitsplätze und damit auch derer, die häuslich eingerichtet sind (betrifft Telearbeit, alternierende Telearbeit) können zumindest ergonomische Voraussetzungen gleichsam wie im betrieblichen Bereich umgesetzt werden. In dem Forschungsprojekt geht es vielmehr darum, eben nicht auf Dauer eingerichtete Arbeitsplätze, sondern an verschiedenen Orten flexibel eingesetzte abhängig Beschäftigte und die damit einhergehenden Herausforderungen und Grenzen des Arbeitsschutzes zu betrachten. Zu beachten ist dabei, dass die früheren Ansätze der Technikgestaltung, mit ihrem starken Fokus auf die Ergonomie der Hardware und die Usability der Software allein, längst nicht mehr mit der Dynamik der technischen Entwicklung Schritt halten. Es gilt die Anforderungen auf der konkreten Arbeitsebene und die Ansprüche der Beschäftigten an eine humane Gestaltung ihrer entgrenzten Arbeitswelt ernst zu nehmen (vgl. Pfeiffer 2012: 20-21). Um hier begrifflich klar zu sein, gilt es zunächst die „Mobile Arbeit" von der (alternierenden) Telearbeit (umfasst auch Heimarbeit) abzugrenzen.

2.1.1. (Alternierende) Telearbeit

Auch für den Begriff der Telearbeit hat sich bislang keine einheitliche Definition durchgesetzt, dennoch gibt es eingegrenzte Merkmale, die hier dargestellt werden sollen (vgl. Lenk 1989: 22):

(Alternierende) Telearbeit

- ist eine regelmäßig durchgeführte Erwerbsarbeit;
- bedarf der Nutzung von Hilfsmitteln der modernen Informations- und Kommunikationstechnologien;
- ist räumlich flexibel, d.h. eine von einer zentralen Arbeitsstätte (teilweise) getrennte, dezentralisierte Arbeit;

- findet konkret zu Hause oder in der Nähe des Wohnortes der Arbeitskräfte statt und
- stellt eine neue Form der Arbeitsorganisation dar.

Nach dieser Definition fallen Personen, die an beliebig wechselnden Arbeitsorten tätig sind, nicht zu den Telearbeitenden. Hier wird eben gerade der häusliche Bezug ausdrücklich hervorgehoben und damit zwar eine flexible Wahl der Arbeitsorte im Unternehmen bzw. der häuslichen Nähe ermöglicht, nicht aber eine Mobilität im Sinne der freien Wahl des Arbeitsortes.

2.1.2. Mobile Arbeit

Mobile Arbeit geht mit räumlicher Mobilität einher, wobei sie generell jene Tätigkeiten umfasst, die zu mindestens 20 Prozent der Arbeitszeit außerhalb der Arbeitsstätte und der eigenen Wohnung stattfinden und bei denen Dienstreisen eine zentrale Rolle spielen (vgl. Kesselring 2012: 84). Diese weit gefasste Definition umfasst damit alle abhängig Beschäftigten, die durchschnittlich zumindest acht Stunden in der Woche (ausgehend von einer Vollbeschäftigung mit 40 Wochenarbeitsstunden) auf Dienstreise bzw. an verschiedenen Einsatzorten tätig sind, als mobil Arbeitende. Zu beachten ist, dass diese flexiblen Arbeitsplätze dabei durchaus auch innerhalb einer Betriebsstätte, beispielsweise durch das regelmäßige Arbeiten in Besprechungsräumen liegen oder verschiedene Einsatzorte an unterschiedlichen Firmenstandorten umfassen kann. „Flüchtige" Arbeitsplätze werden mit dem Notebook als persönliche Grundausstattung im Zug, in Bahnhöfen, Flughäfen, Rastplätzen, Hotels, bei diversen Kunden, im Büro und dem Homeoffice eingerichtet (vgl. Weber et al. 2010: 98).

Für die Beschäftigten zeigen sich die folgenden maßgeblichen Kennzeichen mobiler Arbeit (vgl. Brandt 2010: 10):

- der erhebliche Zeitanteil außerhalb der Arbeits- wie auch der Wohnstätte
- Zug, Flugzeug, Auto, Hotel als „Arbeitsplatz"
- die Arbeit am „Kunden" vor Ort
- hohe Anforderungen an die Selbststeuerung, Arbeitsdruck, Gefahr von Überlastung
- die Abhängigkeit von funktionierenden Arbeitsmitteln ohne direkten Zugriff auf „Support"
- häufige Reisetätigkeiten, Abhängigkeit vom Verkehrsaufkommen und der Zuverlässigkeit der Verkehrsmittel

In dieser Arbeit wird als weiteres Definitionsmerkmal der Einsatz von IT vorausgesetzt, welche im Rahmen der mobilen Arbeit zum Einsatz kommt. Mobile Arbeit umfasst damit zwei zentrale Dimensionen der Flexibilität: zum einen die räumliche, zum anderen die zeitliche (vgl. Arnold et al. 2015: 2).

2.2. Rechtliche Grundlagen

Zum Einstieg in die rechtlichen Grundlagen zitieren wir an dieser Stelle einen unserer Interviewpartner im Rahmen des Feldzugangs um zu verdeutlichen, wie die derzeitige Gesetzeslage wahrgenommen wird:

> „Ich erinnere mich noch, dass Frau Merkel sich mal hingestellt und gesagt hat, wir müssen heutzutage alle flexibel und mobil sein, mobile Gesellschaft und auf der anderen Seite, da werden dann solche Forderungen in den Raum gestellt, aber dem wird dann durch Gesetze und Vorschriften überhaupt nicht Rechnung getragen“ (2Ing3, 303).

Diese Aussage trifft die Rechtslage ziemlich auf den Punkt. Es gibt vieles und zugleich wenig. Allgemein lässt sich sagen, dass kein Spezialgesetz zum mobilen Arbeiten vorhanden ist, die Vorschriften speisen sich vielmehr aus zahlreichen einzelnen Rechtsquellen. Um hier die Materie zu durchdringen und einen Überblick zu gewinnen, werden zunächst eine Übersicht über die aktuelle Rechtslage und die relevanten Gesetze für mobiles Arbeiten dargestellt.

Zu Beginn sei noch angemerkt, dass sich die Ausführungen auf das deutsche Regelarbeitsverhältnis beziehen. Es werden ausschließlich abhängig, sozialversicherungspflichtig Beschäftigte betrachtet, die in Deutschland in einem Normalarbeitsverhältnis stehen. Einige Beschäftigungsgruppen, wie z. B. leitende Angestellte, sind von den Regelungen verschiedener Gesetze ausgenommen. Dementsprechend könnten sie mobil arbeiten, ohne dass bestimmte Arbeitsschutzgesetze Anwendung finden. Auf diese Sondergruppen soll in den Ausführungen ausdrücklich nicht eingegangen werden.

Im Folgenden werden nun die einschlägigen Vorschriften zur mobilen Arbeit näher betrachtet. Grundsätzlich wird der Begriff des mobilen Arbeitens im Gesetzestext selbst kaum verwendet. Eine Ausnahme hierzu bietet der § 16 Abs. 1 Bundesgleichstellungsgesetz. Dort heißt es: „Im Rahmen der dienstlichen Möglichkeiten haben die Dienststellen den Beschäftigten mit Familien- oder Pflegeaufgaben auch Telearbeitsplätze, mobile Arbeitsplätze oder familien- oder pflegefreundliche Arbeits- und Präsenzzeitmodelle anzubieten.“ Bei dieser Rechtsnorm handelt es sich allerdings um eine Vorschrift, die lediglich für den öffentlichen Dienst Geltung hat und somit bis auf die Sonderstellung durch die Aufnahme der Bezeichnung „Mobile Arbeitsplätze“ für die weiteren Ausführungen zu vernachlässigen ist.

Der klassische Arbeitsvertrag verpflichtet die Arbeitnehmenden zur Erbringung einer Arbeitsleistung gegen eine Entgeltzahlung des Arbeitgebers. Die Arbeitsleistung wird dabei häufig in einem Büro, also in einer von dem Arbeitgeber an dessen Betriebsstandort zur Verfügung gestellten Arbeitsstätte, verrichtet. Die Tätigkeit kann bei übereinstimmendem Willen von Arbeitgeber und Arbeitnehmenden, aber auch in den Räumlichkeiten der bzw. des Beschäftigten erbracht werden. Man spricht in diesem Fall häufig von sogenannter Telearbeit (Müller 2019: 23), die in unserer Arbeit auch die Heimarbeit umfasst. Die dritte Form und im rechtlichen Kontext verwendete Begrifflichkeit ist die sogenannte mobile Arbeit (vgl. Müller 2019: 24). Hierbei erbringt die beschäftigte Person ihre Arbeitsleistung überhaupt nicht mehr ortsgebunden. Die Arbeitsleistung soll vielmehr unabhängig von einem festen Arbeitsplatz und von jedem denkbaren Ort aus ermöglicht werden (vgl. Silberberger et al. 2017: 6). Die beschäftigte Person kann also sowohl auf einer Baustelle als auch in einem öffentlichen Verkehrsmittel arbeiten. Im Wesentlichen kann man in der rechtlichen Einordnung davon sprechen, dass alle Gesetze, die für mobile Arbeit einschlägig sind, auch für Telearbeit und die Arbeitsstätte am Betriebsstandort gelten. Im Gegenzug aber entfalten nicht alle Gesetze, die für die auf Dauer eingerichtete Arbeitsstätte und den Telearbeitsplatz einschlägig sind, auch ihre Wirkung auf das mobile Arbeiten. Somit ist mobile Arbeit also am geringsten gesetzlich reglementiert und geschützt. Es gelten aber dennoch wesentliche Arbeitsschutzvorschriften, die auch für die anderen Leistungserbringungsorte und Arbeitsorganisationsformen gelten.

Konkret bedeutet dies, dass bei der rechtlichen Bewertung der mobilen Arbeit das Arbeitsschutzgesetz (ArbSchG), das Arbeitszeitgesetz (ArbZG), das Siebtes Buch Sozialgesetzbuch (SGB VII) und das Betriebsverfassungsgesetz (BetrVG) betrachtet werden müssen. Außerdem sind noch das Arbeitssicherheitsgesetz (ASiG), die Arbeitsmedizinische Vorsorgeverordnung und das Bundesdatenschutzgesetz (BDSG) relevant. Im Gegensatz zur Arbeitsstätte am Betriebsstandort und zur Telearbeit stellen die Arbeitsstättenverordnung und die Bildschirmarbeitsverordnung für das mobile Arbeiten hingegen keine einschlägigen Rechtsnormen dar (vgl. Rein 2015: 15).

2.2.1. Arbeitsschutzgesetz

In Deutschland liegt die Verantwortung für den betrieblichen Arbeits- und Gesundheitsschutz grundsätzlich erst einmal beim Arbeitgeber (vgl. Wittig-Goetz 2015: 7), dessen Pflichten werden im Arbeitsschutzgesetz näher geregelt. Durch den § 3 Abs. 2 Nr. 1 ArbSchG wird der Arbeitgeber dazu verpflichtet, bei der Planung und Durchführung von Arbeitsschutzmaßnahmen für eine geeignete Organisation zu sorgen und die erforderlichen Mittel bereitzustellen. Außerdem muss der Arbeitgeber dafür Sorge tragen, dass die Maßnahmen des Arbeitsschutzes bei allen Tätigkeiten berücksichtigt werden, in die betrieblichen Führungsstrukturen eingebunden sind und die Beschäftigten ihrer Mitwirkungspflicht gerecht werden (vgl. § 3 Abs. 2 Nr. 2 ArbSchG). Somit schafft der § 3 Abs. 2 ArbSchG eine grundlegende Struktur, die es überhaupt erst ermöglicht, die erforderlichen Maßnahmen des Gesundheitsschutzes umzusetzen. Neben dem Aufbau einer geeigneten Arbeitsschutzorganisation hat der Arbeitgeber auch für deren Funktion zu sorgen.

§ 5 ArbSchG regelt die Beurteilung der Arbeitsbedingungen, welche im Rahmen der sogenannten Gefährdungsbeurteilung durchgeführt und festgehalten werden. Der § 5 ArbSchG stellt damit die entscheidende Handlungsgrundlage im Arbeits- und Gesundheitsschutz dar. Hier ist geregelt, dass der Arbeitgeber durch Beurteilung der für die Beschäftigten mit ihrer Arbeit verbundenen Gefährdungen zu ermitteln hat, welche Maßnahmen des Arbeitsschutzes erforderlich sind. Dem Arbeitgeber obliegt die Aufgabe, Gesundheitsrisiken am Arbeitsplatz zu analysieren, angemessene Gegenmaßnahmen zu entwickeln und umzusetzen sowie diese auf ihre Wirksamkeit hin zu überprüfen (vgl. Wittig-Goetz 2015: 8). Details zu den vom Arbeitgeber zu berücksichtigenden Grundsätzen sind im § 4 ArbSchG geregelt. Für unser Forschungsprojekt sind die Punkte 1 und 4 insbesondere von Relevanz, wonach die Arbeit so zu gestalten ist, dass eine Gefährdung für die psychische Gesundheit möglichst vermieden wird (§ 4 Nr. 1 ArbSchG) und Maßnahmen mit dem Ziel zu planen sind, Technik, Organisation, sonstige Arbeitsbedingungen, soziale Beziehungen und Einfluss der Umwelt auf den Arbeitsplatz sachgerecht zu verknüpfen (§ 4 Nr. 4 ArbSchG). Gerade für die Arbeitsform des mobilen Arbeitens ist die bewusste Gestaltung und das Zusammenspiel von sozialen Beziehungen, Technik und Organisation entscheidend, um unnötige Belastungen zu vermeiden und damit dem Gesundheitsschutz der Beschäftigten Rechnung zu tragen. Bei der Beurteilung handelt es sich um keinen einmaligen Vorgang. In § 3 Abs. 1 S. 2 ArbSchG ist geregelt, dass Maßnahmen auf ihre Wirksamkeit hin zu überprüfen und erforderlichenfalls sich ändernden Gegebenheiten anzupassen sind. Soweit sich also in der Gestaltung der Arbeit Änderungen ergeben, ist demnach eine Überprüfung auf notwendige Anpassungen durchzuführen.

Dies ist immer dann besonders relevant, wenn neue Arbeitsverfahren oder Arbeitsmittel eingeführt werden, sich der Stand der Technik und der Arbeitsmedizin ändert oder neue arbeitswissenschaftliche Erkenntnisse vorliegen. Änderungen der persönlichen Situation der Beschäftigten sind ebenfalls Rechnung zu tragen. Das Ziel ist eine regelmäßige Erhöhung des Schutzniveaus (vgl. Wittig-Goetz 2015: 9).

Die Änderungen in der Gestaltung der Arbeit können sich auf die verschiedenen in § 4 Nr. 4 ArbSchG benannten Aspekte beziehen. Soziale Beziehungen können sich z. B. durch mobiles Arbeiten verändern, da durch diese Arbeitsform weniger Präsenz am Betriebsstandort gegeben ist, wodurch als soziale Beziehungen der Kontakt zu Kollegen und Kolleginnen sowie zu Vorgesetzten reduziert wird. Durch den Einsatz von Handy, Laptop, Tablet, aber auch Softwarelösungen, wie zum Beispiel digitale Kommunikationsmedien oder digitale Zeiterfassung, ändern sich ggf. die technischen Rahmenbedingungen gegenüber derer bei den Standortmitarbeitenden. Die Arbeitsorganisation verändert sich unter anderem, wenn Verantwortungsbereiche neu definiert werden, Abstimmungsprozesse mit Vorgesetzten oder Entscheidungswege neugestaltet oder Organisationsstrukturen, wie Teamzugehörigkeiten und Aufgabenzuständigkeiten, verändert werden. Es ist davon auszugehen, dass mindestens Teile der in § 4 Nr. 4 ArbSchG benannten Aspekte bei der Einführung mobiler Arbeit getroffen sind und durch stetige technische Weiterentwicklung (sowohl in Hardware als auch Software) sich auch regelmäßig Gegebenheiten ändern, so dass nach § 3 Abs. 1 S. 2 ArbSchG eine Maßnahmenanpassung der Arbeitsschutzmaßnahmen erforderlich werden kann. Dies setzt voraus, dass die ebenda vorgeschriebene Wirksamkeitsüberprüfung von Maßnahmen durch den Arbeitgeber regelmäßig stattfindet.

Somit sorgt das Arbeitsschutzgesetz für einen ständigen Entwicklungsprozess des betrieblichen Arbeits- und Gesundheitsschutzes.

Weitere wichtige Vorschriften des Arbeitsschutzes befinden sich in den §§ 12, 15 –17 ArbSchG, welche die Rechte und Pflichten der Beschäftigten regeln. Die §§ 10 und 12 ArbSchG definieren Vorschriften zur Unterweisung, zur Ersten Hilfe und zu Notfallmaßnahmen (vgl. Wittig-Goetz 2015: 11).

Das Arbeitsschutzgesetz gilt für mobile Arbeit vollumfänglich (vgl. Rein 2015: 15; Wissenschaftlicher Dienst des deutschen Bundestags 2017: 6). Da unter Umständen ganz andere Gefährdungen bei mobiler Arbeit als bei reinen Büro-Arbeitsstätten auftreten können, hat insbesondere die Gefährdungsbeurteilung eine zentrale Bedeutung für den Arbeitsschutz der Betroffenen. Neben den physischen Belastungen, wie z. B. schlechte Körperhaltungen aufgrund mangelnder Möbel auf Baustellen oder hohen körperlichen Belastungen aufgrund von Lärm, sind hierbei gemäß §§ 4 Nr. 1, 5 Abs. 3 Nr. 6 ArbSchG ausdrücklich die spezifischen psychischen Belastungen, welche sich möglicherweise aus sozialer Isolation, Stress und/oder ständiger Erreichbarkeit ergeben können, zu berücksichtigen. Als Folge der Gefährdungsbeurteilungen sind Gegenmaßnahmen zum Schutz der Sicherheit und Gesundheit der Beschäftigten zu ergreifen. Beispiele hierfür können die Ausstattung mit entsprechenden Arbeitsmitteln, eine Unterweisung der Arbeitnehmenden mit konkretem Bezug auf den Arbeitsplatz und den jeweiligen Aufgabenbereich der/des Beschäftigten oder die Begrenzung der Erreichbarkeit sein (vgl. Rein 2015: 15). Hierbei ist nicht die Unterweisung als solche Maßnahme in Folge der festgestellten Gefährdung zu werten, sondern die inhaltliche Ausgestaltung. Eine Maßnahme kann also sein, innerhalb der nach § 12 ArbSchG vorgeschriebenen Unterweisung über unvermeidbare Gefährdungspotentiale, welche sich aus der Gefährdungsbeurteilung ergeben haben, aufzuklären, mögliche individuelle Maßnahmen zum Schutz der Gesundheit zu erläutern und die Mitarbeitenden im Rahmen der Unterweisung bewusst anzuweisen, für den eigenen Gesundheitsschutz, z. B. auf die Pauseneinhaltung, zu achten. Es wird deutlich, dass die Versicherten auf ihre individuelle Arbeits- und Tätigkeitssituation zugeschnittene Informationen, Erläuterungen und Anweisungen bekommen müssen, wobei der Umfang der Unterweisung in einem angemessenen Verhältnis zur vorhandenen Gefährdungssituation und der Qualifikation der Versicherten stehen muss (vgl. DGUV Regel 100-001: 24).

2.2.2. Arbeitszeitgesetz

Die gesetzlichen Rahmenbedingungen zur Dauer und Lage der Arbeitszeit werden in Deutschland durch das Arbeitszeitgesetz definiert. Darüber hinaus obliegt es den Tarifpartnern und betrieblichen Akteuren, weitere Regelungen auszuhandeln. Gemäß § 2 Abs. 1 ArbZG ist Arbeitszeit die Zeit von Beginn bis zum Ende der Arbeit ohne Ruhepausen.

Der § 3 ArbZG regelt die werktägliche Höchstarbeitszeit. Diese beträgt acht Stunden täglich. Insgesamt beträgt die maximal zulässige wöchentliche Arbeitszeit also 48 Stunden, da das Gesetz die Tage von Montag bis Samstag regelmäßig als Werktage wertet. Kurzfristig können auch zehn Stunden pro Werktag gearbeitet werden. In diesem Fall muss dann allerdings ein Ausgleich innerhalb von sechs Kalendermonaten oder innerhalb von 24 Wochen erfolgen, sodass im Durchschnitt die werktägliche Arbeitszeit von acht Stunden nicht überschritten wird (§ 3 S. 2 ArbZG).

Der § 4 ArbZG regelt die Ruhepausen der Arbeitnehmenden. Eine Ruhepause ist eine bereits im Voraus feststehende Arbeitsunterbrechung, die der Erholung dienen soll. Demnach beträgt ihre Länge bei einer Arbeitszeit von sechs bis neun Stunden mindestens 30 Minuten, bei einer Arbeitszeit von mehr als neun Stunden muss die Ruhepause mindestens 45 Minuten betragen (vgl. § 4 S. 1 ArbZG). Eine Aufteilung der Ruhepause in Zeitabschnitte von mindestens je 15 Minuten ist nach § 4 S. 2 ArbZG erlaubt. Die Arbeitszeit muss spätestens nach sechs Stunden durch eine Ruhepause unterbrochen werden (vgl. § 4 S. 3 ArbZG). In beiden von uns untersuchten Organisationen wurde das Einhalten der Pausenzeiten durch die in der digitalen Zeiterfassung hinterlegte Entscheidungsarchitektur zu fördern versucht, indem die gesetzliche vorgeschriebene Pausenzeit automatisiert von der erfassten Arbeitszeit abgezogen wird. Ob und inwieweit tatsächlich eine Ruhepause durch die Arbeitnehmenden stattgefunden hat, blieb dabei offen. Hier liegt ein klassischer Default-Nudge (s. Punkt 3.2 in diesem Beitrag) vor, wobei durch vorbestimmte Pausen nach sechs bzw. neun Stunden die Mitarbeitenden in Richtung Einhaltung der gesetzlich vorgeschriebenen Ruhepausen zum eigenen Gesundheitsschutz bewegt werden sollen.

Das Arbeitszeitgesetz unterscheidet zwischen Ruhepausen und Ruhezeit. In § 5 ArbZG wird die Ruhezeit geregelt. Diese bezeichnet die Zeit zwischen Beendigung und erneuter Aufnahme der Arbeit, in der ein Arbeitnehmer nicht arbeiten darf, welche laut Arbeitszeitgesetz mindestens elf ununterbrochene Stunden beträgt (§ 5 Abs. 1 ArbZG). Diese Regelung wird regelmäßig relevant, wenn Mitarbeitende abends lange und am nächsten Morgen früh wieder die Arbeit aufnehmen. Es ist demnach sicherzustellen, dass nach einer Beendigung der Arbeitstätigkeit, z. B. abends um 20 Uhr am Folgetag erst um sieben Uhr morgens wieder die Arbeit aufgenommen wird. In der Praxis wird das Einhalten der gesetzlich vorgeschriebenen Ruhezeit in beiden von uns untersuchten Organisationen nicht kontrolliert. Auch durch die jeweils vorhandene Software erfolgt kein automatisierter Abgleich, sodass hier die Verantwortung bei den einzelnen Mitarbeitenden liegt.

Des Weiteren muss der Arbeitgeber die Arbeitszeit über der Acht-Stunden-Grenze aufzeichnen und zwei Jahre lang aufbewahren. Die Aufzeichnungspflicht des Arbeitgebers ist in § 16 Abs. 2 ArbZG geregelt. Bislang konnte diese an die Arbeitnehmenden delegiert werden (vgl. Müller 2019: 87). Am 14.05.2019 und damit während der Forschungsprojektlaufzeit hat die große Kammer des Europäischen Gerichtshof (EuGH) im Rahmen eines Vorabentscheidungsersuchen des spanischen Nationalen Gerichtshofs entschieden, dass die Mitgliedstaaten die Arbeitgeber verpflichten müssen, ein System zur Messung der täglichen Arbeitszeit der

Arbeitnehmer einzurichten. Demnach ist die bislang mögliche Vorgehensweise aktuell mindestens kritisch und nach Umsetzung in nationales Recht ausgeschlossen. In seiner Entscheidung geht der EuGH von dem Grundgedanken aus, dass der Arbeitnehmer als schwächere Partei des Arbeitsvertrages vor der Beschränkung seiner Rechte durch den Arbeitgeber geschützt werden muss (Randnummer 44 des Urteils des Gerichtshofs in der Rechtssache C-55/18). Die Entscheidung geht auf Art. 31 Abs. 2 der Charta der Grundrechte der Europäischen Union zurück, wo unter anderem geregelt ist, dass jede Arbeitnehmerin und jeder Arbeitnehmer das Recht auf eine Begrenzung der Höchstarbeitszeit, sowie auf tägliche und wöchentliche Ruhezeiten hat. Mit eben dieser Begründung und damit der Fußung auf den unmittelbar geltenden Grundrechten der Europäischen Union, welche durch Art. 6 des Vertrages über die Europäische Union primärrechtlich verankert sind, bedarf es keiner weiteren Entscheidung seitens der EU, um die Umsetzung in nationales Recht zu fordern. Die Urteilsbegründung verlangt eben dies unmittelbar. Wörtlich entschied der EuGH wie folgt (Randnummer 60 ebd.):

> „Um die praktische Wirksamkeit der von der [Arbeitszeitrichtlinie](…) vorgesehenen Rechte und des in Art. 31 Abs. 2 der Charta verankerten Grundrechts zu gewährleisten, müssen die Mitgliedstaaten die Arbeitgeber daher verpflichten, ein objektives, verlässliches und zugängliches System einzuführen, mit dem die von einem jeden Arbeitnehmer geleistete tägliche Arbeitszeit gemessen werden kann.“

Von den Grundsätzen des Schutzes der Sicherheit und der Gesundheit der Arbeitnehmenden darf nach Art. 17 der Richtlinie 2003/88/EG des Europäischen Parlaments und des Rates von den Artikeln 3 bis 6, 8 und 16 (sämtlichst Regelungen zu Arbeits- und Ruhezeiten) abgewichen werden, wenn die Arbeitszeit wegen der besonderen Merkmale der ausgeübten Tätigkeit nicht gemessen (…) werden kann. Diese Ausnahme greift nach Art. 17 der Richtlinie 2003/88 insbesondere für

a) leitende Angestellte oder sonstige Personen mit selbstständiger Entscheidungsbefungnis;

b) Arbeitskräfte, die Familienangehörige sind;

c) Arbeitnehmer, die im liturgischen Bereich von Kirchen und Religionsgemeinschaften beschäftigt sind.

Die von uns untersuchten mobil Arbeitenden stellen keine Ausnahme dar, sodass auch für diese der Schutzgedanke zwingend anzuwenden ist. Dies findet sich so auch im nationalen Recht wieder. Der Anwendungsbereich des Arbeitszeitgesetzes ist auch außerhalb einer betrieblichen Arbeitsstätte gegeben (vgl. Müller 2019: 86). Somit ist das Arbeitszeitgesetz auch bei mobiler Arbeit vollumfänglich zu beachten. Ein Problem beim mobilen Arbeiten tritt bei einem Mangel an klarer Trennung von Arbeit und Freizeit auf. Bei der regelmäßig praktizierten selbstbestimmten Arbeitszeiteinteilung besteht die Gefahr, dass die Arbeitnehmenden die zu ihren Gunsten normierten Arbeitsschutzregelungen nicht ausreichend berücksichtigen (ebd.).

Dem Arbeitszeitgesetz fällt daher bei mobiler Arbeit eine besonders hohe Bedeutung zu. Der Arbeitgeber muss zwingend Mittel und Wege bereitstellen, die es den Arbeitnehmenden ermöglichen, die Vorgaben des Arbeitszeitgesetzes einzuhalten. So besteht z. B. die Möglichkeit, die Zeiterfassung und den Umgang mit kurzen Zwischenpausen beim mobilen Arbeiten in einer Betriebsvereinbarung mit der Personalvertretung zu regeln. Auch die wesentlichen gesetzlichen Bestimmungen, also die bereits erwähnten Höchstarbeitszeiten, Ruhepausen und Ruhezeiten sollten in einer Vereinbarung zu mobiler Arbeit zwingend erwähnt und die Arbeitnehmenden sollten zu deren Einhaltung ausdrücklich verpflichtet werden (vgl. Müller 2019: 86). Es bleibt abzuwarten, ob die diesbezügliche Übertragung des Gesundheitsschutzes auf die Arbeitnehmenden vor dem Hintergrund des Urteils des EuGH so bestehen bleiben kann. Die starke Eigenverantwortung bei mobiler Arbeit, welche letztlich in großen Teilen den Arbeitsschutz auf die „schwächere Partei des Arbeitsvertrages“ überantwortet, bildet eine zentrale Herausforderung für die Beschäftigten, s. Punkt 3.3 in diesem Beitrag.

Für den Arbeitgeber ist zu beachten, dass auch bei einer ausdrücklichen Verpflichtung der Arbeitnehmenden zur Einhaltung von Ruhepausen etc. ausdrücklich keine Übertragung der Verantwortung vom Arbeitgeber auf die Arbeitnehmenden erfolgt. Der Arbeitgeber hat auch bei einer entsprechenden Selbstverpflichtung der Arbeitnehmenden, weiterhin die Einhaltung der Vorgaben des Arbeitsschutzes sicherzustellen (vgl. Müller 2019: 86).

2.2.3. Bürgerliches Gesetzbuch

Außerdem ist für die mobil Arbeitenden das Thema Vergütung von Fahrtzeiten zwischen zwei Arbeitsorten und das Betriebsrisiko bei Systemstörungen von Bedeutung. Falls hier keine allgemeingültigen Regelungen getroffen werden, kann dies bei Arbeitnehmenden zu Unzufriedenheit und damit verbundenem negativen Stress führen. Rechtlich betrachtet sind die Fahrzeiten zwischen zwei Tätigkeitsorten als Teil der Arbeit im Sinne von § 611 a Abs. 1a BGB zu betrachten und somit auch zwangsläufig zu vergüten. Allerdings kann dies in unterschiedlicher Höhe zum durchschnittlichen Stundenlohn erfolgen. Hierzu kann im Arbeits- oder Tarifvertrag eine gesonderte Regelung getroffen werden (vgl. Müller 2019: 92). Das Betriebsrisiko bei mobiler Arbeit trägt grundsätzlich der Arbeitgeber. Die Arbeitnehmenden behalten auch im Falle einer Betriebsstörung gemäß § 615 S. 3 BGB weiterhin ihren Anspruch auf Vergütung. Allerdings treffen diese eine Anzeige- und Mitteilungspflicht. Es muss dem Arbeitgeber unverzüglich mitgeteilt werden, wenn eine Betriebsstörung vorliegt (vgl. ebd. 92 f.). Um den Arbeitnehmenden in beiden Bereichen eindeutige Regelungen kommunizieren zu können, sollten die relevanten Punkte möglichst in eine Vereinbarung zur mobilen Arbeit aufgenommen werden.

2.2.4. Sozialgesetzbuch VII

Wenn mobiles Arbeiten im Rahmen abhängiger Beschäftigung ausgeübt wird, besteht der allgemeine Schutz der Beschäftigten über die gesetzliche Unfallversicherung. Die rechtliche Grundlage hierfür liefert der § 2 Abs. 1 Nr. 1 SGB VII. Der Schutz der Arbeitnehmenden bezieht sich gemäß § 7 Abs. 1 SGB VII auf Arbeitsunfälle und Berufskrankheiten. Hierbei ist im Einzelfall grundsätzlich entscheidend, ob ein innerer Zusammenhang zwischen dem zum Unfall führenden Geschehen und der betrieblichen Tätigkeit besteht (vgl. Wissenschaftlicher Dienst des deutschen Bundestags 2017: 12). Wenn mobil Arbeitende also in der Ausübung ihrer arbeitsvertraglichen Tätigkeit handeln, besteht Versicherungsschutz. Falls zum Beispiel private Erledigungen zwischen der Leistungserbringung an zwei verschiedenen Arbeitsorten verrichtet werden, liegt entsprechend kein Versicherungsschutz vor.

2.2.5. Betriebsverfassungsgesetz

Anwendbarkeit

Bei der Gestaltung des Arbeits- und Gesundheitsschutz hat der Arbeitgeber das Mitbestimmungsrecht des Personal- bzw. Betriebsrates zu beachten (vgl. Wittig-Goetz 2015: 7). Die Arbeitnehmendenvertungen haben eine besondere Funktion im Zusammenhang mit Sicherheit und Gesundheitsschutzes der Arbeitnehmenden (vgl. Urteil des EuGH in der Rechtssache C-55/18 Randnummer 62). Um dieser Funktion gerecht zu werden, empfiehlt es sich, den Betriebsrat sowohl bei der Planungsphase als auch bei der Einführungs- und Durchführungsphase von mobiler Arbeit einzubeziehen. Auch im Rahmen der unter Punkt 2.3 in diesem Beitrag beschriebenen Gefährdungsbeurteilung kommt der Miteinbeziehung des Personal- bzw. Betriebsrates erhebliche Bedeutung zu. Vor nähere Erläuterung der einzelnen rechtlichen Beteiligungstatbestände sei darauf hingewiesen, dass Personalräte im öffentlichen Dienst die Rolle der Arbeitnehmervertretung innehaben. Betriebsräte bilden das entsprechende Pendant in der freien Wirtschaft ab. Da sich viele Vorschriften analog finden, wird im Folgenden ausschließlich auf die rechtlichen Grundlagen des Betriebsrates, welche sich im bundesweit gültigen Betriebsverfassungsgesetzt widerfinden, abgestellt.

Einflussmöglichkeiten des Betriebsrats während der Planungsphase

In einer möglichen Planungsphase sind Informations-, Beratungs- und Vorschlagsrechte des Betriebsrats von Bedeutung (vgl. Müller 2019: 175). Nach § 80 Abs. 2 BetrVG ist der Betriebsrat rechtzeitig und umfassend vom Arbeitgeber zu unterrichten. Der Betriebsrat kann sich über eine solche Unterrichtung einen ersten Überblick darüber verschaffen, welche konkrete Ausgestaltung und welche Folgen in Bezug auf den Arbeits- und Gesundheitsschutz eine mögliche Einführung mobiler Arbeit hat (vgl. ebd. 176). Da in beiden von uns untersuchten Organisationen keine „offizielle“ Einführung der Arbeitsform stattgefunden hat, gab es entsprechend auch keine Beteiligung von Arbeitnehmervertretungen. Gemäß

§ 90 Abs. 1 BetrVG muss der Arbeitgeber den Betriebsrat über die Planung von technischen Anlagen, Arbeitsabläufen und Arbeitsplätzen unterrichten. Analog zu der Errichtung von Telearbeitsplätzen erfolgt auch bei der Errichtung von Arbeitsplätzen mit mobiler Arbeit in der Regel eine Erfüllung dieser Tatbestände, da in beiden Fällen Informationsverarbeitungs- bzw. Kommunikationstechnik und damit technische Anlagen eingesetzt werden. Außerdem werden durch die Tätigkeit in mobiler Arbeit die organisatorische, räumliche und zeitliche Gestaltung des Arbeitsprozesses und somit auch der Arbeitsablauf beeinflusst. Die Gestaltung von mobilen Arbeitsplätzen berührt ebenfalls die örtlichen Arbeitsbereiche der Arbeitnehmenden und damit ihre Arbeitsplätze (vgl. ebd. 177). Gemäß § 90 Abs. 2 S. 1 BetrVG besteht des Weiteren eine arbeitgeberseitige Beratungspflicht. Sowohl für die Telearbeit als auch bei mobiler Arbeit sind an dieser Stelle einige Aspekte wie die vorgesehene Anzahl der betroffenen Arbeitsplätze, soweit bezifferbar, deren Gestaltung und Einrichtung, die Regelungen über die Arbeitszeit, insbesondere flexible Arbeitszeitsysteme und Vertrauensarbeitszeit, die vorgesehenen Datenschutzmaßnahmen und die mit der auswärtigen Arbeitsform verbundenen spezifischen Gefahren, wie z. B. soziale Isolation, psychische Überforderung oder betrieblicher Kontextverlust, zu erörtern (vgl. ebd. 177 f.). Interessanterweise hat auch nach bereits jahrelanger Praxis der Arbeitsform in beiden Organisationen keine Thematisierung mit oder durch die Arbeitnehmervertretung stattgefunden.

Einflussmöglichkeiten des Betriebsrates während der Einführungs- und Durchführungsphase

Die Einführung von mobiler Arbeit berührt regelmäßig soziale Angelegenheiten der Arbeitnehmenden im Sinne von § 87 Abs. 1 BetrVG.

Gemäß § 87 Abs. 1 Nr. 1 BetrVG hat der Betriebsrat bei der Ordnung des Betriebes und des Verhaltens der Arbeitnehmer im Betrieb; nach Nr. 2 und 3 bei der Arbeitszeit und nach Nr. 7 bei Regelungen über den Arbeits- und Gesundheitsschutz mitzubestimmen. Bei dieser Vorschrift handelt es sich um eine Muss-Bestimmung im Gegensatz zu einer Kann-Bestimmung, welche eine Wahlfreiheit bei der Mitwirkung offenließe. Die gesetzlich geforderte Mitbestimmung setzt ein schriftliches Abstimmungsergebnis voraus. Dieses kann im Rahmen einer Betriebsvereinbarung zwischen Arbeitgeber und Arbeitnehmervertretung festgehalten werden. Im Rahmen einer Vereinbarung zur mobilen Arbeit können verschiedene Aspekte betroffen und geregelt sein. Konkret könnte z. B. bei der Einführung formalisierter Personalgespräche mit dort tätigen mobil Beschäftigten über ihre Erfahrungen mit dieser Arbeitsform verbindlich gesprochen werden, um notwendige Gestaltungsansätze im Unternehmen zu erkennen. Ebenfalls könnte die Aufstellung allgemeiner Abrechnungsmodalitäten für die Privatnutzung betrieblicher Arbeitsmittel bei mobiler Arbeit Gesprächsgegenstand werden (vgl. ebd. 187).

In Bezug auf die Verteilung der Arbeitszeit hat der Betriebsrat über Regelungen zur Lage der täglichen Arbeitszeit, der Pausen sowie der Verteilung der Arbeitszeit auf die einzelnen Wochentage mitzubestimmen. Für den Fall der Nutzung von flexibel durch die Mitarbeitenden einzuteilender Arbeitszeit sind in diesem Zusammenhang der Ausschluss bzw. die Einschränkung der Arbeit zu sogenannten ungünstigen Zeiten wie an Wochenenden oder in Nachtstunden oder der Ausschluss von Sonn- und Feiertagsarbeit zu beachten. Weitere Regelungen können zur Gewährleistung der Einhaltung von Pausenzeiten durch programmgesteuerte Unterbrechung der Computernutzung oder durch die Festlegung von Kernarbeitszeiten, in denen die bzw. der Beschäftigte erreichbar sein muss, getroffen werden (vgl. ebd. 189). Im Rahmen der Arbeitszeitgestaltung könnte darüber hinaus auch geregelt werden, wie Präsenzarbeitszeit zu gestalten ist bzw. worauf in dieser zu achten ist, z. B. das Dienstbesprechungen oder Teamtreffen in der Präsenzzeit der mobil Beschäftigten oder ausschließlich an Montagen und Freitagen abgehalten werden. Solche Regelungen könnten begünstigen, dass soziale Kontakte aufrechterhalten werden können und der Kontakt von mobil Beschäftigten zum Standortpersonal sowie Informations- und Kommunikationsflüsse nicht der individuellen oder stellenbezogenen Aufgabengestaltung, sondern strukturiert sichergestellt sind.

Bei der Mitbestimmung im Rahmen des betrieblichen Arbeits- und Gesundheitsschutzes sind der Inhalt und die Reichweite dieses Arbeitnehmervertretungsrechts allerdings umstritten. Das eingeräumte Recht bezieht sich im Wesentlichen auf die Durchführung der Gefährdungsbeurteilung nach § 5 ArbSchG. Die Mitbestimmung kommt hierbei immer dann zum Tragen, wenn ein kollektiver Tatbestand vorliegt. Dies ist der Fall, wenn z. B. eine Festlegung von Beurteilungsmethoden zur Gefährdungsbeurteilung bei mobilen Arbeitsplätzen durchgeführt wird (vgl. ebd. 191). Insgesamt lässt sich sagen, dass der Betriebsrat bei mobiler Arbeit vergleichbare Mitbestimmungsrechte wie bei anderen Arbeitsformen hat. An einigen Punkten ist es allerdings besonders wichtig, dass der Betriebsrat die individuellen Herausforderungen dieser Arbeitsform bei der Ausübung seiner Mitbestimmung erkennt und beachtet. Diesbezüglich kann gerade im Rahmen der Gefährdungsbeurteilung von diesem überhaupt darauf hingewirkt werden, dass die Gruppe der von dieser Arbeitsform Betroffenen gesondert betrachtet wird. Nur bei einer expliziten Betrachtung der besonderen Herausforderungen bei mobiler Arbeit können sinnvolle, zielgruppenorientierte Maßnahmen entwickelt und damit der Gesundheitsschutz der Beschäftigten verbessert werden. Um hier zu einer Verbesserung der Arbeitsbedingungen zu kommen, kommt der jeweiligen Arbeitnehmervertretung daher eine besondere Bedeutung zu.

Im Rahmen unseres Forschungsprojektes wurde deutlich, dass in den beiden von uns untersuchten Organisationen hier keine Intervention seitens der Arbeitnehmervertretung erfolgte, sodass es in beiden Organisationen weder Vereinbarungen zur mobilen Arbeit noch eine gesonderte Betrachtung der von dieser Arbeitsform Betroffenen im Zusammenhang mit der Gefährdungsbeurteilung gab. Eine mögliche Hypothese wäre hier, dass es Sensibilisierung für die spezifische Herausforderung braucht, da bislang die positiv geprägte flexible Gestaltungsmöglichkeit durch die Arbeitnehmenden deutlich überwiegt, wie es auch bei den von uns befragten Fachkräften für Arbeitssicherheit der Fall war. Auf die Frage, wo aus der Perspektive der Fachkraft für Arbeitssicherheit die größten Herausforderungen für die mobil Beschäftigten liegen, bekamen wir die Antwort:

> „Die größten Probleme sehe ich eigentlich bei den gesetzlichen Anforderungen an die Arbeitszeit. Da es keine vernünftige gesetzliche Regelung gibt, wie die Kollegen arbeiten dürfen, wann sie arbeiten dürfen – keine umsetzbare. Es ist natürlich festgelegt, dass sie maximal acht Stunden bzw. zehn Stunden am Tag arbeiten müssen, dass sie elf Stunden Pause haben müssen. Aber das ist bei den Mobilarbeitsplätzen überhaupt nicht möglich und die Kollegen wollen das auch gar nicht. Die wollen ja arbeiten, wenn sie Zeit haben, wollen Pause machen, wenn sie Zeit haben und wenn sie abends um 22 Uhr noch gearbeitet haben und morgens um 8 Uhr wieder losfahren müssen oder wollen, dann machen die das. Das ist halt das Problem, dass man denen mitteilt, ihr verstoßt gegen Gesetze, aber es leider im Moment nicht anders machbar“ (2Fasi, 23).

Anwendbarkeit weiterer Rechtsnormen

Außerdem sind für mobile Arbeit noch einzelne Vorschriften des Arbeitssicherheitsgesetzes und der Arbeitsmedizinischen Vorsorgeverordnung einschlägig. Diese werden im Rahmen unseres Forschungsprojekts aufgrund ihrer eher geringeren Bedeutung für die konkrete Arbeitsform der mobilen Arbeit und deren Spezifikationen allerdings nicht näher betrachtet. Hierzu zählen auch Regelungen zum Datenschutz, der bei jeglicher Arbeitsform eine relevante Rolle spielt. Da der Anknüpfungspunkt für datenschutzrechtliche Vorgaben die Existenz personenbezogener Daten und nicht der Ort der Arbeitsleistung ist, gilt das Bundesdatenschutzgesetz gleichermaßen. Es bestehen keine Besonderheiten beim mobilen Arbeiten im Hinblick auf die Anforderungen an den Umgang mit personenbezogenen Daten der bzw. des Beschäftigten (vgl. Wissenschaftlicher Dienst des deutschen Bundestags 2017: 13). Die Arbeitsstättenverordnung und Bildschirmarbeitsverordnung gelten für mobile Arbeit hingegen nicht. Der Grund hierfür liegt darin, dass es sich bei mobiler Arbeit im Gegensatz zum Büroarbeitsplatz und zur Telearbeit um keine regelmäßig eingerichtete Betriebstätte handelt (vgl. Rein 2015: 15).

2.3. Gefährdungsbeurteilung

Nach der Betrachtung der relevanten Rechtsvorschriften wird deutlich, dass die Gefährdungsbeurteilung eine besondere Stellung im Rahmen des Arbeitsschutzes bei mobilen Arbeiten einnimmt. Während es z. B. bei den Arbeitszeitgesetzen keine wesentlichen Unterschiede zur stationären Arbeit gibt, können bei der Gefährdungsbeurteilung andere Risiken und Gefährdungen auftreten. Insbesondere auch im psychischen Bereich können spezifische Belastungen, wie z. B. soziale Isolation, auftreten. Im Folgenden erfolgt daher eine nähere inhaltliche Betrachtung mit dem Thema Gefährdungsbeurteilung und dann noch konkreter mit der Gefährdungsbeurteilung psychischer Belastungen. Aus den Ergebnissen dieser Betrachtung wurden dann entsprechend auch Kategorien für unsere Praxisinterviews abgeleitet.

2.3.1. Grundlagen

Der Arbeitgeber trägt grundsätzlich die Verantwortung für den Arbeitsschutz in seinem Betrieb (vgl. Luksch 2012: 11). Bereits mit der Unterzeichnung des Arbeitsvertrags und der damit einhergehenden Fürsorgepflicht gemäß § 618 BGB hat der Arbeitgeber die Verantwortung, für die Sicherheit und Gesundheit seiner Beschäftigten zu sorgen. Der Arbeitsschutz ist primär präventiv ausgerichtet. Er soll der Entstehung von Gefahren und dem Eintreten von Unfällen entgegenwirken. Dementsprechend muss der Arbeitgeber die erforderlichen Maßnahmen des Arbeitsschutzes auf ihre Wirksamkeit hin kontrollieren und auf mögliche Veränderungen anpassen. Zur Feststellung der erforderlichen Schutzmaßnahmen hat er gemäß § 5 ArbSchG eine Gefährdungsbeurteilung nach Eigenart der Tätigkeiten und Arbeitsbedingungen vorzunehmen. Gemäß § 6 ArbSchG ist der Arbeitgeber zur Dokumentation der Ergebnisse der durchgeführten Gefährdungsbeurteilungen, der von ihm festgelegten Maßnahmen und der Ergebnisse ihrer Überprüfung verpflichtet (vgl. ebd.). Diese Dokumentation kann über das Erstellen von Checklisten zum einfachen und schnellen Erfassen von allgemeinen, erfahrungsgemäß auftretenden Gefährdungen am Arbeitsplatz sowie zu der Feststellung, ob Schutzmaßnahmen getroffen worden sind oder nicht, erfolgen. An die Erstellung solcher Checklisten schließt regelmäßig eine Auswertung ebendieser an. Dabei werden die ermittelten Gefährdungen detailliert erfasst sowie die getroffenen und geeigneten Schutzmaßnahmen konkret beschrieben. Anschließend werden die gesammelten Ergebnisse in die Gefährdungsbeurteilung übertragen (vgl. ebd.).

Mögliche Gefährdungen innerhalb einer Gefährdungsbeurteilung können sich in verschiedenen Bereichen ergeben. Zu nennen sind hierbei die Gestaltung und die Einrichtung der Arbeitsstätte und des Arbeitsplatzes sowie physikalische, chemische und biologische Einwirkungen (vgl. § 5 Abs. 2 Nr. 1, 2 ArbSchG). Außerdem können die Gestaltung, die Auswahl und der Einsatz von Arbeitsmitteln, insbesondere von Arbeitsstoffen, Maschinen, Geräten und Anlagen, Gefährdungen verursachen (vgl. ebd. Nr. 3). Eine unzureichende Qualifikation und Unterweisung der Beschäftigten (vgl. ebd. Nr. 5) ist ebenfalls aufzuführen. Durch die mangelnde Durchführung von Gefährdungsbeurteilungen kann der Arbeitgeber eine Ordnungswidrigkeit im Sinne des § 25 Abs. 1 Nr. 1 ArbSchG oder sogar eine Straftat begehen. Ordnungswidrig handelt der, der vorsätzlich oder fahrlässig entgegen § 5 ArbSchG nicht sicherstellt, dass die Gefährdungsbeurteilungen durch eine fachkundige Person durchgeführt werden oder entgegen § 6 ArbSchG eine Gefährdungsbeurteilung nicht, nicht richtig oder nicht vollständig dokumentiert wird. Eine Straftat begeht, wer sein Handeln durch Unterlassung beharrlich wiederholt (vgl. ebd. 14 f.).

2.3.2. Gliederung und Inhalt

Eine Gefährdungsbeurteilung kann in neun Gliederungsabschnitte unterteilt werden (vgl. Luksch 2012: 15):

(1) Aufgabenbeschreibung,

(2) Beschreibung der Gefährdungstätigkeiten,

(3) Einzelbewertung der Gefährdungen,

(4) Arbeitsfreigabekonzept,

(5) getroffene Schutzmaßnahmen zur Gefährdungsminimierung,

(6) verwendete persönliche Schutzausrüstung (PSA),

(7) weitere Maßnahmen des Arbeitsschutzes (technisch, organisatorisch, individuell),

(8) arbeitsmedizinische Vorsorgeuntersuchungen und

(9) zu beachtende Arbeitsschutzvorschriften.

In der Aufgabenbeschreibung kann eine kurze Erläuterung zum Berufsbild mit Berufsbezeichnung, Aufgabenbeschreibung, Arbeitsmittel, Einsatz und Arbeitsumfeld aufgeführt werden. In der Beschreibung der Gefährdungstätigkeiten werden die Gefährdungstätigkeiten nach Art und Umfang möglichst aussagekräftig und konkret mit arbeitsspezifischen Beispielen beschrieben. In der Einzelbewertung der Gefährdungen wird das individuelle Gefährdungspotenzial der einzelnen Beurteilungsgegenstände für die Sicherheit und die Gesundheit der Beschäftigten betrachtet. Zur Dokumentation der Gefährdungsbewertung kann ein einfaches und übersichtliches Punktesystem genutzt werden. Bei dem Arbeitsfreigabekonzept werden zusätzliche Gefährdungen bei besonders gefährlichen Arbeiten über ein Arbeitsfreigabesystem beurteilt. Als getroffene Schutzmaßnahmen zur Gefährdungsminimierung werden technische Schutzmaßnahmen (z. B. Antivibrationseinrichtungen am Arbeitsmittel), organisatorische Schutzmaßnahmen (z. B. Arbeitszeitbegrenzung bei Erreichen der Auslösegrenzwerte für Vibrationen) und persönliche Schutzmaßnahmen, wie zum Beispiel Antivibrationsschutzhandschuhe, aufgeführt. Die verwendete PSA beschreibt die durch den Arbeitgeber kostenlos für seine Beschäftigten zur Verfügung gestellte persönliche Schutzausrüstung. Bei der Auswahl von geeigneter PSA ist der gültigen DIN EN Norm und der CE-Kennzeichnung Rechnung zu tragen. Die weiteren Maßnahmen des Arbeitsschutzes beziehen sich auf die mittelbaren Maßnahmen, aus denen sich weitere Schutzmaßnahmen ableiten können. Dies sind z. B. Brandschutzmaßnahmen, Erste-Hilfe-Maßnahmen, Flucht und Rettungswege, Koordinationsaufgaben sowie Aus- und Weiterbildung von Arbeitsschutzpersonal. Ebenfalls aufgeführt werden müssen die arbeitsmedizinischen Vorsorgeuntersuchungen. Der Arbeitgeber darf seine Mitarbeitenden in besonderen Gefährdungssituationen, wie z. B. bei der Überschreitung von Arbeitsplatzgrenzwerten, nur beschäftigen, wenn sie sich fristgerecht Vorsorgeuntersuchungen durch einen ermächtigten Arzt unterzogen haben. Durch die Angabe der bei der Erstellung der Gefährdungsbeurteilung berücksichtigten Arbeitsschutzvorschriften kann der Arbeitgeber nachweisen, dass er die Mindestanforderung des Arbeitsschutzes beachtet hat (vgl. ebd. 15 f.).

Bei auswärtiger Arbeitstätigkeit, wie der Telearbeit und analog dazu auch der mobilen Arbeit, können spezifische Gefährdungen auftreten, die es besonders zu beurteilen gilt. Dies kann z. B. die schlechte ergonomische Gestaltung des Arbeitsplatzes sein. Durch die regelmäßig wechselnden Arbeitsplätze ist es häufig gar nicht möglich, diese bezüglich einer günstigen Ergonomie anzupassen. Interessanterweise hat eine befragte Person dazu angegeben:

> „Ich finde es draußen besser, weil man mehr Abwechslung hat, weil man sich mehr bewegt. Ich bin Bandscheibenpatient. Ich kann nur sagen: Draußen habe ich nie was gehabt, hier im Büro schon. Ich habe jetzt einen etwas anderen Arbeitsplatz. Die Gleichmäßigkeit trotz der optimalen Ausgestaltung war schlecht für meinen Rücken, die Bewegung draußen war besser oder ist besser“ (1Ing2, 237).

Ebenfalls können Belastungen durch äußere Störfaktoren entstehen. An dieser Stelle sind vor allen Dingen äußere Lärmbelastungen zu nennen. Ein weiteres Problem kann in der fehlenden sozialen Anbindung zu den im Betrieb tätigen Mitarbeitenden begründet liegen. Dadurch, dass die mobil Arbeitenden seltener im Büro anwesend sind, ist es bedeutend schwieriger kollegialen Kontakt zu pflegen. Hinzu kommt, dass psychische Belastungen der Arbeitnehmenden durch hohen Zeitdruck und ständige Erreichbarkeit entstehen können (vgl. Müller 2019: 119).

2.3.3. Gefährdungsbeurteilung psychischer Belastung

Da im Zusammenhang mit mobiler Arbeit insbesondere spezifische psychische Gesundheitsgefährdungen entstehen können, wird im Folgenden die praktische Durchführung der Gefährdungsbeurteilung psychischer Belastungen näher betrachtet.

Die psychische Belastung bei der Arbeit beinhaltet eine hohe Zahl unterschiedlicher psychisch bedeutsamer Einflüsse. Beispiele hierfür sind die Arbeitsintensität, die soziale Unterstützung am Arbeitsplatz oder aber auch die Dauer, Lage und Verteilung der Arbeitszeit. Es ist ähnlich unrealistisch, eine Arbeit ohne psychische Belastung zu finden, wie eine Arbeit ohne körperliche Belastung ausfindig zu machen. Der Arbeitgeber ist nicht verpflichtet, psychische Belastungen in einer gesonderten Gefährdungsbeurteilung aufzuführen. Es ist hingegen so, dass eine Gefährdungsbeurteilung alle mit der Tätigkeit verbundenen Belastungen und deren Auswirkung auf die physische und psychische Gesundheit beinhalteten sollte. Deshalb kann die Gefährdungsbeurteilung psychischer Belastungen problemlos in bestehende Prozesse der Gefährdungsbeurteilung integriert werden. Eine Vernetzung mit bereits bestehenden Gremien und Strukturen, wie z. B. mit dem Arbeitsschutzausschuss, ist durchaus empfehlenswert (vgl. Bundesministerium für Arbeit und Soziales 2017: 4 f.).

Zu beachten ist bei der Verknüpfung von physischer und psychischer Gefährdungsbeurteilung, dass gewährleistet ist, dass spezifische Herausforderungen, welche sich aus konkreten Arbeitsbedingungen auf der jeweiligen Stelle ergeben, auch gezielt betrachtet werden. Gerade bei der Beurteilung der psychischen Gefährdung ist es ganz entscheidend auch Aspekte der Arbeitsgestaltung, wie z. B. durch die Arbeitsform der mobilen Arbeit, zu berücksichtigen und nicht arbeitsformunabhängig einzelne Organisationseinheiten zu betrachten. Diese gesonderte Betrachtung ergibt sich aus den im Weiteren beschriebenen Qualitätsgrundsätzen im Zusammenhang mit der Durchführung der Gefährdungsbeurteilung.

Qualitätsgrundsätze

Die Träger der Gemeinsamen Deutschen Arbeitsschutzstrategie (GDA) haben sich auf Qualitätsgrundsätze für Verfahren zur Gefährdungsbeurteilung psychischer Belastungen geeinigt. Insgesamt werden sieben Grundsätze genannt, die zur Verfahrensauswahl zur Gefährdungsbeurteilung psychischer Belastungen zu verwenden sind (Bundesministerium für Arbeit und Soziales 2017: 25):

(1) „Es ist beschrieben, für welche Einsatzbereiche das Instrument/Verfahren geeignet ist." Die Auswahl des Erhebungsinstrumentes ist mit Bezug auf die konkrete Stelle auszuwählen und kann sich entsprechend je nach Tätigkeit, Beruf, Branche etc. unterscheiden.

(2) „Die Anwendungsvoraussetzungen sind beschrieben." Hierbei kann etwa die Erfahrung auf Seiten derer, die die Gefährdungsbeurteilung durchführen gemeint sein. Denkbar wäre z. B. das Experteninterviews nur von entsprechend geschulten Personen geführt werden dürfen.

(3) „Die methodische Qualität des Instruments/Verfahrens ist geprüft und ausgewiesen." Die Eignung des gewählten methodischen Vorgehens ist anhand wissenschaftlicher Gütekriterien zu begründen, wie es im Weiteren auch in diesem Beitrag erfolgt.

(4) „Das Instrument/Verfahren erfasst und beurteilt Tätigkeiten und Ausführungsbedingungen." Die Erfassung erfolgt auf Grundlage von Beschreibungen der Arbeitsaufgabe, Arbeitsorganisation, sozialen Beziehungen und Arbeitsumgebung. Im Rahmen dieser Kategorien werden die konkreten Ausführungsbedingungen zur jeweiligen Stelle erhoben.

(5) „Das Instrument/Verfahren berücksichtigt die relevanten Belastungsfaktoren." Um das Risiko des Übersehens von Belastungsfaktoren zu minimieren, können ein Methodenmix sowie die Einbeziehung unterschiedlicher Perspektiven sinnvoll sein. Für ein derartiges Vorgehen haben wir uns im Forschungsprojekt entschieden.

(6) „Das Instrument/Verfahren beinhaltet Methoden bzw. Hilfestellungen zur Beurteilung, ob Maßnahmen zur Minderung von Gefährdungen durch psychische Belastung erforderlich sind oder nicht." Ziel ist hier, zu einer sachlich nachvollziehbaren Beurteilung zu gelangen.

(7) „Das Instrument/Verfahren sieht die Einbeziehung der Beschäftigten in den Prozess der Gefährdungsbeurteilung vor." Interaktive Methoden, wie z. B. Interviews, Workshops oder Fragebögen, stellen diese Einbeziehung sicher. Um hier Belastungen aus der Praxis zu erheben, bedarf es des Expertenwissens auf den jeweiligen Stellen.

Vorgehen

Die Gefährdungsbeurteilung psychischer Belastungen kann basierend auf den Qualitätsgrundsätzen der GDA-Träger in sieben Schritten erfolgen. Diese beziehen sich auf die GDA Leitlinie „Gefährdungsbeurteilung und Dokumentation" und weisen somit viele Überschneidungen zu Gefährdungsbeurteilungen im physischen Bereich auf. Beide Bereiche können miteinander kombiniert werden. In Schritt Eins werden die zu betrachtenden Tätigkeiten und Bereiche festgelegt. Schritt Zwei ermittelt die psychische Belastung der Arbeit und Schritt Drei beurteilt diese. In Schritt Vier werden Maßnahmen zur Gefährdungsbekämpfung entwickelt und umgesetzt. Schritt Fünf unterzieht diese Maßnahmen einer Wirksamkeitskontrolle. In Schritt Sechs werden die Maßnahmen aktualisiert und fortgeschrieben und in Schritt Sieben wird der gesamte Prozess dokumentiert (vgl. Bundesministerium für Arbeit und Soziales 2017: 6).

Psychische Belastungsfaktoren

Nach der Betrachtung des methodischen Vorgehens sollen nun konkrete psychische Belastungsfaktoren aufgeführt werden. Diese beziehen sich auf die GDA-Leitlinie „Beratung und Überwachung bei psychischer Belastung am Arbeitsplatz" (Bundesministerium für Arbeit und Soziales 2017: 17). Sie dienen außerdem als Grundlage für die Kategorienbildung bei unseren Praxisinterviews und sind somit von wichtiger Bedeutung für die weitere Bearbeitung unserer Forschungsarbeit.

Der erste Merkmalsbereich beschäftigt sich mit dem Arbeitsinhalt bzw. der Arbeitsaufgabe. Dort ist die Vollständigkeit der Aufgabe zu prüfen. Eine mögliche kritische Ausprägung bestünde darin, dass die Tätigkeit nur vorbereitende, nur ausführende oder nur kontrollierende Handlungen enthält. Ein weiterer Aspekt ist der vorhandene Handlungsspielraum. Hierbei könnten Beschäftigte keinen oder nur wenig Einfluss auf Arbeitsinhalt, Arbeitspensum, Arbeitsmethoden und Reihenfolge der Tätigkeiten haben. Ebenfalls ist die Variabilität zu betrachten. Wenige, ähnliche Arbeitsgegenstände und Arbeitsmittel sowie häufige Wiederholung gleichartiger Handlungen in kurzen Takten können zu einseitige Anforderungen darstellen. Des Weiteren könnte das Informationsangebot eventuell zu umfangreich sein und für eine Reizüberflutung sorgen. Es könnte aber auch zu gering sein und lange Zeiten ohne Information nach sich ziehen. Ebenfalls könnte es ungünstig dargeboten oder lückenhaft sein. Ein weiteres Problemfeld könnte die Verantwortung sein. Hier könnten unklare Kompetenzen und Verantwortlichkeiten vorliegen. Die Qualifikation könnte insofern ein Problemfeld bilden, als dass die Tätigkeiten nicht der Qualifikation der Beschäftigten entsprechen und somit eine Über- oder Unterforderung entsteht. Auch unzureichende Einweisung bzw. Einarbeitung in die Tätigkeit kann eine Gefährdung darstellen. Die emotionale Inanspruchnahme kann durch das Erleben von emotional stark beunruhigenden Ereignissen zum Problem werden. Auch das ständige Eingehen auf die Bedürfnisse anderer Menschen, das permanente Zeigen geforderter Emotionen unabhängig von eigenen Empfindungen und Bedrohung durch Gewalt anderer Personen könnte problematisch sein (Bundesministerium für Arbeit und Soziales 2017: 17 f.).

Der zweite Merkmalsbereich bezieht sich auf die Arbeitsorganisation. Eine wichtige Gefährdung hierbei kann die Arbeitszeit sein. Eine mögliche kritische Ausprägung liegt eventuell in einer wechselnden oder langen Arbeitszeit, ungünstig gestalteter Schichtarbeit, häufiger Nachtarbeit, umfangreichen Überstunden, einem unzureichenden Pausenregime sowie Arbeit auf Abruf. Der Arbeitsablauf kann zur Gefährdung werden, wenn ein hoher Zeitdruck und eine hohe Arbeitsintensität vorherrschen, häufige Störungen und Unterbrechungen vorliegen oder eine hohe Taktbindung besteht. Die Kommunikation und Kooperation bietet dann eine Gefährdung, wenn ein isolierter Einzelarbeitsplatz vorliegt, es keine oder nur geringe Möglichkeit der Unterstützung durch Vorgesetzte oder Kollegen gibt oder keine klar definierten Verantwortungsbereiche vorherrschen (Bundesministerium für Arbeit und Soziales 2017: 18 f.).

Der dritte Merkmalsbereich beschäftigt sich mit den sozialen Beziehungen. Hier kann eine mögliche Gefährdung in der Gestaltung der Kontakte und Beziehung zu Kolleginnen und Kollegen liegen. Dies ist der Fall, wenn eine zu geringe oder zu hohe Zahl sozialer Kontakte besteht, häufige Streitigkeiten und Konflikte auftreten, soziale Drucksituationen entstehen oder fehlende soziale Unterstützung gewährt wird. Die GDA sieht an dieser Stelle auch den Bereich der Vorgesetzten als Gefährdungskategorie unter den sozialen Beziehungen vor. Wir haben uns in unserem Projekt für eine separate Erhebung und Betrachtung des Bereichs Führung als vierten Merkmalsbereich entschieden. Führungsstil, Kontakten zur Führungskraft und erlebte Unterstützung stellen bei der mobilen Arbeit durch die räumliche Entfernung besondere Herausforderungen dar, die in dieser Arbeit getrennt von den sozialen Beziehungen im Team erhoben und betrachtet werden. Mögliche Gefährdungspotentiale können sich hier ergeben, wenn keine ausreichende Qualifizierung der Führungskräfte gewährleistet ist, fehlendes Feedback und fehlende Anerkennung für erbrachte Leistungen an die Beschäftigten gegeben oder fehlende Führung und fehlende Unterstützung im Bedarfsfall angeboten werden (Bundesministerium für Arbeit und Soziales 2017: 19).

Der vierte Merkmalsbereich nach GDA, in unserer Arbeit die entsprechend fünfte Erhebungskategorie, ist die Arbeitsumgebung. Hierbei können physikalische und chemische Faktoren negative Wirkungen entfalten. Beispiele hierfür sind Lärm, unzureichende Beleuchtung und Gefahrstoffe. Außerdem können physische Faktoren, wie z. B. ungünstige ergonomische Gestaltung und schwere körperliche Arbeit, weitere Gefährdungen darstellen. Die Arbeitsplatz- und Informationsgestaltung bietet Gefährdungspotenzial durch ungünstige Arbeitsräume und räumliche Enge sowie unzureichende Gestaltung von Signalen und Hinweisen. Die Arbeitsmittel können durch fehlendes oder ungeeignetes Werkzeug, ungünstige Bedienung oder Einrichtung von Maschinen sowie unzureichende Softwaregestaltung eine Gefährdung abbilden (Bundesministerium für Arbeit und Soziales 2017: 19).

Als fünften Merkmalsbereich sieht die GDA ‚Neue' Arbeitsformen als eigenen Betrachtungsbereich vor. Diese beeinflussen unter Umständen die Belastungssituation der Beschäftigten. Negative Auswirkungen können hierbei durch räumliche Mobilität, atypische Arbeitsverhältnisse und diskontinuierliche Berufsverläufe sowie zeitliche Flexibilisierung und reduzierter Abgrenzung zwischen Arbeit und Privatleben entstehen (Bundesministerium für Arbeit und Soziales 2017: 20). Da sich unser Forschungsprojekt ausschließlich mit der Arbeitsform der mobilen Arbeit beschäftigt und vor diesem Hintergrund auch gezielt die anderen Kategorien mit Blick auf die besonderen Herausforderungen durch die Arbeitsform betrachtet werden, erfolgt keine weitere Einzelerhebung zu diesem Merkmalsbereich. Der Merkmalsbereich prägt vielmehr sämtliche Fragestellungen aus den übrigen Merkmalsbereichen. Der Anspruch unserer Forschung ist nicht, Belastungsfaktoren aus der Tätigkeit zu erheben, sondern eben gerade aus der spezifischen Arbeitsform der mobilen Beschäftigung.

3. Arbeitswissenschaftliche theoretische Modelle als sensibilisierende Konzepte

Mobile IT-gestützte Arbeit bietet den Mitarbeitenden wie bereits dargestellt hohe Vielfalt und Abwechslung, fordert zugleich aber auch hohe Flexibilität, Qualifikation und Eigenengagement. Beim Einsatz in wechselnden Zusammenhängen sind die Arbeitsumgebungen und Kommunikationspartner jeweils unterschiedlich. Die Einstellung auf immer mehr Personen als weitere Herausforderung kommt damit noch zusätzlich zu immer wieder unbekannten, unkontrollierbaren Situationen hinzu – der dafür notwendige innere psychische Aufwand kostet Energie (vgl. Heß 2010: 17). Es sind Entgrenzungsaspekte in unterschiedlichen Dimensionen zu beobachten. So ist mobile Arbeit neben der räumlichen Entgrenzung auch zeitlich und sozial entgrenzt. Es scheint augenscheinlich, dass sowohl Selbstkontrolle als auch Selbstausbeutung in den durch Entgrenzung und Subjektivierung geprägten Arbeitsbedingungen mögliche Auswirkungen darstellen. Diesen Fragen und insbesondere der, wie Betriebe sich diesen Herausforderungen stellen, widmet sich dieser Beitrag.

Zur Generierung unserer forschungsleitenden Annahmen zum einen und zur möglichen Erklärung der Erkenntnisse aus unserem Forschungsprojekt zum anderen wurden die nachfolgend vier aufgeführten Theorien bzw. Konzepte als sensibilisierende Konzepte in die Überlegungen einbezogen. Diese Theorien/Konzepte sind deshalb ausgewählt worden, weil sie uns die Möglichkeit gaben, Voranahmen zu den besonderen Herausforderungen mobiler Arbeit mit Blick auf mögliche psychische Belastungsfaktoren zu theoretisieren und unsere empirischen Beobachtungen hierfür theoretisch zu erklären. Da sowohl Beschäftigte als auch die

Organisationen als solche von den besonderen Herausforderungen der mobilen Arbeit betroffen sind, haben wir für die Auswahl der Theorien/Konzepte auch beide Perspektiven, die der bzw. des einzelnen Beschäftigten (Individuums) und die der Organisationen, berücksichtigt. Es galt im Forschungsprojekt zum einen aufzudecken, welche Herausforderungen sich individuell für die mobil Beschäftigten als auch organisational aus Blick der Führungskräfte, der zentral personalverantwortlichen Stellen sowie der Fachkräfte für Arbeitssicherheit stellen. Zum anderen sollten auch die Reaktionen auf die Herausforderungen theoretisch anhand der unten näher beschriebenen Konzepte bewertet werden. Insgesamt ist davon auszugehen, dass die Organisationen verantwortlich dafür sind, die Rahmenbedingungen zu stecken, innerhalb derer sich die Individuen eigenverantwortlich bewegen und ihren Arbeitsalltag gestalten.

Aus der organisationsbezogenen Perspektive ziehen wir daher folgende sensibilisierende Konzepte heran:

(1) *Gouvernmentabilität: Die Produktion des regierbaren Menschen in post-disziplinären Regimen* (vgl. Weißkopf 2005) und

(2) die *Verhaltensökonomie nach Thaler & Sunstein* (vgl. Thaler & Sunstein 2018)

Mit Blick auf die individuelle Perspektive dienten für uns als theoretische Grundlagen:

(3) der *Arbeitskraftunternehmer nach Voß & Pongratz* (vgl. Voß & Pongratz 1998) und

(4) die *Boundary Theorie nach Ashforth et al.* (vgl. Ashforth et al. 2000)

Im Weiteren wollen wir begründen, warum wir konkret diese Theorien und Konzepte zur Grundlage genommen haben.

3.1. Gouvernmentabilität: Die Produktion des regierbaren Menschen in post-disziplinären Regimen

Weißkopf beschreibt in seinem Beitrag in der Zeitschrift für Personalforschung (19. Jg., Heft 3, 2005), dass Menschen nicht von Natur aus regierbar sind, sondern erst durch zahlreiche Machttechnologien dazu gebracht werden und bezieht sich dabei auf Foucault's Disziplinar- und Pastoralmacht (vgl. Weißkopf 2005: 289). Inwieweit Machttechnologien genutzt werden, um das Verhalten der mobil Arbeitenden zu steuern und welche Mechanismen seitens der Organisation auf das Arbeitsverhalten der Mitarbeitenden wirken, war für uns eine zentrale Fragestellung. Gibt es Rahmenbedingungen, die auf die Einsatzbereitschaft der Mitarbeitenden einwirken? Wie unterstützen die untersuchten Organisationen, um dem Arbeitsschutz auch bei mobiler Arbeit gerecht zu werden? Gibt es informelle Erwartungshaltungen, die Verhalten steuern und regieren? Laut Foucault lässt sich die Regierbarkeit von Menschen nur erzeugen, wenn Objekt und Subjekt voneinander getrennt behandelt werden. Zuerst wird der Mensch zum Gegenstand eines spezifischen Wissens gemacht (Objektivierung). Dies geschieht durch die Anwendung der Disziplinarmacht. Das ist eine Macht, die ordnet, klassifiziert, in Kategorien einteilt, misst und abschätzt (vgl. ebd.: 293). Die Mitarbeiterin bzw. der Mitarbeiter werden möglichst genau beschrieben und als abgrenzendes Objekt für Regierungszwecke herausgebracht (vgl. ebd.: 292). Prüfverfahren, die Mitarbeitende in den gleichen Kategorien bewerten, sind nun untereinander vergleichbar. Denkbar wäre hier die Betrachtung und Bewertung von Arbeitsergebnissen, Projekterfolgen, Einhaltung der Arbeitszeit etc. Dieses Detailwissen um die Mitarbeitenden macht den Menschen berechenbar, kalkulierbar und auch manipulierbar. Wenn grundsätzlich davon ausgegangen wird, dass die zu bewältigende Arbeit in der vereinbarten Arbeitszeit erfüllt werden kann, und dies auch bei 90 % der Mitarbeitenden der Fall ist, wirkt dieses Wissen auch auf die 10 %, die diese Anforderung nicht erfüllen können. Es ist anzunehmen, dass hier informelle Machtmechanismen wirken, wodurch die/der Einzelne sich bemüht, den Anforderungen nach außen gerecht zu werden. Der eigene Arbeitsschutz tritt dabei ggf. in den Hintergrund und Pausenzeiten werden beispielsweise nicht mehr eingehalten. Wissen und Macht gehören nach Foucault untrennbar zusammen und stehen in einem wechselseitigen Verhältnis zueinander (vgl. ebd.: 289).

Neben der durch Objektivierung versachlichten Erwartungshaltung setzt die Regierbarkeit die Subjektivierung seitens der Mitarbeitenden voraus. Subjektivierung findet statt, wenn die Personen die objektivierten Kategorien an sich selbst anwenden, sich selbst in den Kategorien reflektieren und ihr Verhalten danach ausrichten. Die Selbstreflexion ist „... eine subtile Technologie, über die eine Unterwerfung unter jene Kategorien organisiert wird, ...“ (ebd.: 296). Die Mitarbeitenden richten nun die Machtmittel gegen sich selbst, disziplinieren sich selbst und formen sich somit in das gewünschte Idealbild (vgl. ebd.: 295). Die Subjektivierung ist nicht nur eine einmalige Anpassung an das Idealbild, sondern von permanenter Natur (vgl. ebd.: 303). Damit sorgt diese kontinuierliche Anpassung zur ständigen Unruhe im Bewusstsein und zum permanenten Ungenügen, welches erhebliche Belastungspotentiale für die Mitarbeitenden innehat (weitere Informationen in Dunkel et al. 2010). Zu untersuchen, ob und inwieweit dieser Effekt bei den mobil Arbeitenden auftritt, war Kern unseres Forschungsprojektes.

Der dritte Wirkmechanismus, die Pastoralmacht wird über die Technologien der Beichte und des Geständnisses ausgeübt. Sie setzt somit ein Wissen über die Menschen, die gefügig gemacht werden sollen, voraus. Auch hier greift wieder Wissen als Macht (siehe obige Ausführung). Wer ein Geständnis ablegt, bewertet sich selbst und stellt sich selbst im Abgleich mit dem konstruierten Idealbild als defizitäres Selbst dar. Wenn die oder der einzelne Mitarbeitende die gesteckten Erwartungen nicht erfüllt, muss sie/er an einer erheblichen Verbesserung arbeiten. Das individuelle Bestreben zur Überwindung des Defizits bzw. zum Schließen dieser Lücke macht den Menschen kalkulierbar und regierbar. Diese Lücke ist zentral für die Machtmittel der Pastoralmacht (vgl. ebd.: 295, 296).

Weißkopfs theoretische Ansätze zur Gouvernmentabilität, die Produktion des regierbaren Menschen in post-disziplinären Regimen, kommen zum Beispiel durch die Einführung von Personalinformationssystemen in unserer heutigen Arbeitswelt als gelebte Praxis zum Tragen. Diese Objektivierungs- bzw. Subjektivierungsgedanken sowie Pastoralmacht lassen sich auch bei den mobil Beschäftigten anwenden. Um die mobil Beschäftigten regierbar zu machen, müssen sie zunächst als Objekte konstruiert werden. Für die mobile Arbeit sind zum Beispiel Mitarbeitende notwendig, die sich selbst organisieren können, ein hohes Maß an Engagement und an Verantwortungsbewusstsein in der Erbringung ihrer Arbeitsleistung besitzen (vgl. Breisig et al. 2017: 6). Die Mitarbeitenden könnten nun in den vorgenannten Kategorien „selbst organisiert sein", „Engagement", „Reisebereitschaft" oder „Verantwortungsbewusstsein gegenüber der Erbringung eigener Arbeitsleistung" von den Vorgesetzten in den gleichen Kategorien bewertet werden. Im Ergebnis sind die Mitarbeitenden dann untereinander vergleichbar. Eine Differenzierung ist möglich, dadurch könnten Rangreihen gebildet werden und ein Belohnungs- bzw. Bestrafungssystem eingeführt werden. Die Pastoralmacht käme zum Beispiel bei den Mitarbeiter- oder Zielvereinbarungsgesprächen zur Geltung, wenn die Vorgesetzten ihren Mitarbeitenden eine Rückmeldung über ihre Arbeitsleistungen geben, die nicht der Norm entsprechen. Die Defizite sind als Geständnisse zu betrachten, die die Mitarbeitenden dann ausgleichen wollen. An dem Punkt setzt die Subjektivierung ein, in dem die Mitarbeitenden nun das Überwinden des Defizits anstreben und sich selbst disziplinieren bzw. die Machtmittel gegen sich selbst richten (Selbsttechnologie).

3.2. Verhaltensökonomie nach Thaler & Sunstein

Zu dem Konzept, wie Menschen regierbar gemacht werden können, gesellt sich nun das verhaltensökonomische Konzept nach Thaler & Sunstein (2008), welches erklärt, wie eine unterbewusste Verhaltenslenkung durch Nudges (zu Deutsch: Stupser) erzeugt werden kann. Thaler & Sunstein haben sich damit eingehend beschäftigt, wie Entscheidungssituationen „minimalinvasiv" so umgestaltet werden können, dass sich Menschen unterbewusst (also von selbst) in eine für sich, für die Organisation oder für die Gesellschaft empfehlenswerte Richtung lenken lassen (Bruttel & Stolley 2014: 767). Das klingt zunächst nach einem manipulativen Einfluss auf den Menschen, was solange nicht bedenklich zu sein braucht, solange es als Hilfsangebot zu werten ist (vgl. ebd.: 770). Die goldene Regel, die Thaler & Sunstein jedem „Entscheidungsarchitekt"[3] mit auf dem Weg geben, lautet: „… setzen Sie Nudges ein, die höchstwahrscheinlich helfen und höchstunwahrscheinlich Schaden anrichten." (Thaler & Sunstein 2018: 106), wohlwissend, dass es auch Entscheidungsarchitekten gibt, die durch Nudges ihre eigenen Ziele verfolgen (vgl. ebd.: 312). Gute Nudges können nach Bruttel & Stolley hingegen Probleme der Selbstkontrolle reduzieren, zum Beispiel durch Sport- und Gesundheitswetten, oder durch Informationen Entscheidungen erleichtern, zum Beispiel durch eine Lebensmittelampel (vgl. Bruttel & Stolley 2018: 768, 770). In unse-

3 Ein Entscheidungsarchitekt ist jeder, der in seiner Position ein Umfeld gestaltet, in dem Menschen Entscheidungen fällen, zum Beispiel das Arrangement von Lebensmitteln. Speisen werden so platziert, so dass man eher zu den gesunden Früchten greift (vgl. Thaler & Sunstein 2018: 11).

rem Untersuchungskontext könnten dies zum Beispiel Arbeitszeitampeln oder das Ausschalten der Mail-Synchronisation nach Feierabend sein.

Bruttel & Stolley stellen in ihrem Beitrag *Default-Nudges*, Informations-Nudges und Selbstkontroll-Nudges vor. Default-Nudges sind zum Beispiel vorausgewählte Standardvorgaben in einem System, die die Menschen in eine bestimmte Richtung bewegen sollen (vgl. Bruttel & Stolley 2014: 767). Würde z. B. nach Feierabend oder an arbeitsfreien Tagen der Serverzugang technisch ohne vorherige Freischaltung ausgeschlossen, wäre dies ein Default-Nudge. Will jemand den Standardweg nicht gehen, muss er aktiv werden. In der betrieblichen Praxis sind zum Beispiel auch Überstundenanträge Default-Nudges. Bezahlte Überstunden sind also nur möglich, wenn Anträge mit entsprechender Begründung gestellt werden. Durch die *Informations-Nudges* werden die zentralen Informationen für die Menschen so übersichtlich aufbereitet, dass ein einfaches Vergleichen verschiedener Alternativen möglich ist, zum Beispiel die Lebensmittelampel (vgl. ebd.: 268) oder, auf den Arbeitskontext übertragen, eine entsprechende Überstundenampel. *Selbstkontroll-Nudges* dienen zur Bewältigung von Selbstkontrollproblemen und verändern die individuelle Anreizstruktur (vgl. ebd.: 268), zum Beispiel das Wetten mit anderen Personen, wer es als Erstes schafft, mit dem Rauchen aufzuhören oder Teamwetten, wer die Arbeit in kürzester Zeit ohne Qualitätsverlust schafft.

In ihrem Buch beschreiben Thaler & Sunstein unter anderem auch, dass sich Menschen nur allzu gern von ihren Mitmenschen verleiten lassen und es ihnen gleichtun wollen bzw. sich dem Gruppenkonsens anschließen (vgl. Thaler & Sunstein 2018: 83, 85, 94). Wollen Organisationen die Verhaltensweisen ihrer Mitarbeitenden dahingehend beeinflussen, dass sie etwas nicht machen sollen, dann müssten Organisationen herausstellen, dass die Mehrheit ihrer Belegschaft ebendieses Verhalten in der gleichen Situation nicht ausübt (vgl. ebd.: 97). Menschen brauchen manchmal Entscheidungshilfen in Situationen, die sie nicht kennen, oder bei Entscheidungen, die für sie schwierig sind (vgl. ebd.: 106). Bei den Beschreibungen über die Beeinflussbarkeit der Menschen in ihren Entscheidungssituationen gehen Thaler & Sunstein nicht von dem Rationalitätsgedanken des Homo oeconomicus aus, sondern davon, dass Individuen nicht in der Lage sind, selbständig bestmögliche, rationale Entscheidungen zu treffen.

Bisher haben wir in diesem Beitrag gezeigt, wie Menschen regierbar gemacht und in ihrer Entscheidung maßgeblich beeinflusst werden können. Nun folgt der Blick auf die individuelle Perspektive des Gestaltungsrahmens der mobilen Arbeit. Die bzw. der einzelne Beschäftigte ist neben seinem Arbeitsleben auch für sein Privatleben verantwortlich. Wie ist beides miteinander zu vereinbaren? Die folgenden Theorien des Arbeitskraftunternehmers und der Boundary Theorie können Anhaltspunkte liefern, Verhaltensweisen zu erklären.

3.3. Arbeitskraftunternehmer nach Voß & Pongratz

Voß & Pongratz beschreiben in ihrem Artikel, dass sich durch die veränderte Arbeitswelt vom Handwerk über die Industrialisierung zur modernen Produktion auch das Idealbild der typischen Arbeitskraft verändert hat. Im Frühkapitalismus galt die Arbeitskraft noch als eigener Rohstoff mit wenig fachlichen Qualifikationen, im Fordismus dann als Massenware mit systematisch erzeugten Fachkenntnissen, im Post-Fordismus galt die Arbeitskraft zunehmend als individuelles hochwertiges Halb-Fertigprodukt mit permanent weiterzuentwickelnden Fachfähigkeiten (vgl. Voß & Pongratz 1998: 150). Der Arbeitskraft im Post-Fordismus wurde bereits ein hohes Maß an Selbstorganisation und Eigenverantwortung abverlangt (vgl. ebd.: 132). Die Industrie 4.0 als konsequente Weiterentwicklung der Arbeitswelt lässt erwarten, dass die Anforderungen an die Arbeitskräfte nicht weniger als bisher, sondern noch größer werden. Zur Bewältigung digitaler Herausforderungen wird auch hier ein hohes Maß an Selbstorganisation von Arbeit erforderlich, d.h. die Arbeitskraft plant, kontrolliert, koordiniert, steuert, kurzum: managt ihr Arbeitsvermögen und Arbeitsleistung entlang der betrieblichen Erfordernissen selbst (vgl. ebd.: 142). Damit integriert sich die Arbeitskraft aktiv in den Betriebskontext und wartet nicht passiv auf betrieblichen Abruf (vgl. ebd). In der Arbeitsform der mobilen Arbeit, in derer die Beschäftigten der unmittelbaren Weisung und Kontrolle durch Ortsabwesenheit entzogen sind, ist die an den Unternehmenserfordernissen ausgerichtete Verwertung des jeweils eigenen Arbeitsvermögens zentrale Herausforderung. Um eben diese Form der Selbstorganisation von Arbeit zu erreichen, wird ein Arbeitskrafttypus benötigt, der proaktiv handelt, ein hohes Maß an Eigeninitiative und ein unternehmerisches Denken mitbringt. Diese Thesen des so genannten unternehmerischen Selbst gehen zurück auf den „Arbeitskraftunternehmer" nach Voß & Pongratz (1998) und sind heute noch von Gültigkeit. Moldaschl (2002) unterstreicht in seinem Beitrag „Ökonomien des Selbst" die Forderung nach abhängigen Beschäftigten, die sich selbst als Firma begreifen, also sich eine Subjektivität aneignen, um die sich stetig ändernden Arbeitsbedingungen zu meistern. Das Idealbild, welches er zeichnet, ist eine Arbeitskraft, die nicht mehr nur ihr unspezifisches Arbeitsvermögen verkauft, sondern ihr Humankapital als Besitzerin bzw. Besitzer strategisch verwertet (vgl. Moldaschl 2002: 34). Seine Logik für die Selbstorganisation der Arbeit, die die Selbstökonomisierung, Selbstrationalisierung und Selbstkontrolle beinhaltet, fasst Moldaschl unter den Begriff „Subjektivierung von Arbeit" zusammen (vgl. Moldaschl 2002: 41).

Unter dem Aspekt der Selbstrationalisierung planen Beschäftigte ihre Arbeitseinsätze hinsichtlich der eigenen Lebensführung und sorgen damit selbst für eine flexible Grenzziehung zwischen Erwerbsarbeit und persönliche Lebensalltag (vgl. ebd). Nach dem Grundsatz von Ashforths Boundary Theorie ziehen Menschen Grenzen, um ihre Umwelt zu ordnen, wie im nächsten Abschnitt näher erläutert wird.

3.4. Boundary Theorie nach Ashforth et al.

Menschen überschreiten in ihrem täglichen Alltag Grenzen zwischen ihren unterschiedlichen Lebensbereichen und wechseln dadurch auch ständig ihre Rollen (vgl. Ashforth et al. 2000: 472). Gerade die mobile, digitale Arbeit lässt diese Grenzen leicht verschwimmen, wodurch Lebensbereiche miteinander verwoben werden und ein tatsächlicher Feierabend nur schwer umzusetzen ist. Es kann sich um örtliche, zeitliche, kognitive oder emotionale Grenzen handeln (vgl. ebd.: 474). Grenzen werden hinsichtlich ihrer Stärke charakterisiert. Ob eine Grenze stark oder schwach ist, liegt an der Durchlässigkeit und Flexibilität der Grenzen selbst. Starke Grenzen sind undurchlässig und unflexibel, es finden keine Vermischungen der Lebensbereiche statt, während sich schwache Grenzen durch eine hohe Durchlässigkeit und Flexibilität auszeichnen. Durchlässigkeit der Grenzen bedeutet, dass Elemente aus einem Bereich in einen anderen Bereich eindringen können, zum Beispiel Telefonanrufe von Freunden oder Familie am Arbeitsplatz bzw. Bearbeitung von Arbeitsaufträgen von zu Hause oder im Urlaub. Flexibilität der Grenzen bedeutet die eigene Fähigkeit, sich an aktuelle Anforderungen anzupassen (vgl. Rexroth-Straßner 2015: 13).

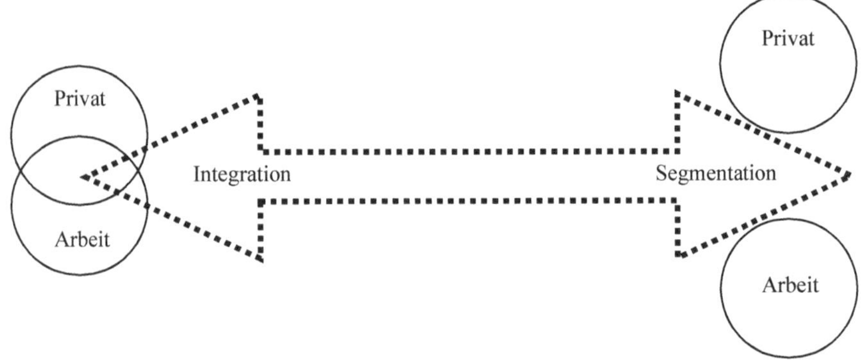

Abbildung 1: Darstellung der unterschiedlichen Aspekte nach der Boundary Theorie in Anlehnung an Rexroth-Straßner 2015: 14.

Grundlegende Konzepte der Abgrenzung der Lebensbereiche sind Segmentation und Integration. Die Theorie geht davon aus, dass Segmentation und Integration zwei gegensätzliche Pole sind. Bei der Segmentation werden Rollen und Lebensbereiche klar durch starke Grenzen getrennt. Nennenswerte Vorteile der Segmentation sind unter anderem Klarheit in welcher Rolle man sich gerade befindet, das Verhalten kann entsprechend angepasst und ein guter Ressourcenverbrauch erreicht werden. Nachteilig wäre zum Beispiel ein erschwerter Wechsel zwischen den Bereichen. Bei der Integration handelt es sich eher um die Vermischung verschiedener Lebensbereiche durch schwache Grenzen. Das hat zum Vorteil, dass der Rollenwechsel weniger aufwendig ist, aber durch spontane Rollenwechsel Konflikte auftreten können. Wenn die oder der mobil Beschäftigte die Mittagspause mit seinen Kindern auf dem Spielplatz verbringt und nun in dieser Zeit ein dienstlicher Anruf eingeht, so würde durch die Annahme ein Rollenkonflikt entstehen, da zwei Rollen (Elternteil und Arbeitskraft) zeitgleich zu erfüllen wären. Zu den Vor- und Nachteilen von Segmentation und Integration gibt es kaum Forschungsergebnisse (vgl. Rexroth-Straßner 2015: 14, 15).

Wir gehen in unserem Forschungsprojekt davon aus, dass auch mobil Arbeitende ihre Lebensbereiche im unterschiedlichen Maße abgrenzen.

4. Untersuchungsdesign

4.1. Qualitative Sozialforschung

In der empirischen Sozialforschung wird zwischen *drei Paradigmen bzw. Forschungsansätzen* unterschieden, die Döring & Bortz wie folgt beschreiben:

> „Im *quantitativen Paradigma* wird üblicherweise ein linearer und stark strukturierter Forschungsprozess realisiert, der mit Theoriearbeit und der Ableitung von Hypothesen beginnt, mit standardisierten Erhebungsinstrumenten anhand möglichst repräsentativer Stichproben numerische Daten (Messwerte) erhebt und am Ende in eine statistische Datenanalyse zur Hypothesenprüfung mündet.
>
> Im *qualitativen Paradigma* wird üblicherweise ein zirkulärer bzw. spiralförmiger und bewusst wenig strukturierter Forschungsprozess realisiert, der mithilfe nicht- oder allenfalls teil-standardisierter Erhebungsverfahren anhand von Einzelfällen oder bewusst ausgewählten kleinen Samples nicht-numerische Daten (meist verbale Daten) erhebt, diese interpretierend auswertet und daraus schrittweise neue Hypothesen und Theorien bildet.
>
> Im *Mixed-Methods-Paradigma* werden komplexe Forschungsprozesse realisiert, die in ihren verschiedenen Phasen oder Teilstudien jeweils quantitative und qualitative Forschungsstrategien umsetzen und verschiedentlich miteinander verzahnen“ (Döring & Bortz 2016: 32; Hervorhebung im Original).

Diesem Beitrag liegt ein qualitativer Forschungsansatz zu Grunde. Das qualitative Paradigma basiert auf verschiedenen Erkenntnistheorien. Wesentlich ist dabei die Erkenntnistheorie des Sozialkonstruktivismus (vgl. Döring & Bortz 2016: 33). Der Sozialkonstruktivismus bezeichnet eine Metatheorie, die primär auf eine verstehende, interpretierende Rekonstruktion sozialer Phänomene im Untersuchungsfeld abzielt. Der Schwerpunkt liegt darin, die Sichtweisen der Beteiligten nachzuspüren und zu erkunden, welchen Sinn sie den Phänomenen zuschreiben (vgl. ebd.: 63). Diesen Ansatz verfolgten auch wir in diesem Beitrag. Wie beurteilen mobil Arbeitende und ihr direktes Arbeitsumfeld die besonderen Herausforderungen dieser Arbeitsform? Wo sehen sie eben diese Herausforderungen und wie reagieren sie auf diese?

Döring & Bortz (2016) grenzen das qualitative Paradigma auf fünf wissenschaftstheoretische Grundprinzipien ein. Diese werden nachfolgend genauer dargestellt, da sie dem Forschungsprojekt als Grundgerüst dienen:

Das erste Prinzip zielt auf die *ganzheitliche und rekonstruktive Untersuchung lebensweltlicher Phänomene* ab. Hier wird davon ausgegangen, dass Menschen ihr Verhalten und ihre Umwelt reflektieren, in der gegenseitigen Interaktion Sinnzuschreibungen vornehmen und damit sich und ihre Umwelt gestalten. Es geht dabei um die alltägliche Lebenswelt der Menschen. Diesen wird daher ein Expertenstatus zugeschrieben. Im Verständnis der qualitativen Forschung gilt es, genau dieses Expertenwissen zu enträtseln. Dadurch, dass der Fokus auf der Lebenswelt des Menschen liegt, ist das Spektrum der Betrachtung auf den Forschungsgegenstand eingeschränkt, weil Aspekte, die in der Lebenswelt nicht wahrgenommen werden, nicht berücksichtigt werden (vgl. ebd.: 64 f.; Hervorhebung im Original).

In unserem Projekt haben wir diesem Prinzip Rechnung getragen, indem wir im Rahmen unserer Feldarbeit bewusst narrativ gefragt haben und darum bemüht waren, eine erzählgenerierende Atmosphäre zu schaffen. Es ist auf diese Weise gelungen, dass die Schwerpunktsetzung seitens der Untersuchungsteilnehmenden an ihrer Lebenswirklichkeit orientiert erfolgt ist. Diesen oblag es uns ihr Expertenwissen kundzutun, welches wir im Rahmen der Auswertung zu enträtseln versucht haben. Wie wenig rein theoretisches Wissen und darauf basierende Pläne in der Praxis wert sind, zeigen Aussagen wie:

> „…Ich habe da also auch viele Seminare mitgemacht, das ist toll, wenn man sich seinen Tagesplan zurechtlegt und nach den ersten zwei Stunden ist der schon über den Haufen geschmissen, weil anderen Anforderungen auf einen zukommen …“ (2Ing1, 14)

Das zweite Prinzip basiert auf der *reflektierten theoretischen Offenheit* zwecks Bildung neuer Theorien, d.h. der wissenschaftliche Erkenntnisgewinn hat den Fokus auf eine Theoriebildung statt auf einer Theorieprüfung. Im Forschungsprozess wird diesem Prinzip entsprochen, wenn eine Annäherung der Untersuchungspersonen in ihren alltäglichen Lebenswelten erfolgt (vgl. Döring & Bortz 2016: 66). Aus diesem Grund haben sämtliche von uns durchgeführten Gespräche an den jeweiligen Unternehmensstandorten in den dortigen Besprechungsräumen stattgefunden. Soweit möglich wurde also in die alltägliche Lebenswelt der Untersuchungsteilnehmenden eingedrungen. Ein weiterer Aspekt war, dass die Gruppe der Untersuchten sich untereinander kannte, sodass diese Vertrautheit untereinander ebenfalls einen möglichst alltäglichen Austausch zuließ.

Eine absolute Offenheit ist dabei unmöglich, denn jeder Wahrnehmungsakt forschender Personen (z. B. Feldbeobachtung oder Kommunikationsakte in Form von Interviews) „setzt erkenntnistheoretisch auf Seiten der Forschenden bestimmte theoretische Vorannahmen voraus“ (Döring & Bortz 2016: 66). Dem Prinzip der reflektierten theoretischen Offenheit werden Forschende gerecht, indem sie zwar Vorinformationen einholen, Vorwissen und Annahmen im Forschungsprozess mit einfließen lassen, jedoch keine enge vorgelagerte theoretischvorstrukturierende Festlegung über den Gegenstand durchführen. Sofern theoretische Konstrukte in die Vorannahmen mit einfließen, sollen diese in Anlehnung an Blumer (1954) als *sensibilisierende Konzepte* verstanden werden und keinen definitorisch festgelegten Charakter einnehmen. Im Forschungsprozess sollen anhand des gesammelten Datenmaterials die bestehenden Vorannahmen der Forschenden infrage gestellt und neue Perspektiven und Hypothesen für eine Theoriebildung gefunden werden (vgl. Blumer 1954, nach Döring & Bortz 2016: 66f.; Hervorhebung im Original). Die von uns verwendeten sensibilisierenden Konzepte sind unter Punkt 3 in diesem Beitrag näher dargestellt. Sie sind dabei ausschließlich als Hintergrundwissen eingeflossen. Um dem Prinzip der reflektierten theoretischen Offenheit Rechnung zu tragen, wurden bewusst keine Fragen mit Blick auf mögliche theoretische Bezüge entwickelt. Die Orientierung erfolgte vielmehr an den von der GDA[4] vorgeschlagenen Untersuchungskategorien im Zusammenhang mit der Beurteilung der psychischen Gefährdung.

Im dritten Prinzip geht es um die *Zirkularität und Flexibilität des Forschungsprozesses zwecks Annäherung an den Gegenstand.* Hier verlangt das qualitative Paradigma eine Flexibilität im Einsatz der Methoden zur Datenerhebung (z. B. offene Fragen bei Interviews) als auch im Kontext der Analyse der Daten (z. B. feingliedriges Kodiersystem) (vgl. Döring & Bortz 2016: 67f.; Hervorhebung im Original).

Offene und erzählfördernde Fragen waren sowohl in der Gruppendiskussion als auch in den Einzelinterviews Grundlage für unsere Arbeit. Im Rahmen der Kodierung wurde diesem Prinzip dadurch Rechnung getragen, dass die im Vorfeld festgelegten deduktiven Untersuchungskategorien im Anschluss durch induktive Kategorien anhand aufgedeckter Phänomene ergänzt wurden.

Das vierte Prinzip beschreibt *Forschung als Kommunikation und Kooperation zwischen Forschenden und Beforschten*, d.h. die Datensammlung erfolgt im interaktiven Kontakt zwischen beiden Seiten: sei es bei teilnehmenden Beobachtungen im Untersuchungsfeld, im gemeinsamen Dialog mit den Untersuchungsteilnehmenden oder auch in der Analyse von vorgefundenen Dokumenten. Dieser Interaktionsprozess wirkt sich auf den Forschungsprozess aus. Dabei dringen die Forschenden in die Lebenswelt der Untersuchungsteilnehmenden ein, um deren Expertenwissen zu enträtseln. Dies gelingt umso besser, je mehr ehrliches Interesse, Einfühlungsvermögen und Offenheit die Forschenden zeigen (vgl. Döring & Bortz 2016: 68f.; Hervorhebung im Original).

Sämtliche Interviews und auch die Gruppendiskussionen waren stark interaktionistisch geprägt. So sind wir als Forschungsteam bewusst in der Reihenfolge der Fragen auf die Aussagen der Befragten eingegangen, sodass sich eine vertrauens-

---

[4] Die Gemeinsame Deutsche Arbeitsschutzstrategie (kurz: GDA) ist fest etabliert und ein auf Dauer angelegter Zusammenschluss von Bund, Ländern und Versicherungsträgern mit dem Ziel die Sicherheit und Gesundheit aller Beschäftigten in Deutschland zu stärken und das Arbeitsschutzsystem entlang des digitalen Wandels kontinuierlich zu verbessern. Nähere Informationen auf der Homepage: www.gda-portal.de.

volle und offene Gesprächsatmosphäre gut herstellen ließ. Da die Feldforschung lediglich mit sensibilisierenden Konzepten und ohne streng hypothesenprüfenden Hintergrund antrat, waren Offenheit und interessierte Neugierde prägend sowohl bei der Gesprächsgestaltung als auch bei der sich anschließenden Datenauswertung.

Das fünfte Prinzip handelt von der *Selbstreflexion, der Subjektivität und Perspektivität der Forschenden* und besagt, dass der wissenschaftliche Erkenntnisgewinn immer auch an die Subjektivität der Forschenden geknüpft ist, weil diese ihre Vorerfahrungen, Perspektiven und kulturellen sowie individuellen Eigenheiten mit in den Forschungsprozess einfließen lassen. Im Sinne der Wissenschaftlichkeit wird daher eine „*genaue Reflexion und Dokumentation der subjektiven Perspektiven der Forschenden* und ihrer Einflüsse auf den Forschungsprozess sowie die Forschungsergebnisse" (Döring & Bortz 2016: 70; Hervorhebung im Original) gefordert. Dies gilt für alle Phasen des Forschungsprozesses (vgl. Döring & Bortz 2016: 70f.; Hervorhebung im Original).

Wir als Forschungsteam haben selbst Vorerfahrungen mit mobiler Arbeit aus dem jeweils eigenen beruflichen Kontext und konnten darüber hinaus Erfahrungen mit mobiler Arbeit auch im Rahmen dieses Forschungsprojektes sammeln. Diese eigenen Erfahrungen lassen wir bewusst in diesem Beitrag reflektiert mit einfließen.

Im folgenden Kapitel werden die qualitativen Methoden, die zur Datenerhebung und Datenauswertung bezüglich der Untersuchung der Forschungsfrage angewendet wurden, näher beschrieben. Für die Eigenheiten qualitativer Forschung (gegenstands- und kontextabhängiger Charakter) werden spezifische Gütekriterien als Maßstab für die Qualität der Forschungsergebnisse zugrunde gelegt. Nach Steinke (2007) sind "zentrale Bewertungskriterien für qualitative Forschung die Indikation der methodischen Vorgehensweise, die empirische Verankerung der gewonnenen Theorie in den Daten, das Aufzeigen der Verallgemeinerbarkeit der Ergebnisse und die Herstellung Intersubjektiver Nachvollziehbarkeit" (Steinke 2007: 187). Diesem Argument folgend wird im nachfolgenden Kapitel der Forschungsweg nachvollziehbar dargelegt. Dazu gehören, die Offenlegung des (theoretischen) Vorverständnisses (s. Punkt 3 in diesem Beitrag), die Beschreibung und Begründung der methodischen Vorgehensweise sowie die einzelnen Schritte der Datenerhebung und -auswertung.

4.2. Feldzugang und Untersuchungsgruppe

Im Rahmen dieser Arbeit wurden die Herausforderungen im Zusammenhang mit mobiler Arbeit aus individueller und organisationaler Perspektive in zwei Organisationen betrachtet. Um eine Vergleichbarkeit sicherzustellen, wurden in beiden Organisationen mobil eingesetzte Ingenieurinnen und Ingenieure untersucht, welche regelmäßig auf Baustelleneinsätzen mit den typischen Herausforderungen wie wechselnden Gesprächspersonen, eigenständiger Gestaltung des Arbeitstages und eigenem Verantwortungsbereich konfrontiert sind. Der Feldzugang erfolgte über berufliche Kontakte durch das Forschungsteam.

Der praktische Einstieg erfolgt in zwei zu untersuchenden Unternehmen. Auf der einen Seite steht eine Verwaltung im öffentlichen Dienst mit etwa 800 Mitarbeitenden (Unternehmen 1), auf der anderen Seite ein Unternehmen aus der freien Wirtschaft mit etwa 650 Mitarbeitenden (Unternehmen 2). Beide Unternehmen sind hierarchisch organisiert, sodass die befragten mobil Beschäftigten einer direkten disziplinarisch vorgesetzten Führungskraft unterstellt sind. Diese ist neben den regelmäßigen Mitarbeitergesprächen, welche ebenfalls in beiden Untersuchungsobjekten durchgeführt werden, auch für die Beurteilung und das Kontrollieren der Arbeitszeiten bzw. Genehmigen von Überstunden zuständig. Weitere Gemeinsamkeiten sind, dass jeweils eine Person pro Organisation die Aufgaben der Fachkraft für Arbeitssicherheit wahrnimmt und es eine zentrale personalverantwortliche Stelle gibt, welche auch für die Einführung und Umsetzung neuer Arbeitsformen sowie der unternehmensweiten Gestaltung von Arbeitsbedingungen und Personalentwicklungsmaßnahmen zuständig ist.

Es wurden jeweils folgende Perspektiven in die Betrachtung einbezogen:

- mobil beschäftigte Ingenieurinnen und Ingenieure
- Führungskraft
- personalverantwortliche Stelle
- Fachkraft für Arbeitssicherheit.

Die Berücksichtigung der unterschiedlichen Perspektiven sowie der persönliche Erfahrungsschatz stellten sicher, dass fundiert Aussagen und Eindrücke aus der Praxis gewonnen werden konnten. In beiden Untersuchungsobjekten stellt mobile Arbeit bereits seit mehr als einem Jahrzehnt gelebte Praxis dar, wobei sich durch die zunehmende Digitalisierung in ihrer Ausgestaltung Veränderungen ergeben haben.

Den Organisationen und Untersuchungsteilnehmenden wurde Anonymität zugesichert, die Teilnahme der einzelnen Personen erfolgte auf freiwilliger Basis.

Das Forschungsanliegen wurde im Vorfeld mit Führungskraft und zentraler personalverantwortlicher Stelle thematisiert. Erst nachdem durch dieses Interesse und Bereitschaft zur Teilnahme bekundet wurde, erfolgte eine Information an die mobil Beschäftigten. Diese haben sich innerhalb der Organisationen ausdrücklich zur Teilnahme gemeldet, wobei es allen der Betroffenen- und Berufsgruppe freigestellt war.

Mit den mobil Beschäftigten wurde jeweils eine Gruppendiskussion durchgeführt. Darüber hinaus erfolgten jeweils Einzelinterviews mit der Führungskraft, der zuständigen Fachkraft für Arbeitssicherheit in den Unternehmen sowie der zentral personal- bzw. organisationsverantwortlichen Stelle innerhalb der jeweiligen Unternehmen. Die empirische Erhebungsphase fand bei beiden Organisationen im März und April 2019 statt:

Bezeichnung	Position im Unternehmen
1Fasi	Fachkraft für Arbeitssicherheit im Unternehmen 1 (öffentliche Verwaltung)
1FK	Führungskraft im Unternehmen 1 (öffentliche Verwaltung)
1Ing1	IngenieurIn im Unternehmen 1 (öffentliche Verwaltung)
1Ing2	IngenieurIn im Unternehmen 1 (öffentliche Verwaltung)
1Ing3	IngenieurIn im Unternehmen 1 (öffentliche Verwaltung)
1Ing4	IngenieurIn im Unternehmen 1 (öffentliche Verwaltung)
1P	Personalverantwortliche Stelle im Unternehmen 1 (öffentliche Verwaltung)
2Fasi	Fachkraft für Arbeitssicherheit im Unternehmen 2 (Wirtschaftsunternehmen)
2FK	Führungskraft im Unternehmen 2 (Wirtschaftsunternehmen)
2Ing1	IngenieurIn im Unternehmen 2 (Wirtschaftsunternehmen)
2Ing2	IngenieurIn im Unternehmen 2 (Wirtschaftsunternehmen)
2Ing3	IngenieurIn im Unternehmen 2 (Wirtschaftsunternehmen)
2P	Personalverantwortliche Stelle im Unternehmen 2 (Wirtschaftsunternehmen)

Tabelle 1: Liste der teilnehmenden Personen

Die ausgewählten Beteiligten können über die Phänomene von mobiler Arbeit befragt werden, weil sie in unterschiedlichen Funktionen und Perspektiven mit dem Untersuchungsgegenstand konfrontiert sind und daher eine subjektive Wahrnehmung sowie Expertenwissen über die Alltagssituationen mit mobiler Arbeit haben.

4.3. Begründung der Forschungsmethode

Die Beantwortung der Fragestellung erfordert das individuelle Expertenwissen bzw. die individuelle Auseinandersetzung mit den beteiligten Fachkräften aus der Praxis, um die spezifischen Anforderungen, die mit mobiler Arbeit einhergehen, identifizieren zu können. Der starke Praxisbezug begründet, wie bereits dargestellt, das qualitative Vorgehen, um ergiebiges Datenmaterial zu den komplexen sozialen Phänomenen in Zusammenhang mit mobiler Arbeit zu erheben.

Die unterschiedlichen Formen des qualitativen Forschens beginnen immer mit einem individuellen Feldzugang (vgl. Döring & Bortz 2016: 63). Dazu „wird in bewusst nicht-strukturierter Weise zu relativ wenig Fällen umfassendes verbales, visuelles und/oder audiovisuelles Datenmaterial erhoben und interpretativ ausgewertet, um auf dieser Basis den Untersuchungsgegenstand im Kontext detailliert zu beschreiben sowie Hypothesen und Theorien zu entwickeln" (Döring & Bortz 2016: 25). Wir haben uns daher für eine umfassende Datenerhebung mit Beteiligung der Perspektiven mobil Arbeitender, Führung, Fachkraft für Arbeitssicherheit und personalverantwortliche Stelle entschieden. Umfassendes verbales Datenmaterial wurde durch ein- bis eineinhalbstündige Interviews und Gruppendiskussionen mit den Beteiligten gesammelt.

Bei der qualitativen Datenerhebung gilt es, die wesentlichen Anforderungen nach Subjektbezogenheit / Offenheit bezüglich der Methoden, Fragen und Antworten / Untersuchung in alltäglichen Situationen zu erfüllen (vgl. Diekmann 2007: 531).

Das Prinzip der Offenheit wird in der Literatur zur qualitativen Forschung als das zentrale Element dargestellt. Nach Mayring (2002) dürfen daher im Forschungsprozess sowohl theoretische Strukturierungen und Hypothesen als auch methodische Verfahren nicht den Blick auf wesentliche Aspekte des Untersuchungsgegenstandes versperren (vgl. Mayring 2002: 28).

4.4. Kategorienbildung

Jedes wissenschaftliche Forschungsprojekt beginnt mit der Festlegung des Forschungsthemas und der dazugehörenden Forschungsfrage. In diesem Forschungsprojekt soll untersucht werden, welchen besonderen Anforderungen mobil arbeitende erwerbstätig Beschäftigte ausgesetzt sind und wie die Unternehmen sowie die Betroffenen darauf reagieren.

Bei der qualitativen Forschung geht es – im Unterschied zur quantitativen Forschung – nicht darum ein elaboriertes theoretisches Modell zu überprüfen, sondern vielmehr einer theorieentdeckenden Forschungslogik, im Rahmen eines induktiven (interpretierenden), datengestützten Vorgehens nachzugehen (vgl. Döring & Bortz 2016: 25f.). Das zentrale Unterscheidungskriterium liegt auf der Ebene der Forschungslogik, d.h. ist der Forschungsprozess absichtlich nicht oder nur wenig strukturiert und standardisiert, dann bedient er sich qualitativer Daten oder ist er hochgradig strukturiert und standardisiert, dann bedient er sich quantitativer Daten (vgl. Döring & Bortz 2016: 33).

Ein wichtiges Instrument im wissenschaftlichen Diskurs ist die Logik. Wissenschaftliche Aussagen müssen logisch widerspruchsfrei sein, anderenfalls wäre eine wissenschaftliche Argumentation und Diskussion nicht möglich. Darüber hinaus spielt die Verknüpfung mit Theorien und der Erfahrungswirklichkeit bzw. den Forschungsdaten eine zentrale Rolle. Die Induktion und die Deduktion sind zwei zentrale Wege des wissenschaftlichen Schlussfolgerns zwischen Forschungsdaten und Theorien (vgl. Döring & Bortz 2016: 35). Döring & Bortz beschreiben Induktion und Deduktion wie folgt:

> „*Induktion* – Die Induktion … ist eine Schlussfolgerung *vom Speziellen auf das Allgemeine*, … eine Schlussfolgerung von empirischen Daten über einzelne beobachtete Fälle auf übergeordnete wissenschaftliche Theorien, die über eine Reihe von Fällen verallgemeinerbar sind. … Mittels Induktion sollen *neue Theorien gebildet*, aber auch bestätigt werden. …
>
> *Deduktion* – Die Deduktion … ist eine Schlussfolgerung *vom Allgemeinen auf das Spezielle*, … eine Schlussfolgerung von Theorien auf empirische Daten, die von der Theorie vorhergesagt werden. Beim deduktiven Schließen beginnt der Erkenntnisprozess mit einer Theorie, aus der man empirisch prüfbare Hypothesen ab-

> leitet und im Falle von deren Widerlegung anhand von Daten die Theorie kritisiert bzw. im Falle ihrer Nicht-Widerlegung die Theorie als vorläufig bestätigt ansieht" (Döring & Bortz 2016: 35; Hervorhebung im Original).

In unserer Arbeit werden Induktion und Deduktion miteinander verknüpft. Neben den unter Punkt 3 in diesem Beitrag dargestellten sensibilisierenden Theorien zu Verhaltensökonomie, Gouvernmentabilität, Boundary Management und Arbeitskraftunternehmer, welche sich nur in der Auseinandersetzung mit dem Untersuchungsfeld konkretisieren lassen (induktives Vorgehen), gilt es präzise Rahmenbedingungen wie beispielsweise rechtliche Erfordernisse zu berücksichtigen (deduktives Vorgehen). Beim deduktiven Vorgehen, hier im Zusammenhang mit den rechtlichen Rahmenbedingungen, dient das Theoriewissen als „Brille", durch die Forschende die empirische Lebenswelt betrachten sollen. Im Forschungsprozess gilt es, dieses Theoriewissen mit dem Alltagswissen der Untersuchungsteilnehmenden zu verknüpfen, um daraus Aussagen und Erkenntnisse über das untersuchte Handlungsfeld generieren zu können (vgl. Kelle & Kluge 2010: 29-39).

Die deduktiven Kategorien entsprechen bei uns den im Rahmen der psychischen Gefährdungsbeurteilung von der GDA empfohlenen Erhebungskategorien Arbeitstätigkeit, Arbeitsorganisation, Arbeitsumgebung, Soziale Bedingungen und Führung (s. Punkt 2.3 in diesem Beitrag). Letztere wurde von uns als eigenständige Kategorie bewertet. In der Annahme, dass Führung bei der Arbeitsform der mobilen Arbeit eine besondere Herausforderung darstellt, haben wir dieses, von der GDA als Subkategorie unter den ‚Sozialen Bedingungen' vorgesehene Themenfeld, als eigenständige Hauptkategorie abgefragt und abgebildet. Neben diesen aus der Nähe zur psychischen Gefährdungsbeurteilung abgeleiteten Kategorien dienten uns die bereits benannten und weiter unten näher ausgeführten sensibilisierenden Konzepte als deduktive Kategorien. Im Verlauf des Forschungsprozesses wurden weitere induktive Kategorien hinzugefügt.

Bei den eingesetzten Methoden (z. B. Gruppendiskussion, Interview) im Forschungsprozess ist sicherzustellen, dass sich die theoretischen Vorannahmen widerspiegeln. Sie sind aber so offen zu gestalten (Prinzip der reflektierten methodischen Offenheit), dass genug Raum für die Befragten bleibt, ihre eigenen, subjektiven Sichtweisen darzustellen (vgl. Mayring 2002: 28). Im Rahmen des Projektes wurden sämtliche Interviewleitfäden an den benannten GDA-Kategorien ausgerichtet und entwickelt. Sowohl Methodenauswahl (Teilstrukturierte Experteninterviews, Gruppendiskussion) als auch tatsächliche Gesprächsgestaltung erfolgten mit dem Ziel durch narrative, offene Fragen die inhaltliche Schwerpunktsetzung und Einbringung subjektiver Sichtweisen den Teilnehmenden zu überlassen. Die Ergebnisse zeigen, dass dies auch gut gelungen ist. So wurden unter anderem steuerrechtliche Aspekte zum Thema benannt, die zu keinem Zeitpunkt von uns gezielt abgefragt und im Vorfeld nicht einmal in Erwägung gezogen wurden.

Im Ergebnis ergab sich folgendes deduktives Kategoriensystem, welches die theoretischen Vorannahmen unseres Forschungsprozesses widerspiegelt:

- Hauptkategorie A: Untersuchungskategorien
  - Oberkategorie A1: Arbeitsumgebung
    - Unterkategorie A1.1: Arbeitsmittel
    - Unterkategorie A1.2: Arbeitsplatzgestaltung
    - Unterkategorie A1.3: Technik
    - Unterkategorie A1.4: Betriebliches Gesundheitsmanagement
    - Unterkategorie A1.5: Physische Faktoren
  - Oberkategorie A2: Arbeitstätigkeit
    - Unterkategorie A2.1: Qualifikation
    - Unterkategorie A2.2: Arbeitsinhalt
    - Unterkategorie A2.3: Information
    - Unterkategorie A2.4: Emotionale Inanspruchnahme
    - Unterkategorie A2.5: Verantwortung
    - Unterkategorie A2.6: Handlungsspielraum
  - Oberkategorie A3: Arbeitsorganisation
    - Unterkategorie A3.1: Arbeitsablauf
    - Unterkategorie A3.2: Arbeitszeit
    - Unterkategorie A3.3: Kommunikation/Kooperation
  - Oberkategorie A4: Soziale Beziehungen
  - Oberkategorie A5: Führung
- Hauptkategorie B: Sensibilisierende Konzepte
  - Oberkategorie B1: Arbeitskraftunternehmer
    - Unterkategorie B1.1: Selbstkontrolle
    - Unterkategorie B1.2: Selbstunternehmer
    - Unterkategorie B1.3: Selbstorganisation
  - Oberkategorie B2: Boundary Management
    - Unterkategorie B2.1: Mischtypen
    - Unterkategorie B2.2: Segmentierer
    - Unterkategorie B2.3: Integrierer
  - Oberkategorie B3: Nudge – Verhaltensökonomie
    - Unterkategorie B3.1: Default-Nudge
    - Unterkategorie B2.2: Informations-Nudge
    - Unterkategorie B2.3: Selbstkontroll-Nudge
  - Oberkategorie B4: Gouvernmentabilität
    - Unterkategorie B2.1: Objektivierung
    - Unterkategorie B2.2: Subjektivierung
    - Unterkategorie B2.3: Pastoralmacht

4.5. Auswahl der Methode(n) für die Datensammlung

Die qualitative Forschung arbeitet mit Stichproben von einem wesentlich kleineren Umfang als die quantitative Forschung. Dafür wird über die eingesetzten Methoden versucht, stärker in die Tiefe zu gehen, d.h. reichhaltiges verbales Rohdatenmaterial zu generieren, was anschließend intensiver ausgewertet und nicht (nur) auf statistische Kennwerte verdichtet wird (vgl. Diekmann 2007: 532).

Im Rahmen unseres Forschungsprozesses haben wir uns methodisch für Experteninterviews, Gruppendiskussionsverfahren und die Dokumentenanalyse entschieden. Das Prinzip der Triangulation wurde damit und durch die Einbeziehung der bereits benannten unterschiedlichen Perspektiven erfüllt. Durch die Triangulation sollen Erkenntnisse auf unterschiedlichen Ebenen gewonnen werden, die weitreichender sind, als es nur mit einem Zugang möglich wäre (vgl. Flick 2008: 12). Die Kombination der von uns eingesetzten unterschiedlichen Methoden und Akteursperspektiven generiert weitreichendes und reichhaltiges Rohdatenmaterial für die Entwicklung eines theorieentdeckenden Erkenntnisgewinns. In der qualitativen Sozialforschung ist die Kombination mehrerer Verfahren sinnvoll, um die systematischen Mängel der Einzelverfahren zu minimieren (vgl. Schnell et al. 2013: 312).

4.6. Datenerhebung

Um dem Prinzip der Reflexivität zu entsprechen und die Forschungsergebnisse nachvollziehbar zu machen, werden in diesem Kapitel die Methodenauswahl sowie die Entwicklung des Leitfadens für die Interviews und die Gruppendiskussion dargestellt und der Vorgang der Datenerhebung beschrieben.

4.6.1. Erhebungsinstrument: Leitfadengestütztes Experteninterview

Im Rahmen der Forschungsarbeit wurde das leitfadenunterstützte Experteninterview eingesetzt, was wir nachfolgend begründen wollen.

Experteninterviews definieren sich über die Zielgruppe der befragten Personen (vgl. Helfferich 2014: 560) und stellen dann ein zentrales Erhebungsinstrument dar. Expertise wird Personen zugesprochen, die über besondere Wissensbestände verfügen, die sie zwar nicht alleine besitzen, die jedoch nicht für alle Personen im interessierenden Handlungsfeld zugänglich sind. Damit richtet sich das Experteninterview an einen Personenkreis, der bezüglich der Forschungsfrage einen Wissensvorsprung aufweist. Der wissenschaftliche Fokus liegt schwerpunktmäßig auf der Problemsicht des Experten innerhalb „seines" institutionellen Zusammenhangs und weniger auf dessen persönlicher Biographie (vgl. Liebold & Trinczek 2009: 33ff.; Hervorhebung im Original). Expertinnen und Experten sind dann die Zielgruppe in der Forschung, wenn das Erkenntnisinteresse darauf abzielt, die Expertenperspektive als (Insider-)Wissen mit den ihnen zugrundeliegenden Orientierungen und Handlungsmustern innerhalb der Organisation aufzudecken (vgl. Liebold & Trinczek 2009: 47).

Das Experteninterview wurde als Interviewform gewählt, da die zu befragenden Personen (Führungskraft, Fachkraft für Arbeitssicherheit, zentral personal- bzw. organisationsverantwortliche Person für mobile Arbeit) einerseits in ihrem Arbeitsfeld, andererseits aber auch in ihrer persönlichen Auseinandersetzung mit der eigenen Lebenswelt die wahren Expertinnen und Experten sind. Ihr Verständnis, ihre Wahrnehmung, ihre Deutungen und Handlungsweisen können sie am authentischsten beschreiben.

Der Sozialkonstruktivismus versucht die soziale Wirklichkeit dadurch zu erfassen, dass er die in der Alltagswelt der Untersuchungsteilnehmenden generierten Erfahrungen, Perspektiven, Sinngebungen und Relevanzsysteme zu rekonstruieren versucht. Das Experteninterview wird diesem Anspruch gerecht, indem es die geforderten Grundannahmen nach Offenheit, Kommunikation und Prozesshaftigkeit im Forschungsprozess aufgreift.

Das qualitative leitfadengestützte Experteninterview ist thematisch strukturiert. Um eine inhaltliche Fokussierung als auch eine erzählgenerierende Eigenpräsentation der Untersuchungsteilnehmenden zu gewährleisten, kommt ein offen gestalteter Leitfaden zum Einsatz, der Raum für freie Erzählpassagen und eigene Relevanzsetzungen zulässt. Dadurch gehört das leitfadengestützte Experteninterview zu den sogenannten offenen Verfahren und entspricht den Grundannahmen des qualitativen Forschungsparadigmas. Ferner wird der Prozesshaftigkeit des Forschungsablaufes Rechnung getragen. Der Gesprächsverlauf im Interview beinhaltet die Chance, einen wechselseitigen Verstehensprozess zwischen Forschenden und Untersuchungsteilnehmenden zu entwickeln. Die Forscherin bzw. der Forscher kann sein Vorverständnis überwinden und Neues und somit Unbekanntes explorieren (vgl. Liebold & Trinczek 2009: 35f.).

Darüber hinaus war für uns ein wichtiger Aspekt, dass das Experteninterview wie auch die Gruppendiskussion kein streng induktives Vorgehen vorgibt, sondern einen Wechsel zwischen deduktivem und induktivem Vorgehen ermöglicht. Somit ergibt sich die Chance unsere theoretischen Konzepte und Kategorien (vgl. Punkt 3 in diesem Beitrag) zu modifizieren.

Experteninterviews sind eine angemessene Methode, wenn es darum geht komplexe Wissensbestände zu rekonstruieren, ohne auf theoretische Überlegungen verzichten zu wollen. Das theoretische Wissen kann sehr gut in den Frageblöcken des Leitfadens zum Ausdruck gebracht werden. Durch die Interviews besteht die Möglichkeit, neu gewonnene Erkenntnisse wieder in den Forschungsprozess einzufügen (vgl. Liebold & Trinczek 2009: 53).

4.6.2. Erhebungsinstrument: Gruppendiskussion

In dieser Forschungsarbeit wurde überdies die Gruppendiskussion als weitere Methode ausgewählt, welche mit den betroffenen mobil Arbeitenden zur Anwendung kam.

> „Gruppendiskussionen sind hervorragend dafür geeignet, komplexe Einstellungs-, Wahrnehmungs-, Gefühls-, Bedürfnis-, Orientie-

rungs- und Motivationsgeflechte von Menschen und Gruppen aus bestimmten sozialen Kontexten zu explorieren“ (Kühn & Koschel 2018: 22).

Der gemeinsame soziale Kontext der Arbeitsbedingungen ermöglichte einen aktiven Austausch und gerade durch den Austausch der Betroffenen untereinander ein deutlich erweitertes Eintauchen in die Erfahrungswelt der mobil Arbeitenden. Methodisch bietet sich die Gruppendiskussion für die qualitative Forschung an, da auch diese die geforderten Grundannahmen nach Offenheit, Kommunikation und Prozesshaftigkeit erfüllt. Die Datenerhebung in der Gruppendiskussion, als kommunikative Handlung zwischen den Teilnehmenden, bietet einen großen Freiraum, ihre Sichtweisen und Erfahrungen in eigenen Worten auszudrücken. Verlauf und Erkenntnisse sind damit von einer großen Offenheit auf Seiten der Forschenden geprägt. Der eingesetzte Leitfaden hat den Diskussionsverlauf lediglich gerahmt, jedoch nicht eingeengt. Die Kommunikationssituation in der Gruppendiskussion lässt einen reziproken Verstehensprozess zwischen Forschenden und Untersuchungsteilnehmenden zu, wodurch Forschende das eigene Vorverständnis reflektieren und erweitern können (vgl. Kühn & Koschel 2018: 39ff.).

Bei der Gruppendiskussion geht es weniger um das Abfragen von einzelnen Meinungen, sondern darum, dass sich ein Austausch über ein Thema in der Gruppe entwickelt, sodass sich phasenweise die Struktur dem Ablauf eines normalen Alltagsgesprächs annähert. In einem solchen Kommunikationsprozess haben die Gruppenmitglieder diverse Austauschmöglichkeiten: z. B. handlungsbezogen zu erzählen, es kann sich gemeinsam als Gruppe erinnert werden oder Beschreibungen können wechselseitig ergänzt werden (vgl. Loos & Schäffer 2001: 13). So wurde es auch im praktischen Feldzugang erlebt. Gerade die Gruppendiskussion verdeutlichte wie subjektiv Erfahrungswerte, Herausforderungen und Vorteile erlebt werden. Ein weiterer Vorteil von Realgruppen ist, dass diese durch die Ebene vergleichbarer Erfahrungen und gemeinsamer Handlungspraxen miteinander verbunden sind. Die gemeinsame Herstellung von Wirklichkeit durch die Gruppe generiert sich durch den Austausch, die Erzählungen und Beschreibungen von miteinander Erlebtem und wird somit zu einem Zugang zur Alltagswelt der Realgruppe (mobil arbeitende Ingenieurinnen und Ingenieure) (vgl. Liebig & Nentwig-Gesemann 2009: 105).

Die Gruppendiskussion wird außerdem als eine Methode verstanden, mit der es gelingen kann, individuelle Einzelmeinungen zu erfassen, die durch die Diskussion mit den anderen Teilnehmern intuitiver, unkontrollierter und durch die Bezugnahme auf andersartige Ansichten auch deutlicher zum Ausdruck gebracht werden können (vgl. Liebig & Nentwig-Gesemann 2009: 103). Auch dies hat sich in der Praxis bestätigt. So wurden zum Teil Aussagen getroffen, denen andere Teilnehmende direkt widersprochen haben.

Es folgt ein Ausschnitt an Zitaten für einen in der Gruppendiskussion entstanden Diskurs, den wir ohne dieses Instrument Gruppendiskussion nicht erfahren hätten:

„… Auf der Baustelle ist es oft ein bisschen chaotischer, weil sehr viele Teams oder sehr viele Leute zusammenarbeiten und gerade das was wir machen, da laufen sehr viele Dinge zusammen. Also man kann eigentlich einen Zettel mit Nummern aufstellen und sagen komm stell dich hinten an, Du bist morgen dran. So dass man das auch entsprechend auch organisieren muss und nicht zwanzig Leute gleichzeitig auf einen einreden und man soll dann auch gleich zwanzig Sachen gleichzeitig machen. Man muss das schon stark organisieren, sagen, ne, Du ist schön – ist auch wichtig, aber Du bist Nummer drei nur, für heute zumindest“ (2Ing2, 12).

„… Und zu Deinem vielleicht noch ganz kurz. Weil Du sagtest, die Leute, die Inbetriebnehmer auf den Baustellen, sind sehr viel auf sich allein gestellt, müssen den Anforderungen gerecht werden, werden von sehr vielen angesprochen undundund. Und da versuche ich als Projektleiter denen immer klar zu machen, sich abzugrenzen. Das man sagt, ok, das ist jetzt eine Aufgabe, die du an mich heranträgst. Im Kleinen kann ich einen Haken machen, aber dass ich im Backoffice, also hier, bin und wenn da irgendwas, was, sage ich mal, den normalen Abarbeitungsrahmen auch nur ansatzweise sprengt, dass dann ganz klar zurückgezogen wird sagt ‚Wende Dich an die Projektleitung, mit dem Ding bitte an die Projektleitung. Lass mich meine Arbeit machen, aber da.‘ Und da versuche ich die Leute wirklich darauf hinzuweisen, dass ich dafür da bin, denen da den Rücken freizuhalten“ (2Ing1, 14).

„Man ist auf der Baustelle zumindest erstmal das Gesicht. Weil man ist schnell zugreifbar. Das muss man einfach rigide durchzwingen, dass man sagt. Leute, das ist schön, aber ich bin dafür nicht zuständig“ (2Ing2, 15).

Die Gruppendiskussion beschränkt sich in ihrer Anwendung nicht nur auf eine Analyse der subjektiven Wahrnehmung und Verarbeitung von Alltagssituationen der Individuen, sondern sie dient auch als Instrument zur systematischen Rekonstruktion gemeinschaftlicher Orientierungen, wie sie aus dem kollektiven Erleben der Alltagspraxis der Gruppenmitglieder resultieren und somit wesentlich das Handeln der Untersuchungsteilnehmenden in den Unternehmen bestimmen (vgl. Liebig & Nentwig-Gesemann 2009:117).

4.6.3. Entwicklung der Leitfäden für Interviews und Gruppendiskussion

Bei der Gestaltung der Fragen für beide Instrumente haben wir uns eng an den Untersuchungskategorien der GDA (s. Punkt 5.3 dieser Arbeit) orientiert, wobei alle Fragekategorien in allen Interviews sowie den Gruppendiskussionen thematisiert wurden. Die konkreten Fragen (s. Anlagen 1-3) und Schwerpunktsetzungen erfolgten bei der Erstellung der Interviewleitfäden durch uns mit Blick auf die jeweils befragte Rolle, sowie in der Gesprächssituation durch die subjektive Schwerpunktsetzung der Teilnehmenden. Die Leitfäden wurden vorab erstellt und folgten dem Prinzip „So offen wie möglich, so strukturierend wie nötig" (Helfferich 2014: 560). Ziel war dabei, eine Balance zu erreichen zwischen der Möglichkeit der befragten Personen, alles äußern zu können, was ihnen wichtig ist und zugleich dem Forscherteam ein gewisses Steuerungs- und Strukturierungsmaß zu bieten.

Für unser Forschungsprojekt haben wir daher einen (Grund-)Leitfaden anhand der allen individuellen Leitfäden gemeinsamen Kategorienorientierung entwickelt, welcher sowohl Gruppendiskussion als auch den Interviews zugrunde lag. Diese gemeinsame Grundlage lässt eine gute Vergleichbarkeit zu (vgl. ebd. 565). Einzelne Fragen wurden entsprechend der jeweiligen Expertenrolle abgeändert, ergänzt oder weggelassen.

In unseren Leitfäden finden sich verschiedene Typen von Fragen wider: Die Kombination von offenen Fragen („*Frage-Antwort-Schema*") und Aufforderungen zu Erzählungen („*Erzählaufforderung-Erzählung-Schema*") (vgl. ebd. 565; Hervorhebung im Original). Die Untersuchungsteilnehmenden sollen so aufgefordert werden, zu bestimmten Beispielsituationen frei zu erzählen. So wird die Möglichkeit eingeräumt, Antworten jenseits der Vorannahmen zu entwickeln.

Des Weiteren sind die Leitfäden nicht standardisiert, die Reihenfolge der Fragen kann also im Rahmen der Erhebung dem Gesprächsverlauf entsprechend verändert werden. Alsdann können auch Fragen weggelassen werden, wenn die Untersuchungsteilnehmenden die Antwort bereits bei einer anderen Frage gegeben haben (vgl. Schnell et al. 2013: 315).

Der jeweils angewandte Leitfaden dient der Realisierung des Forschungsvorhabens und soll die geforderte offene Haltung der qualitativen Forschung nicht blockieren (vgl. Helfferich 2014: 567).

Im Ergebnis besteht der (Grund-)Leitfaden für die Experteninterviews und Gruppendiskussion aus sieben Frageblöcken. Der erste Fragenblock besteht aus Eingangsfragen, die thematisch den Fokus auf das Forschungsinteresse lenken und den Einstieg in den Dialog erleichtern sollen. Neben der Interviewform ist auch auf die Gestaltung der Interviewsituation eine große Sorgfalt zu verwenden, weil beide Faktoren die Güte und Brauchbarkeit der erhobenen Daten beeinflussen (vgl. ebd. 559). Die Einstiegssequenz soll eine angenehme Gesprächsatmosphäre schaffen und den Erzählfluss der Untersuchungsteilnehmenden anregen (vgl. ebd. 564). In der Praxis haben wir daher neben den Einstiegsfragen zum einen immer uns als Forschungsteam mit beruflichem Hintergrund sowie das Forschungsinteresse vorgestellt. Zum anderen standen in allen Gesprächen Kaltgetränke und Kaffee für die Teilnehmenden bereit. Um insbesondere im Rahmen der Gruppendiskussion den Teilnehmenden Transparenz und Ablaufsicherheit zu bieten, wurden die Fragekategorien mit Leitfragen als PowerPoint-Präsentation (s. Anlage 4) über einen Beamer an die Wand geworfen. Um hier den Teilnehmenden die Schwerpunktlegung zu überlassen, hatten diese zu jeder Kategorie inklusive Beispiel-Frageblock jeweils 17 Minuten für die Beantwortung bzw. den Austausch. Diese Vorgehensweise hat sich gut bewährt, gab den Teilnehmenden innerhalb der jeweiligen Betrachtungskategorie Orientierungspunkte und ließ zugleich große Offenheit zu. In den Einzelinterviews blieb es den Befragten freigestellt, eine Kopie des Fragenkatalogs an die Hand zu bekommen. Eine Präsentation der einzelnen Fragen an der Leinwand erfolgte nicht.

Die Frageblöcke zwei bis sechs bilden die Hauptfragen ab, die vorrangig zur Beantwortung der Forschungsfrage dienen. Die Hauptfragen bilden auch das von der Forschungsgruppe festgelegte Kategoriensystem:

- Frageblock 2: Arbeitstätigkeit
- Frageblock 3: Arbeitsorganisation
- Frageblock 4: Soziale Bedingungen
- Frageblock 5: Führung
- Frageblock 6: Arbeitsumgebung

ab.

Der siebte Frageblock dient als Abschlussphase des Gesprächs. Diese Phase kann in einer Erhebung eine wichtige Sequenz bilden, da nach Abschalten des Aufzeichnungsgeräts von den Untersuchungsteilnehmenden oft noch Informationen benannt werden, die für das Forschungsinteresse nützlich sind (vgl. Döring & Bortz 2016: 366). Auch diese Situation haben wir erlebt, so wurde nach Abschalten des Gerätes explizit nach Erkenntnissen aus den vorangegangenen Gesprächen gefragt.

Damit die Leitfäden eine gute Unterstützung während der Datenerhebung bieten, empfiehlt es sich diese vorab zu testen (entsprechend dem Pretest in der quantitativen Forschung). So kann herausgefunden werden, ob die Fragen verständlich sind und die Reihenfolge stimmig ist. Ergänzend kann die Zeit gestoppt werden, wie lange das Interview ungefähr dauert, um die Feldphase entsprechend zu planen (vgl. Döring & Bortz 2016: 372).

Die Forschungsgruppe hat in zwei Probedurchläufen ihre Leitfäden für die Interviewphase getestet und geringfügig modifiziert, so dass die Feldphase gut vorbereitet geplant werden konnte. Die Experteninterviews haben wie geplant jeweils ca. eine Stunde, die Gruppendiskussion eineinhalb Stunden angedauert. Die Leitfäden als auch die Zeitplanung haben damit in der Praxis gut funktioniert.

In den Interviews als auch in der Gruppendiskussion gab es viele Hinweise auf ein gelungenes Arbeitsbündnis zwischen den Untersuchungsteilnehmenden und dem Forscherteam. Es wurde gelacht, der Blickkontakt wurde gehalten, die Gespräche waren geprägt von einer entspannten und offenen Atmosphäre. Die Untersuchungsteilnehmenden haben sehr ausführlich ihre Perspektive dargestellt. Es entstand nicht der Eindruck, dass sozial erwünschte Antworten dominierend waren.

4.6.4. Erhebungsinstrument: Dokumentenanalyse

In dieser Forschungsarbeit wurde als drittes Erhebungsinstrument die Dokumentenanalyse ausgewählt, welche ebenfalls auf der Basis der Erkenntnistheorie des Sozialkonstruktivismus (vgl. Punkt 4.1 in diesem Beitrag) fußt. Auf den Unternehmenskontext bezogen bedeutet dies, dass die Untersuchungsteilnehmenden im Forschungsfeld nicht nur ihre soziale Realität produzieren und reproduzieren, sondern diese auch in Form von Dokumenten schriftlich fixiert wird. Somit ist die Wirklichkeitskonstruktion ein Produkt kommunikativer Aushandlung in der sozialen Interaktion der Akteure im Untersuchungsfeld. Die damit geschaffenen Strukturen sind Kommunikationsregeln, die eine steuernde Funktion einnehmen. Die diesen Strukturen zugrundeliegenden Dokumente bilden jedoch nicht die objektive Realität ab, sondern sie rekonstruieren jenen für das Untersuchungsfeld plausiblen Sinnzusammenhang der über das Dokument erkennbar wird (vgl. Froschauer 2009: 326f.)

Unter Dokumenten werden natürliche Daten verstanden, die in schriftlicher Form als Text vorliegen. Damit ist gemeint, dass es sich um Daten handelt, die bereits vor dem Forschungsprozess entwickelt wurden (vgl. Salheiser 2014: 813), beispielsweise Betriebsvereinbarungen zwischen Organisation und Personalvertretung zu mobiler Arbeit. Die Dokumentenanalyse kann ein hilfreiches Instrument sein, wenn es darum geht Interaktionsmuster, institutionelle Handlungszusammenhänge oder Werteorientierungen des Untersuchungsfeldes sichtbar zu machen (vgl. ebd.: 815). Die Auswahl der zu analysierenden Dokumente orientiert sich an der Forschungsfrage und somit an dem zu untersuchenden Gegenstand. Dabei ist stets zu beachten, dass es bei der Analyse von Dokumenten nicht nur um deren Inhalte geht, sondern auch um den Kontext. Es können nur Dokumente verwendet werden, die den Forschenden bekannt und zugänglich sind (vgl. Froschauer 2009: 330).

Rein praktisch ergaben sich hier in unserer Forschung keine Untersuchungsbedarfe, wohl aber Erkenntnisse.

> „Es gibt die Arbeitszeitverordnung, darüber hinaus gibt es die Dienstanweisung über die Gleitzeit, aber eine schriftlich fixierte Regelung, was das mobile Arbeiten betrifft, gibt es nicht“ (1P, 5).
>
> „Daran wird gerade gearbeitet übergeordnet, …“ (2P, 6).

Im Ergebnis gab es in keiner der beiden untersuchten Organisationen Dokumente, welche im Zusammenhang mit mobiler Arbeit standen oder zur Anwendung kamen. Abrechnungsmodalitäten wurden dem Bundesreisekostenrecht entnommen, sodass es scheinbar aus Organisationssicht keinen weiteren Regelungsbedarf gibt. Diese Tatsache ist interessant vor dem Hintergrund, dass mobile Arbeit als Arbeitsform und damit wesentliche gestaltende Einflussnahme auf den Arbeitsalltag von Betroffenen mitsamt Zeiterfassung, Pausenregelung, Gesundheits- und Arbeitsschutz mitbestimmungspflichtig wäre. Die Mitbestimmungspflicht des Personal- bzw. Betriebsrats tritt aber eben nur in Kraft, wenn Dinge geregelt, bestimmt, offiziell werden. Hier ist bislang kein Regelungsbedarf in den untersuchten Organisationen aufgetreten, sodass es keine untersuchungsrelevanten Dokumente gibt. Nichtsdestotrotz ist gerade die Erkenntnis des Nicht-Vorhandenseins eine Bedeutende mit Blick auf die arbeitsschutzrechtlichen Gesichtspunkte.

4.6.5. Tagesablauf der Feldforschungstage

In unserer ursprünglichen Planung war vorgesehen, die Datenerhebung an insgesamt zwei Tagen (14./18. März 2019; ein Tag pro Unternehmen) mit jeweils zwei Forschenden in den Organisationen vor Ort durchzuführen. Kurzfristig terminliche Verhinderung der personalverantwortlichen Stelle eines Unternehmens machte eine abweichende Planung erforderlich. Das verhinderte Einzelinterview wurde am 05. April 2019 separat und persönlich durch ein Mitglied des Forschungsteams nachgeholt.

Es wurde in allen Konstellationen darauf geachtet, dass das Forschungsteam und die Interviewpartner in keiner persönlichen Beziehung zueinanderstanden, sodass eine objektive Durchführung der Interviews gewährleistet war.

Um ein effektives Vorgehen sicherzustellen, wurde mit den Organisationen vereinbart, möglichst alle Gespräche an einem Tag durchzuführen. Es wurde daher im Vorfeld für jeden Standort jeweils ein Tagestermin abgestimmt und im Anschluss die Einzeltermine mit den Beteiligten geplant. An diesem festgelegten Tag fanden dann alle Interviews mit Ausnahme des einen nachgeholten Einzelinterviews statt. Damit haben sich die Ausgangsbedingungen der Vergleichbarkeit der Interviewergebnisse etwas geändert, was es kritisch zu würdigen gilt. Im Gegensatz zu den anderen Einzelinterviews gab es in dieser Situation nur eine interviewende Person, die anderen Gespräche wurden in einer 2:1-Konstellation durch zwei interviewende Personen gegenüber einer interviewten Person durchgeführt. Hinzu kommt, dass die interviewende Person nicht mehr so unvoreingenommen war, wie sie es vor dem Ersttermin gewesen wäre. Vom Forschungsteam wird davon ausgegangen, dass diese Veränderungen in den Ergebnissen zu keiner Veränderung geführt haben. Zum einen war das Interview mit der personalverantwortlichen Stelle in beiden Fällen als letztes im Tagesablauf geplant, sodass auch bei der Abwicklung an einem Tag bereits wirkende Eindrücke bei den Interviewenden entstanden sind. Zum anderen wurde auch im 1:1 Einzelinterview eine vergleichbare Gesprächsatmosphäre mit analoger Verwendung der eingesetzten Medien und auch gleicher Getränkebereitstellung hergestellt. Womöglich entstand im kleineren Kreis sogar ein weiterer Vertrauensvorschuss, so hat die interviewte Person der interviewenden Person noch vor Aufnahmestart direkt das „Du“ angeboten. Bei der Auswertung der Daten fielen keine markanten Unterschiede gegenüber den anderen Transkripten auf, sodass hier nicht von einer Auswirkung auf die Ergebnisse auszugehen ist.

Für die Tagesplanung wurden folgende Zeitfenster festgelegt:

- 8:30 – 9:00 Einführungsrunde mit allen Untersuchungsteilnehmenden (Begrüßung, Kurzinformation über das Forschungsprojekt einschließlich Vorstellungsrunde, Klärung offener Fragen. Einholung der Zustimmung zur digitalen Aufzeichnung der Gruppendiskussion / Interviews. Zusicherung, dass die erhobenen Daten nur anonymisiert verwendet werden.) (Keine Audioaufzeichnung).
- 9:00 – 10:30 Gruppendiskussion mit drei bzw. vier Ingenieuren (Audioaufzeichnung)
- 12:30 – 13:30 Einzelinterview mit einer Führungskraft, der mobil arbeitende Mitarbeiter unterstellt sind (Audioaufzeichnung)
- 14:00 – 15:00 Einzelinterview mit der Fachkraft für Arbeitssicherheit (Audioaufzeichnung)

Das letzte Interview wurde in einem Unternehmen separat geführt, sodass der Forschungstag in diesem Falle an dieser Stelle endete.

- 15:15 – 16:15 Einzelinterview mit der zentral personal- bzw. organisationsverantwortlichen Person für mobile Arbeit innerhalb des jeweiligen Unternehmens (Audioaufzeichnung)
- Der Tagesabschluss wurde für eigene Notizen (z. B. markante Aussagen, Widersprüche, Hypothesen) genutzt. Die handschriftlichen Aufzeichnungen können zum einen das Transkribieren unterstützen und zum anderen zur Interpretation der Gruppendiskussion, Interviews herangezogen werden.

Es erfolgte seitens der Forschungsgruppe eine Zusage an die untersuchten Unternehmen, dass nach Abschluss des Forschungsprojekts der Forschungsbericht zur Verfügung gestellt wird, damit die Erkenntnisse bei Bedarf in den beruflichen Alltag integriert werden können.

4.6.6. Auswertung des Datenmaterials

Die Datenauswertung zielt darauf ab, „die zum Forschungsproblem formulierten Forschungsfragen systematisch und nachvollziehbar auf der Basis der vorliegenden empirischen Daten zu beantworten bzw. die aufgestellten Forschungshypothesen mithilfe der Daten zu testen oder neue Hypothesen zu bilden (Döring & Bortz 2016: 598). Es geht somit um die Herstellung einer systematischen Verbindung zwischen Theorie und Erfahrungswirklichkeit (vgl. Döring & Bortz 2016: 598).

Zunächst haben wir nach den Regeln von Kuckartz et al. transkribiert (vgl. Kuckartz et al. 2008: 27f.), wobei wir unsere Transkripte sowohl der Einzelinterviews als auch der Gruppendiskussionen mit Unterstützung der Software easytranscript erstellt haben. Zur Auswertung der qualitativen Daten galt es, sich in der Folge für eine der in der Literatur dargestellten Auswertungsmethoden zu entscheiden. Die verschiedenen Auswertungsmethoden können nicht wahllos zur Beantwortung jeder Fragestellung eingesetzt werden, sondern müssen methodisch zur Forschungsfrage und zum Forschungsgegenstand passen.

Eine sehr strukturierte Auswertungsmethode ist die qualitative Inhaltsanalyse, die Texte (z. B. Transkripte) bearbeitet, welche im Rahmen der Datenerhebung anfallen. Das methodische Vorgehen ist stark regelgeleitet, dadurch wird es intersubjektiv überprüfbar (vgl. Mayring & Fenzl 2014: 543). Mayring hat die qualitative Inhaltsanalyse als Erweiterung der quantitativen Inhaltsanalyse im deutschen Sprachraum entwickelt. Die qualitative Inhaltsanalyse zeichnet ein stark theorie- und regelgeleitetes Vorgehen aus. Die Analyse und Interpretation des Textmaterials wird in einzelne Schritte zerlegt und folgt einem festgelegten Ablauf. Das macht das Vorgehen übersichtlich, für andere nachvollziehbar und intersubjektiv überprüfbar (vgl. Mayring 2010: 600). Das Verfahren der qualitativen Inhaltsanalyse empfiehlt sich, wenn es um eine mehr theoriegeleitete Analyse des Textmaterials geht (vgl. Mayring 2002: 121), wie auch wir sie anhand der sensibilisierenden Theorien vorgenommen haben.

Im Mittelpunkt der qualitativen Inhaltsanalyse steht die Entwicklung eines vorab theoriegeleiteten-deduktiven Kategoriensystems. Dieses dient dazu, aus der Ansammlung des Interview-, Gruppendiskussionsmaterials diejenigen Aspekte herauszufiltern, die für die Beantwortung der Forschungsfrage relevant sind. Die Informationen werden somit für die weitere Analyse und Interpretation aufbereitet (vgl. Mayring & Fenzl 2014: 544).

Im Folgenden werden die einzelnen Schritte bei der Auswertung von den transkribierten Interviews und der Gruppendiskussion Schritt für Schritt dargestellt.

Dabei orientiert sich unser Vorgehen an Kuckartz et al. (2008) sowie Mayring & Fenzl (2014). Kuckartz et al. (2008) schlagen vor, sich als erstes einen Überblick über das Datenmaterial zu verschaffen, d.h. die Transkripte der Reihe nach zu lesen. Dabei können erste Ideen, Hypothesen oder Auffälligkeiten gleich am Rand notiert und festgehalten werden. Auf diese Art können erste übergreifende Themen, Gemeinsamkeiten und Unterschiede identifiziert werden, die im weiteren Verlauf der kategorienbasierten Auswertung überprüft und im besten Fall weiterführend für die Interpretation genutzt werden können (vgl. Kuckartz et al. 2008: 33f.). Danach kann mit der kategorienbasierten Auswertung fortgefahren werden.

Das Kategoriensystem stellt ein Raster dar, anhand dessen die Transkripte betrachtet werden. Mit Hilfe dieses Rasters werden die Informationen aus dem Datenmaterial herausgefiltert, die für die Beantwortung der Forschungsfrage relevant sind. Die Textpassagen werden dann der entsprechenden Kategorie zugeordnet. Das Kategoriensystem ist hierarchisch aufgebaut und gliedert sich in Haupt-, Ober- und Unterkategorien (vgl. Kuckartz et al. 2008: 36). Hauptkategorien beschreiben immer einen Aspekt aus dem Vorwissen der Forschenden. Die nachfolgenden Kategorien fächern die jeweilige Hauptkategorie in weitere Teilaspekte auf (vgl. Punkt 4.4 in diesem Beitrag).

Die bloße Bezeichnung deduktiver Kategorien genügt nicht, um genau zu wissen, welche Textpassage in welche Kategorie eingeordnet werden soll. Mayring &

Fenzl (2014) empfehlen einen Kodierleitfaden zu erstellen, der jede einzelne Kategorie in drei Schritten festlegt:

- Definition der Kategorie: Zu jeder Kategorie wird genau beschrieben, was diese beinhaltet. Wir haben uns insoweit an den Kategorienbeschreibungen der GDA, sowie an den sensibilisierenden Konzepten orientiert.
- Ankerbeispiele: Ankerbeispiele sind typische Interview- oder Gruppendiskussionszitate, die verdeutlichen, welche Textpassage unter die jeweilige Kategorie fallen. Hier wurden im Vorfeld hypothetische Antworten zu jeder Frage festgehalten, die Orientierungspunkte lieferten.
- Kodierregel: Die Kodierregel definiert, welche Aussagen eine Textpassage enthalten muss, um einer bestimmten Kategorie zugeordnet werden zu können. Die Kodierregeln ermöglichen, die einzelnen Kategorien eines Kategoriensystems trennscharf zu halten und das Zuordnen von Textpassagen zu Kategorien zu erleichtern. Sofern eine Kategorie selbsterklärend ist, entfällt die Definition einer Kodierregel (vgl. Mayring & Fenzl 2014: 548 ff.). Spezielle Kodierregeln kamen bei uns erst mit der Aufdeckung von Phänomenen und der Ergänzung von induktiven Kategorien hinzu.

Kategorien können nach Mayring & Fenzl sowohl deduktiv als auch induktiv gebildet werden, wobei beide Verfahren der Kategorienentwicklung miteinander kombiniert werden können (vgl. Mayring & Fenzel 20147: 548).

Wir sind zum Kodieren folgendermaßen vorgegangen. Im Vorfeld haben wir unsere Forschungsgruppe in zwei Untergruppen aufgeteilt, die jeweils zusammen die Interviews geführt, die eigens geführten Interviews transkribiert und als erstes kodiert haben, die zweite Gruppe hat nachträglich die Interviews der jeweils anderen Gruppe gelesen und nachkodiert. Im ersten Schritt wurden alle Aussagen, die inhaltlich in die von uns im Vorfeld deklarierten deduktiven Kategorien passten, mit den entsprechenden Codes versehen.

Die Differenzen in den Kodierungen resultierend aus den einzelnen Gruppenarbeiten wurden in der Forschungsgruppe diskutiert und nachträglich entsprechend angepasst. Während des ersten Durcharbeitens wurden bereits erste Phänomene schriftlich in den Memos (Funktion im MAXQDA) festgehalten, wie zum Beispiel: mobile Arbeit erfordert ein hohes Maß an Selbstorganisation, bedarf besonderer Führung, setzt ein gegenseitiges Vertrauen voraus, stresst besonders, wenn die Technik nicht funktioniert oder hat für uns überraschende positive Effekte auf die mobil Arbeitenden. Über die Phänomene haben wir innerhalb der Forschungsgruppe diskutiert und uns auf folgende vier Phänomene für eine Weiterbearbeitung als induktive Kategorien verständigt:

1. Selbstorganisation
2. Technik-Abhängigkeit
3. Vertrauen
4. Positive Effekte aus Sicht der mobil Arbeitenden

Wir haben dafür die entsprechenden deduktiven Kategorien induktiv in unseren Phänomenen zusammengefasst und neue Textstellen, die das Phänomen untermauern, gesucht. Das Kategoriensystem und die Kodierung wurden mit Unterstützung der Software MAXQDA erstellt.

5. Zusammenführende Betrachtung der Ergebnisse der Forschung

Im Ergebnis unserer Forschung lässt sich feststellen, dass sich viele der eingangs geschilderten Herausforderungen bestätigt haben. So nimmt insbesondere der Aspekt der Selbstorganisation einen großen Stellenwert ein, worauf wir im Folgenden näher eingehen werden. Daneben haben sich in unserer Arbeit die starke Technik-Abhängigkeit mit den dadurch bedingten Auswirkungen und das Thema Vertrauen sowohl in der Arbeitszeitgestaltung als auch im Rahmen von Führung als besonders bedeutsam herauskristallisiert. Als letzten inhaltlich näher ausgeführten Punkt wollen wir auf die aus Sicht der mobil Arbeitenden besonders herausgestellten Vorteile der Arbeitsform eingehen. Neben den nachfolgend konkretisierten Phänomenen sind uns im Rahmen der Feldforschung weitere Aspekte aufgefallen, die wir aus arbeitswissenschaftlicher Sicht als bedeutsam bewerten. So fiel in beiden Organisationen auf, dass die Fachkräfte für Arbeitssicherheit Unterweisungen und Gefährdungsbeurteilungen durchführten, allerdings in beiden Fällen lediglich mit Blick auf die physischen Gefährdungen. Die psychische Gefährdung war für beide weder Aufgabeninhalt noch wurde eine Sensibilisierung für die besonderen Herausforderungen an irgendeiner Stelle deutlich. Dies ging so weit, dass eine Fachkraft für Arbeitssicherheit als Lösung im Zusammenhang mit Arbeitsschutzvorschriften und -maßnahmen sah:

> „Die müssen dann wirklich komplett von dem Mitarbeiter getragen werden. Wie im Arbeitsschutz bei der medizinischen Versorgung ist es ja auch schon so, dass es ja keine arbeitsmedizinischen Untersuchungen mehr so oft gibt, sondern nur noch Vorsorgetermine und ob die sich dann impfen lassen oder ob sie sich dranhalten, was der Arzt ihnen sagt, das ist ja völlig egal. … Er [der Mitarbeiter] ist selbst dafür verantwortlich, ob das mitteilt, ob er das noch darf, was er macht oder nicht" (2Fasi, 84).

Dieser Wunsch nach Verlagerung der arbeitsschutzrechtlichen Verantwortung auf das Individuum verbunden mit der Forderung nach Aufweichung der rechtlichen Rahmenbedingungen durchzog sich durch das entsprechende Interview.

> „…Ich bin wirklich der Meinung, was da im Arbeitszeitgesetz steht ist völlig veraltet, nicht mehr anwendbar auf die Bedürfnisse, die die Menschen in der heutigen Zeit haben."
>
> „Wie müsste es denn aussehen? Aus Ihrer Perspektive?"
>
> „Das jeder frei zur Verfügung stehen kann, wie er das machen möchte, arbeiten kann, wann er möchte und dass man das ein bisschen freier alles definiert kriegt, nicht so starre Regeln" (2Fasi, 80 – 82).

Durchaus kritischere Aussagen wurden im Zusammenhang mit der Arbeitsgestaltung durch Aufgabenübertragung geäußert, hier wurde eine starke Verantwortung der jeweils zuständigen Führungskraft hervorgehoben.

> „Wenn jemand mehr macht, als wie er sollte, dann heißt es doch im Umkehrschluss, er ist durch seine Vorgesetzten nicht entsprechend gefordert. Das heißt dann liegt das nicht mehr an dem Mitarbeiter, dass er sagt, okay, ich muss, ich muss, ich muss, ich muss mehr machen. Dann liegt es doch an seinem Vorgesetzten, die Arbeit so zu koordinieren, dass er dann sagt, okay, jetzt habe ich meine Befriedigung in der Arbeit, jetzt macht das Arbeiten Spaß, weil ich ausgelastet bin. Nicht überlastet, aber ausgelastet. Wenn einer permanent mehr macht, dann muss wirklich überlegt werden, nicht was mache ich jetzt mit dem Mitarbeiter, sondern da muss überlegt werden, stimmt da oben in der Führungsebene was nicht“ (1Fasi, 34).

Folgt man dieser Aussage, so sind es die Führungskräfte, die verstärkt gefordert sind, die Anforderungen auf dem einzelnen Arbeitsplatz mitarbeitergerecht zu gestalten. Um den individuellen Bedürfnissen gerecht zu werden, gilt es jeden Einzelnen herauszufordern, ohne zu überfordern und Grenzen zu berücksichtigen, ohne zu unterfordern. Diese starke Betonung von Führungsverantwortung legt eine besondere Beachtung der Herausforderungen durch Führen auf Distanz nahe. Da sich in beiden von uns untersuchten Organisationen Hinweise darauf fanden, wie eben dies gut gelingt, seien diese hier beispielhaft kurz erwähnt: So wurde uns seitens der Führungskräfte von festen Dienstbesprechungen und Teamevents berichtet, welche bewusst auf Anwesenheitstage der mobil Arbeitenden gelegt wurden. Daneben wurde von beiden befragten Führungskräften geschildert, wie wichtig es ist, aktiv Kontakt zu den Mitarbeitenden aufzunehmen und dieses so weit möglich persönlich mindestens aber einmal wöchentlich über das Telefon zu tun. Nur durch Aufbau und Erhalt einer persönlichen Beziehung sei sichergestellt, dass die Mitarbeitenden das jederzeit offene Gesprächsangebot auch nutzen.

> „Ich bin jederzeit ansprechbar…, solange meine Tür auf ist, darf jeder reinkommen. Das funktioniert sehr gut“ (1FK, 145).

Interessant erscheint uns dabei, dass trotz dieser bewussten Reaktion auf die räumliche Entfernung zwischen Mitarbeitenden, Team und Führungskraft nur wenig Einfluss auf die Ausgestaltung der Mitarbeiter-Führungskraft-Beziehung durch die jeweiligen Unternehmen erfolgt. Es gab keine unternehmensseitigen Vorgaben zu Teambesprechungen, Führungsgrundsätzen oder -leitlinien und auch sonst keine fixierten Regelungen zur Gestaltung der Kommunikation im Team oder zu dem einzelnen Beschäftigten. Lediglich Mitarbeitergespräche sind in beiden Unternehmen zu führen, die inhaltliche Ausgestaltung obliegt allerdings den handelnden Personen. Weder Mitarbeitende noch Führungskräfte werden gezielt durch Schulungen, Sensibilisierungsmaßnahmen, Gesprächsleitfäden oder Ähnliches auf die besonderen Herausforderungen der Arbeitsform vorbereitet bzw. zum Umgang mit diesen unterstützt.

> „...Aber da gibt es jetzt keine Richtlinie direkt, sondern das ist im Prinzip, ich weiß nicht, das können die Führungskräfte von alleine, deshalb sind sie Führungskräfte, dass sie darauf achten, dass ihre Mitarbeiter den nötigen Ausgleich finden, soweit halt möglich ist" (2P, 112).

> „... Für das gesamte Haus gibt es von mir als Personalverantwortlichen keine Vorgaben dazu. Es liegt aus meiner Sicht in der Hand der Führungskräfte mit dieser Thematik [Überforderung der Mitarbeiter] umzugehen" (1P, 18).

> „...Das eigentliche Führen auf Distanz ist für mich nicht das Problem, weil ich vielleicht dazu geeignet bin, so zu führen. Sagen wir es mal so. Das kommt sehr individuell auf die Führungskraft an, was sie vielleicht gewohnt ist und wie es selbst lebt. Wenn ich es selbst nicht lebe, habe ich da sicherlich ein anderes Verständnis für uns, vermisse den persönlichen Kontakt, als wenn ich selbst mobil aufgestellt bin und ganz anderen Zugang dazu habe. Dann ist das eine Selbstverständlichkeit. Und dann finde ich meine Mittel und Wege um meine Führung zu leben auch spüren zu lassen. Das ist wichtig. Ich führe ja nicht, das ich da vor mir hersetze, sondern dass muss ja auch bei den anderen ankommen. Das geht natürlich überwiegend durch den persönlichen Kontakt, und das muss ich sicherstellen" (1P, 75).

Das aus unserer Sicht wirklich spannende daran ist, dass es offensichtlich funktioniert. Es scheint den Führungskräften auch ohne spezielle Sensibilisierung zu gelingen, die Wichtigkeit, eines vertrauensvollen Verhältnisses zu den Mitarbeitenden zu erkennen und auch bei regelmäßiger räumlicher Distanz gelingt es ihnen, eben dieses aufzubauen und zu pflegen. Vertrauen wiederum erleichtert Verständigung (vgl. Kühl & Matthiesen 2012: 543), wodurch das Unternehmen in der operativen Aufgabenerledigung profitiert und an Effizienz gewinnt. Vielleicht ist gerade die geringe Einflussnahme der Unternehmen auf das Führungsverhalten der Erfolgsfaktor. So beschreibt Kühl:

> „Systeme müssen im Zustand begrenzter Instabilität sein, um sich selbst organisieren zu können. Nur wenn Systeme sich zwischen (und jenseits von) stabilem Gleichgewicht und explosivem Chaos befinden, können sich die Bezüge zwischen ihren Elementen selbst so ordnen, dass diese zur Erhaltung des Gesamtbildes beitragen" (Kühl 2015: 138).

Im Weiteren sollen nunmehr konkrete Untersuchungsergebnisse in den Themenfeldern Selbstorganisation, Technik-Abhängigkeit und Vertrauen dargestellt und unter Zuhilfenahme der bereits dargestellten sensibilisierenden Konzepte bewertet werden.

5.1. Selbstorganisation

Wie bereits in der Einleitung geschildert, bringt mobile Arbeit vielfältige Anforderungen mit sich, welchen selbstorganisiert durch die Beschäftigten zu begegnen ist. So sind neben der eigenständigen Planung und Gestaltung des Arbeitstages durch die mobil Arbeitenden, ein hohes Maß an Eigenmotivation und Engagement seitens dieser erforderlich, um Handlungsspielräume im Unternehmensinteresse zu füllen. Gleichsam gilt es mit individuellen Grenzen und Bedürfnissen umzugehen, um die eigene Gesunderhaltung nicht aus dem Blick zu verlieren. Das „Transformationsproblem“ der Verwandlung von gekauftem Arbeitsvermögen in wertschöpfende Arbeit wird dabei an die Arbeitskraft ausgelagert, wobei eine fortschreitende und offenbar freiwillige Unterwerfung unter das Primat des Ökonomischen erfolgt (vgl. Moldaschl 2002: 38). Fraglich ist, inwieweit die ökonomisch orientierte Selbstverwertung bis in die Selbstausbeutung und Selbstrationalisierung wirkt und ob sich Anhaltspunkte hierauf im Rahmen des praktischen Feldzugangs ergaben. Die Fachkräfte für Arbeitssicherheit beschrieben in beiden von uns untersuchten Organisationen keine Herausforderungen und Gefährdungspotenziale im Zusammenhang mit dem bei mobiler Arbeit erforderlichen Maß an Selbstorganisation und sahen darin ausschließlich positive Aspekte durch die entsprechenden Gestaltungsräume. Jedoch wurde das Thema Selbstorganisation als besondere Herausforderung in sechs von acht durchgeführten Interviews angesprochen und auf 118 von 749 Codings, damit also in 15,75 % der codierten Aussagen inhaltlich als relevant bewertet. Die von Moldaschl (2002) beschriebene Subjektivierung von Arbeit mit der damit einhergehenden Individualisierung nahezu aller Gestaltungsdimensionen des Arbeitsverhältnisses wie Arbeitszeit, Arbeitsort, Aufgabenzuschnitt wurde von den interviewten mobil Arbeitenden als Reiz der Tätigkeit, aber eben auch als Herausforderung beschrieben. So findet sich die ökonomische Ausrichtung in Aussagen wie:

> „Man muss sich so organisieren, dass die Freiräume vernünftig gefüllt werden, draußen. Auch mal mehr mitnehmen als eigentlich gedacht, um Lücken zu füllen. … Macht ja keinen Sinn, …, dass man da Däumchen dreht. Man soll das ja auch vernünftig organisieren“ (1Ing1, 41).

> „Ich meine auch, dass diese Vertrauensarbeiten eher ja so sind, dass man doch als Mitarbeiter mehr macht, als weniger. Das ist auch für den Arbeitgeber, denke ich, eher positiv dann der Effekt“ (1Ing1, 82).

Die Verantwortung der Organisation des eigenen Arbeitstages geht über die Gestaltung vom Tagesablauf hinaus. So ist auch benannt worden, dass bei Ausstattungs-Missständen oder ergonomischen Verbesserungspotentialen die Mitarbeitenden diese sehen, benennen und Lösungen einfordern müssen. Die Mitarbeitenden sind damit auch für die Forderung und Durchsetzung gesunder Arbeitsbedingungen verantwortlich. So wurde gesagt:

> „Da wird individuell natürlich nicht geguckt. Es sei denn, Du sagst, wenn ich hier meinen Job machen soll, dann brauche ich aber" (2Ing1, 265).

Betont wurde in diesen Zusammenhängen wiederholt, dass darüber hinaus erforderlich sei die Anforderungen „vehement" vorzutragen. Es kommt damit durch die Überantwortung der Einhaltung des Arbeits- und Gesundheitsschutzes auf die Beschäftigten zu einer Individualisierung des Gesundheitsschutzes (Breisig et al. 2019: 7). Ob diese Vorgehensweise dem Sinn der arbeitsschutzrechtlichen Regelungen gerecht wird und hier nicht neben den ökonomisch einverleibten Unternehmensinteressen zugleich ambivalente Anforderungen im Hinblick auf die Forderung und Durchsetzung des eigenen Arbeitsschutzes an die Mitarbeitenden gestellt werden, mag ein mögliches Untersuchungsziel einer weiteren Forschungsarbeit sein. Seitens der befragten mobil Arbeitenden wurden diese Anforderungen problematisch beurteilt. Weder die fachliche Ausbildung noch die praktische Arbeit bringen per se das notwendige Selbstvertrauen, die Kommunikationsfähigkeit und auch nicht das Wissen für eine gesunde Arbeitsplatzgestaltung mit sich. Die hohen Anforderungen im Zusammenhang mit der Selbstkontrolle beschreibt Elstner wie folgt:

> „Die Arbeitenden würden gezwungen, ihre Arbeit selbst aktiv zeitlich und räumlich zu strukturieren und zu regulieren, hinsichtlich der fachlichen Anforderungen flexibel zu sein, ihre Arbeit selbst zu kontrollieren sowie hinsichtlich ihrer Motivation, ihrer Weiterqualifikation und letztlich auch technisch und medial Eigenleistungen zu erbringen…" (Elstner 2007: 53).

Wenn dem Individuum sowohl in Gestaltung als auch in Kontrolle die entscheidende Rolle zukommt, bleibt zu klären, welche Rolle Führung und Organisation dann noch einnehmen. In der Praxis wurden seitens der Führungskräfte Selbstorganisation in beiden untersuchten Organisationen als Anforderung beschrieben. So beschrieb eine Führungskraft ihre Aufgabe wie folgt:

> „Also als Führungskraft geben wir unseren Mitarbeitenden die Arbeit, die Organisation der Arbeit selber unterliegt dem Mitarbeiter. Also er organisiert sich selber, wie er die Arbeit schafft und was er zuerst macht" (2FK, 98).

Zugleich wurde aber auch deutlich, dass ein Problembewusstsein für das Risiko der Selbstausbeutung in den unterschiedlichen Perspektiven besteht. So wurde unter anderem durch eine Führungskraft ein konkreter Fall geschildert, wo sie sich vor der Herausforderung sieht, ein sich ständig selbst überforderndes Mitglied des Teams vor sich selbst schützen zu müssen. Auch seitens der personalverantwortlichen Stellen wurde dieses Phänomen thematisiert:

> „Die nächste Herausforderung ist sicherlich, das eigene Einschätzen der Leistungsfähigkeit. Also zu verhindern, dass man sich überfordert" (1P, 7).

Die Verantwortung, dieser Überforderung vorzubeugen, wird wiederholt als zentrale Herausforderung der bzw. des Beschäftigten beschrieben. So kam unter anderem zur Antwort auf die Frage, wie die Erreichbarkeit sichergestellt ist:

> „Durch das Medium nicht, sondern durch das Reagieren der Personen auf das Medium. Wenn ich das Medium vor mir liegen habe, (nimmt I-Phone zur Hand) und ich es nicht benutze, bin ich nicht erreichbar. Das steuert jeder für sich. Die Masse der Mitarbeitenden im Rahmen der regelmäßigen Arbeitszeit und Führungskräfte oder andere verrückte Menschen über das Maß hinaus“ (1P, 35).

Deutlich wird, das Mitarbeitende hier eigenverantwortlich mit den gebotenen Möglichkeiten umgehen müssen und eigene Grenzziehung erforderlich ist. Diese Freiräume, wenn auch zugleich Anforderungen, wurden auch seitens der befragten mobil Tätigen benannt. Der Umgang mit diesen ist unterschiedlich. So schilderte eine Person zur Nutzung des Handys im Außendienst:

> „Das ist etwas, was ich im Außendienst nahezu nie benutze, weil ich das tatsächlich als störend empfinde“ (1Ing2, 297).

Eine klare Grenzziehung wurde von anderen Personen in Kontexten beschrieben, wenn vielfache Anforderungen zeitgleich auftauchen:

> „… und nicht zwanzig Leute gleichzeitig auf einen einreden und man soll dann auch gleich zwanzig Sachen gleichzeitig machen. Man muss das schon stark organisieren, sagen, ne Du ist schön, ist auch wichtig, aber Du bist Nummer drei nur, für heute zumindest. Und dann ändern sich die Prioritäten morgen wieder“ (2Ing2, 12).

Solche Aussagen verdeutlichen wie zentral die tagtägliche Gestaltung, Priorisierung und Umsetzung der Arbeitsaufgaben an Unternehmensinteressen ist. Ohne diese Selbstorganisation seitens der mobil Beschäftigten würde diese Arbeitsform nicht funktionieren. Dieses zeigt sich in der Praxis sogar so weit, dass zum Beispiel auf Grund komplizierter Zuteilung von Dienstwagen der private PKW eingesetzt wird.

> „Ein Punkt fällt mir noch ein. Die Organisation von Dienstwagen, man erfährt immer erst am Morgen bevor man fährt, ob man einen Dienstwagen hat oder nicht. Das ist unglücklich. Dann fahren viele mit ihrem privaten PKW“ (1Ing1, 168).

Die Forderung an die Mitarbeitenden geht darüber hinaus bis dahin, dass auch bei Überforderung von eben diesen erwartet wird, diese Grenzerreichung deutlich zu kommunizieren:

> „Da muss man dann auch so fair sein, als Angestellter im Außendienst gegenüber seinem Vorgesetzten zu sagen, ich bitte um Versetzung, weil ich mich dieser Aufgabe nicht mehr gewachsen fühle“ (1Fasi, 55).

In keinem der befragten Unternehmen und von keiner befragten Person wurden bezüglich der Anforderungen an die Selbstorganisation und Selbstkontrolle gezielte Maßnahmen angeboten. Denkbar wären hier Weiterbildungen, sensibilisierende Vorbereitung auf die besonderen Anforderungen bei mobiler Arbeit sowohl für die Beschäftigten als auch für die Führung, Coaching, dem Arbeitsschutz förderliche Entscheidungsarchitekturen, verhaltensökonomische Maßnahmen wie Ausschaltung der Mail-Synchronisation bei Urlaub etc.. Insgesamt ließ sich bei fast allen Gesprächspartnern ein Problembewusstsein feststellen, wobei es an strategischer Entwicklung von Angeboten am Bedarf aus den konkreten Arbeitsbedingungen fehlt. Ein möglicher Hintergrund mag hier sein, dass in beiden untersuchten Einheiten keine konkret-individuellen, arbeitsplatzbezogenen psychischen Gefährdungsbeurteilungen vorlagen. Unterstützungsangebote zum Erhalt der Gesundheit wären aber eben im Rahmen dieser konkret erhobenen Belastungen zu entwickeln und zu evaluieren.

Dass sich hier insbesondere bei langfristiger Tätigkeit in dieser stark selbstorganisierten und von äußeren Einflüssen geprägten Arbeitsform belastende Faktoren ergeben können, verdeutlicht die Aussage:

> „Die Wechseltätigkeit ist irgendwo eine Belastung und wonach ich mich, gerade in der letzten Zeit, sehne ist mehr Kontinuität und etwas mehr im Ruhe in den Arbeitsalltag zu bringen. Das ist eine Herausforderung und das ist ein Wunsch, den ich habe" (2Ing3, 40).

5.2. Technik-Abhängigkeit

In beiden untersuchten Organisationen wurde sämtliche technische Ausstattung seitens der Arbeitgeber zur Verfügung gestellt. Neben einem Laptop und/oder Tablet wird auch ein Handy bereitgestellt. In einer Organisation als Standardausstattung, in der anderen auf freiwilliger Basis. Sämtliche Kommunikation und Dokumentation findet im Außendienst bestenfalls über die bereitgestellte Technik statt. Der Zugriff auf das Unternehmens-Netzwerk erfolgt mittels einer sicheren Verbindung über das Internet. In der Praxis stellt dieses die Mitarbeitenden häufig vor große Herausforderungen, obwohl beide Befragungsgruppen einstimmig bestätigt haben, dass sie von ihren Arbeitgebern gut unterstützt und bestmöglich ausgestattet werden. Das Bewusstsein für die Bedeutung mobilen Arbeitens und die praktische Unterstützung in den Betrieben vor Ort scheint also durchaus gegeben. Auch die EU hat dies erkannt, so war 2006 das „Europäische Jahr der Mobilität der Arbeitnehmer", wobei im amtlichen Faltblatt statuiert wurde, dass für den künftigen Wohlstand Europas Mobilität für Arbeitnehmende und Wirtschaft ein zentraler Faktor sei (Magazin der Europäischen Kommission für Beschäftigung und Soziales 2005: 15 f.). Kesselring schreibt:

> „Wer geografisch mobil ist, beweist auch geistige und soziale Beweglichkeit und erschließt individuelle und kollektive Grenzen" (Kesselring 2012: 88).

Was auf dem europäischen Arbeitsmarkt gilt, ist zweifelsohne auch national ein Erfordernis. Problematisch ist allein die Netzanbindung und damit stoßen Arbeitgeber an die durch sie gestaltbaren Grenzen von Arbeitsbedingungen.

> „Von wegen 100 % Netzabdeckung in Deutschland, äh, ne, 90 % der Bevölkerung hat ein Netz. Ja klar, weil die großen Städte angebunden sind. Aber rundherum ist gar nichts" (2Ing1, 293).

Wo Infrastruktur fehlt, da nützt auch die Hard- und Software nichts. Die von uns befragten Ingenieurinnen und Ingenieure sind zuständig für die Betreuung und Abnahmen von Baumaßnahmen. Diese Baumaßnahmen liegen regelmäßig außerhalb von Ballungszentren und verfügen häufig über eine schlechte bis gar keine Netzabdeckung. Dies hat zur Folge, dass die mobil Beschäftigten bereits im Vorfeld ihre Einsätze genau planen und Daten redundant ablegen müssen. Nur durch diese Doppelstrukturen auf dem Unternehmensserver sowie lokal auf dem Endgerät ist sichergestellt, dass die benötigten Unterlagen bei Bedarf auch offline zur Verfügung stehen. Zum einen bringt dies zusätzliche Arbeit im Rahmen der Vorbereitung des Außendienstes mit sich, zum anderen können naturgemäß nicht sämtliche am Einsatzort auftretende Fragestellungen im Vorfeld vorausgesehen werden. Treten nunmehr unerwartete Anforderungen an der Baustelle auf, stoßen die Mitarbeitenden an ihre Grenzen. Und dort, wo Netz ist, ist dies zum Teil zu schwach, um den Anforderungen gerecht zu werden.

> „Es hilft keinem, wenn man ich sag mal einen Anhang von zig MB verschickt und auf der anderen Seite sitzt jemand mit so einem Modem, was überhaupt nicht funktioniert. Dann sitzt man da und ist gefrustet" (2FK, 106).

Wie mit diesem Frust umgegangen wird und die Aufgabenerledigung erfolgt, obliegt der Einzelperson. Um hier weiterzukommen, wird zum Teil abends im Hotel mit der dort vorhandenen W-LAN-Anbindung gearbeitet, um Informationen vom Server zu holen, Nachfragen per E-Mail zu stellen oder Fragen werden mitgenommen, um sie dann am Folgetag mit Kolleginnen und Kollegen im Innendienst zu klären. Überstunden mit einhergehendem Verstoß gegen die tägliche Höchstarbeitszeit sind damit häufig unvermeidbar. Die Folge ist eine zusätzliche Belastung bei den betroffenen Mitarbeitenden. Eine befragte Person schilderte in diesem Zusammenhang, dass seitens der Vorgesetzten dieser abendliche Einsatz zwar nicht verlangt werde, aber die Aufgaben sind zu erledigen und wenn das der Weg zur Zielerreichung ist, wird er gern hingenommen (2Ing1). Eine Grenzverwischung und damit Integration von Arbeit- und Privatleben wie in der Boundary Theory beschrieben ist die logische Folge, wobei eben diese Verwebung durch die Mitarbeitenden erfolgt. Dies kann darüber hinaus eine mögliche Konsequenz der Gouvernmentabilität darstellen, auch hier bietet sich weitere Forschung an, um die Beweggründe für das Verhalten der/des Einzelnen zu erheben.

Neben der fachlich notwendigen Anbindung stellt die technische Verbindung ein zentrales Element dar, um auch die informelle Bindung, Kommunikation und Zugehörigkeit zum Unternehmen sicherzustellen. Die starke Abhängigkeit von der regelmäßig nicht oder nur mangelhaft vorhandenen Infrastruktur wurde, wie auch die Herausforderungen im Zusammenhang mit der Selbstorganisation, abermals in sämtlichen Gesprächen aus allen Perspektiven mit Ausnahme der interviewten Fachkräfte für Arbeitssicherheit thematisiert. Eine mögliche Erklärung mag hier die Tatsache bieten, dass sich in beiden von uns untersuchten Organisationen die Zuständigkeit der Fachkräfte für Arbeitssicherheit auf die Durchführung der reinen physischen Gefährdungsbeurteilung beschränkte. Die explizite Betrachtung der psychischen Gefährdungen erfolgte in beiden Fällen durch eine externe Vergabe an Studierende im Rahmen einer Online-Umfrage, wobei keine gezielte Betrachtung der mobil Arbeitenden erfolgte. Dies bestätigt auch das im prentimo-Projekt festgestellte Schutzdefizit für mobil Beschäftigte, welche meist nicht im Rahmen der Gefährdungsbeurteilungen auf die mit der Arbeitsform verbundenen psychischen (wenn psychische Gefährdungsbeurteilungen überhaupt durchgeführt werden) und physischen Belastungen betrachtet werden (vgl. Breisig et. al 2019: 7). In der Folge erscheint schlüssig, dass das Bewusstsein bezüglich möglicher Auswirkungen von Arbeitsbedingungen und Arbeitsform, welche nicht primär aus quantifizierbaren Faktoren resultieren, weniger ausgeprägt ist. Diese sich ergebenden Belastungsfaktoren werden im Rahmen der physischen Gefährdungsbeurteilung nicht abgefragt und erhoben, sodass sie den für die Unternehmen tätigen Fachkräften für Arbeitssicherheit womöglich gar nicht bekannt sind.

In keinem der beiden untersuchten Unternehmen wurden technische Möglichkeiten genutzt, um abendliche Arbeitstätigkeit, zum Beispiel durch Abschalten des Serverzugriffs im Sinne eines Default-Nudge auszuschließen. Es ergaben sich keine Hinweise auf bewusst gestaltete Entscheidungsarchitektur durch Technik, um Mitarbeitende auf Pauseneinhaltung oder Ruhezeiten hinzuweisen. Sicherlich ergäben sich hier bei genauerer Betrachtung Handlungsmöglichkeiten, um Gesundheitsschutz zu fördern.

5.3. Vertrauen

Die bereits von Voß & Pongratz (1998) in ihrem Idealtypus des Arbeitskraftunternehmers proklamierte Selbstorganisation findet nachweislich in den beiden von uns untersuchten Organisationen statt und erfordert ein hohes Maß an gegenseitigem Vertrauen zwischen Arbeitgeber und Arbeitnehmenden. Wenn Arbeitnehmende in die Lage versetzt werden sollen, sich selbst zu organisieren und eigenverantwortlich zu agieren, bleibt dem Arbeitgeber auch nichts anderes übrig, als seinen Mitarbeitenden in ihren Handlungen und Entscheidungen Vertrauen entgegenzubringen.

> „Also die Mitarbeiter genießen einen großen Vertrauensvorschuss von den Führungskräften und das wurde bisher nicht enttäuscht und dementsprechend hat sich das natürlich auch so dahin entwickelt, dass die Kollegen eigenständig Entscheidungen treffen" (2P, 46).

> „Also Entscheidungen, also wir haben, unserer Mitarbeiter haben viele – wie soll ich sagen – die können sehr viel selber entscheiden. Die haben großen Spielraum, was das angeht. Da haben wir auch ein großes Vertrauen in alle Mitarbeiter" (2FK, 112).

> „Ich glaube zusammenfassend sehen wir das alle so, dass wir alle relativ eigenständig arbeiten können hier in der Fachgruppe, unabhängig von mobiler Arbeit oder nicht, das hängt einfach von der Führungskraft ab, dass wir auch das Zugeständnis haben, das Vertrauen haben, dass wir das selbständig regeln" (1Ing2, 86).

Es gibt eine Reihe von Rahmenbedingungen und Strukturen in den Organisationen, die das selbstorganisierte Agieren der Arbeitnehmenden einengen, zum Beispiel durch das Default-Nudge Überstundenanträge zu stellen.

> „Da trägt der einen Grund ein, warum, wieso, weshalb, an welchen Tagen etc. und wie viele Stunden mehr geleistet werden müssen" (2P, 84).

> „Man kann nicht mehr Stunden eintragen, als auch irgendwie freigegeben worden sind und 42 sind halt standardmäßig freigegeben" (2P, 88).

In den von uns beobachteten Organisationen wird unterschiedlich mit Überstunden umgegangen. In der einen Organisation gibt es für die untersuchte Berufsgruppe Gleitzeit und in der anderen Vertrauensarbeitszeit. Bei der Organisation mit Gleitzeit werden die Überstunden zeitnah abgebaut, bei der Vertrauensarbeitszeit werden Mehrstunden nicht weiter berücksichtigt. Vertrauensarbeitszeit ist bisher in der Praxis als legitimes Mittel zur Verlagerung der Verantwortung über die Arbeitszeit auf den Arbeitnehmenden ausgenutzt worden. Das hat, wie vorab schon erwähnt, der EuGH erkannt. Mit der Vertrauensarbeitszeit und den damit möglicherweise nicht erfassten Überstunden könnte nach dem neuen EuGH Urteil vom 14.05.2019 (Az: C-55/18) bald Schluss sein. Es liegt nunmehr in der nationalen Verantwortung hier sicherzustellen, dass auch die deutschen Arbeitgeber die Aufzeichnungspflicht erfüllen, um hier die Arbeitnehmenden als schwächere Partei zu schützen.

> „Wir haben im Grunde genommen eine Vertrauensarbeitszeit und die gründet auf 40 Stunden die Woche. Es wird erwartet, dass die übertragenen Aufgaben erledigt werden, auch wenn sie mal mehr erfordern" (2Ing1, 132).

Obwohl Überstunden in beiden Organisationen unterschiedlich behandelt werden, ist jedoch eine Parallelität auffällig. Die Arbeitsstunden werden jeweils in der Organisation im System erfasst, diese werden aber trotz der Fürsorgepflicht vom Arbeitgeber nicht überprüft, was folgende Aussagen vermuten lassen:

> „Also was arbeitszeitrechtliche Dinge betrifft, wird verwiesen auf die bekannten und einschlägigen Vorschriften, das liegt in der

Verantwortung der mobil Arbeitenden selbst. Es wird nicht kontrolliert" (1P, 43).

„Also das ist jetzt nicht so, dass wir regelmäßig, wir kontrollieren die Stundenkonten sowieso nicht, außer jemand macht zu viele Überstunden. ... Da sind wir ja wieder bei diesem Vertrauensding" (2P, 88).

Spannend zu beobachten, in unserem Forschungsprojekt ist die Selbstverständlichkeit des Vertrauens und das stets hinterher schwebende Misstrauen. Die Arbeitnehmenden wittern zum Beispiel bei dem Thema Vertrauensarbeit, dass dieses Instrument ein Potential zur (Selbst-) Ausbeutung darstellen könnte.

„Also, ich meine, dass diese Vertrauensarbeiten eher ja so sind, dass man doch als Mitarbeiter mehr macht, als weniger" (1Ing1, 82).

Nicht umsonst wissen die Mitarbeitenden der untersuchten Organisationen mit Vertrauensarbeitszeit um ihre Überstunden, hier sagt eine Person zum Beispiel:

„Ich mach pro Jahr 500-600 Überstunden" (2Ing2, 311),

deckungsgleich mit einer vorher getätigten Aussage:

„Also, ich schaffe es nicht, die 40 Stunden einzuhalten" (2Ing2, 137).

Ein anderer aus der gleichen Organisation dagegen macht eine eigene Zeiterfassung zur Selbstkontrolle.

„Die Pausen und Zeiterfassung, die mach ich für mich selber, um zu wissen, was ich getan habe und wo ich mir wiederum Freiräume erlauben kann. Aber durch den Arbeitsvertrag, den wir haben, wo mit dem Grundgehalt ohnehin alle Überstunden abgegolten sind, da ist das dann auch ein bisschen egal" (2Ing3, 129).

Wenn die Mitarbeitenden schon ihr eigenes Arbeitsverhalten kontrollieren, misstrauen sie zugleich dem Vertrauen des Arbeitgebers und haben Angst vor Ausbeutung. Menschen sind voneinander abhängig (vgl. Luhmann 2014: 8), durch dieses Wechselspiel des Nehmens und Gebens entsteht gegenseitiges Vertrauen. Und Misstrauen ist allzu menschlich, weil Vertrauen mit Erwartungshaltungen verbunden sind, die enttäuscht werden können (vgl. Nieder 1997: 25). Eine Erklärung, warum sich die bzw. der Mitarbeitende so verletzbar zeigt, könnte darin liegen, weil nach Nieders Definition vertrauensvolles Handeln immer dann vorliegt, „wenn es die eigene Verwundbarkeit erhöht" und wenn es „gegenüber einer Person/Gruppe/Organisation erfolgt, über die man keine Kontrolle hat" (ebd.).

Die Konzepte von Voß & Pongratz sowie Moldaschl würden diese Begebenheit unter dem Aspekt der Selbstkontrolle erklären (vgl. Voß & Pongratz 1998: 193, 142; Moldaschl 2002: 41). Der Arbeitgeber überlässt die Stundenerfassung und die Kontrolle darüber den Arbeitnehmenden selbst, weil er darin Vertrauen hat, dass die Arbeitnehmenden dies in ihrem eigenen Interesse richtig machen. Unter dem Aspekt Selbstkontrolle plant, kontrolliert und steuert der Arbeitskraftunternehmer bzw. das unternehmerische Selbst das eigene Arbeitsvermögen und Arbeitsleistung (vgl. Voß & Pongratz 1998: 139). Somit ist die Verlagerung der Verantwortung in keiner Weise mit einem Misstrauen versehen, sondern nur eine komplette Aufgabenverlagerung nach außen, sodass der Arbeitgeber keine weiteren Bemühungen aufwenden muss und damit, so würde Luhmann argumentieren, die Komplexität in der Organisation zu reduzieren versucht (vgl. Luhmann 2014: 31).

> „Die [größten Herausforderungen] liegen sicherlich in dem gegenseitigen Vertrauen, was erbracht werden muss, …, das die Arbeit auch zum Ziele führt" (1Per, 6; Ergänzung durch Verfasser).

Der Vertrauensvorschuss des Arbeitgebers kann auch als Nudge im Sinne von Thaler & Sunstein gesehen werden, weil die Arbeitnehmenden das Vertrauen ihres Arbeitgebers nicht aufs Spiel setzen wollen und ihr Verhalten daran ausrichten, um das Vertrauen zu behalten. Dieses Wechselspiel ist in der Wissenschaft unter dem Begriff Reziprozität bekannt und bedeutet unter anderem, dass kooperatives Verhalten belohnt und unkooperatives sanktioniert wird (vgl. Falk 2003: 143).

Auch Weißkopfs Gouvernmentabilität könnte den Sachverhalt erklären, dass die Menschen durch Vertrauen regierbar gemacht werden können. Vertrauen könnte als Disziplinarmacht verstanden werden und Menschen in ihre Vertrauenswürdigkeiten klassifizieren. Mitarbeiterin A ist vertrauenswürdiger als Mitarbeiter B. Entstehen in der täglichen Arbeit Vertrauenslücken, dass der Arbeitgeber anfängt, den Mitarbeitenden zu misstrauen, greift die Pastoralmacht, weil die Mitarbeitenden alles daransetzen, um diese Lücke zu schließen.

Die Boundary Theorie gibt keine grundlegenden Anhaltspunkte, um Vertrauen vs. Misstrauen in Organisationen zu erklären.

5.4. Positive Effekte aus Sicht der mobil Arbeitenden

Ausgehend von unserer Suche nach den besonderen Herausforderungen mobiler Arbeit haben wir unter anderem angenommen, dass die mobil Arbeitenden die ständig wechselnden Gesprächspartner und Räumlichkeiten (GDA Merkmalsbereich: Arbeitsorganisation) als besondere Belastung empfinden. Diese Vorannahme bestätigt unsere Forschung nicht. Uns hat überrascht, dass genau das Gegenteil der Fall ist. Die befragten mobil Beschäftigten in unserem Forschungsprojekt haben Spaß an der Abwechslung und dem Bewältigen der Herausforderungen, die ihnen die mobile Arbeit bietet.

> „Das macht aber auch Spaß, also das ist genau die Herausforderung bzw. die Abwechslung, die der Tag mit sich bringt, also das Spannende daran, neue Dinge zu hören und darauf wieder zu reagieren und einzugehen und wieder, ja" (1Ing1, 87).

„Auch mal raus aus dem Umfeld, immer die gleichen Personen, immer das gleiche Umfeld führt auch nicht immer zu einem besseren Miteinander. Wenn man rausgeht, dann ist das immer auch abwechslungsreich. Neue Impulse, andere Umgebung" (1Ing2, 239)

„Einerseits ist das eine Herausforderung, auf die ich mich einstellen muss, aber auf der anderen Seite empfinde ich das auch als Abwechslung" (2Ing3, 127).

Überrascht hat zudem, dass die mobil Beschäftigten in unserer Forschungsstudie die Bewegungsfreiheit zu schätzen wissen, die ihnen die Arbeit weg vom stationär eingerichteten Büroarbeitsplatz gibt. Die nachfolgenden Zitate stammen von der gleichen Person, in unterschiedlichen Kontexten gibt diese Person die empfundene Vorteilhaftigkeit der Bewegungsfreiheit in der mobilen Arbeit kund:

„Und das ist natürlich auch schön, dass man auch mal draußen in Bewegung unterwegs ist und nicht nur im Büro steht. Das ist wirklich ein Vorteil an der mobilen Arbeit im Außendienst" (1Ing2, 45).

„Ich finde es draußen besser, weil man mehr Abwechslung hat, weil man sich mehr bewegt. Ich bin Bandscheibenpatient, ich kann nur sagen, draußen hatte ich nie was gehabt, hier im Büro schon" (1Ing2, 237).

Beide vorab beobachteten Feststellungen haben eins gemeinsam. Die mobil Arbeitenden entziehen sich der organisationalen Kontrolle, sie sind auf der mobilen Arbeitsstelle ‚ihr eigener Herr'. Folgende Aussage einer Führungskraft, die sich selbst in der Rolle eines mobil Arbeitenden wiederfindet, lässt diese Vermutung zu:

„Also ich glaube das ist das Eigenverantwortliche, das nicht fremdbestimmt sein oder das nicht so stark fremdbestimmt sein. Das Gefühl von Selbstverantwortung, das macht schon auch glücklich, denke ich" (2FK, 128).

Sinngemäß zu dem Arbeitskraftunternehmer nach Voß & Pongratz oder dem unternehmerischen Selbst nach Moldaschl können sich die mobil Beschäftigten selbst kontrollieren bzw. selbst ökonomisieren und sich selbst als eigene Firma im Gestaltungsrahmen des Arbeitgebers begreifen (vgl. Voß & Pongratz 1998: 142; Moldaschl 2002: 32). Durch den Ausbau von Kompetenzen übernehmen die (mobil) Arbeitenden analog zu Moldaschls Selbstproduktion die Verantwortung für die Weiterentwicklung der eigenen Arbeitskraft und die Erhöhung des Humankapitals (vgl. Moldaschl 2002: 42).

6. Fazit und Ausblick

Unsere Forschungsidee hat uns von Anfang an begeistert, weil wir die Rahmenbedingungen für das mobile Arbeiten in keiner Weise organisatorisch und rechtlich geklärt sahen. Mobile Arbeit wird heute medial gern verherrlicht und mit schönen Bildern vom selbstbestimmten Arbeiten, zum Beispiel mit Laptop auf einem Segelboot in der Karibik, versehen, ohne dabei auch auf die Gefahren oder anderen Auswirkungen hinzuweisen. In einem auf Dauer eingerichteten Arbeitsplatz mit persönlich dekoriertem Schreibtisch sind die Mitarbeitenden unter gewisser organisatorischer Aufsicht. Gefahrenquellen können schneller erkannt und gebannt werden. Bei mobiler Arbeit ist das nicht so. Hier wird gern die Verantwortung zum Arbeitsschutz, Gesundheit, Einhaltung von Arbeits- oder Ruhezeiten, um nur einige zu nennen, den mobil Arbeitenden aufgebürdet. Dieses losgelöste und eigenverantwortliche Arbeiten mag für einige besonders reizvoll sein, dennoch birgt es spezifische Risiken. Die vorliegende Forschungsarbeit eruiert die besonderen Anforderungen der Beschäftigten an mobiler Arbeit und zeigt, wie die Betroffenen und Unternehmen darauf reagieren. Zur Erforschung dieser Fragen haben wir bewusst einen Personenkreis gewählt, der eher in einer traditionellen Weise mobil arbeitet, weil sie eben genau wissen können, mit welchen besonderen Anforderungen sie bisher konfrontiert waren und welchen Belastungen sowie Gefährdungen sie ausgesetzt sind. Aus diesen Erkenntnissen können wir die zukünftig besonderen Herausforderungen mobiler Arbeit abstrahieren.

Überraschenderweise empfand unser interviewter Personenkreis einstimmig und unabhängig voneinander das mobile Arbeiten als abwechslungsreich und spaßig, ohne dabei zu verhehlen, dass es vor allem besonders nervt, wenn die IT-Technik nicht funktioniert. Erschreckt hat uns, dass die untersuchten Organisationen zwar ein großes Bewusstsein für die mit der Arbeit verbundenen Gefährdungen haben, aber eben nur physisch und in keiner Form psychisch. Wenn es schon keine psychischen Gefährdungsbeurteilungen für Dauerarbeitsplätze gibt, dann gibt es erst recht keine für mobile Arbeit.

Dass mobiles Arbeiten ein Maß an Selbstorganisation des mobil Arbeitenden voraussetzt, war von Anfang an eindeutig. Was uns überrascht hat ist, welchen sprichwörtlichen Ritt auf dieser messerscharfen Klinge selbstorganisiertes Arbeiten tatsächlich darstellt und welche Gefahrenpotentiale dieses innehat. Die Grenze zwischen Selbstschutz und Selbstausbeutung ist für die Beschäftigten fließend. Die mobil Arbeitenden merken schlimmstenfalls die Überanstrengung erst, wenn es zu spät ist. Dass dies nicht passiert, ist Aufgabe des Arbeitgebers. Dieser wiederum windet sich gern aus der Sache, indem er den Arbeitnehmenden die Verantwortung überträgt. Hier dreht sich die Sache im Kreis.

Im Ergebnis lässt sich für unser Forschungsprojekt feststellen, dass es einer kritischen Betrachtung und Folgenabschätzung der weitreichenden Verlagerung von Arbeitsschutzverantwortlichkeiten auf die bzw. den Mitarbeitenden in mobiler Arbeit bedarf. Gerade vor dem Hintergrund der aktuellen EuGH-Entscheidung im Zusammenhang mit der Arbeitszeiterfassung bleibt es abzuwarten, ob hier nicht ähnliche Entscheidungen auch für den Gesundheitsschutz zu erwarten sind, denn nach Art. 31 Abs. 1 der Charta der Grundrechte der Europäischen Union hat jede Arbeitnehmerin und jeder Arbeitnehmer das Recht auf gesunde, sichere und würdige Arbeitsbedingungen.

Für den praktischen Feldeinstieg hat sich aus unserer Sicht insbesondere die Gruppendiskussion als wertvolle Methode herausgestellt, die offene Gestaltung der Fragekategorien ermöglichte einen durch die Teilnehmenden gesteuerten Gesprächsverlauf, welchem wir aufmerksam zu folgen hatten. Um hier für weitere Projekte die volle Aufmerksamkeit des Forschungsteams zu gewährleisten, würden wir die Einzelinterviews, welche ebenfalls sehr wertvoll für den Erkenntnisgewinn waren, an gesonderten Tagen planen. Eine Trennung der Gespräche hätte uns die Möglichkeit geboten, erste Erkenntnisse aus der Gruppendiskussion in den weiteren Leitfäden gezielt aufzugreifen und bewusst Schwerpunkte zu setzen.

Durch unsere Forschungsfrage und den daraus entstandenen Erkenntnissen haben wir nun ein Potpourri an offenen Anschlussfragen, z. B. wie entwickelt sich die mobile Arbeit vor dem Hintergrund des EuGH-Urteils bezüglich der Arbeitszeiterfassung? Bisher hatten die Arbeitgeber die Verantwortung an die mobil Arbeitenden abgewälzt, das ist so nicht länger möglich. Weiterhin interessiert uns, welche Abgrenzungsstrategien mobil Arbeitende entwickeln oder welche verhaltensökonomischen Maßnahmen (Nudges) auf den Arbeitsschutz von mobil Beschäftigten einwirken können.

Literatur

Arnold, D., S. Steffes & S. Wolter, 2015: Forschungsbericht 460 Mobiles und entgrenztes Arbeiten, Nürnberg/Mannheim/Köln: Bundesministerium für Arbeit und Soziales (Hrsg.)

Ashforth, B., G. Kreiner & M. Fugate, 2000: All in a Day's Work: Boundaries and Micro Role Transitions.

Blumer, H., 1954: What's wrong with social theory? American Sociological Review, 18, 3–10. (Sekundärzitat)

Brandt, C., 2010: Mobile Arbeit – Gute Arbeit? Arbeitsqualität und Gestaltungsansätze bei mobiler Arbeit. Berlin: verdi, 2010.

Breisig, T., H. Grzech-Sukalo & G. Vogl (Hrsg.), 2019: Mobile Arbeit gesund gestalten – Trendergebnisse aus dem Forschungsprojekt prentimo – präventionsorientierte Gestaltung mobiler Arbeit.

Breisig, T., H. Grzech-Sukalo & G. Vogl, 2017: Mobile Arbeit gesund gestalten – Trendergebnisse aus dem Forschungsprojekt prentimo – präventionsorientierte Gestaltung mobiler Arbeit. Online im Internet: „www.prentimo.de/assets/Uploads/prentimo-Mobile-Arbeit-gesund-gestalten.pdf" (letzter Zugriff: 23.11.2018).

Bretschneider-Hagemes, M. & M. Kohn, 2010: Ganzheitlicher Arbeitsschutz bei mobiler IT-gestützter Arbeit S. 33 - 52 in: C. Brandt (Hrsg.), Mobile Arbeit – Gute Arbeit? Arbeitsqualität und Gestaltungsansätze bei mobiler Arbeit. Berlin: ver.di – Vereinte Dienstleistungsgewerkschaft.

Bruttel, L. & F. Stolley, 2014: Ist es im Interesse der Bürger, wenn ihre Regierung

Nudges implementiert. In: L. Bruttel, F. Stolley & Güth et al.: Nudging als politisches Instrument – gute Absicht oder staatlicher Übergriff. Wirtschaftsdienst, November

2014. Volume 94. Issue 11. S. 767-791. https://doi.org/10.1007/s10273-014-1748-9.

Bundesministerium für Arbeit und Soziales (BMAS), 2017: Empfehlungen zur Umsetzung der Gefährdungsbeurteilung psychischer Belastung, Berlin.

Deutsche Gesetzliche Unfallversicherung e.V. (Hrsg.), 2014: DGUV Regel 100-001 Grundsätze der Prävention, Berlin.

Diekmann, A., 2007: Empirische Sozialforschung. Grundlagen, Methoden, Anwendungen. Reinbek bei Hamburg: Rowohlt.

Döring, N. & Bortz, J., 2016: Forschungsmethoden und Evaluation in den Sozial- und Humanwissenschaften. Berlin Heidelberg: Springer Verlag.

Ducki, A., S. Gerstenberg & H. T. Nguyen, 2017: Mobiles Arbeiten: Konsequenzen für die strategische Personalarbeit. In: PERSONALquarterly, 2/2017 2017. S. 28-35.

Froschauer, U., 2009: Artefaktanalyse. S. 326-347 in: S. Kühl, P. Strodtholz & A. Taffertshofer (Hrsg.), Handbuch Methoden der Organisationsforschung. Wiesbaden: VS Verlag für Sozialwissenschaften.

Dunkel, W., N.Kratzer & W. Menz, 2010: „Permanentes Ungenügen" und „Veränderung in Permanenz" – Belastung durch neue Steuerungsformen. WSI-Mitteilung, 7, S. 357-364.

Elstner, F., 2007: Der Arbeitskraftunternehmer und seine Bildung, Bielefeld.

Europäische Kommission, Amt für Veröffentlichungen: Magazin der Europäischen Kommission für Beschäftigung und Soziales, Nr. 12, 2005: Sozial Agenda 2006 – Europäisches Jahr der Mobilität der Arbeitnehmer. ISSN: 1682-7805.

Falk, A., 2003: Homo Oeconomicus vs. Homo Reciprocans: Ansätze für ein neues Wirtschaftspolitisches Leitbild. In: Perspektive der Wirtschaftspolitik 2003 4(1), S. 141-172.

Flick, U., 2008: Triangulation. Eine Einführung, in: R. Bohnsack, Chr. Lüders & J. Reichertz (Hrsg.), Qualitative Sozialforschung. Band 12. Wiesbaden: VS-Verlag für Sozialwissenschaften.

Flick, U., E. von Kardorff & I. Steinke, 2017: Was ist qualitative Forschung? Einleitung und Überblick, S. 13 – 29 in: U. Flick, E. von Kardorff & I. Steinke (Hrsg.), Qualitative Forschung. Ein Handbuch. Reinbek bei Hamburg: Rowohlt.

Gisin, L. 2014: Boundary-Typen, Boundary Management und Boundary Taktiken im Home Office. Untersuchungen des Einflusses der „Boundary Theorie" auf das mobile Telearbeiten, insbesondere der Arbeit im Home Office. Master Thesis. Olten: Hochschule für Angewandte Psychologie FHNW. Online im Internet: „http://hdl.handle.net/11654/4896" (letzter Zugriff: 25.06.2019).

Helfferich, C., 2014: Leitfaden- und Experteninterviews, S. 559-574 in: N. Baur & J. Blasius, (Hrsg.), Handbuch Methoden der empirischen Sozialforschung, Wiesbaden: Springer Verlag.

Heß, K., 2010: Gestaltung mobiler Arbeit, S. 17-32. In: C. Brandt (Hrsg.): Mobile Arbeit – Gute Arbeit? Arbeitsqualität und Gestaltungsansätze bei mobiler Arbeit. Berlin: verdi, 2010.

Holler, M., 2017: Verbreitung, Folgen und Gestaltungsaspekte der Digitalisierung in der Arbeitswelt. Auswertungsbericht auf Basis des DGB-Index Gute Arbeit 2016. Berlin: Institut DGB-Index Gute Arbeit, 2017.

Janneck, M., A. Hoppe & J. Dettmers, 2018: Gestaltungskompetenz – ein grundlegendes Konzept in der veränderten Arbeitswelt. In: M. Janneck & A Hoppe (Hrsg.): Gestaltungskompetenzen für gesundes Arbeiten. Arbeitsgestaltung im Zeitalter der Digitalisierung. Berlin: Springer Verlag, 2018. S. 1-9.

Kelle, U. & Kluge, S., 2010: Vom Einzelfall zum Typus. Fallvergleich und Fallkontrastierung in der qualitativen Sozialforschung, S. 16-40. Wiesbaden: VS Verlag für Sozialwissenschaften.

Kesselring, S., 2012: Betriebliche Mobilitätsregime zur sozio-geografischen Strukturierung mobiler Arbeit. In: Zeitschrift für Soziologie. Jahrgang 41, Heft 2, April 2012. S. 83-100.

Kuckartz, U., T. Dresing, S. Rädiker & C. Stefer, 2008: Qualitative Evaluation. Der Einstieg in die Praxis. Wiesbaden: VS Verlag für Sozialwissenschaften.

Kühl, S. & K. Matthiesen 2012: Wenn man mit Hierarchie nicht weiterkommt: Zur Weiterentwicklung des Konzepts des Lateralen Führens S. 531-556 in S. Grote (Hrsg.), Die Zukunft der Führung. Berlin: Springer Verlag.

Kühl, S. 2015: Wenn die Affen den Zoo regieren. Die Tücken der flachen Hierarchien. Frankfurt: Campus.

Kühn, T. & K.-V. Koschel 2018: Gruppendiskussionen. Ein Praxis-Handbuch. Wiesbaden: Springer-Verlag.

Liebig, B. & I. Nentwig-Gesemann, 2009: Gruppendiskussion. S. 102-123 in: S. Kühl, P. Strodtholz & A. Taffertshofer (Hrsg.), Handbuch Methoden der Organisationsforschung. Wiesbaden: VS Verlag für Sozialwissenschaften.

Liebold, R. & R. Trinczek, 2009: Experteninterview. S. 32-56 in: S. Kühl, P. Strodtholz & A. Taffertshofer (Hrsg.), Handbuch Methoden der Organisationsforschung. Wiesbaden: VS Verlag für Sozialwissenschaften.

Loos, P. & B. Schäffer, 2001: Das Gruppendiskussionsverfahren, in: R. Bohnsack, Chr. Lüders & J. Reichertz (Hrsg.), Qualitative Sozialforschung. Band 5. Opladen: Leske + Budrich.

Luhmann, N., 2014: Vertrauen. Ein Mechanismus der Reduktion sozialer Komplexität. 5. Auflage. Konstanz und München: UVK Verlagsgesellschaft, 2014.

Luksch, A., 2012: Gefährdungsbeurteilung richtig machen. Landsberg am Lech: ecomed Sicherheit Verlag.

Mayring, P., 2002: Einführung in die qualitative Sozialforschung. Eine Anleitung zum qualitativen Denken. Weinheim und Basel: Beltz.

Mayring, P., 2010: Qualitative Inhaltsanalyse, S. 601-613 in: G. Mey & K. Mruck, (Hrsg.), Handbuch Qualitative Forschung in der Psychologie. Wiesbaden: Springer Verlag.

Mayring, P. & T. Fenzl, 2014: Qualitative Inhaltsanalyse, S. 543-558 in: N. Baur & J. Blasius, (Hrsg.), Handbuch Methoden der empirischen Sozialforschung, Wiesbaden: Springer Verlag.

Moldaschl, M., 2002: Ökonomien des Selbst: Subjektivität in der Unternehmergesellschaft. In: J. Klages & S. Timpf (Hrsg.): Facetten der Cyberwelt: Neue Ökonomien, Neue Eliten, Neue Arbeit, Neue Zeitstrukturen. Hamburg: VSA Verlag, 2002, S. 29-62.

Müller, S., 2019: Homeoffice in der arbeitsrechtlichen Praxis - Rechtshandbuch für die Arbeit 4.0. Baden-Baden: Nomos-Verlag.

Nieder, P., 1997: Erfolg durch Vertrauen. Wiesbaden: Gabler Verlag, 1997.

Pfeiffer, S., 2012: Technologische Grundlagen zur Entgrenzung: Chancen und Risiken. In: Budara et al. (Hrsg.): Fehlzeiten-Report 2012. Gesundheit in der flexiblen Arbeitswelt: Chancen nutzen – Risiken minimieren. Berlin/Heidelberg: Springer Verlag, 2012, S. 15-21.

Prümper, J., M. Becker & S. Hornung, 2016: Mobiles Arbeiten – Chance oder Risiko. In: www.personalwirtschaft.de. 08/2016. Online im Internet: ttp://people.f3.htw-ber-lin.de/Professoren/Pruemper/publikation/2016/Pruemper_Becker_Hornung_2016_Arbeit4_0_Personalwirtschaft.pdf (letzter Zugriff: 02.12.2018).

Rein, M., 2015: Mobiles Arbeiten – arbeitsrechtliche Fragestellungen in der modernen Arbeitswelt. Online im Internet. URL: https://www.jura.uni-tuebingen.de/professoren_und_dozenten/reichold/lehre/sommersemester-2015/kolloquium-praxis-des-unternehmensrechts/150518_Kolloquium_Mobiles_Arbeiten_mit_Notizen.pdf (letzter Zugriff: 13.02.2019).

Rexroth-Straßner, M., 2015: Abgrenzung der Lebensbereiche – Auswirkungen und Erlernbarkeiten von Boundary Management. Online im Internet: http://archiv.ub.uni-heidelberg.de/volltextserver/20070/2/160104_dissertation-rexroth_final.pdf (letzter Zugriff: 24.11.2018).

Salheiser, A., 2014: Natürliche Daten: Dokumente, S. 813-828 in: N. Baur & J. Blasius, (Hrsg.), Handbuch Methoden der empirischen Sozialforschung, Wiesbaden: Springer Verlag.

Schivelbusch, W., 1977: Geschichte der Eisenbahnreise: Zur Industrialisierung von Raum und Zeit im 19. Jahrhundert. München/Berlin: Carl Hanser Verlag, 1977.

Schnell, R., P. B. Hill & E. Esser, 2013: Methoden der empirischen Sozialforschung. München: Oldenbourg Wissenschaftsverlag.

Silberberger, U., F. Lorenz & J. Towara, 2017: Mobiles Arbeiten – Arbeitszeit fair und gerecht gestalten. Online im Internet. URL: https://www.boeckler.de/pdf/v_2017_09_07_oerder.pdf (letzter Zugriff 01.05.2019).

Steffes, S., M. F. Maier & D. Arnold, 2017: Qualifikation und flexible Arbeitsformen in der digitalen Arbeitswelt: neue Handlungsfelder für Politik und Wirtschaft, S. 463-466, in: U. Klammer, S. Steffes, M. F. Maier, D. Arnold, O. Stettes, L. Bellmann & H. Hirsch-Kreinsen (Hrsg.), Arbeiten 4.0 – Folgen der Digitalisierung für die Arbeitswelt. Berlin/Heidelberg: Springer Verlag.

Steinke, I., 2007: Qualitätssicherung in der qualitativen Forschung. S. 176–187 in: U. Kuckartz, H. Grunenberg & T. Dresing (Hrsg.), Qualitative Datenanalyse: computergestützt. Wiesbaden: VS Verlag für Sozialwissenschaften.

Thaler, R. & C. Sunstein, 2018: Nudge. Wie man kluge Entscheidungen anstößt. 13. Auflage. Berlin: Ullstein, 2018.

Voß, G. & H. Pongratz, 1998: Der Arbeitskraftunternehmer. Eine neue Grundform der Ware Arbeitskraft? In: Kölner Zeitschrift für Soziologie und Sozialpsychologie, 50 (1), S. 131-158.

Weber, A., N. Sawodny & R. Rundnagel, 2010: Laptop Nomaden – Wege aus der Gesundheitsfalle. In: C. Brandt (Hrsg.): Mobile Arbeit – Gute Arbeit? Arbeitsqualität und Gestaltungsansätze bei mobiler Arbeit. Berlin: verdi, S. 95-100.

Weissbuch, 2017: Weissbuch. Arbeiten 4.0. Arbeit weiter denken. Berlin: Bundesministerium für Arbeit und Soziales, 2017.

Wissenschaftlicher Dienst des deutschen Bundestags, 2017: Sachstand Telearbeit und Mobiles Arbeiten, Berlin. Online im Internet. URL:

https://www.bundestag.de/resource/blob/516470/3a2134679f90bd45dc12dbef26049977/WD-6-149-16-pdf-data.pdf (letzter Zugriff: 15.06.2019).

Weißkopf, R., 2005: Gouvernementabilität: Die Produktion des regierbaren Menschen in post-disziplinären Regimen. In: Zeitschrift der Personalforschung, 19 (3), S. 289-311.

Wittig-Goetz, U., 2015: Die Organisation des Arbeitsschutzes im Betrieb. Frankfurt: Hans-Böckler-Stiftung.

Sabbatical und Workation als lebensphasenorientierte Arbeitszeitmodelle[1]

Katrin Leder, Dina Sündermann und Bernadette Sudeikat-Gichtbrock[2]

Gliederung

Abstract

Bedingt durch die vorherrschenden Entwicklungen des Arbeitsmarktes ergeben sich arbeitgeber- wie arbeitnehmerseitig neue und vielfältige Herausforderungen. Ein möglicher Lösungsansatz kann im Ausbau und in der attraktiven Ausgestaltung von flexiblen Arbeitszeit- beziehungsweise Auszeitmodellen wie Sabbatical und Workation liegen. In dieser qualitativ ausgerichteten Studie wird mittels einer Homepageanalyse der DAX 30 Unternehmen sowie anhand von Experteninterviews untersucht, inwieweit sich diese beiden Modelle bereits auf dem Arbeitsmarkt etabliert haben. Ebenfalls werden Attraktivitätskriterien und Handlungsempfehlungen herausgearbeitet. Neben den sich aus diesen Modellen ergebenden Chancen, werden Hemmnisse identifiziert, die es abzubauen gilt, um die Instrumente noch stärker in den Fokus zu rücken. Es wird deutlich, dass Workation noch weitgehend unbekannt ist, aber durch die Verknüpfung der Vorteile des mobilen Arbeitens und einer beruflichen Auszeit diverse Anhaltspunkte für die Neugestaltung lebensphasenorientierter Arbeitszeitmodelle bieten kann.

---

[1] Dieser Beitrag ist als arbeitswissenschaftliches Forschungsprojekt im Rahmen des berufsbegleitenden Master-Studiengangs Arbeitswissenschaft an der Leibniz Universität Hannover entstanden.

[2] Katrin Leder ist Diplom-Wirtschaftspsychologin (FH) und arbeitet als Gesundheitsmanagerin im öffentlichen Dienst in Lüneburg; Email: katrinleder@web.de
Dina Sündermann ist Diplom-Biologin und Betriebsrätin bei der SEA LIFE Deutschland GmbH in der Niederlassung Hannover; Email: dina.suendermann@gmx.de
Bernadette Sudeikat-Gichtbrock ist Angewandte Kulturwissenschaftlerin (M.A.) sowie Angewandte Pflegewissenschaftlerin (B.Sc.) und arbeitet in der Personalberatung; Email: mb.gichtbrock@gmx.net

1. Flexible Arbeitszeitmodelle als Antwort auf personalpolitische Herausforderungen

Für Unternehmen ist es schon immer ein schwieriges Unterfangen, geeignete Arbeitskräfte zu gewinnen und dauerhaft an das Unternehmen zu binden. Während die Arbeitgeber*innen in früheren Jahren in der privilegierten Rolle waren, die Besten unter den Besten zu suchen, neigt sich die Situation derzeit vielmehr dahin, überhaupt ausreichend qualifizierte Mitarbeitende zu finden und von den eigenen Unternehmensvorteilen zu überzeugen. Wesentlich geprägt ist diese Tendenz von dem zunehmenden demografischen Wandel, der nicht nur aufgrund des anhaltend niedrigen Geburtenniveaus und des damit einhergehenden Rückgangs des Fachkräftenachwuchses spürbar wird. Auch die älter werdende Bevölkerung und somit eine alternde Arbeitnehmerschaft stellen die Arbeitswelt vor neue Herausforderungen (vgl. BMAS 2017: 29-32, Rump et al. 2014: 5-6). Daher fließen diese demografischen Trends schon seit mehreren Jahren in die Planungen der Personalpolitik ein, zumal zielgruppenorientierte Lösungen scheinbar eine Reaktion auf diese gesellschaftlichen Entwicklungen sind, die sich für den Arbeitsmarkt als tatsächlich zukunftsfähig erweisen (vgl. Hermeier et al. 2019: 41). Schon seit Herzberg (1997) ist bekannt, dass nicht die Höhe des Gehaltes und ansprechende Arbeitsinhalte ausschlaggebend für eine hohe Arbeitsmotivation von Beschäftigten sind. Vielmehr müssen sich Unternehmer*innen darum bemühen, andere Motivatoren zu finden, um als Arbeitgeber*in attraktiv zu sein und zu bleiben. Eine mögliche Stellschraube zur Intensivierung der Mitarbeiterbindung können Angebote zur Flexibilisierung der Arbeitszeit sein. In Korrelation zu der stetig zunehmenden Auflösung der Grenze zwischen Arbeits- und Privatleben werden bereits seit mehreren Jahrzehnten flexible Arbeitszeitmodelle offeriert (vgl. Badura et al. 2012: 3). So gehören beispielsweise Gleitzeitregelungen längst zum Standardangebot und auch das Konzept der Vertrauensarbeitszeit breitet sich aus. Über die Möglichkeiten, Arbeitszeitflexibilisierung als Instrument der Mitarbeiterbindung und Fachkräftesicherung einzusetzen, hinaus ist nicht außer Acht zu lassen, dass sich daraus für Arbeitgeber*innen auch unternehmensökonomische Vorteile ergeben. Hier stehen beispielsweise die „effektive Anpassung der Arbeitszeit an Arbeitsschwankungen“ (Deller 2004: 13) und die Möglichkeit der „optimalen Auslastung der Personalkosten und Kapazität“ (Deller 2004: 13) auf der Inputseite eines Unternehmens. Ferner scheint die voranschreitende Digitalisierung der Arbeitswelt ebenso an Relevanz auf arbeitszeitbezogene Fragestellungen zu gewinnen und dazu bewegen zu können, etablierte Modelle zur Flexibilisierung der Arbeitszeit zu diskutieren und Möglichkeiten auszubauen. Da die digitale Arbeitswelt es den Mitarbeitenden gestattet, ortsunabhängig zu arbeiten, bietet sie ihnen die Option, noch flexibler auf persönliche Bedürfnisse zu reagieren. In vielen Fällen wird eben diese Ungebundenheit als sehr positiv für die eigene Work-Life-Balance wahrgenommen, zumal darin die Chance gesehen wird, nicht nur einen ausgleichenden Rhythmus zwischen Arbeit und Privatleben in den unterschiedlichen Lebensphasen zu erreichen, sondern auch auf differierende Ansprüche am Arbeitsplatz reagieren zu können.

Doch irrt sich, wer die Ansprüche an neue Arbeitszeitmodelle ausschließlich der jungen Generation zuschreibt. Denn auch die Generation der Baby-Boomer, also derer, die heute zwischen 45 und 60 Jahre alt sind, lassen sich von dem Entschluss, in (Früh-)Pension beziehungsweise in Rente zu gehen, abbringen, wenn der arbeitgebende Betrieb entsprechende Arbeitszeitmodelle anbietet (vgl. Wörwag & Cloots 2018: 139).

Somit kristallisiert sich heraus, dass Unternehmen bei der Einführung von (neuen) Arbeitszeitmodellen insbesondere das Augenmerk auf eine die lebensphasenspezifischen Mitarbeiterbedürfnisse berücksichtigende Ausgestaltung legen sollten, um schließlich auch eine effektive Inanspruchnahme durch eine breite Belegschaft zu erreichen. In dieser Hinsicht zeichnet sich schließlich die Tendenz ab, dass die Gestaltung von flexiblen Arbeitszeitmodellen nicht nur zunehmend komplexer wird, sondern auch ihr Stellenwert im Rahmen unternehmensstrategischer Zukunftskonzepte wächst.

In Anbetracht dieser Entwicklungen erwächst das Forschungsinteresse, sich mit flexiblen Arbeitszeitmodellen tiefergehend zu beschäftigen und dabei den Untersuchungsfokus auf die Gestaltung der beiden Varianten Sabbatical und Workation zu setzen. Insbesondere wird schließlich der Frage nachgegangen, welche Handlungsoptionen bestehen, damit diese Modelle sowohl für abhängig Beschäftigte interessant sind als auch den gewünschten Mehrwert für die Unternehmen bringen.

Zum einen zieht die Fragestellung das bewährte und in Teilen schon etablierte Auszeitmodell Sabbatical in die nähere Betrachtung. Ergänzt wird der Untersuchungsgegenstand zum anderen durch die neue Arbeitszeitvariante Workation (aus dem englischen „work“ und „vacation“). Hierbei handelt es sich um ein Modell, welches eine Auszeit weniger von der Arbeit, als mehr eine Auszeit vom eigentlichen Arbeitsort vorschlägt. Diese Abwandlung bietet die damit verbundene Möglichkeit, die Freizeit anders zu gestalten. Eine parallele Reduzierung der Arbeitszeit ist denkbar, jedoch nicht zwingend. Trotz der bestehenbleibenden Arbeitsaktivität seitens der Beschäftigten wird Workation im Folgenden semantisch ebenso unter die Bezeichnung Auszeit eingefasst. Eine ausführlichere Begriffsbestimmung findet sich in Kapitel 2.

Bei der ersten Annäherung an die forschungsleitende Thematik können verschiedene theoretische Konzepte bei der Auseinandersetzung mit den Fragen, wie diese Modelle eingesetzt werden können, welchen potenziellen Nutzen sie bergen und warum sie auch in der Zukunft auf dem Arbeitsmarkt relevant bleiben beziehungsweise werden können, sensibilisieren. Hierzu zählen insbesondere die Lebensphasenorientierte Personalpolitik von Rump & Eilers (2014), der Neoinstitutionalismus, soziale Austauschtheorien sowie die Signaling-Theorie, die im Kapitel 3 ausführlicher beschrieben werden.

Werden die Entwicklungen der Auszeitmodelle mit den beschriebenen theoretischen Grundannahmen übereinandergelegt, entsteht die Hypothese, dass hinsichtlich der praktischen Umsetzung von Sabbatical und Workation in den Unternehmen aktuell weiterhin Handlungspotenzial besteht. Dies thematisiert auch eine aktuelle Studie von Altmann (2018), die sich der Analyse von Angebot, Nutzen und Folgen beruflicher Auszeiten widmet und mitunter darauf hinweist, dass eingeführte berufliche Auszeitmöglichkeiten auf eine mitarbeiterorientierte Unternehmenskultur schließen lassen können. Ausschlaggebend hierzu sei jedoch weniger das Angebot an sich, sondern vielmehr die inhaltliche Ausgestaltung und die betrieblichen Rahmenbedingungen der Auszeiten (vgl. Altmann 2018: 149-156, 159-160). Altmann bietet in ihrem wissenschaftlichen Beitrag weitreichende Einblicke über den aktuellen Stand dieser Forschungsthematik, so dass die Studie bei der Bearbeitung des hier verfolgten Forschungsinteresses als wesentliche Grundlage dient. Wie Altmann feststellt, bestehen zum Themenspektrum Auszeitmodelle in der derzeitigen Literatur vielfach diskutierte Ansätze, die bislang aber kaum wissenschaftlich hinterlegt sind (vgl. Altmann 2018: 7). Neben Altmann befassen sich etwa auch die Beiträge von Hillebrecht (2018) und Deller (2004) mit den Auswirkungen und Nutzen von Arbeitszeitvarianten und setzen dabei auch einen expliziten Fokus auf das Modell Sabbatical. Workation wird erstmals in der Literatur von Klug (2018) beschrieben, indem sie den Nischentrend insbesondere für selbstständige Neo-Nomaden erkennt. Weitere Studien, die Auszeitmöglichkeiten wie Sabbatical und Workation unter Berücksichtigung aktueller gesellschaftlicher Trends analysieren, sind derzeit nicht bekannt.

Vor diesen Hintergründen und anknüpfend an bereits im wissenschaftlichen Diskurs existente Erkenntnisse zu diesen Auszeitkonzepten ergibt sich für das hier dargelegte Forschungsvorhaben die folgende leitende Fragestellung:

Wie müssen die lebensphasenorientierten Arbeitszeitmodelle Sabbatical und Workation ausgestaltet werden, um für abhängig Beschäftigte und Organisationen attraktiv zu sein?

Zur Untersuchung der Frage richtet die qualitativ ausgerichtete Analyse in einem ersten Schritt das Augenmerk auf den Ist-Stand: Welche Modelle werden derzeit in der Regel angeboten? Wie weit reicht das Spektrum in der Ausgestaltung? Ferner wird die Frage nach Attraktivitätskriterien gestellt: Was bewegt Unternehmen, Auszeitmodelle anzubieten? Was bewegt Beschäftigte, Angebote anzunehmen und umzusetzen? Hierzu liegt ein Schwerpunkt neben dem Herausarbeiten von Vorteilen und Nutzen auch darauf, Risiken und Hemmnisse genauer zu hinterfragen. Davon ausgehend, dass Workation aktuell kaum einen Bekanntheitsgrad hat, erscheint zuletzt die gesonderte Betrachtung dieses Themas notwendig.

Anschließend an eine differenzierende begriffliche Bestimmung der beiden Modelle Sabbatical und Workation in Kapitel 2 und den weiteren Ausführungen zu sensibilisierenden, theoretischen Ansätzen in Kapitel 3, gibt das Kapitel 4 einen Überblick über das gewählte Untersuchungsdesign. Darauf aufbauend widmet sich Kapitel 5 den Ergebnissen der Untersuchung. Um Rückschlüsse auf die Auswirkungen der Interventionen Sabbatical und Workation auf dem Arbeitsmarkt ziehen zu können, wird darin zunächst der Darstellung des derzeitigen Angebotsportfolios Raum gegeben. Da davon auszugehen ist, dass Unternehmen diese Angebote zur Mitarbeitergewinnung in ihrem Leitbild platzieren und öffentlich machen (vgl. Rump et al. 2014: 31), werden in einem ersten Schritt die Homepages der DAX 30 Unternehmen gesichtet. Kapitel 5.1 stellt die Resultate dieser Analyse zusammen und erörtert die gewonnenen Erkenntnisse. In einem zweiten Schritt präsentiert der Beitrag die Ergebnisse aus den halbstandardisierten Experteninterviews mit Personalverantwortlichen und Berater*innen. Dabei befasst sich Kapitel 5.2 mit den Schilderungen zum derzeitigen unternehmensseitigen Angebot sowie der mitarbeiterseitigen Inanspruchnahme der Modelle Sabbatical und Workation. Daran anknüpfend werden in Kapitel 5.3 die Aussagen der Expert*innen zu möglichen Handlungsspielräumen bei der Gestaltung der beiden Varianten analysiert, um daran anknüpfend, mit Blick auf die sensibilisierende Fachliteratur, die Bedeutung wie auch die Gestaltung von Sabbaticals und Workation zu reflektieren. Kapitel 6 fasst in einem Fazit die gewonnenen Erkenntnisse zusammen, stellt sie resümierend der zentralen Fragestellung gegenüber und gibt Hinweise auf weitere noch unbeantwortete Forschungsfragen. Eine Reflexion des Forschungsprozesses und der damit verbundenen Herausforderungen für die Forschenden beendet dieses Kapitel und bildet den Abschluss dieses Beitrags.

2. Lebensphasenorientierte Arbeitszeitmodelle

Auf dem Gebiet einer zukunftsorientierten und -fähigen Personalpolitik spielen sogenannte Megatrends auf dem Arbeitsmarkt eine entscheidende Rolle. So wird der derzeitige Arbeitsalltag beeinflusst durch den demografischen Wandel, durch technisch-ökonomische sowie gesellschaftliche Entwicklungen (vgl. Rump et al. 2014: 13). Ein zentraler Trend der gesellschaftlichen Entwicklungen ist insbesondere der Individualisierungstrend (vgl. Stangel-Meseke et al. 2015: 1). Die Möglichkeit etwas zu sein, was sonst keiner ist und etwas zu erleben, was sonst keiner erlebt, ist wie ein Rausch in den jungen Generationen Y und Z und verbreitet sich zunehmend auch auf die restlichen Altersgruppen. Durch zahlreiche Blogs, Webseiten und Zeitungsartikel wird der Wunsch nach dem Erlebnis weiter genährt und es ist ein Leichtes sich der Kreativität von Gestaltungsmöglichkeiten zwischen Arbeit und Freizeit zu bedienen. Dabei geht es in der Umsetzung weit über Gleitzeit-, Teilzeitmöglichkeiten oder Langzeitkonten hinaus, vielmehr ist es das Ziel, die Optionen der digitalen Arbeitswelt größt- und bestmöglich auszunutzen:

> „Der Einsatz von digitalen Technologien eröffnet die Möglichkeit, Arbeit räumlich und zeitlich in einem größeren Umfang zu entkoppeln und zu flexibilisieren als dies früher möglich war“ (Hammermann 2016: 4).

Und daraus folgt:

> „Für die Unternehmen bedeutet Individualisierung sich mit vielen Lebensentwürfen auseinanderzusetzen. Arbeitszeit- und Arbeitsortsmodelle, die bisher für viele umsetzbar waren, werden ebenfalls individueller“ (Barsch & Trachsel 2018: 111).

Demnach werden, so Barsch & Trachsel weiter, Sabbaticals und längere Auszeiten für Bildung, Kinder und Pflege die zukünftigen Biografien der

Arbeitnehmer*innen erweitern und die Möglichkeit des vernetzten und ortsunabhängigen Arbeitens mehr und mehr an Bedeutung gewinnen.

Ein weiterer Grund für diese Entwicklungen ist das Bedürfnis des Einzelnen, gesund und belastbar zu sein. So ist es zur Lebensaufgabe geworden, sich den Nachteilen der verdichteten Arbeitswelt und der Entgrenzung der Arbeit entgegenzustellen und für die eigene Gesunderhaltung Sorge zu tragen. Gleichwohl ist es für Arbeitgeber*innen von großer Bedeutung die Beschäftigungsfähigkeit von Arbeitnehmer*innen zu fördern und zu stärken. Um die Selbstgefährdung und die Gefahr des Ausbrennens zu minimieren, gilt es für Unternehmen auf der verhältnisbezogenen Ebene „die Erweiterung von [...] flexible[n] Auszeiten (Sabbaticals, Fort- und Weiterbildungsphasen im Verlauf einer Erwerbsbiografie) [...]" als zentrale Elemente anzubieten (Badura et al. 2012: xi).

2.1.1. Begriffsbestimmung des Modells Sabbatical

Sabbaticals sind in der Literatur auch unter Langzeitfreistellungen, beruflichen Auszeiten oder Blockfreizeiten zu finden. Etwas irreführend ist die ebenfalls weitverbreitete Bezeichnung des Sabbatjahres. Die damit gegebene Suggestion, dass ein Sabbatical immer die Dauer eines Jahres haben muss, findet sich in der Praxis so nicht wieder.

2.1.1.1.Definition

Wenngleich Sabbaticals schon seit Ende der 90er Jahre durch ein Gesetz in Deutschland ermöglicht werden, ist die Definition doch nicht eindeutig. Langheiter (2012: 73) beschreibt ein Sabbatjahr so: „Ausgelaugte Menschen bekommen, so der Arbeitgeber ein Sabbaticalmodell anbietet, eine bezahlte Ruhezeit, nachdem sie einige Jahre dafür angespart haben." Eine andere Definition von Spitzley (2007: 133) lautet: „Langzeitfreistellungen (Sabbaticals) von mehreren Monaten oder Jahren sind neben familienbewusst gestalteten Arbeitszeitkonten, Elternzeit und Angeboten zur zeitweiligen Absenkung der Arbeitszeit eine weitere Form der familienbewussten flexiblen Personalpolitik." Grundsätzlich bedeutet demnach ein Sabbatical nicht mehr und nicht weniger als eine mit dem Unternehmen abgestimmte Auszeit von der beruflichen Tätigkeit.

2.1.1.2.Sabbatical-Regelungen

Das Angebot für ein Sabbatical kann ein Unternehmen auf unterschiedliche Art und Weise als Instrument in seine Personalpolitik einbauen. Deller (2004: 26) unterscheidet im Wesentlichen drei Varianten: Im Vertragsmodell erfolgt der Anspruch bereits durch eine schriftliche Festsetzung im Arbeitsvertrag. Dieses vereinbarte Anrecht findet sich in der Regel nur im öffentlichen Dienst und hängt mit der entsprechenden Gesetzgebung zusammen. Eine weitere Option bietet das sogenannte Ansparmodell. Wörwag & Cloots (2018: 208) sprechen in diesem Zusammenhang von einem finanzierten Sabbatical. Die Finanzierung kann hierbei auf zwei Wegen des Ansparens erfolgen, zum einen kann die Arbeitszeit für einen bestimmten Zeitraum vertraglich reduziert werden, die tatsächliche Arbeitszeit bleibt jedoch gleich, so dass die mehr geleisteten Stunden angespart und am Stück in Form einer Blockfreizeit gegeben werden. Denkbar ist zum anderen das Ansparen von Stunden auf einem Langzeitkonto ohne Veränderung des Gehalts. Die letzte Variante, die Deller beschreibt, ist das Kriseninterventionsmodell. Hier können Betriebe ähnlich wie bei der Version zuvor, auf Hochphasen reagieren. Ein entscheidendes Merkmal ist jedoch, dass Arbeitgeber*innen die Auszeiten konjunkturbedingt steuern können. Zudem bietet sich bei der Notwendigkeit einer spontanen Auszeit in der Regel die Option einen unbezahlten Urlaub in Anspruch zu nehmen. In der Praxis setzen sich in der Regel Mischformen dieser Modelle durch.

2.1.1.3. Gründe für ein Sabbatical

Noch vielseitiger als die unterschiedlichen Ausgestaltungsmöglichkeiten für Arbeitgeber*innen, Sabbaticals in dem Unternehmen umzusetzen, sind die Beweggründe für eine berufliche Auszeit bei den Arbeitnehmer*innen. Eine Studie von Wimdu (2016) zeigt, dass „Zeit haben für die eigenen Interessen" sowie die Möglichkeit zu Reisen als Hauptmotivatoren für längere Auszeiten dienen. Aber auch der Wunsch, neue Perspektiven zu entwickeln und berufsbedingtem Burnout vorzubeugen, geben um die 50% der Befragten als Grund für ein Sabbatical an.

In den meisten Fällen hat die Inanspruchnahme eines Sabbaticals einen spezifischen Anlass, es wird jedoch in der Regel davon Gebrauch gemacht, mehrere Vorteile von längeren Auszeiten zu verbinden (vgl. Abbildung 1).

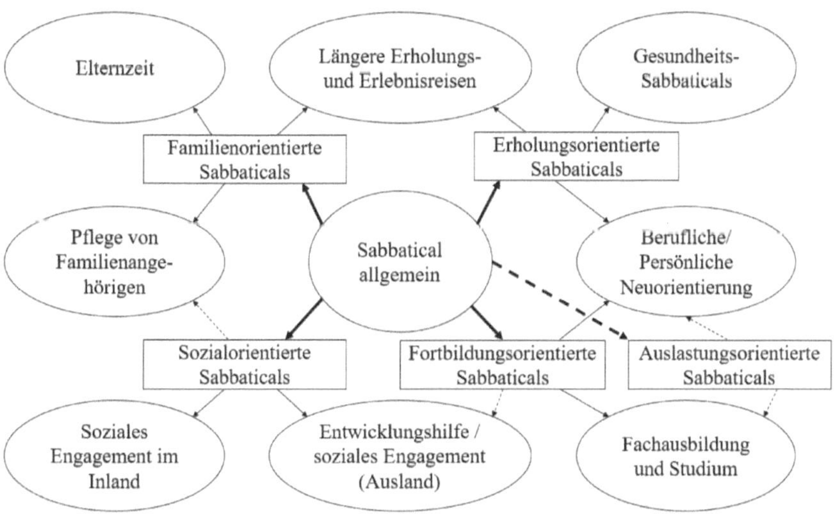

Abbildung 1: Anlässe für ein Sabbatical (Quelle: Hillebrecht 2018: 7)

2.1.1.4.Relevanz auf dem Arbeitsmarkt

In ihrer Dissertation aus dem Jahre 2005 stellt Siemers (2005: 47) fest, dass Sabbaticals lediglich zu 2,4 % als Angebot in Unternehmen bestehen. Zudem werden Umfragen von Forsa (2002; in Siemers 2005: 47) und Bielenski (2000; in Siemers 2005: 47) angeführt, wonach sich 43% bis 53% der Arbeitnehmer*innen ein Sabbatical vorstellen können.

In einer aktuellen Dissertation von Altman (2018: 16) wird beschrieben, dass 10% der Unternehmen berufliche Auszeiten anbieten. Nach dort zitierten Studien haben im Jahr 2013 (Forsa 2013) sogar 57% den Wunsch, eine berufliche Auszeit zu nehmen. Erstaunlich hingegen ist, dass nur 10,1% diesem Wunsch auch ernsthaft nachgehen (Xing 2017).

2.1.2. Begriffsbestimmung des Modells Workation

Um sich dem Begriff Workation zu nähern, sollte anstelle der Online-Literatur-Recherche in der Universitätsbibliothek besser eine Internet-Suchmaschine befragt werden. Die ersten Treffer verweisen zum Beispiel auf die Seite www.arbeits-abc.de, die Workation als Karriere-Tipp ausspricht „Digitale Arbeit: Bei der Workation Arbeit und Urlaub kombinieren" (abgerufen am 03.06.2019). Unter www.karrierebibel.de wird Workation als Option für „Dort Arbeiten wo andere Urlaub machen" (abgerufen am 03.06.2019) beworben. Workation ist also ein Produkt aus der digitalen Arbeitswelt und den damit verbundenen Möglichkeiten. Aktuell sind es vorrangig digitale Nomaden, die in ihrer Selbstständigkeit in Co-Working-Spaces in der ganzen Welt arbeiten (vgl. Klug 2018: 18).

Um Workation in das Arbeitsverhältnis abhängig Beschäftigter zu übertragen und richtig zu definieren, ist die Abgrenzung zur mobilen Arbeit von Bedeutung. In einem Bericht des Ausschusses für Bildung, Forschung und Technikfolgenabschätzung (2019) werden folgende Varianten von mobiler Arbeit benannt:

- Arbeit im Homeoffice;
- Arbeit beim Kunden oder vor Ort (z. B. Baustelle, ambulante Pflege, Service, Vertrieb oder Beratung);
- Arbeit auf Dienstreisen (z. B. Meetings, Messen, Kongresse);
- Arbeit unterwegs (z. B. Bahnfahrt) (Dt. Bundestag 2019: 26).

Ferner wird im Verlauf des Berichtes aufgezeigt, welche Auswirkungen sich daraus auf die Arbeitszeit und den Arbeitsort auch für abhängig Beschäftigte ergeben. „Die Ausweitung der Arbeit auf andere Räume, die auch, wie im Fall von Cafés und Restaurants, in der Freizeit aufgesucht werden, deutet auf eine Verstärkung der Entgrenzung von Arbeit und Privatleben hin" (Dt. Bundestag 2019: 36). Unter Bezugnahme auf diese Aussagen lässt sich Workation am ehesten als neue Arbeitsform abgrenzen, in der die Abwesenheit beziehungsweise Auszeit vom Arbeits- und Wohnort eine maßgebliche Komponente darstellt. Die enge Verzahnung zwischen Arbeit und Freizeit (an einem Urlaubsort) stehen im Fokus. Klug

(2018: 24) spricht im Zusammenhang von Workation von „Neo-Nomaden auf Zeit“ und geht gedanklich noch einen Schritt weiter: „'Work(st)ation' als Ansatz für klassische Arbeitgeber oder Angestellte, beispielsweise im Rahmen eines Projektes, ein kreatives (neues) Arbeitsumfeld für Ideen abseits bisheriger Strukturen zu schaffen.“ Bei dieser Modifikation könnten ganze Teams auf Zeit an einem Urlaubsort ihre Arbeit gemeinsam verrichten. Zur Verbreitung und Nutzung dieser Angebote gibt es derzeit noch keine validen Studien.

3. Sensibilisierende Konzepte und Theorien

Die tiefergehende Auseinandersetzung mit dem Angebot und der Inanspruchnahme der Arbeitszeitmodelle Sabbatical oder Workation führt schnell zu der Frage, weshalb diese Themen überhaupt zunehmend an Relevanz gewinnen. Begibt man sich in die Literaturrecherche, drängt sich der Eindruck auf, dass Unternehmen sich mittlerweile vermehrt im Zugzwang sehen, den Mitarbeitenden eine Form der Auszeit zu ermöglichen. Diesem Gedankengang folgend wird somit zum einen interessant, weshalb Unternehmen sich diesem Angebot anschließen oder versuchen, ähnliches anzubieten und zum anderen, welche Reaktionen von den Auszeitnehmenden zu erwarten sind. Die Beantwortung dieser Fragen wird sich auch im Verlauf der Analyse als weiterführend und fruchtbar erweisen, um zu prüfen, welche Handlungsspielräume für eine mitarbeiter- wie auch unternehmensseitig attraktivere Gestaltung bestehen (vgl. Kapitel 5.3).

Für die empirische Untersuchung werden vor dem Hintergrund des begrenzten Rahmens dieser Studie einige zentrale theoretische Konzepte ausgewählt, die sich als hilfreich für die Bearbeitung der zugrunde liegenden Fragestellung herauskristallisieren.

3.1. Lebensphasenorientierte Personalpolitik

Als ein sensibilisierendes Konzept wird der Ansatz der Lebensphasenorientierten Personalpolitik, den Rump & Eilers in einem Sammelband präsentieren, verwendet (Rump & Eilers 2014). In Anbetracht der mittlerweile im breiten Diskurs thematisierten demografischen, technisch-ökonomisierten, gesellschaftlichen Entwicklungstrends raten die Autor*innen zu einer nachhaltigen Personal- und Unternehmenspolitik, der sie das Potenzial einer langfristigen Investition zuschreiben. Als grundlegende Stellschraube, um nachhaltig als Unternehmen zu agieren, stellt dieser Ansatz eine beide Seiten berücksichtigende Kombination von betrieblichen Interessen und den sukzessive immer unterschiedlicher werdenden, individuellen Bedürfnissen der Beschäftigten in den Fokus. Dabei ist insbesondere zu beachten, dass sich vielfältige Lebens- und Berufsphasen im Verlauf der immer länger werdenden Erwerbsbiographien aneinanderreihen. Um diese untereinander in Einklang zu bringen, bedarf es einer Personalpolitik, die sich unter Berücksichtigung des demografischen Wandels eine lange Beschäftigungsfähigkeit als Ziel setzt und sich dabei in gesteigerter Intensität einer erhöhten Vereinbarkeit der beruflichen, privaten und familiären Lebenswelten widmet (vgl. Rump et al. 2014: 3-13).

Neben dem Einfluss der Globalisierung und dem Fortschritt in den Informations- und Kommunikationstechnologien berücksichtigt eine Lebensphasenorientierte Personalpolitik auch den gesellschaftlichen Wertewandel. Eine zunehmende Individualisierung wird dabei ergänzt durch die Intention, verschiedene Werte in der Balance zu halten und gleichberechtigt in die Lebensgestaltung einfließen zu lassen. Rump et al. sehen dabei vor diesem Hintergrund insbesondere die Generation der heute unter 35-Jährigen einem Spannungsfeld ausgesetzt, indem parallel zu einer Leistungsorientierung auch dem Lebensgenuss Raum gegeben wird, Familie und Beruf miteinander kombiniert werden und Herausforderungen im Wechselspiel zum Wunsch nach Entschleunigung stehen. Diese Wertepluralität und die damit einhergehenden Erwartungen an Arbeitgeber*innen werden auch in Zukunft maßgeblich die Arbeitswelt prägen (vgl. Rump et al. 2014: 5-13).

In Anbetracht des bereits existierenden Fachkräftemangels, dem demografiebedingt weiter sinkenden Bestand an Nachwuchskräften und der damit verknüpften Verlängerung der Lebensarbeitszeit sehen Rump et al. ihren personalpolitischen Ansatz als zukunftsorientiertes Mittel, um im zunehmenden Wettbewerb Mitarbeitende für sich zu gewinnen und diese langfristig auch zu binden. Ausgehend von einer Haltung, die Beschäftigte als Menschen mit individuellen Bedürfnissen annimmt, wertschätzt und sie nicht nur als Funktionsträger*innen wahrnimmt, scheint mitunter die gezielte Unterstützung der Mitarbeitenden bei der Erhaltung ihrer Beschäftigungs- und Leistungsfähigkeit während ihrer verlängerten Lebensarbeitszeit im Zentrum einer Lebensphasenorientierten Personalpolitik verortet zu sein. Diesbezüglich verweist der Ansatz explizit auch auf die Umsetzung einer flexibilisierten Arbeitsorganisation (vgl. Rump et al. 2014: 13-19).

Der immer lauter werdende Ruf nach einer optimierten Vereinbarkeit von privaten und beruflichen Interessen, dem sich auch das Konzept einer Lebensphasenorientierten Personalpolitik anschließt, untermauert die Bedeutung von neuen Arbeitszeitkonzepten. Daraus wächst die Motivation, nach Möglichkeiten der Attraktivitätssteigerung dieser Angebote zu fragen.

Das Konzept von Rump & Eilers richtet den Fokus auf personalpolitische Handlungsspielräume und ruft zu einem Wandel auf. Zum vertieften Verständnis der Situation von Unternehmen, wenn sie mit diesbezüglichen Herausforderungen und mit auf sie einwirkenden Einflüssen aus dem Organisationsumfeld konfrontiert werden, können neoinstitutionalistische Ansätze zur Sensibilisierung herangezogen werden.

3.2. Neoinstitutionalismus

Der Neoinstitutionalismus (u.a. Meyer & Rowan 1977) nimmt Bezug auf den Institutionalismus und findet seinen Ursprung in den 1970er-Jahren im Kreise amerikanischer Soziologen. Er befasst sich mit der Analyse von Institutionalisierungsprozessen und untersucht dabei die Herausbildung von sozial legitimierten Aktivitäten, die die Organisation betreffen. Das Neue besteht insbesondere darin, den Analysefokus des traditionellen organisatorischen Denkens zu verschieben.

Statt den Fokus auf die einzelne Organisation zu lenken, wird nun der Kontext der Organisation betrachtet. Das soziale Umfeld, in das die Organisation eingebettet ist, wird von verschiedenen gesellschaftlichen Sektoren (u.a. lokale und zentrale Behörden, Berufs- und Interessenverbände, Einrichtung der Wissensvermittlung oder auch Medien) geprägt. Ausgehend davon ist die einzelne Organisation einem andauernden externen Druck ausgesetzt, sich den legitimierten und institutionalisierten Standards und Normierungen des sozialen Lebens anzupassen. Die einzelne Organisation stellt in neoinstitutionalistischer Lesart nicht mehr eine autonome Einheit dar, sondern wird schließlich als Produkt dieses Kontextes betrachtet. Folglich erscheint es für eine Organisationsanalyse als erforderlich, immer auch die gesellschaftlichen Organisationsweisen zu berücksichtigen (vgl. Blättel-Mink 2015: 471; Bonazzi 2014: 409-411).

Im Zuge dieser Anpassungsbemühungen und -prozesse finden sich Unternehmen nicht selten in einem Spannungsfeld von konfligierenden Zielen wieder, in dem Vorgänge, die aus der Anpassung an sozial legimitierte Regeln sowie Modeerscheinungen oder als Image-Kampagne eingeführt werden, im Konflikt zu Prozessen stehen, die die internen Effizienzkriterien zum Erreichen der unternehmensökonomischen Ziele zu wahren beabsichtigen. Zur Bewältigung dieser Inkongruenz entstehen in Organisationen häufig parallele Strukturen. So wird auf einer von außen einsehbaren Ebene den ebenso von außen einwirkenden Erwartungen entsprochen, während auf einer hintergründigen Ebene versucht wird, das Unternehmen effizient zu führen (vgl. Blättel-Mink 2015: 472-473; Bonazzi 2014: 412-414).

Mit Blick auf das dieser Studie zugrunde liegende Forschungsinteresse bietet der neoinstitutionalistische Ansatz insbesondere beim Verständnis der Unternehmensperspektive Unterstützung an. Wenn nach dem Angebot und der Umsetzung von Auszeitmodellen gefragt wird, lässt es sich einerseits leichter nachvollziehen, wieso gemäß den externen Erwartungen hinsichtlich einer optimierten Vereinbarkeit von beruflichen und privaten Interessen, dem Handlungsdruck aufgrund des Fachkräftemangels oder aber auch dem Bestreben nach Mitarbeiterbindung und Sicherung einer Beschäftigungsfähigkeit flexibilisierte Arbeitszeitkonzepte ermöglicht werden sollen und möglicherweise müssen. Andererseits wird erkennbar, warum gleichzeitig allerdings viele Hemmnisse die Umsetzung erschweren und eine nachhaltige Verankerung in betriebliche Strukturen nur bedingt und verzögert erfolgt oder überhaupt nicht intendiert ist.

Dass eine Personalpolitik, die sich lebensphasenorientierte Arbeitszeitmodelle auf die Agenda schreibt, sich, wie das Konzept der Lebensphasenorientierten Personalpolitik von Rump & Eilers betont, auch als zukunftsorientierte Unternehmensinvestition erweisen kann, zeichnen ebenfalls Ansätze der sozialen Austauschtheorien nach. Mit dem Interesse, die Einflussfaktoren auf die Attraktivität von Sabbaticals und Workation zu untersuchen, können diese Annahmen auf der Suche nach dem potenziellen Nutzen, der Unternehmen zur Implementierung derartiger Modelle antreiben kann, sensibilisieren.

3.3. Soziale Austauschtheorien

Soziale Austauschtheorien befassen sich mit dem Interaktionsprozess zweier Parteien, die im Rahmen eines sozialen Austausches miteinander in Beziehung stehen. Zentrale sozialpsychologische Überlegungen und Thesen zu sozialen Austauschbeziehungen stammen mitunter von John Thibaut und Harold Kelley (1959), George D. Homans (1961) sowie Peter M. Blau (1964). Wenngleich verschiedene Foki gesetzt werden, werden grundsätzlich das Kosten-Nutzen-Verhältnis, die Reziprozität der Tauschinteraktion, die Rationalität der handelnden Akteure und die Bewertung der ausgetauschten Leistungen prägenden Subjektivität thematisiert. Der Austausch beruht auf Kosten und Nutzen, die allerdings für beide Parteien in einem positiven Verhältnis stehen müssen, damit die Beziehung zwischen ihnen langfristigen Bestand hat. Basierend auf der jeweiligen Abwägung von Aufwand und Ertrag verbleiben die Interaktionsparteien so lange in der Beziehung, wie der Nutzen gegenüber den Kosten überwiegt. Im Gegensatz zu einem ökonomischen Austausch, in dem Leistungen wie Produkte oder Serviceleistungen ausgetauscht werden, stehen soziale Werte wie Gefühle (Vertrauen, persönliche Verpflichtung, Dankbarkeit, Motivation, Engagement, Fürsprache), Image oder soziale Anerkennung zum Tausch. Als besonderes Charakteristikum des sozialen Austausches stellt sich die Tatsache heraus, dass die ausgetauschten Werte nicht beziehungsweise nur schwer quantifizierbar und messbar sind. Sie beruhen auf subjektiven Bedeutungen der einzelnen Interaktionspartner und sind folglich für die andere Partei nur bedingt vorhersehbar. Daher steht am Anfang einer Tauschbeziehung immer eine gewisse Investition, die mit einem Vertrauensvorschuss vergleichbar ist (vgl. Hornung et al. 2018: 40; Ruiner 2015: 96).

Eine wesentliche Voraussetzung für die soziale Tauschbeziehung stellt die Reziprozität der Interaktion dar. Werden von einer Partei Leistungen gegenüber der anderen erbracht, erwirkt dies eine gewisse moralische Verpflichtung zu einer Gegenleistung. Daraus entsteht eine Dynamik an wechselseitigen Leistungen, die das gegenseitige Vertrauen stärken und die emotionale Bindung zueinander steigern kann. Die Leistungen, die Organisationen gegenüber Mitarbeitenden in einem sozialen Austausch implizit gewähren können, können mitunter Wertschätzung, Sorgen um das Wohlbefinden und Rücksicht auf die jeweiligen individuellen Lebens- und Bedürfnislagen umfassen. Demgegenüber stehen die Leistungen der Beschäftigten, die Vertrauen in die Organisation, positive emotionale Zustimmung und Bindung zum Unternehmen sowie eine über die formal geforderte Arbeitsleistung hinausgehende proaktive Arbeitsinitiative entwickeln können (vgl. Altmann 2018: 160; Hornung et al. 2018: 36, 40; Ruiner 2015: 96).

Für die Analyse der Einflussfaktoren auf die Attraktivität der Modelle Sabbatical und Workation kann aus den Austauschtheorien evident werden, wieso es sich für Unternehmen lohnen kann, die eigenen Angebote zu prüfen und attraktiver zu gestalten. Mit Perspektive auf die Unternehmen entpuppt sich auch der Hinweis, dass der Vergleich mit Angeboten anderer Tauschpartner das Eingehen und die Dauerhaftigkeit der Interaktion beeinflusst, als relevant (vgl. Ruiner 2015: 96). Ausgehend von dieser zeitlichen Komponente und dem Einfluss des Kontextes lässt sich vermuten, dass sich ein gewisser Wettbewerb unter den Anbietern sozialer Tauschwerte entwickeln kann, bei dem die Suche nach dem bestmöglichen Tauschergebnis das Zustandekommen und die Fortführung dieser Austauschbeziehung bestimmt. So geben diese Verweise einen tieferen Einblick, welche prägende Rolle der Austausch sozialer Werte im Wettbewerb der Unternehmen um die Mitarbeitenden einnehmen kann.

Wird der Intention, Einflussfaktoren auf die Attraktivität der Arbeitszeitmodelle Sabbatical und Workation zu analysieren, nachgegangen, erscheint der Blick auf bestehende Angebote und deren öffentlicher Präsentation als unumgehbar. Für eine tiefere Einsicht zum einen hinsichtlich des Antriebs der Unternehmen, diese Angebote zu ermöglichen und sie auch nach außen zu kommunizieren, sowie zum anderen hinsichtlich der wahrgenommenen Botschaften und der möglichen Effekte seitens der Beschäftigten können weiterführende Hinweise in dem Ansatz des Signaling gefunden werden.

3.4. Signaling-Theorie

Der Begriff des Signaling bezeichnet in seinem Ursprung ein Instrument, das im Rahmen informationsökonomischer Überlegungen (Spence 1973; Meyer 1979) entstand. Es dient dazu, eine Informationsasymmetrie zwischen zwei (Markt-)Akteuren auszugleichen. Grundlegend wird davon ausgegangen, dass eine über einen bestimmten Sachverhalt besser informierte Partei in eine Vertragsbeziehung mit einem weniger informierten Akteur treten möchte. Als charakteristisch wird diese ungleiche Informationsverteilung dargestellt für Güter wie etwa Erfahrungs- und Vertrauensgüter, deren Qualität nur schwer messbar und von außen festzustellen ist. Damit der unwissendere Beteiligte seine Unsicherheit ob der fehlenden Information abbaut, ergreift die Seite mit dem Wissensvorsprung die Initiative, indem sie Signale sendet, um die andere Seite als Vertragspartner zu gewinnen. Akteure, die über außerordentliche Eigenschaften, Qualitäten und Kompetenzen verfügen, weisen dabei ein gesteigertes Interesse an der Offenlegung dieser Besonderheiten auf (vgl. Hoebel 2015: 475-476; Matysek 2015: 664-665; Seibert & Solga 2005: 366).

Überträgt man diese Annahmen auf die Interaktion zwischen Organisation und Beschäftigten können die Unternehmen als Akteure mit Wissensvorsprung betrachtet werden, wenn sie etwa auf ihren Homepages mit dem Angebot von beruflichen Auszeitmodellen werben (vgl. Kapitel 5.1). Zu beachten gilt allerdings, dass nicht das Angebot von Sabbaticals oder Workation per se die entscheidende Signalwirkung erzielt, sondern vielmehr das mit diesen Angeboten transportierte Signal einer mitarbeiterorientierten Organisationskultur (vgl. Altmann 2018: 155). So kann aus diesen Zusammenhängen ersichtlich werden, welcher mögliche Antrieb Unternehmen dazu bewegen kann, externe Erwartungen aufzugreifen und entsprechende Angebote dann auch öffentlichkeitswirksam zu präsentieren. Wenn somit Signaling als personalpolitisches Instrument der Mitarbeitergewinnung und -bindung identifiziert werden kann, zieht zugleich auch die Frage nach der möglichen Wahrnehmung und Wirkung dieser Signale seitens der Beschäftigten die Aufmerksamkeit auf sich. Zudem kristallisiert sich dabei abermals die Relevanz von flexibilisierten Arbeitszeitkonzepten sowie des darin implizierten Signals einer Wertschätzung der Mitarbeitenden und einer Rücksichtnahme auf individuelle Bedürfnisse heraus. So sensibilisieren die Signaling-Thesen für die vorliegende Studie dahingehend, dass für die Untersuchung der Einflussfaktoren auf die Attraktivität von Sabbaticals und Workation einerseits die nach außen gerichtete Unternehmenskommunikation genauer betrachtet wird und andererseits die Wirkung dieser Signale überprüft wird. Dabei richtet sich eine Analyse von Unternehmenshomepages (vgl. Kapitel 5.1) auf den erst genannten Aspekt, während die Signalwirkung im Rahmen von Interviews erfragt wird (vgl. Kapitel 5.2 und 5.3).

Ferner kann auch in Erwägung gezogen werden, dass Beschäftigte diejenigen sind, die über einen Wissensvorsprung verfügt. In dieser Hinsicht kann angenommen werden, dass diejenigen Mitarbeitenden, die ein Sabbatical oder Workation planen, dem Unternehmen möglicherweise signalisieren möchten, welche damit verbundenen Eigenschaften sie aufweisen. Denkbar wären Kompetenzen wie Organisationstalent, Selbstmanagement, Selbstdisziplin, strukturiertes und zielorientiertes Arbeiten oder Zeitmanagement. Dieses Gedankenspiel weiterführend könnten die Mitarbeitenden als besser informierte Vertragspartner*innen in dieser Interaktion beabsichtigen, die Organisation von ihren Qualitäten und unternehmensrelevanten Werten zu überzeugen, um schließlich weitere berufliche Ziele nach der Auszeit zu erreichen: sei es etwa eine höhere Position nach der Auszeit, eine leitende Funktion oder sei es eine sie ansprechendere Arbeitsaufgabe. Folglich können die Signaling-Thesen auch hinsichtlich der Beschäftigten und ihrer Selbstpräsentation respektive Selbstvermarktung gegenüber Unternehmen sensibilisieren. Diese Fragestellungen stehen allerdings nicht im Zentrum der hier vorgestellten Untersuchung, so dass sie nicht vertieft werden. Dennoch wird diese Perspektive als reizvoll und für weitere Studien fruchtbar betrachtet und soll daher hier nicht unerwähnt bleiben (vgl. Kapitel 6).

4. Untersuchungsdesign

Diese Studie basiert auf zwei unterschiedlichen Analyseverfahren. Mit dem Ziel den Ist-Stand zu den Angeboten von Sabbatical und/oder Workation zu erheben, werden in einem ersten Schritt die Homepages der deutschen DAX 30 Unternehmen gesichtet und ausgewertet. Des Weiteren werden halbstandardisierte Experteninterviews geführt, um hinsichtlich der Fragestellung weitere Erkenntnisse zu erhalten.

4.1. Homepageanalyse der DAX 30 Unternehmen

Der deutsche Aktienindex benennt die 30 größten, umsatzstärksten an der Frankfurter Börse gelisteten Unternehmen (DAX 30) (https://boerse.ard.de abgerufen am 03.02.2019). Aufgrund dieser führenden Stellung in Deutschland stehen diese Unternehmen mehr als andere im Fokus der Öffentlichkeit. Die Unternehmen sind als große Kapitalgesellschaften gesetzlich verpflichtet, über nichtfinanzielle

Leistungsindikatoren zu berichten (vgl. Roschker 2013: 93). Es wird erwartet, dass diese Konzerne daher eine Vorreiterrolle für andere Unternehmen einnehmen und Themen, welche im arbeitsbezogenen Kontext in der Gesellschaft diskutiert werden, aufgreifen. Die jeweilige Unternehmenshomepage bietet derzeit für Stakeholder eine leicht zugängliche Möglichkeit, Informationen über ein Unternehmen abzurufen. Folglich wird vermutet, dass die Unternehmen dort Informationen veröffentlichen, welche sie als relevant für die Öffentlichkeit und die jeweiligen Stakeholder erachten. Damit ist eine Analyse der Homepages der DAX 30 Unternehmen geeignet, um Themen zu identifizieren, denen das Unternehmen aufgrund ihrer dortigen Erwähnung für ihre Außendarstellung eine besondere Bedeutung zuschreibt. Vor diesem Hintergrund wird in dieser Arbeit die These vertreten, dass die DAX 30 Unternehmen auf ihren Homepages die Themen lebensphasenorientierte Arbeitszeitmodelle am Beispiel Sabbatical und Workation nennen, wenn sie diesen Modellen einen außerordentlichen Stellenwert im Hinblick auf ihre eigene öffentliche Darstellung gegenüber relevanten Stakeholdern beimessen. Die methodischen Vorteile, die sich durch die Webseitenanalyse ergeben, sind insbesondere eine Unabhängigkeit in der Datenerhebung sowie die Wiederholbarkeit und die damit verbundene größere Validität. Die Analyse der Informationen, welche auf den jeweiligen Webseiten dargestellt sind, erfolgt anhand der notwendigen Schritte nach Gläser & Laudel (2010: 197):

- Aufbauen eines geschlossenen Kategoriensystems
- Zerlegen der Inhalte in Analyseeinheiten
- Durchsuchen der Inhalte auf relevante Informationen sowie
- Zuordnung in das Kategoriensystem.

Neben der qualitativen Methodik werden des Weiteren die Erwähnungen der beiden Modelle in den verschiedenen Rubriken quantitativ ausgezählt.

4.1.1. Entwicklung des Kategoriensystems

Zur Überprüfung der bereits beschriebenen These werden also in einem ersten Schritt die Homepages der DAX 30 Unternehmen systematisch auf Begriffe, die im Zusammenhang mit lebensphasenorientierten Arbeitszeitmodellen stehen, gesichtet, um ein geschlossenes Kategoriensystem zu bilden.

Da die Begriffsbezeichnungen Sabbatical und Workation nicht einheitlich definiert sind (vgl. Kapitel 2), werden in einer ersten Sichtung der Homepages Begriffe identifiziert und festgelegt, welche von den Unternehmen auch synonym verwendet werden. Im Fall von Workation werden auch Begriffe fokussiert, die Tendenzen erkennen lassen, dass Arbeitszeitmodelle umgesetzt werden, die sich in diese Richtung entwickeln könnten. Tabelle 1 zeigt eine Übersicht über die abgeleitete Einordnung.

Die vertiefte Analyse der Unternehmenshomepages erfolgt in einem ersten Schritt durch die Eingabe dieser Begriffe in die Suchfunktion der Internetseite. Unabhängig von der erhaltenen Anzahl der Suchergebnisse werden die Inhalte in einem zweiten Schritt in den jeweiligen Homepagerubriken, in denen diese arbeitszeitbezogenen Themen aufgeführt sind, gesichtet und in weitere Analyseeinheiten zerlegt. Im Anschluss erfolgt eine Zuordnung der Textpassagen in das erstellte Analyseraster.

Synonyme Verwendungen Sabbatical und Workation	
Sabbatical	Workation
Sabbat-Jahr/Sabbatjahr	Mobiles Arbeiten
Freistellung	Flexibles ortsunabhängiges Arbeiten
Auszeit	

Tabelle 1: Synonyme Verwendungen für die Begriffe für Sabbatical und Workation

4.1.2. Datenauswertung

Auf das Analyseraster aufbauend werden die Beschreibungen der DAX 30 Konzerne auf deren Webseiten, die Hinweise auf Sabbatical, Workation oder abgeleitete Begriffe geben, einer qualitativen Analyse mit MAXQDA 2018 unterzogen. Hierfür werden Textdateien von den Homepageausschnitten erzeugt, in denen sowohl die Begriffe Sabbatical oder Workation als auch abgeleitete Begriffe genannt werden. Eine Übersicht der erzeugten Kategorien und Codes und eine Definition der Zuordnung zeigt Tabelle 2 auf der folgenden Seite.

Die anschließende Auswertung erfolgt durch eine quantitative Zählung sowie qualitative Inhaltsanalyse des generierten Datenmaterials.

4.2. Halbstandardisierte Experteninterviews

Vor dem Hintergrund, dass insbesondere für den Themenkomplex Workation nahezu keine wissenschaftlichen Erkenntnisse vorliegen, wird sich im Rahmen dieser Studie für eine explorative Herangehensweise entschieden. Qualitative Interviews sind dann zu empfehlen, wenn unterschiedliche Themen behandelt werden und spezifische Informationen gesucht werden (vgl. Gläser & Laudel 2010: 111). Davon ausgehend, dass Expert*innen für die Thematik von lebensphasenorientierten Arbeitszeitmodellen gewonnen werden können, ist es das vorrangige Ziel, diese als Informanten zu nutzen und sich intensiv mit den unterschiedlichen Sichtweisen und Erfahrungen auseinanderzusetzen und neue Inhalte zu genieren.

Liste der Kategorien und Codes (inkl. Definition/Zuordnung)
Zielgruppe Textbezug bzw. eindeutige Nennung der Zielgruppe im Text • Fach-/Führungskräfte, High Potentials • Frauen • Generation 50+ • Mitarbeitende mit Familie • Bewerber*innen • Nachwuchskräfte, neue Generationen • Alle Mitarbeitenden
Flexibilität Bezug im Text auf Flexibilität
Lebensphasenorientierung Bezug im Text auf Lebensphasenorientierung
Entwicklungstendenz und Zahlen, Daten, Fakten Informationen im Text zu Entwicklungstendenzen der Modelle und bzw. oder konkrete Nennung von Zahlen, Daten und Fakten (abgekürzt ZDF), z. B. zur Häufigkeit der Inanspruchnahme
Ausgestaltung Informationen im Text über konkrete Ausgestaltung der Systeme
Zuständigkeit Nennung im Text von den zuständigen Stellen bzw. Abteilungen, welche für die Ausgestaltung die zuständigen Ansprechpartner sind, z. B. die Personalabteilung
Beweggründe Bezug im Text zu den Beweggründen, warum das Unternehmen die Arbeitszeitmodelle anbietet • Demographischer Wandel • Mitarbeiter*Innen mit bestimmten Eigenschaften anlocken • Werte wie Motivation, Vertrauen, Zufriedenheit • Innovationen und Weiterbildung • Mitarbeiterbindung, Beschäftigungssicherheit, Verantwortung, Identifikation • Beschäftigungsfähigkeit und Gesundheit • Work-Life-Balance • Unterstützung bei Familie und Pflege • Arbeitgeberattraktivität/Image auch für Fach- und Führungskräfte
Workation-Art Nennung der konkreten Begriffe im Text • Workation • mobiles/ortsunabhängiges Arbeiten
Sabbatical-Art Nennung der konkreten Begriffe im Text • Sabbatical • Auszeit/Freistellung
Homepagekategorie Ort der Darstellung, Zuordnung anhand der spezifischen Webseite, auf der das Unternehmen die Modelle aufführt. Definition anhand der Internetadresse (z. B. www.unternehmen/karriere) • Frauenförderung • Sonstiges und Pressemitteilungen, Mitarbeitermagazine • Kultur, Selbstverständnis, Nachhaltigkeit, Diversity • Work-Life-Balance • Bericht • Karriere

Tabelle 2: Liste der Kategorien und Codes sowie die dazugehörige Definition für die Homepageanalyse

4.2.1. Interviewleitfaden

Zur deduktiven Kategorienbildung der Inhalte des Interviewleitfadens wird im Vorfeld eine intensive Literaturrecherche betrieben. Die gewählten Kategorien ziehen die Erkenntnisse des aktuellen Forschungsstandes sowie die in Kapitel 3 beschriebenen Theorien mit ein.

Die vier Abschnitte im Interviewleitfaden	
Abschnitt A	Einleitung: Status Quo
Abschnitt B	Hintergründe bestehender Angebote
Abschnitt C	Attraktivitätssteigerung von Sabbaticals und Workation
Abschnitt D	Besonderheit Workation (optional)

Tabelle 3: Aufbau des Interviewleitfadens

Der entwickelte halbstandardisierte Fragebogen gliedert sich in vier Abschnitte. Im ersten Teil erfolgt eine Einleitung in das Thema sowie das Abfragen aktueller Angebote respektive diesbezüglicher Beratungsanfragen. Gibt es bestehende Angebote und wie wird mit diesen umgegangen? Im zweiten Abschnitt werden die Hintergründe der bestehenden Angebote näher hinterfragt, um die Motivation von Arbeitgeber*innen sowie von abhängig Beschäftigten für diese Angebote näher zu beleuchten. Diese Überlegungen leiten hin zum nächsten Abschnitt, nämlich der Frage, wie eine Attraktivitätssteigerung für diese Angebote erreicht werden kann. Hier werden erneut die Unternehmens- und die Beschäftigtenperspektive berücksichtigt. Da davon ausgegangen werden muss, dass das Thema Workation ähnlich wie in der Literatur, auch in der Praxis noch nicht weit verbreitet ist, wird es abschließend optional thematisiert. Die Fragen fließen ein, wenn es im Vorfeld keine oder kaum Hinweise auf diese Variante gegeben hat.

Für die beiden Gruppen der Expert*innen (vgl. Kapitel 2.2.2) werden zwei sich im Wording leicht unterscheidende Versionen des Leitfadens eingesetzt. Mit beiden Versionen ist je ein Pretest durchgeführt worden.

4.2.2. Stichprobe

In der qualitativen Sozialforschung ist neben der Definition des Forschungsgegenstandes die Auswahl der Stichprobe entscheiden für die Validität der Ergebnisse (vgl. Baur & Blasius 2019: 11). Durch die zielgerichtete Recherche haben sich zwei Gruppen von Expert*innen angeboten. Zum einen sollen Personaler aus mittelständigen Unternehmen mit ihrer Expertise zu einer lebensphasenorientierten Personalpolitik und den damit einhergehenden Konzepten Sabbatical und Workation befragt werden. Zum anderen bringt einen insbesondere die Online-Recherche gleich auf die Webseiten selbstständiger Berater und Coaches, die sich zum Schwerpunkt die Themen Sabbatical beziehungsweise berufliche Auszeiten gesetzt haben. Es ist zu erwarten, dass diese Gruppe durch ihre Profession ebenfalls ein hohes Maß an Wissen zum Untersuchungsgegenstand mitbringt.

Ziel war es, jeweils acht Expert*innen aus beiden Gruppen zu interviewen. Bereits im ersten Interview mit einer Personalerin eines Automobilzulieferers stellte sich heraus, dass bei der Auswahl geeigneter Personaler eine Vorrausetzung sein muss, dass in dem Unternehmen mindestens ein Angebot für berufliche Auszeiten existiert. Ohne diese Voraussetzungen erscheint der notwendige Informationsgehalt des Interviews nicht gewährleistet. Die anschließende Akquise ergab fünf weitere Interviewpartner*innen, die im Personalwesen eines mittelständigen Unternehmens tätig sind. Die Unternehmen sind den Branchen Automobil, Service-Dienstleistung, Unternehmensberatung, Verkehr und Logistik sowie zweimal Banken/Versicherungen zuzuordnen. Die Anfragen an die Personalabteilungen der DAX 30 Unternehmen blieben ohne Rückmeldung.

In der Gruppe der Berater*Innen und Coaches wurden zwölf Personen per E-Mail angefragt. Insgesamt haben sich acht Personen bereiterklärt, ein Interview zu führen. Aus terminlichen und zeitlichen Engpässen bei zwei Beratern konnten schließlich sechs Interviews geführt werden. Um das notwendige Vertrauensverhältnis zu den Interviewten aufbauen zu können (vgl. Dresing & Pehl 2017: 12), ist darauf geachtet worden, alle Interviews face-to-face zu führen. Sofern aufgrund der Entfernung kein persönliches Treffen realisierbar war, konnte der direkte Kontakt durch Telefon- beziehungsweise Videoanrufe mit Skype erreicht werden. Die durchschnittliche Interviewdauer über alle geführten Interviews lag bei 32:37 Minuten, wobei die durchschnittliche Interviewlänge bei den Personaler*innen 19:30 Minuten und 45:44 Minuten bei den Berater*innen betrug. Alle Interviews wurden zur Vorbereitung der Transkription aufgezeichnet. Das Einverständnis des Interviewten hierfür sowie für die anonyme Verwendung der Daten lag entsprechend vor.

4.2.3. Transkription und Datenauswertung

Die Transkription der zwölf geführten Interviews erfolgte computergestützt mittels des Programms MAXQDA 2018. Basierend auf der Priorität, den semantischen Inhalt in einer guten Lesbarkeit zu verschriftlichen, wurde das Transkriptionssystem von Kuckartz et al. (2008: 27) angewendet. Die qualitative Inhaltsanalyse erfolgt analog zu der Homepageanalyse nach den Kriterien von Gläser & Laudel (2010: 197). Die Transkripte wurden hierzu in das Programm MAXQDA 2018 überführt und es konnte sich in Anlehnung an Kuckartz et al. (2008: 36-43) durch das Lesen der Interviews ein erster Überblick verschafft werden. Für das Aufbauen eines Kategoriensystems wurden anhand der Interviewleitfäden, den Hinweisen aus dem gewonnenen Überblick und dem zugrundeliegenden Bezugsrahmen erste thematische Oberkategorien deduktiv herausgearbeitet. Hierdurch ergab sich eine Codesammlung anhand derer drei der Transkripte codiert wurden. Währenddessen konnte das Kategoriensystem durch die Forschungsgruppe induktiv weiter ausgebaut werden. Das Kategoriensystem nennt und definiert folglich die Oberkategorien, welche vorrangig deduktiv abgeleitet wurden und ist induktiv ergänzt durch aus den Interviews abgeleitete Subcodes. Diese induktive Unterkategorienbildung erfolgte durch paraphrasieren und generalisieren der in der Oberkategorie zusammengefassten Textstellen. Ebenso ergab sich im Laufe des Codierprozesses, dass einige Oberkategorien weiter aufgegliedert beziehungsweise voneinander abgegrenzt werden mussten. Das Kategoriensystem entstand nach mehreren Durchläufen durch ungefähr die Hälfte des zugrundeliegenden Materials. Der Erstellung des abschließenden Kategoriensystems folgte die Codierung aller Interviews. Die sich noch in diesen Arbeitsschritten ergebenden notwendigen Anpassungen und Ergänzungen in den Subcodes wurden rückwirkend auf das bereits codierte Material hin überprüft. Daraufhin konnten alle Interviews mit dem finalen Kategoriensystem codiert werden.

Codiert wurde jeweils mindestens ein Satz, zum Teil aber auch ganze Absätze. Sofern die gestellte Frage für den Sinngehalt der Antwort relevant war, floss diese ebenfalls mit ein. Im Anschluss erfolgte die kategorienbasierte Auswertung.

Durch dieses konzeptionelle Vorgehen und eine interne Konsensbildung im Projektteam bezüglich des gebildeten Kategoriensystems und der einzelnen Interpretationen wurde eine kommunikative Validierung angestrebt. Die Verknüpfung mit den beschriebenen Theorien und bisherigen Studien zur Thematik soll die fachliche Validität gewährleisten, um eine gültige Interpretation der Interviewaussagen abzusichern.

5. Attraktivität der Arbeitszeitmodelle Sabbatical und Workation

In diesem Kapitel werden die Ergebnisse der Untersuchung dargestellt. Nach der Präsentation der Analyseergebnisse der Homepageanalyse folgen die Erkenntnisse aus den Experteninterviews. Aufgrund der gefundenen Nachweise werden die Ergebnisse aus der Homepageanalyse im Kapitel 5.1 für die beiden Modelle Sabbatical und Workation zusammengefasst vorgestellt. Demgegenüber bietet sich eine differenzierte Aufgliederung zwischen den beiden Varianten im Kapitel 5.2 an, das die Auswertungen der Experteninterviews beinhaltet. Daran anknüpfend setzt sich das Kapitel 5.3 vor dem Hintergrund der derzeitigen Angebote von Sabbatical und Workation mit möglichen Handlungsspielräumen zur Steigerung der Attraktivität dieser lebensphasenorientierten Arbeitszeitmodelle auseinander und gibt einer kritischen Reflexion hinsichtlich der Bedeutung und Gestaltung von Sabbatical und Workation Raum.

5.1. Sabbatical und Workation in DAX 30 Unternehmen

Im Folgenden werden die Ergebnisse der quantitativen Auszählung sowie der qualitativen Analyse der Homepages der DAX 30 Unternehmen erläutert. Zuerst erfolgt eine Bestimmung der DAX 30 Unternehmen, die sich auf ihren Unternehmenshomepages auf die lebensphasenorientierten Arbeitszeitmodelle Sabbatical und Workation beziehen. Im Weiteren wird ausgewertet, in welchem Bezugsrahmen und mit welchen Zielen die Unternehmen diesbezüglich auf ihren Homepages argumentieren.

5.1.1. Überblick über die Präsentation der Angebote zu Sabbatical und Workation

Die Analyse der Homepages der DAX 30 Unternehmen ermöglichte eine weitreichendere Einsichtnahme in die Darstellung der Auszeitoption der Unternehmen und konnte zudem Aufschluss über verschiedene Häufigkeiten von Begriffsnennungen geben. Die Tabelle 6 stellt einen Überblick über die zum Zeitpunkt der Analyse (Februar/März 2019) im DAX 30 gelisteten Unternehmen dar und zeigt, ob auf den jeweiligen Unternehmenshomepages die Begriffe Sabbatical und Workation oder entsprechende Umschreibungen zu finden sind.

18 der DAX 30 Unternehmen nutzen auf ihren Unternehmenshomepages die Begriffe Sabbaticals oder synonyme Umschreibungen. Keines der DAX 30 Unternehmen erwähnt den Begriff Workation explizit auf seiner Unternehmenshomepage, 12 der Unternehmen thematisieren jedoch eine Workation-Art in Form von ortsunabhängigem Arbeiten (mobiles Arbeiten). Daher wird auf eine Ausdifferenzierung in der Analyse zwischen den Arbeitszeitmodellen Sabbatical und Workation verzichtet.

Begriffsnennungen auf den Homepages		
Name	**Sabbatical** 0= keine Erwähnung 1=Erwähnung Sabbatical-Art, z. B. Auszeit 2=Nennung Sabbatical/Sabbatjahr	**Workation** 0= keine Erwähnung 1=Erwähnung Workation-Art, z. B. mobiles Arbeiten 2=Nennung Workation
Adidas	2 und 1	1
Allianz	2	1
BASF	0	1
Bayer	2	0
Beiersdorf	0	0
BMW	2	1
Continental	2	1
Covestro	1	0
Daimler	2	1
Deutsche Bank	1	0
Deutsche Börse	2	0
Deutsche Post	2	0
Deutsche Telekom	1	0
E.ON	2 und 1	0
Fresenius	1	0
Fresenius Medical Care	0	0
HeidelbergCement	0	0
Henkel	0	1
Infineon Technologies	2	1
Linde	0	0
Lufthansa	2 und 1	0
Merck	0	1
Munich Re	0	0
RWE	0	1
SAP	2	0
Siemens	2	1
ThyssenKrupp	0	0
Volkswagen	1	1
Vonovia	0	0
Wirecard	0	0
Anzahl der Unternehmen, die den Begriff auf der Homepage nennen	**18**	**12**

Tabelle 6: Quantitative Auswertung der Begriffsnennungen auf den Homepages der DAX 30 Unternehmen

Wie detailliert Informationen über die jeweilige Ausgestaltung bekanntgegeben werden und in welcher Häufigkeit die Unternehmen dies vornehmen, wird aufbauend auf diesem ersten quantitativen Auswertungsschritt mittels einer qualitativen Inhaltsanalyse der entsprechenden Homepagetextausschnitte untersucht.

Hierbei reicht die Spannweite von lediglich der Erwähnung eines der Begriffe bis zu einer sehr detaillierten Umschreibung der jeweiligen Ausgestaltungsmöglichkeiten wie etwa im Fall des Unternehmens Adidas, das ein Modell mit dem Namen „myTime" präsentiert:

> „myTime: Dieses sogenannte Lebensarbeitszeitkonto wurde 2012 in unserer Konzernzentrale in Herzogenaurach eingeführt. Mit myTime können Mitarbeiter freiwillig Teile ihres Gehalts oder genehmigte Überstunden in bezahlte Urlaubszeit, Sabbaticals, vorzeitigen Renteneintritt oder Fürsorge- und Weiterbildungszeit umwandeln. So ermöglichen wir es unseren Mitarbeitern, sich bei Bedarf um Dinge außerhalb ihrer Arbeit zu kümmern" (Adidas, Absatz 11).

Eine genauere Betrachtung der Homepagekategorie, auf der die DAX 30 Unternehmen sich auf die Arbeitszeitmodelle Sabbatical und Workation beziehen, zeigt, dass die meisten Nennungen unter der Kategorie „Karriere" zu finden sind (n=11), gefolgt von Nennungen in „Berichten"[3] (n=6) und „Sonstiges, wie Pressemitteilungen und Mitarbeitermagazine" (n=6). Fünf der DAX 30 Unternehmen beziehen sich in der Kategorie „Kultur, Selbstverständnis, Nachhaltigkeit, Diversity" auf die beschriebenen Arbeitszeitmodelle.

Eine Betrachtung der Beweggründe oder Ziele, die die Unternehmen mit dem Angebot dieser Arbeitszeitmodelle offenbar verbinden, ist in Abbildung 2 dargestellt und zeigt, dass hierbei die Schwerpunkte auf einer ausgewogenen „Work Life-Balance" (n=19) liegen. Die Unterstützung bei „Familie und Pflege" (n=10) und ein positives „Arbeitgeberimage" (n=10) wird am zweithäufigsten genannt. Ebenso setzen die Unternehmen „Werte wie Motivation, Vertrauen, Zufriedenheit" (n=9) häufig mit den Begriffen in Verbindung. „Mitarbeiterbindung, Beschäftigungssicherheit, Verantwortung" (n=5) werden ebenso häufig genannt wie „Beschäftigungsfähigkeit und Gesundheit" (n=5). Seltener thematisiert werden die Beweggründe „Demographischer Wandel" (n=4) und "Innovationen und Weiterbildung" (n=3).

In der qualitativen Analyse wird auch die Zielgruppe untersucht, die von den Arbeitszeitmodellen profitieren soll. Die Betrachtung dieser Daten zeigt, dass die Unternehmen angeben, diese mehrheitlich für „alle Mitarbeitenden" anzubieten (n=19). Jedoch finden sich unter anderem aufgrund der entsprechenden Homepagekategorie „Karriere" Hinweise darauf, dass die Unternehmen speziell auch „Bewerber*Innen" (n=11) über das Angebot informieren wollen. Sechs Unternehmen nennen als Zielgruppe zudem die Unterstützung von „Mitarbeitende mit Familie". Die Zielgruppen „Frauen" (n=3), „Fach-/Führungskräfte, High Potentials" (n=2), „Nachwuchskräfte, neue Generationen (n=2) und die „Generation 50+" (n=1) werden weniger als Zielgruppe explizit erwähnt.

---

[3] Unter der Kategorie „Berichten" wurden die auf den Homepages veröffentlichten Personal- oder Geschäftsberichte zusammengefasst.

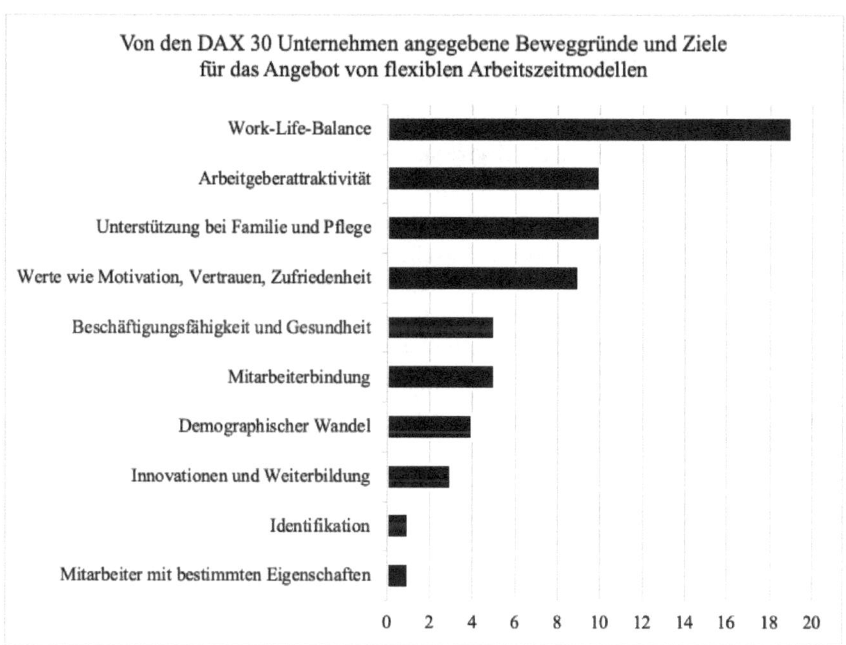

Abbildung 2: Beweggründe und Ziele, die DAX 30 Unternehmen auf ihren Homepages mit dem Angebot dieser Arbeitszeitmodelle verbinden

Über die Hälfte der Unternehmen (n=12) geben auf ihren Homepages genauere Informationen über die Ausgestaltung der jeweiligen Angebote an. Zehn Unternehmen erläutern, bei wem im Unternehmen die entsprechenden Zuständigkeiten oder Verantwortlichkeiten liegen und fünf Unternehmen berichten über die bisherigen Entwicklungstendenzen oder Häufigkeiten der Inanspruchnahme anhand entsprechender Kennzahlen. Dabei setzen neun Unternehmen den Begriff „Lebensphasenorientierung“ mit ihren Angeboten zu diesen Arbeitszeitmodellen in Verbindung.

5.1.2. Zusammenfassung der Ergebnisse und Diskussion

Die Analyse der Unternehmenshomepages dient dazu, den derzeitigen Stand in großen deutschen Unternehmen (hier den DAX 30 Unternehmen) bezüglich der Relevanz von lebensphasenorientierten Arbeitszeitmodellen am Beispiel Sabbatical und Workation zu erfassen. Indem die Unternehmen diese oder abgeleitete Begriffe auf ihren Homepages verwenden, signalisieren sie allen Stakeholdern, dass sie diesen Instrumenten offenbar nicht nur eine besondere Bedeutung zusprechen, sondern diese in ihre Prozesse integriert haben. Anhand der Kategorie und dem jeweiligen Zusammenhang, in dem sie die Arbeitszeitmodelle nennen und vorstellen, können Rückschlüsse darauf gezogen werden, welche Ziele sie damit verfolgen. Wie in der Datenauswertung ersichtlich wird, liegt ein starker Fokus auf dem Thema „Work-Life-Balance“, mit dem fast alle dieser Unternehmen im Zusammenhang von Zielen und Beweggründen dieser Angebote argumentieren. Dies manifestiert, dass die diesbezügliche gesellschaftliche Diskussion ebenfalls in den Unternehmen stattfindet und Anerkennung findet (vgl. Kapitel 5.3.3). Die Darlegungen des Konzerns E.ON dokumentieren exemplarisch den Einfluss gesamtgesellschaftlicher Diskussionsthemen auf die Arbeitgeber*innen:

> „Auch bei Studenten zählt eine ausgewogene Work-Life-Balance mit zu den wichtigsten Entscheidungskriterien für die Arbeitgeberwahl. Deshalb verstehen wir bei E.ON die bessere Vereinbarkeit von Beruf und Privatleben sowohl als unternehmerische wie auch als gesamtgesellschaftliche Aufgabe“ (E.ON, Absatz 13).

Dabei wird die Möglichkeit der arbeitgeberseitigen Unterstützung hinsichtlich einer „Work-Life-Balance“ oftmals weiter ausdifferenziert und auch in Verbindung mit der gesteigerten Vereinbarkeit von Beruf und Familie, mit der Pflege von Angehörigen oder mit der Berücksichtigung von persönlichen Bedürfnissen gebracht. Die diesbezüglichen Schilderungen auf der Homepage des Lufthansa-Konzerns verdeutlichen die Relevanz einer Balance von Arbeits- und Privatleben:

> „Work-Life-Integration: Familienbewusste Unternehmenskultur Die traditionellen Familien- und Beschäftigungsmodelle verändern sich und neue Modelle gewinnen immer mehr an Bedeutung. Heute rücken Arbeitszeitmodelle in den Fokus, die den unterschiedlichen Bedürfnissen in verschiedenen Lebensphasen Rechnung tragen. Damit lassen sich nicht nur Beruf und Familie besser in Einklang bringen, sie fördern auch Motivation und Gesundheit der Mitarbeiter“ (Lufthansa, Absatz 3-4).

Die im Rahmen der Homepageanalyse eruierten Hinweise darauf, dass Unternehmen mit den entsprechenden Angeboten sowohl auf eine Steigerung der Arbeitgeberattraktivität als auch auf eine erhöhte Mitarbeiterbindung abzielen, lässt Rückschlüsse darauf zu, dass lebensphasenorientierte Arbeitszeitmodelle vermutlich einen Wettbewerbsvorteil hinsichtlich der Gewinnung von neuen und der Bindung von beschäftigten Mitarbeitenden generieren soll. Insbesondere da die Unternehmen mehrheitlich angeben, dass diese Modelle allen Mitarbeitenden zur Verfügung stehen (vgl. Kapitel 5.3.3). Die Erklärungen auf der Seite von BASF unterstreichen diese angenommene Unternehmensintention:

> „Zu unserem Selbstverständnis als Arbeitgeber gehört, dass wir unsere Mitarbeiter bei der Vereinbarkeit von Beruf und Privatleben unterstützen. Damit wollen wir die Identifikation mit dem Unternehmen und unsere Position im weltweiten Wettbewerb um Fachkräfte stärken. Dies erreichen wir durch vielfältige Angebote, die sich an unsere Beschäftigten in unterschiedlichen Lebensphasen richten“ (BASF, Absatz 5).

Der Verweis auf entsprechende unternehmerische Kennzahlen, die Ausgestaltung der Modelle wie auch die Zuständigkeiten weisen auf eine stattfindende Integration und Evaluation dieser Arbeitszeitmodelle hin. So gibt beispielsweise BMW in seinem Nachhaltigkeitsbericht 2017 an, dass ein Sabbatical von einem bis sechs Monaten 0,6% der Belegschaft nutzen und mobile Arbeit hinsichtlich Ort und Zeit von 63,3% der Mitarbeitenden gelegentlich in Anspruch genommen haben. Dies kann als weiteres Anzeichen dafür bewertet werden, dass Unternehmen diese Modelle nicht nur in ihrer Außendarstellung präsentieren, sondern unternehmensinterne Strukturen und Prozesse initiiert haben, die eine tatsächliche Inanspruchnahme durch die Mitarbeitenden befürworten.

Während die Begriffe „Sabbatical“, „Auszeit“ oder „Freistellung“ häufig von den Unternehmen verwendet werden, konnte auf den Begriff „Workation“ kein Treffer auf den Unternehmenshomepages erzielt werden. Allerdings finden sich bei vielen der Unternehmen Angaben darüber, dass die Möglichkeit zu mobilem oder ortsunabhängigem Arbeiten unternehmensseitig besteht. Auch hier wird wieder auf die Vereinbarkeit von Beruf, Privatleben und Familie, sowie allgemeiner auf eine Work-Life-Balance im weitesten Sinne verwiesen. In diesem Zusammenhang führen einige Unternehmen wie etwa Adidas aus, dass sowohl die Bedürfnisse der Mitarbeitenden eine hohe Priorität hätten als auch, dass die Arbeitsleistung als unabhängig von Ort und Zeit betrachtet werde:

> „Off-Campus Working: Im Jahr 2017 haben wir in unserer Unternehmenszentrale ein neues Arbeitskonzept eingeführt. Jeder Mitarbeiter mit einem Arbeitsvertrag bei der adidas AG, dessen Aufgaben auch unabhängig von den Einrichtungen, Geräten oder persönlichen Interaktionen vor Ort ausgeübt werden können, darf 20% seiner Arbeitszeit außerhalb der regelmäßigen Arbeitsstätte (‚Off-Campus‘) arbeiten. Die neue Vereinbarung mit dem Betriebsrat basiert auf der Überzeugung, dass der Arbeitsort für die Qualität und Quantität der erzielten Arbeitsergebnisse nicht maßgeblich ist. Mit dieser Regelung unterstützen wir unsere Mitarbeiter dabei, flexibler zu arbeiten und die beste Arbeitsumgebung für ihre jeweilige Aufgabe zu wählen“ (Adidas, Absatz 13-14).

Mit einer zunehmenden Verbreitung und Förderung von mobilem Arbeiten, welches sich jedoch zurzeit noch auf das nähere Umfeld zwischen Arbeitsstätte und Wohnung zu fokussieren scheint, könnte der Schritt in Richtung Workation nicht mehr allzu groß sein.

5.2. Angebot und Inanspruchnahme von Sabbatical und Workation im Berufsalltag

Die Homepageanalyse der DAX 30 Unternehmen konnte zeigen, dass lebensphasenorientierte Arbeitszeitmodelle mittlerweile in diesen Unternehmensgrößen relativ weit entwickelt und verbreitet sind. Bezüglich der antreibenden Hintergründe, vor denen die Unternehmen die Modelle aufgreifen und bewerten, steht zur

Diskussion, wie sich die Praxis aus der Perspektive der betroffenen Personengruppen darstellt. Zur Einschätzung dieser Perspektiven wurden Personalverantwortliche großer Unternehmen und Berater*Innen, welche sich mit diesem Themenspektrum auseinandersetzen und darin tätig sind, in Experteninterviews befragt. Anknüpfend an die ersten Ergebnisse aus der Homepageauswertung setzt dieses Kapitel somit den Fokus auf die Analyse der konkreten Umsetzung derartiger Arbeits- beziehungsweise Auszeitmodelle.

5.2.1. Das Modell Sabbatical

Um in einem ersten Schritt zunächst die Seite der Unternehmen zu betrachten, befasst sich die Auswertung zunächst mit den unternehmensseitigen Beweggründen des Angebots eines Sabbaticals. Dabei fällt vorrangig auf, dass beide Expertengruppen (Personalverantwortliche und Beratende) in diesem Punkt übereinstimmen und als häufigsten Beweggrund auf das Potenzial der Arbeitgeberattraktivität verweisen. Die Befragten argumentieren, dass das Angebot von solchen Arbeitszeitmodellen Unternehmen als attraktive Arbeitgeber*innen darstellt und durchaus auch als Marketinginstrument im Wettbewerb um Arbeitnehmer*innen angesehen wird, denn „Es ist ja auch ein Ziel, hier als interessanter Arbeitgeber auf dem Markt eben zu bestehen“ (P5, Absatz 8-9) (vgl. Kapitel 5.3.3). In Verbindung mit der Arbeitgeberattraktivität sehen die Befragten häufig das Angebot von Auszeiten als Instrument zur Mitarbeitendenbindung. So konstatiert ein Unternehmensvertreter:

> „Er könnte auch sagen: ‚Ich kündige in sechs Wochen.‘ Dann ist er auch weg. Und, ähm, auch dann muss ich, muss es irgendwie weitergehen. Also, von daher, ähm, ist es auch ein Bindungsinstrument. (…) Und insofern glaube ich schon, dass das ein Bindungsinstrument ist, eben um auch die Mitarbeiter, die so etwas gerne machen möchten, an uns zu binden“ (P5, Absatz 69).

In Bezug auf diesen Zusammenhang sticht bei der Ergebnisanalyse hervor, dass die Befragten dem werterhaltenden Interesse eines Unternehmens an der Belegschaft sowie deren Bedürfnissen und Wohlergehen heutzutage eine besondere Relevanz zuschreiben:

> „Und (...) und vor allen Dingen, ja ich glaube wirklich, dass die Unternehmen auch mittlerweile kapieren, wenn sie so etwas anbieten, dass die Mitarbeiter dann mitbekommen, dass das Unternehmen die Bedürfnisse der Mitarbeiter ernst nimmt. Und dass die Mitarbeiter wirklich einen Wert in diesem Unternehmen haben. Einfach, weil sich das Unternehmen damit auseinandersetzt, was können wir Gutes für den Mitarbeiter tun“ (B5, Absatz 21).

Bemerkenswert ist zudem, dass trotz vieler im Rahmen der Homepageanalyse erkannter Hinweise darauf, dass die Unternehmen eine wertschätzende Haltung gegenüber ihren Beschäftigten intendieren und die Eingliederung von einer Vereinbarkeit von Beruf und Privatleben auf ihre Agenda setzen, sich nur die Hälfte der

Personalverantwortlichen und eine Beraterstimme explizit auf den Ausdruck der Work-Life-Balance beziehen und bei der Ausführung dieses Themas auf Umschreibungen zurückgreifen.

Während auch die Interviewanalyse ergibt, dass Auszeitangebote durchaus auf eine Steigerung der Motivation, Leistungsfähigkeit und Produktivität im Sinne der Arbeitgeber*innen abzielen, lässt sich aus den Aussagen der Befragten erkennen, dass eine Bestätigung dieser Annahmen noch aussteht, sie jedoch als logische Folge erwartet wird (vgl. Kapitel 5.3.3).

Verstärkte Anerkennung findet offenbar seitens der Unternehmen auch der Aspekt, dass Beschäftigte durch Sabbaticals neue Erfahrungen sammeln und ihren Horizont erweitern können. So werden auch Chance und Nutzen für das Unternehmen erkannt im

> „über den Tellerrand schauen (…) um vielleicht seine Betriebsblindheit vielleicht auch so ein bisschen aufzuweichen. Und der sich auch vielleicht weiterentwickeln möchte. Und das bringt ja auf lange Sicht auch wieder einen Mehrwert für das Unternehmen“ (B5, Absatz 21).

Dies impliziert gleichsam, dass eine Weiterentwicklung im Sinne einer Kompetenzerweiterung des Mitarbeitenden, zum Beispiel durch das Lernen einer neuen Sprache während eines Auslandsaufenthaltes, durchaus auch als ein möglicher Zugewinn für das Unternehmen interpretiert wird (vgl. Kapitel 5.3.3).

Während sich bezüglich der bisher genannten Aspekte die Positionen seitens der Personalverantwortlichen und Beratenden ähneln, stechen Unterschiede bezüglich des gesundheitsfördernden Effekts eines Sabbaticals hervor. Dieses Argument wird nur von den Beratenden vermehrt herangezogen und als erwarteter Nutzen benannt. So nährt dieser Befund wiederum die These, dass Beschäftigte diesen Aspekt als Auslöser für einen Wunsch nach einer beruflichen Auszeit weniger vor ihren Personalverantwortlichen und eher im vertraulichen Gespräch mit einem externen Beratenden thematisieren.

Neben den antreibenden Motiven, eine Auszeit beziehungsweise ein Sabbatical anzubieten, gewähren die Befragten auch Einblicke in die möglichen Hemmnisse, derartige Angebote unternehmensseitig zu unterbreiten. Dominierend bei der Datenanalyse sind dabei Hinweise auf organisatorische Umsetzungshürden. Hierunter fallen sowohl ein Mehraufwand für die Personalabteilung hinsichtlich Verwaltungsaufwand, Personalplanung und notwendigen Vertretungslösungen als auch finanzielle Hürden, die etwa bei einer gesetzlich verpflichtenden Insolvenzabsicherung von Langzeitkonten zum Tragen kommen:

> „Ähm, und ähm, ich glaube die Hemmnisse für so ein Thema liegen natürlich in dem Verwaltungsaufwand, den so etwas ja durchaus bietet. Und in dem Thema Insolvenzschutz und solche, so Sachen, die wir im Hintergrund auch klären mussten, bevor wir das anbieten und, ähm, ich glaube das macht es besonders für kleinere

> Arbeitgeber schwer, also das dann auch zu stemmen“ (P5, Absatz 77).

Eine weitere Herausforderung für die Unternehmen sehen die Expert*innen darin, dass es zu einem Verlust von Beschäftigten nach Auszeiten kommen kann. Hier sind die Angaben und Einschätzungen sehr divers, durchaus wird auch aus beiden Perspektiven argumentiert, sodass situativ im Einzelfall eine Risikoabwägung erfolgt. Mitunter wird das Risiko vermutet, dass sich Beschäftigte in dieser Zeit neu orientieren oder den Kontakt zum Team verlieren. Gleichzeitig lässt sich aus den vermehrten Äußerungen die Entwicklung ablesen, dass Unternehmen, die keine Auszeiten gewähren, Beschäftigte verlieren, welche diese Auszeiten einfordern oder benötigen. Somit zeichnet sich darin ein Handlungsdruck für die Unternehmen ab und Auszeiten werden im Sinne eines notwendigen Kompromisses versucht zu ermöglichen (vgl. Kapitel 5.3.3).

Explizit als Hemmnis, Sabbaticals unternehmensseitig anzubieten, wird auch der Aspekt der notwendigen Überwindung von traditionellen Arbeitsstrukturen und der häufig als unumgehbar bewerteten Präsenzen am Arbeitsplatz gesehen. Neben diesen Hürden, die von Personalverantwortlichen und Beratenden gleichermaßen benannt werden, fordern die Beratenden in diesem Kontext allerdings auch ein umfassendes Umdenken in Unternehmen:

> „Na, das ist nicht nur gezielt nur darüber sprechen, nur jetzt einfach mal nur ein Arbeitszeitmodell, das ist eine innere Haltung! Ja, und das wird immer und immer wieder, äh, unterschätzt. Die Haltung, die Atmosphäre, die Visionen der Firmen, nicht nur erzählt, sondern gelebt. Dann ist viel möglich, auf jeden Fall. Nur, wenn das nicht gelebt wird, dann nutzt auch ein Sabbatical nicht“ (B6, Absatz 77).

Ergänzend zur Perspektive auf die Unternehmen bezogen sich weitere Interviewfragen auf die vermuteten beziehungsweise bekannten Beweggründe, die Beschäftigte dazu veranlassen Angebote wie Sabbaticals anzunehmen. Hierbei kommt es zu größeren Unterschieden bezüglich der Argumentation zwischen den beiden Expertengruppen.

Übereinstimmend wird hervorgehoben, dass diverse familiäre Hintergründe als Notwendigkeit für eine Auszeit eine entscheidende Rolle spielen und als wichtigster und zunehmend häufiger vorkommender Grund interpretiert werden. Hier wird sowohl von den Personalverantwortlichen als auch von den Beratenden auf die verstärkte und zunehmende Nutzung der Angebote für verlängerte Elternzeiten oder die Pflege von Angehörigen hingewiesen. Dies deckt sich auch mit den Befunden der Homepageanalyse, die den Beweggrund, in familiären Belangen respektive in Pflegesituationen Unterstützung anzubieten, an zweiter Position sehen.

Unterschiede ergeben sich jedoch bei allen weiteren genannten Beweggründen zwischen den Expertengruppen. So fällt auf, dass alle Personalverantwortlichen angeben, dass Sabbaticals von den Beschäftigten speziell auch für längere Reisen genutzt werden, während von diesem spezifischen Beweggrund nur wenige Beratende aus ihrer Praxis berichten.

Im Gegensatz dazu stehen im Fokus der Beratenden vermehrt Themen, die auf gesundheitsbezogene oder psychologische Beweggründe hinweisen. Vorrangig wird genannt, dass die Beschäftigten Zeit zur Erholung benötigen, weil sie sich erschöpft, ausgebrannt oder krank fühlen. Beziehen sich Personalverantwortliche auf dieses Themenfeld, wird eine benötigte Erholungszeit eher mit einer Regenerationszeit nach längeren Krankheiten oder nach anstrengenden (Projekt-)Arbeitsphasen in Verbindung gebracht. Ebenfalls nehmen die Beratenden an, dass das Verlangen nach einem Abstand vom stark fordernden beruflichen Alltag Beschäftigte maßgeblich zu einem Sabbatical bewegt. So gehe es darum, „einfach raus aus dieser Tretmühle“ (B5, Absatz 11) zu kommen, um den zunehmenden beruflichen Belastungen zu entkommen oder zum anderen auch um Zeit für eine berufliche Neuorientierung zu finden. In diesem Zusammenhang nennen die Beratenden auch weitere für sie erkennbare emotionale Bedürfnisse, wie den Wunsch der Beschäftigten nach Selbst- oder Sinnfindung, der Wunsch nach Abwechslung und einem damit verbundenen Perspektivenwechsel. Hier spielt auch der Aspekt eine Rolle, dass die Beschäftigten offenbar nach mehr Selbstbestimmung streben und es verdeutlicht sich eine Verknüpfung mit den beruflichen Belastungen:

> „Weil die Leute sind ja auch sehr, stehen ja sehr unter dem Diktat von Terminen. Und allein dies Bedürfnis mal zu sagen: ‚Ich will mal gar nichts machen. Ich will auch gar nichts, eben zum Bespiel vielleicht auch gerade eben kein soziales Engagement, keinen Traum verwirklichen, keine Wahnsinnsreise machen, ich will einfach nur mal Zeit für mich haben.’ Das ist zum Beispiel auch ein Punkt“ (B5, Absatz 11).

Dies steht zum einen als Wunsch, dem als Fremdbestimmung erlebten Arbeitsalltag zu entkommen, im Raum. Zum anderen schimmert darin auch die Tendenz durch, dass Zeit offenbar vermehrt ein höherer Stellenwert zugeschrieben wird als finanziellen Anreizen.

Hemmnisse aus Perspektive der Beschäftigten sehen die Personalverantwortlichen und Beratenden vor allem bei dem Punkt der finanziellen Einbußen und den im Zusammenhang stehenden organisatorischen Hürden:

> „Manche (…) also der Hauptgrund, der Leute zurückhält, ein Sabbatical zu machen oder länger zu machen, sind natürlich Finanzen. Also wenn es einfach unbezahlter Urlaub ist, dann muss man vorher dieses Geld angespart haben oder ansparen und wenn der Arbeitgeber da nicht richtige Rahmenbedingungen liefert, dann kann man das eben nicht machen. […] Es sind ja auch andere Dinge, die davon betroffen werden, was die Versicherung, was die eigene Wohnung, was das Ziel und sowas angeht“ (B2, Absatz 28 und Absatz 30).

Ebenfalls dominant in den Vordergrund gestellt wird das Argument von Personalverantwortlichen und Beratenden, dass als Hemmnis für die Beschäftigten die Sorge vor einem Karriereknick, dem Verlust von den eigenen Projekten oder vor einer Kündigung des Arbeitsverhältnisses besteht. An dieser Stelle wird darauf verwiesen, dass diesbezüglich eine gewisse Angst vorherrscht und zwar „die Angst, seine Karriere zu unterbrechen. Also, dass man dann vielleicht die nächste Karrierestufe nicht kriegt, wenn man jetzt weg ist.“ (B4, Absatz 35). Ebenso wird angeführt, dass Befürchtungen der Beschäftigten hinsichtlich der Rückkehr an den bisherigen Arbeitsplatz gleichsam die Entscheidung prägen: „Wenn ich dann ein Sabbatical nehme und komme dann wieder - wie sieht denn dann mein Arbeitsplatz aus?“ (B6, Absatz 5).

Ein für Beratende zentraler Punkt scheint die Akzeptanz von Auszeiten durch das kollegiale Umfeld, die Familie oder die Gesellschaft zu sein. Dass kein Personalverantwortlicher hierauf Bezug nimmt, kann auch den Grund haben, dass Unternehmen, die Sabbaticals anbieten, insgesamt schon Akzeptanz hierfür geschaffen haben, sodass dies kein relevantes Thema mehr darstellt.

Auf eine besondere Beschäftigtengruppe, die Sabbaticals verstärkt annimmt, lässt sich aus den Aussagen der Expertengruppen nicht schließen. Allerdings nennen die Hälfte der Personalverantwortlichen und Beratenden diverse Beispiele verschiedene Gruppen betreffend und verweisen mehrheitlich darauf, dass dies wiederum eher in Bezug zur jeweiligen Lebensphase wie auch dem privaten Umfeld steht und unabhängig vom Beschäftigtenstatus ist. Hier lässt sich eine Parallelität zu den Erkenntnissen der Homepageanalyse insofern finden, dass die Unternehmen mit dem Angebot von Arbeitszeitmodellen wie Sabbatical keine spezifische Gruppe Mitarbeitender zu adressieren scheinen.

5.2.2. Das Modell Workation

Die dieser Untersuchung zugrunde liegende Vorannahme, dass Workation als Arbeitszeitmodell vermutlich bei den abhängig Beschäftigten und in den Unternehmen noch weitgehend unbekannt ist und beziehungsweise oder hierfür noch keine Strukturen und Prozesse zur Umsetzung in den Unternehmen vorhanden sind, hat sich nicht nur in der Homepageanalyse, sondern auch in den Experteninterviews bestätigt. Bei einer Stimme aus dem Kreis der Personalverantwortlichen war lediglich eine Umschreibung des Begriffs in einem Gespräch mit einem Beschäftigten aufgetaucht. Eine Beraterin bezog sich auf eine Anfrage von einem Unternehmen und beschreibt den Bekanntheitsgrad von Workation wie folgt:

> „[…] ja gerade ein bisschen das Wort Sabbatical, irgendwie wird ja salonfähig und kehrt so ein in die Flure der Unternehmen. Workation, glaube ich, hinkt da noch ein bisschen hinterher. Das ist, glaube ich, noch nicht ganz so präsent das Wort“ (B5, Absatz 31).

Im Zusammenhang mit der Frage, weshalb Workation für das Unternehmen und die Beschäftigten attraktiv sein kann, manifestiert die Interviewanalyse, dass die

Expert*innen insbesondere Vermutungen hinsichtlich der unternehmensseitigen Hemmnisse beim Angebot von Workation und der mitarbeiterseitigen Herausforderungen von Workation äußern. Diese Ergebnisse werden ergänzt durch Aussagen, die im vorherigen Interviewverlauf zum Thema Workation jeweils aufgefallen waren und werden im Folgenden dargestellt.

Als markantes Hemmnis, das Modell Workation anzubieten, thematisieren die Personalverantwortlichen und Beratenden vorrangig organisatorische und infrastrukturelle Hürden. Dabei beziehen sie sich darauf, dass gegeben sein muss, dass „remote arbeiten, also von anderen Örtlichkeiten aus arbeiten, erstmal grundsätzlich geht" (P4, Absatz 55). Zudem wird hervorgehoben, dass es grundsätzlich davon abhängt, „was der Mitarbeiter auch für einen Job hat. Also, was macht der, was muss er tun" (P5, Absatz 99).

Es zeigt sich jedoch, dass neben den Einschränkungen auch bereits Möglichkeiten der Machbarkeit erkannt werden. Allerdings halten es die Expert*innen auch für wichtig,

> „[...] dass Mitarbeiter, ähm, in Teams zusammenarbeiten und sich regelmäßig sehen oder zumindest Möglichkeiten zum Austausch haben. Und das hängt natürlich ganz viel auch von, ja von den Gegebenheiten ab. Wie kann neue Technik auch genutzt werden, um vielleicht eine Teambesprechung eben nicht Auge in Auge in einem Besprechungsraum, sondern vielleicht auch virtuell auch, ähm, gestaltet werden. Einfach um sich da auch abzustimmen" (P5, Absatz 95).

In diesem Zusammenhang wird auch darauf verwiesen, dass in Abhängigkeit zur Branche und zum jeweiligen Beruf gewisse Präsenzen erforderlich sind. Allerdings wird auch wie schon beim Thema Sabbaticals argumentiert, dass in Unternehmen nicht selten noch tradierte, arbeitsorganisatorische Strukturen vorherrschen und

> „Dass man immer da sein muss, dass man immer leisten muss, dass man Präsenz zeigen muss und nur wenn man sich zeigt, leistet man auch etwas. Ich glaube, das ist so ein GANZ starkes Muster, was so in unser aller Köpfen ist, beiden: Arbeitgeber und Arbeitnehmerseite" (B4, Absatz 37).

Dies erfordert nach Ansicht der Befragten jedoch auch eine bestimmte Vertrauenskultur, die in den Unternehmen aktuell noch nicht ausreichend vorhanden zu sein scheint. Wie eine Beraterstimme ausführt, steht dies vermutlich in enger Verbindung zu dem befürchteten Kontrollverlust, wenn Beschäftigte nicht vor Ort arbeiten:

> „Na, es hat auch etwas mit Kontrolle zu tun, ne. Dass ich da eben keine Kontrolle mehr habe. Dass ich auch von meiner Kommunikation einiges ändern muss, ne. [...] Also man muss da wirklich VIEL ändern. Ja, und vom eigenen Denken natürlich angefangen,

> vom Loslassen der Kontrolle angefangen, was schon schwer genug ist, ja“ (B4, Absatz 91).

Als gleichsam hemmender Aspekt kommt die häufig nur eingeschränkt zu ermöglichende Planbarkeit vom genauen Arbeitsaufwand hinzu.

Zudem erscheint die Ansicht von Personalverantwortlichen bemerkenswert, dass Workation auch von den Beschäftigten als unattraktiv betrachtet werden kann,

> „[…] wenn das vom Unternehmen vorgegeben wird oder initiiert wird, möglicherweise eher eine größere Hürde, weil Mitarbeiter in der Regel ja auch Familie oder andere Verpflichtungen haben, die du dann entweder mitnehmen musst oder nicht so ganz so einfach immer einfach sagen kannst ‚Schatz, ich gehe dann mal für 3 Wochen nach Bali arbeiten mit meinem Team'“ (P4, Absatz 55).

Festzustellen bleibt, dass das Arbeitszeitmodell Workation diverse Herausforderungen in der Umsetzung unternehmensseitig beinhaltet. Dies reicht von organisatorischen und infrastrukturellen Hürden über als notwendig erachtete Präsenzen bis zu vorhandenen tradierten arbeitsorganisatorischen Strukturen und Fragen zur Planbarkeit des genauen Arbeitsaufwandes. Neben Bedenken äußern die Expert*innen jedoch auch bereits Anknüpfungspunkte für eine mögliche Ausgestaltung beziehungsweise Lösung dieser Herausforderungen, insbesondere durch den von ihnen gezogenen Vergleich mit dem Thema Home-Office und mobiles Arbeiten.

In Bezug auf die Beschäftigten nennen die Befragten vorrangig die Gefahr der Entgrenzung beziehungsweise des Grenzmanagements. Wie die Interviewten ausführen, setzt dies einerseits eine gewisse Selbstdisziplin und Selbstorganisation voraus und andererseits die Notwendigkeit von klaren Absprachen. Hier stehen Fragen, die die Erreichbarkeit und den Arbeitsumfang respektive die konkrete Aufgabe thematisieren, im Vordergrund.

An dieser Stelle kommen schließlich auch infrastrukturelle Hürden zur Sprache, die vielleicht anfangs auch von den Beschäftigten nicht vollumfänglich bedacht werden:

> „Also, mal, es gibt da wahrscheinlich auch diese Illusion: ‚Es ist alles schön, ich sitze am Strand und schreibe an meinen Laptop!' Ja, am Strand sieht man aber seinen Laptop schlecht, da kann man schon einmal gar nicht arbeiten, ja, da muss man doch ins Zimmer und und und. Also, ganz praktische Dinge. Und man hat kein WLAN, wo man gewöhnt ist. Ja. Die super Technik zu haben im Büro. Oder es ist kein Drucker da. Man kriegt erst einmal mit, wie selbstverständlich man den Drucker einmal nutzt. Ja. Das sind alles solche Sachen, die einem dann auch erst auffallen“ (B4, Absatz 93).

So bringt es eine Stimme aus der Gruppe der Beratenden auf den Punkt, indem sie aus ihrer Beratungserfahrung berichtet: „Und die hockten dann eben halt mit verminderten Ressourcen am Beachstrand und sollten da arbeiten, was von dort aus schwierig war“ (B6, Absatz 65).

5.3. Handlungsspielräume für die Gestaltung von Arbeitszeitmodellen

Die Ergebnisse der Datenauswertung legen ein vielfältiges Tableau über den derzeitigen Stand sowohl hinsichtlich der arbeitgeberseitigen Angebote und der multiplen Gestaltungsmöglichkeiten als auch der mitarbeiterseitigen Inanspruchnahmen der Arbeitszeitmodelle Sabbatical und Workation offen. Werden die bisher dargestellten Befunde aus der Homepageanalyse und der Interviews überblickt, kann mit dem Ziel, mögliche Stellschrauben zur unternehmens- wie auch mitarbeiterseitigen Attraktivitätssteigerung der Modelle Sabbatical und Workation zu eruieren, der gezielte Fokus auf Beweggründe und Hemmnisse das Augenmerk auf mögliche Optimierungsoptionen schärfen. Aufbauend auf einer Übersicht der wesentlichen, im Kapitel 5.1 und 5.2 ausführlich dargelegten Aspekte, wird im Folgenden möglichen Handlungsspielräumen Raum gegeben. Im Anschluss an eine Darstellung und Diskussion der Vorschläge dienen die für diese Untersuchung sensibilisierenden Konzepte zur Reflexion des derzeitigen Einsatzes der Modelle, ihrer Bedeutung und der Relevanz einer (Neu-)Gestaltung.

5.3.1. Möglichkeiten zur Attraktivitätssteigerung des Modells Sabbatical

Aus der Datenanalyse ergeben sich für das Modell Sabbatical die folgenden Beweggründe sowohl im Hinblick auf derartige Angebote seitens der Unternehmen als auch hinsichtlich der Inanspruchnahme durch die Beschäftigten:

Beweggründe für das Angebot und die Inanspruchnahme eines Sabbaticals		
	Datenauswertung der Experteninterviews	Datenauswertung der Homepageanalyse
Perspektive der Unternehmen	• Steigerung der Arbeitgeberattraktivität • Verstärkung der Mitarbeiterbindung • Signalisieren einer Wertschätzung der Mitarbeitenden • Ermöglichung einer Work-Life-Balance • Erhöhung der Arbeitsmotivation • Wertschöpfung aus den zusätzlichen Erfahrungen der Auszeitnehmenden • Gewährleistung einer Gesundheitsvorsorge	• Ermöglichung einer Work-Life-Balance • Unterstützung bei Familie und Pflege • Steigerung der Arbeitgeberattraktivität • Investition in Motivation, Vertrauen und Zufriedenheit • Mitarbeiterbindung • Beschäftigungsfähigkeit und Gesundheit • Demographischer Wandel • Innovationen und Weiterbildung
Perspektive der Mitarbeitenden	• Berücksichtigung familiärer Hintergründe • Realisierung von Reisen • Gewinnung von Zeit für Hobbies • Gewinnung von Zeit zur Erholung • Suchen von Abstand zum Berufsfeld und Ermöglichung einer Neuorientierung • Streben nach einer Sinnfindung und einem Perspektivwechsel	Obgleich die Homepageanalyse nur die Bewertung der Unternehmensperspektive zulässt, kann abgeleitet werden, dass die Unternehmen versuchen, mit den oben genannten Themenfeldern aus der Perspektive der Beschäftigten heraus zu argumentieren (vgl. Kapitel 5.3.3).

Tabelle 7: Übersicht über die Beweggründe für das unternehmensseitige Angebot und der mitarbeiterseitigen Inanspruchnahme eines Sabbaticals

Demgegenüber können als Hemmnisse, ein Sabbatical anzubieten beziehungsweise in Anspruch zu nehmen, die in Tabelle 8 aufgeführten Aspekte festgehalten werden. Vor diesem Hintergrund zeichnen sich mögliche Handlungsspielräume zur Gestaltung von Sabbaticals ab und die Expertenantworten auf die Interviewfragen zu Ideen, wie Arbeitszeitmodelle für Mitarbeitende und Arbeitgeber*innen attraktiver gestaltet werden können, können zum Tragen kommen. An dieser Stelle soll nochmals darauf hingewiesen werden, dass es sich insbesondere in Bezug auf die Perspektive der Mitarbeitenden um Einschätzungen der Interviewpartner handelt, so dass deren nicht auszuschließender spekulativer Charakter zu berücksichtigen ist. Gleichwohl basieren diese Annahmen auf überwiegend langjährigen Berufserfahrungen sowie einer täglichen, berufspraktischen Auseinandersetzung mit diesen Themen, so dass sie dadurch nicht unbeachtet bleiben sollen. In den Interviews wurde zum einen nach möglichen Veränderungen gefragt, wie mit Nachteilen und Risiken umgegangen werden könnte, um sie minimieren zu können. Zum anderen wurde aber auch die Aufmerksamkeit der Interviewten auf die

Frage gelenkt, wie bereits erkannte Vorteile und Chancen von lebensphasenorientierten Arbeitszeitmodellen noch zusätzlich ausgebaut werden können. Hierbei wurden die Interviewpartner gebeten, jeweils ihren Fokus sowohl auf die Unternehmens- als auch auf die Beschäftigtenperspektive zu richten.

Hemmnisse hinsichtlich des Angebots und der Inanspruchnahme eines Sabbaticals		
	Datenauswertung der Experteninterviews	Datenauswertung der Homepageanalyse
Perspektive der Unternehmen	• Bestehen von organisatorischen Umsetzungshürden • Befürchtung des Verlustes von Mitarbeitenden • Wahrung traditionsverhafteter Arbeitsstrukturen und den darin liegenden als notwendig betrachteten Präsenzen	Die Unternehmen argumentieren ausschließlich im positiven Sinne. Folglich werden unternehmensseitige Hemmnisse nicht herausgestellt. Es finden sich lediglich Hinweise auf bestimmte Voraussetzungen im Hinblick auf die Nutzung der Angebote.
Perspektive der Mitarbeitenden	• Bestehen von finanziellen und organisatorischen Hürden • Befürchtung negativer Auswirkungen auf die Berufslaufbahn • Befürchtung einer fehlenden sozialen Akzeptanz von Auszeiten	Die Unternehmen greifen einzelne Themenfelder auf, denen sie eine Relevanz aus Perspektive der Mitarbeitenden zuschreiben (vgl. Kapitel 5.3.3).

Tabelle 8: Übersicht über die Hemmnisse hinsichtlich des unternehmerseitigen Angebots und der mitarbeiterseitigen Inanspruchnahme eines Sabbaticals

Besonders aus der Sicht der Unternehmen offenbart sich bei der Umsetzung von Sabbatical-Modellen vorrangig die Personalplanung vor, während und nach der Auszeit als Herausforderung. Dies spiegelt auch das beschriebene Hemmnis, das in organisatorischen Umsetzungshürden zu liegen scheint, wider. Eine langfristige Planung zum Beispiel, flankiert von einer längeren Antragsfrist für die interessierten Beschäftigten, würde mögliche diesbezügliche Risiken reduzieren. Dieser Punkt wird auch von Beraterseite als relevant erachtet und einer ausgeglichen en Personalplanung, die weder unter- noch überfrachtet ist, wird eine risikominimierende Wirkung zugesprochen. In diesem Kontext schlagen Berater*innen wie auch Personaler*innen vor, dass mit dem direkten Einbezug des Mitarbeitenden und mittels individueller Vereinbarungen[4] auch kürzere (kürzer als zwölf Monate) und somit offenbar leichter umzusetzende Auszeiten verbunden sein könnten. Ebenso die Umsetzung erleichtern könne eine klare Differenzierung zwischen den Positionen, denen überhaupt eine Auszeit ermöglicht werden kann.

[4] Dieser Vorschlag erinnert an die im wissenschaftlichen Diskurs häufig als „Idiocratic Deals" (Rousseau 2005) bezeichneten individuell ausgehandelten Abmachungen zu Arbeitsbedingungen. „Idiocratic Deals" sind freiwillige Aushandlung zwischen Arbeitnehmer*innen und der Organisation. Um individuelle Bedarfe besser zu berücksichtigen, wird dabei von kollektiven, standardisierten Regelungen abgewichen. Mit diesen Anpassungen wird in der Regel beabsichtigt, den Beschäftigten sowie der Organisation Vorteile zu verschaffen. Häufig betreffen diese personalisierten Aushandlungen Arbeitszeitregelungen, Tätigkeitsinhalte, Entwicklungs- beziehungsweise Karrieremöglichkeiten (vgl. Altmann 2018: 164; Hornung et al. 2008: 35).

Die geäußerten organisatorischen Umsetzungshürden, die das Angebot eines Sabbaticals per se unterbinden, scheinen auch eng mit den von den Interviewten geschilderten finanziellen Risiken respektive Belastungen zu korrespondieren. Diese umfassen etwa mögliche, trotz der Abwesenheit der Mitarbeitenden weiter anfallende, arbeitgeberseitige Sozialabgaben oder bei den Ansparvarianten ein Insolvenzschutz wie auch die nötigen Ressourcen, die aufgebracht werden müssen, um Ersatz oder Vertretung zu organisieren. Von Beraterseite wird diesbezüglich eine staatliche Unterstützung derartiger Arbeitszeitmodelle angeregt, die eine Umsetzung reizvoller machen könne:

> „Ja, das wäre sicher ganz sinnvoll. Weil ich würde ja jetzt jemand, der nicht da ist, noch zusätzlich Geld geben. Aber wenn ich das wie bei einer Spende praktisch absetzen kann, ja, dann wäre das für mich natürlich für mich auch wieder eine Motivation. Also, es wäre halt eine steuerliche Sache, die auch gesetzlich geregelt sein müsste, denke ich. Ne, so. Also, das gibt es, glaube ich, in dem Sinne jetzt noch nicht. Aber das wäre auf jeden Fall eine Motivation für Firmen, glaube ich, so etwas eher zu gewähren. Ja. (...) so einen kleinen finanzielle Vorteil haben“ (B4, Absatz 72).

Bei all diesen organisatorischen und finanziellen Hemmnissen und Risiken scheint es Ideen zur Neugestaltung zu geben: sei es eine weitsichtige und vorausschauende Planung oder die genaue Bestimmung der Positionen, denen eine Auszeit ermöglicht wird. Gleichzeitig wird, wie oben beschrieben, das Angebot auch von dem Bestreben getragen, die Arbeitgeberattraktivität, die Mitarbeiterbindung wie auch die Arbeitsmotivation zu steigern oder auch die Gesundheit und darin vermutlich impliziert auch die Beschäftigungsfähigkeit der Mitarbeitenden zu erhalten (vgl. Kapitel 5.3.3). So liegt die Vermutung nahe, dass die Frage, ob, wie viele und welche Mittel für die Überwindung dieser Hürden zur Verfügung gestellt werden, bisweilen auch mit unternehmenspolitischen Entscheidungen korreliert.

Wird von den Befragten die Frage nach Handlungsoptionen zur Risikominimierung aus Sicht der Mitarbeitenden beantwortet, ergeben sich auffällige Parallelen. Denn auch hier kristallisiert sich heraus, dass gerade auch die finanziellen Belastungen nicht nur einer großen Hürde gleichen, sondern, wie festgestellt werden konnte, auch von der tatsächlichen Inanspruchnahme abhalten. Mitarbeitende sind zum Beispiel im Rahmen eines Sabbaticals mitunter mit einer eingeschränkten, arbeitgeberseitigen Übernahme des Sozialversicherungsschutzes und somit auch zur Kompensation dieser Lücke, mit den Kosten für einen selbstfinanzierten Versicherungsschutz oder auch mit ausfallendem oder verringertem Lohn konfrontiert. Neben den Beratenden thematisieren diese Problematik auch Unternehmensvertreter*innen, sodass eine staatliche Unterstützung auch für die Mitarbeitenden in Erwägung gezogen wird:

> „Also ich denke, es muss irgendwie eine Lösung geben, sei es über die Bundesregierung oder über die Regierung, dass die Mitarbeiter trotz alledem irgendwie eine Entschädigung oder ein (...)

> eine Geldleistung trotzdem bekommen. Um das wahrzunehmen. Ich weiß jetzt nicht genau, wie es mit Krankenversicherungsbeiträgen ist oder so, wenn sie das nutzen. Aber das sind alles so Kosten, die ja die ja weiterlaufen. Du musst dich ja versichern" (P2, Absatz 45).

Dabei wird allerdings auch herausgestellt, dass Auszeitvarianten, die mit einem Ansparmodell ermöglicht werden und bei dem die Auszeitnehmenden weiterhin einen Lohnanteil beziehen können sowie sozialversichert bleiben, im Allgemeinen ausgebaut werden sollten, um Nachteile für die Beschäftigten wie auch für die Unternehmen zu reduzieren. Allein die Tatsache, dass damit ein Arbeitsvertrag aufrechterhalten werden kann, wovon beide Seiten profitieren könnten, erweist sich in diesem Kontext als zentraler risikominimierender Aspekt. Im Besonderen aus den Schilderungen der Personalverantwortlichen zeichnet sich in diesem Kontext ebenfalls ab, dass unternehmensinterne Regelungen sowohl für die eigentliche Auszeit als auch für die Wiedereingliederung von den zurückgekommenen Mitarbeitenden eine relevante Stellschraube darstellen, die das Angebot und die Inanspruchnahme erleichtern könnten. Möglicherweise mildern a priori verhandelte Absprachen hinsichtlich der Position und der Verantwortung, die die Beschäftigten nach der Auszeit übernehmen werden, auch die in den Interviews aufgedeckte Sorge der Mitarbeitenden um negative Auswirkungen auf ihre Berufslaufbahn.

Trotz aller Hürden und möglichen Risiken ist dennoch in den Stimmen der Befragten ein deutlich positiver Grundton hinsichtlich derartiger Auszeitmodelle herauszufiltern. So werden auch damit verbundene Vorteile und Chancen angesprochen und dies nicht nur in Bezug auf die Mitarbeitenden, sondern auch für die Unternehmen. Allerdings fällt auf, dass im Besonderen die Beratenden mögliche Maßnahmen erkennen, die die Chancen einer Auszeit zusätzlich potenzieren könnten. Es drängt sich daher der Eindruck auf, dass Unternehmen sich damit derzeit (noch) nicht ausgiebig beschäftigen und diesbezügliche Ideen (noch) nicht gereift sind.

Eine hervorstechende Rolle nimmt gemäß den Beratenden die Unternehmenskultur ein. Werden Auszeitmodelle als festes Element in der Unternehmenskultur verankert, wird Wertschätzung gegenüber den Mitarbeitenden und auch ein Interesse am Wohlbefinden der Mitarbeitenden nicht nur schriftlich im Unternehmensleitbild kommuniziert, sondern auch gelebt, und werden damit einhergehend auch die individuellen Bedürfnisse und Belange der Mitarbeitenden ernst genommen, können laut den Beratenden die Unternehmen nicht nur davon profitieren, dass Mitarbeitende nach einer Auszeit motiviert und zufrieden wieder zurückkommen, sondern sich auch mit den neuen gesammelten Erfahrungen für das Unternehmen als wertschöpfend erweisen (vgl. Kapitel 5.3.3). In dieser Hinsicht fällt allerdings auf, dass, obgleich aus den Interviews hervorgeht, dass die Wertschätzung der Mitarbeitenden und das Interesse an deren Wohlbefinden Unternehmen zu dem Angebot eines Sabbaticals bewegen, die Erklärungen einer befragten Person aus dem Kreis der Personalverantwortlichen, die eine nachhaltige Chancensteigerung hervorheben, eine Ausnahme darstellen:

> „Sondern ein Mitarbeiter, der hier ein Sabbatical in Anspruch nimmt, kommt dann in seine Abteilung wieder. Und wir gehen natürlich auch ein bisschen davon aus, dass der, wer der so etwas dann gemacht hat, ähm, wird ja niemand jetzt ein Jahr lang, ähm, nicht, gar nichts machen. Also der wird ja in jeglicher Form, entweder fremde Länder bereisen, die, wo er zusätzliche Erfahrungen sammelt. Er wird sich vielleicht in irgendein Projekt einbringen, was ihm unheimlich wichtig ist, auch da kann er Erfahrungen sammeln. Und wir gehen eher davon aus, dass jemand, den das unheimlich antreibt, so etwas zu tun, dass der eben aus so einem Sabbatical auch wieder etwas mitbringt. [...] Dann auch irgendwie, ähm, etwas, was ihn persönlich weiterbringt und damit uns auch weiterhilft. Also, ich würde das gar nicht so negativ sehen und sagen: ‚Was gibt es für Befürchtungen?', sondern würde es eher von der anderen Seite betrachten und sagen: ‚Was macht es spannend?' und ‚Was hat ein Mitarbeiter danach gelernt und was kann er hier mit einbringen?'" (P5, Absatz 83).

Wird diese geschilderte, wertschätzende Haltung gegenüber den Beschäftigten spürbar, wird sie zudem aus Sicht der Befragten auch für die Mitarbeitenden selbst zur Grundlage, auf der sie sich vermutlich eher dazu entschließen, eine Auszeit zu nehmen.

Ferner können sich Beratende auch für die Unternehmen vorstellen, dass sich Auszeiten in Kombination mit einem sozialen Projekt zu einem Mehrwert für sie entwickeln könnten. Dies würde zum einen die Mitarbeitenden in ein neues Umfeld mit unbekannten, ungewohnten sowie berufsfremden Aufgaben versetzen, woraus sich wiederum positive Effekte auf die Arbeitsmotivation nach der Auszeit im regulären Berufsalltag ergeben könnten. Zum anderen sehen die Beratenden darin auch die Gelegenheit, dass sich die Unternehmen mit derartigen Projekten auch gegenüber dem Wettbewerb abheben und sich in Bezug auf ihre soziale Verantwortung hervorbringen wie auch positionieren können (vgl. Kapitel 5.3.3).

Als allgemeine Tendenz lässt sich feststellen, dass eine genaue Vorbereitung einer Auszeit insgesamt für alle Beteiligten nicht nur, wie bereits erwähnt, Nachteile eindämmen, sondern zugleich auch die Vorteile ausweiten kann. Interessant und auffällig erscheint in diesem Zusammenhang der Vorschlag aus den Reihen der Beratenden, ein Coaching im Rahmen eines Sabbaticals zu implementieren:

> „Also, es wäre schon eine Überlegung wert, wenn Firmen sagen: ‚Wir wollen Mitarbeiter halten, nicht verbrennen', dass zum Thema Auszeiten durchaus schon ein vorbereitendes Coaching angeboten wird. ‚Welche Ängste habe ich? Wie gehe ich mit meinem Wertesystem um? Wir plane ich diese Auszeit, damit sie für mich gewinnbringend ist, im weitesten Sinne?' Ähm, und eben halt

> auch die Firmen und die einzelnen Mitarbeiter so vorzubereiten, dass da jetzt hier nicht plötzlich, äh, die vom Sockel fallen, wenn ihre Stelle nicht mehr da ist und sie irgendwo anders eingesetzt werden. ‚Wie geht man damit um?‘ Also, das wäre wirklich, äh, ‚Auszeit-Coaching‘ als Pflichtfach, fände ich gut. Ne, dann das von beiden Seiten vorbereitet wird. ‚Was verändert sich, wenn der nicht mehr da ist, ist er einfach nur ersetzbar. Oder ist es nicht ersetzbar? Wie gehe ich mit dieser Lücke um?' Also, das sind schon viele Fragen, die geklärt werden sollten“ (B6, Absatz 55).

Wird explizit nach Möglichkeiten zur Attraktivitätssteigerung der Auszeiten für die Mitarbeitenden geschaut, scheint insbesondere aus der Sicht der Beratenden eine umfassendere, längere Auszeit von Vorteil. Ebenso chancenmaximierend kann sich erweisen, wenn Unternehmen anbieten, verschiedene Auszeitmodelle (zum Beispiel unbezahlte Freistellung, ein Freizeitausgleich für Überstunden und auch die Kombination mit einer Teilzeit) miteinander zu verknüpfen. Während sich dieser Vorschlag für die Hemmnisse seitens der Beschäftigten aufgrund von organisatorischen Hürden als ein Lösungsansatz entpuppen kann, könnten seitens der Unternehmen in Anbetracht des für sie zumindest kurz- bis mittelfristig damit verbundenen, vermutlich erhöhten organisatorischen Aufwands Bedenken erwartet werden. Längerfristig, spätestens wenn sich für das Angebot von mitarbeiterorientierten Arbeitszeitkonzepten eingespielte Prozesse entwickelt haben, so soll hier die Vermutung fortgeführt werden, könnte dem allerdings das Potenzial inhärent sein, dass sich die Mitarbeitenden für die Ermöglichung von individuell zugeschnittenen Modellen erkenntlich zeigen. Diese Reziprozität zwischen Vorleistung und Gegenleistung und die damit einhergehenden Chancen (vgl. Kapitel 5.3.3) spiegeln auch die umfassende Argumentation einer Beratenden wider:

> „Es ist ja eine Wechselwirkung. Also es geht ja darum, letztendlich würde man sich hinsetzen tatsächlich und sagen: ‚Was braucht der eine, was braucht der andere?' Und das wächst miteinander. Das heißt, wenn das Unternehmen, also wenn ich mit Unternehmen arbeite, dann kommt irgendwann auch der Punkt, wo die Unternehmen - also wir fangen immer damit an, tatsächlich erstmal natürlich die Mitarbeiter in einen guten Zustand zu bringen. Wenn die in einem guten Zustand sind und man deren Bedürfnisse eben weitestgehend eben auch wirklich so gut wie möglich anbietet, [...] dann kommt auch der Teil, wo man sagt: ‚So Leute, jetzt wollen wir aber auch mal ein bisschen Umsatz machen! Ne, weil es geht ja nicht nur darum, dass Ihr jetzt alle eine schöne Kaffeemaschine habt und frei habt und Urlaub und was weiß ich. Was ist jetzt Euer Part?’ Eben. Und das können die dann auch schnell annehmen, dass sie sagen: ‚Oh ja.‘ Wenn dann zum Beispiel diskutiert wird: ‚Wir haben da und da zu wenig Umsatz. Was können wir tun?’ Dann haben die auch sofort eine Idee. [...] Also es ist ein Geben und Nehmen. Das Menschen, und das wäre

gut, wenn das sich in einem Gleichgewicht behält. Das heißt, also auch jemandem einfach immer nur zu geben, macht einen Mitarbeiter auch aggressiv, das heißt der fühlt sich ja schuldig, wenn er eben zu viel Schuld, wenn er dem Arbeitgeber zu viel schuldet. Es wäre gut, wenn es ein Geben und Nehmen ist. Also, wenn die auch die Chance haben, dafür eben etwas abzugeben für das, was sie bekommen. Und dann hat es eine gute Ausgewogenheit, in der jeder maximal profitiert eben“ (B1, Absatz 77).

Zusammenfassend lässt sich feststellen, dass Optimierungsbedarf für Mitarbeitende und Unternehmen im Wesentlichen in den Themenfeldern Planung und Finanzierung gesehen wird. Die Handlungsempfehlungen reichen von einer vorausschauenden (Personal-)Planung, von der Ermöglichung individueller Auszeitregelungen über die Verknüpfung von verschiedenen Auszeitvarianten bis hin zu der Idee einer staatlichen Unterstützung für die Unternehmen wie auch für die Beschäftigten. Flankiert werden diese Vorschläge mit den Hinweisen auf den Nutzen, von dem Unternehmen etwa durch die mitarbeiterseitige Erfahrungsanreicherung während eines Sabbaticals profitieren können.

5.3.2. Möglichkeiten zur Attraktivitätssteigerung des Modells Workation

Im Hinblick auf das Modell Workation basieren alle Ergebnisse auf Vermutungen, da auch die befragten Unternehmensvertreter*innen in ihrem Unternehmen dieses Modell nicht anbieten und sich offenbar damit insgesamt noch nicht tiefgreifender auseinandergesetzt haben. Nichtsdestotrotz können aus den bislang ausgeführten Untersuchungsergebnissen Themenaspekte entnommen werden, die bei der Gestaltung und Umsetzung eines solchen Modells eine zentrale Rolle einnehmen können. So erscheinen insbesondere die möglichen Hemmnisse seitens der Unternehmen bezüglich des Angebots wie auch vermutete Herausforderungen für Beschäftigte, wenn sie Workation in Anspruch nehmen, als maßgeblich relevant für die Gestaltung dieser Arbeitsvariante. Die Tabelle 9 stellt diesbezügliche Studienergebnisse gegenüber.

Neben diesen Hemmnissen und Herausforderungen legen die Interviewauswertungen allerdings offen, dass, obgleich derzeit Workation vorrangig unter dem Aspekt des mobilen Arbeitens betrachtet wird, in derartigen Arbeitsformen von beiden Expertengruppen ein schlummerndes Potenzial für die Unternehmen und die Beschäftigten erkannt wird. So werden in diesem Zusammenhang von den Befragten auch Aspekte genannt, die es als möglicherweise attraktiv und lohnenswert erscheinen lassen, die vermuteten herausfordernden Hürden seitens der Mitarbeitenden wie auch der Unternehmen anzugehen.

Unterstützt durch die fortschreitenden Möglichkeiten der Digitalisierung wird mitunter in Betracht gezogen, dass durch Workation Ressourcen eingespart werden können. So reduzieren sich etwa Mietkosten durch die Nutzung von Co-Working-Spaces. Nicht unbedeutend ist auch der Umstand, dass Mitarbeitende in besonderen privaten Lebenslagen nicht ausfallen müssen, sondern auch mobil weiter arbeiten können. Die Möglichkeit, in besonderen Lebenslagen (zum Beispiel während der Begleitung des Lebenspartners ins Ausland, die Verbindung mit einer Elternzeit oder auch die Pflege von Familienangehörigen fern des regulären Arbeitsortes) weiterhin der Arbeit nachgehen zu können, kann auch als vermutlich reizvoll für die Beschäftigten selbst festgestellt werden.

Hemmnisse und Herausforderungen bei der Gestaltung und Umsetzung des Modells Workation		
	Datenauswertung der Experteninterviews	Datenauswertung der Homepageanalyse
Hemmnisse seitens der Unternehmen	• Bestehen von organisatorischen und infrastrukturellen Hürden • Wahrung traditionsverhafteter Arbeitsstrukturen und den darin liegenden als notwendig betrachteten Präsenzen • Befürchtung des Kontrollverlustes über Mitarbeitende • Fehlen einer konkreten Planbarkeit des Arbeitsaufwandes	Kein Unternehmen erwähnt explizit den Begriff Workation auf seiner Unternehmenshomepage. Anknüpfungspunkte ergeben sich lediglich bezüglich des Angebots zur mobilen Arbeit/Home Office. Hier stellen die Unternehmen nur die Eignung des jeweiligen Arbeitsplatzes und die Bedingung zu Absprachen zu Präsenzzeiten als Voraussetzung dar.
Herausforderungen seitens der Mitarbeitenden	• Befürchtung einer Entgrenzung von Arbeits- und Privatleben • Sicherstellung klarer Absprachen zu beruflichen Belangen • Bewältigung infrastruktureller Hürden	Nur in Bezug auf mobile Arbeit/Home Office argumentieren die Unternehmen auf ihren Homepages bezüglich einer verbesserten Vereinbarkeit von Beruf und Privatleben durch dieses Angebot (vgl. Kapitel 5.3.3). Zudem stellen sie in diesem Zusammenhang die infrastrukturellen Möglichkeiten und organisatorischen Voraussetzungen dar.

Tabelle 9: Übersicht über die Hemmnisse und Herausforderungen bei der Gestaltung und Umsetzung des Modells Workation

Es bleibt abzuwarten, ob die Aussicht auf mögliche Einspareffekte noch mehr Unternehmen dazu bewegt, sich den damit verbundenen und derzeit offenbar als schwerwiegendes Umsetzungshemmnis beschriebenen arbeitsorganisatorischen Umstrukturierungen und infrastrukturellen Herausforderungen zu stellen und auf die impliziten gesellschaftlichen Erwartungen hinsichtlich einer flexiblen und selbstbestimmten Wahl des Arbeitsortes weiter einzugehen (vgl. Kapitel 5.3.3). Thematisch daran anknüpfend weist eine Beraterstimme zusätzlich auch darauf hin, dass die Kontrollmöglichkeit hinsichtlich Arbeitsumfang, Arbeitsleistung oder Arbeitsergebnis in der digitalisierten Arbeitswelt auch ausgeweitet werden könnte und somit das mobile Arbeiten fernab des regulären Arbeitsplatzes auch für Unternehmen unter diesem Gesichtspunkt attraktiv sein könnte. Dennoch bleibt es auch in diesem Punkt offen, ob diese Möglichkeiten die oben aufgeführte Sorge der Unternehmen bezüglich eines Kontrollverlustes der Mitarbeitenden durch die nicht vorhandene Präsenz entkräften können.

Ebenso lässt sich erkennen, dass Workation als Instrument zur Mitarbeitendengewinnung und -bindung betrachtet und eingesetzt werden kann und damit auch die Attraktivität als Arbeitgeber*in gesteigert werden kann (vgl. Kapitel 5.3.3). Während allerdings die Beraterseite Workation dahingehend eine wesentliche Bedeutung zumisst, dass Workation als Ausdruck einer Wertschätzung des Mitarbeiters nicht nur überaus motivierend und antriebsfördernd aus Sicht der Beschäftigten wirken könne, sondern daraus auch eine gesteigerte Leistungsfähigkeit sowie eine erhöhte Arbeitseffektivität resultieren könnten, erwähnen die Unternehmensvertreter*innen diesen Aspekt seltener. Dennoch scheint sich auch für die Unternehmen selbst zu offenbaren, dass in der Veränderung des Arbeitsumfeldes und der damit verbundenen Abwechslung Potenzial liegt, das dem Unternehmen zu Gute kommen kann (vgl. Kapitel 5.3.3):

> „Na, es wäre dann attraktiv, wenn „remote arbeiten", also von anderen Örtlichkeiten aus arbeiten, erstmal grundsätzlich geht. Es wäre dann attraktiv, wenn sich dadurch dann tatsächlich eine höhere Arbeitsmotivation einstellt. Auch die Mitarbeiterbindung dadurch gestärkt würde, wieder mit dem Ziel der Arbeitsmotivation. Dass die Leute einfach Spaß haben am Arbeiten. Und wenn es tatsächlich einmal um so ein Projektteam geht, sie an einem anderen Ort quasi arbeiten zu lassen, könnte ich mir schon auch attraktiv vorstellen" (P4, Absatz 55).

Bemerkenswert ist zudem, dass Workation auch im Kontrast zu einem Sabbatical betrachtet wird. Dabei wird von Beraterseite in Erwägung gezogen, dass das Modell Workation für Unternehmen attraktiver sein kann, da die Beschäftigten im Gegensatz zu einem Sabbatical weiterhin für die Unternehmen erreichbar und produktiv bleiben. In einem weiteren von den Befragten lancierten Vergleich dieser Modelle wird ebenso evident, dass Workation im Gegensatz zu einer längeren Auszeit für die Beschäftigten auch mit dem zentralen Vorteil verbunden ist, dass das Arbeitsverhältnis und folglich auch der Sozialversicherungsschutz bestehen bleibt und sie damit auch finanziell eine absichernde Unterstützung erhalten.

Wird Workation allein aus der Sicht der Beschäftigten betrachtet, überwiegen die Hinweise auf die damit einhergehenden Chancen deutlich: sei es allein durch die Möglichkeiten einer selbstbestimmteren Arbeits- und Tagesgestaltung in Verbindung mit einer Work-Life-Balance oder durch die Option, die Arbeit mit einem besonderen Urlaubsziel zu verbinden oder überhaupt andere Länder zu bereisen. Ferner kristallisieren die Ergebnisse allerdings in diesem Kontext auch heraus, dass sich die enge Verknüpfung von Arbeits- und Privatleben als herausfordernd entpuppen kann. Die Frage, was sowohl Beschäftigte als auch Unternehmen dazu beitragen können, dass diese beiden Bereiche dennoch in der Balance bleiben, gewinnt somit an Bedeutung. Die befragten Expert*innen, die bereits bezüglich des Sabbaticals eindringlich zu beidseitig unterstützten und umsetzbaren Regelungen hinsichtlich des Arbeitsrahmens (eigentliche Aufgabe, Zeitvolumen, Erreichbarkeit, Ergebnisabgleiche, fortlaufenden Kommunikation, u.a.) raten und derartige Absprachen an zentraler Stelle der Ausgestaltung verorten, untermauern dies.

Für das Modell Workation bleibt zu resümieren, dass Handlungsspielräume zwar offenbar nicht konkret auf der Hand liegen, doch zumindest angedeutet werden können. So scheint das kritische Hinterfragen von bestehenden arbeitsorganisatorischen Abläufen und von traditionsverhaftetem, auf Kontrolle durch Präsenz basierendem Denken und Handeln ein wegweisender Ansatzpunkt zu sein. Die Option auf eine Ressourceneinsparung, eine verstärkte Mitarbeiterbindung und eine gesteigerte Arbeitsproduktivität werden den unternehmensseitigen Bedenken gegenübergestellt. Insbesondere mit Blick auf die Mitarbeitenden und der möglichen Problematik einer Entgrenzung von Arbeits- und Privatleben rückt das Thema der klaren Absprachen für die Umsetzung in den Vordergrund und klare Regelungen bezüglich des Arbeitsrahmens scheinen als erstrebenswert. Dennoch werden auch die mitarbeiterseitigen Chancen als motivierend für die Gestaltung und Umsetzung von Workation erachtet.

5.3.3. Kritische Reflexion zur Bedeutung und Gestaltung beider Modelle

Anknüpfend an die Untersuchungsbefunde zu den Modellen Sabbatical und Workation lohnt es sich, diese nochmals auf die eingangs in diesem Bericht dargestellten Begriffsdefinitionen (vgl. Kapitel 2.1 und 2.2) zu projizieren. Während im Fall eines Sabbaticals eine explizite Auszeit vom beruflichen Kontext angestrebt wird, bleibt, bei aller Uneinheitlichkeit der Definitionen, Workation eine Verbindung zwischen Arbeit- und Privatleben erhalten. Der zentrale Aspekt, dass Workation Arbeit und Freizeit miteinander verzahnt, schließt zudem mit ein, dass die Mitarbeitenden weder an ihrem Wohnort noch an ihrem originären Arbeitsort arbeiten. Die Datenanalyse zeigt, dass das Modell Sabbatical bereits in verschiedenen Varianten angeboten und auch in Anspruch genommen wird. Obgleich die Befragten Handlungsspielräume skizzieren, um ein Sabbatical für die Unternehmen wie auch für die Beschäftigten attraktiver zu gestalten, scheint das Konzept der wahrhaftigen Auszeit vom Berufsleben nicht in Frage gestellt zu werden. Demgegenüber steht das Modell Workation, das deutlich weniger verbreitet zu sein scheint und bei dem sich Handlungsspielräume vielmehr hinsichtlich einer ersten Implementierung dieser Arbeitsform eröffnen. Hier sticht im Überblick der Ergebnisse vorrangig hervor, dass Workation häufig als Form der mobilen Arbeit interpretiert wird. Der Kern des Modells, dass das Arbeiten an einem Urlaubsziel stattfindet und das Urlauben respektive Reisen als fester Alltagbestandteil mit den beruflichen Belangen verknüpft wird, wird (noch) marginal mitgedacht. So drängt sich der Eindruck auf, dass mobiles Arbeiten eine mögliche Vorstufe von Workation darstellt und die Einführung dieser Arbeitsform als erste Schritte auf dem Weg der Entwicklung weiterer flexibler Arbeitszeitkonzepte eingestuft werden kann.

Darüber hinaus hilft der Rückgriff auf die in Kapitel 3 vorgestellten sensibilisierenden Konzepte, den derzeitigen Stand im Hinblick auf das unternehmensseitige Angebot, die mitarbeiterseitige Inanspruchnahme und folglich auch die Attraktivität der Modelle Sabbatical und Workation tiefergehend einzusehen wie auch zu verstehen. In dieser Hinsicht wird zum Beispiel erkennbar, wie die theoretischen Ausführungen zur Signaling-These im praktischen Unternehmenshandeln umgesetzt werden können, wenn Unternehmen auf ihren Homepages mit dem Angebot eines flexibilisierten Arbeitszeitmodells werben und dies mitunter aus dem Beweggrund, die Attraktivität der Arbeitgebenden zu steigern. Um im Wettbewerb um Arbeitnehmer*innen zu reüssieren, wird das Signal des öffentlich präsentierten Auszeitangebots als personalpolitisches Instrument der Mitarbeitergewinnung und -bindung eingesetzt. Dabei wird offenbar intendiert, den Interessenten wie auch Beschäftigten zu signalisieren, dass das Unternehmen nicht nur derartige Arbeitszeitmodelle akzeptiert und teilweise vielfältig unterstützt, sondern den Mitarbeitenden Wertschätzung entgegenbringt, eine Work-Life-Balance ermöglicht oder familiäre Angelegenheiten oder Pflegesituationen berücksichtigt. In diesem Zusammenhang lässt sich allerdings auch aus den vermehrten Äußerungen im Rahmen der Experteninterviews die Entwicklung ablesen, dass Unternehmen mit dem Verlust von Beschäftigten rechnen, wenn sie etwa ein Sabbatical nicht gewähren. Somit kann das Auszeitangebot auch als strategischer Kompromiss entlarvt werden, der die Unternehmensattraktivität positiv beeinflussen soll (vgl. Kapitel 5.1.2, 5.2.1 und 5.3.2).

In diesem Zusammenhang sowie mit Blick auf die Darstellung der DAX 30 Unternehmen auf ihren Homepages und auf die Interviewaussagen wird deutlich erkennbar, wie der gesellschaftliche Diskurs um die Themen wie Work-Life-Balance, die Vereinbarkeit von Familie und Beruf oder aber die soziale Verantwortung eines Unternehmens in die Organisationen hinwirken. Wenn Unternehmen Modelle wie Sabbaticals, eine Form von Workation respektive mobiles Arbeiten anbieten, um Beschäftigte nicht zu verlieren, wird konkret, wie Organisationen mit den Erwartungen des sozialen Kontextes konfrontiert werden und diesbezüglich unter einem gewissen Handlungsdruck stehen. Gleichsam entsteht insbesondere in Anbetracht des Auswertungsergebnisses, dass nur an einer Stelle von Unternehmensseite die Chance auf einen Mehrwert explizit angesprochen wird, der Eindruck, dass die Aspekte Wertschätzung, Berücksichtigung von individuellen Belangen und damit einhergehend die Unterstützung einer Work-Life-Balance zwar zu einem Sabbatical-Angebot bewegen und signalisiert werden sollen, doch die Umsetzung dieser Mitarbeitendenorientierung (noch) nicht durchgehend erfolgt und nachhaltig wirkt (vgl. Kapitel 5.1.2, 5.2.1, 5.3.1 und 5.3.2). Für diese Diskrepanz kann der neoinstitutionalistische Ansatz eine mögliche Erklärung anbieten. Das darin explizierte Spannungsfeld, in dem sich Organisationen wiederfinden, wenn sie sich sowohl an Erwartungen aus dem Organisationsumfeld als auch an unternehmensökonomischen Zielen ausrichten, wird hier evident. So bleibt allerdings auch die Frage offen, ob und wann betriebliche Strukturen soweit und umfassend in Frage gestellt werden, dass sich die Modelle Sabbatical und Workation zu einem legitimierten und institutionalisierten Bestandteil der Unternehmensstruktur und -kultur entwickeln.

Dennoch lässt sich auch konstatieren, dass durchaus von den interviewten Expert*innen erkannt wird, dass im Sinne eines sozialen Tauschhandels beide Seiten profitieren können. Wie die Datenauswertungen zeigen, können Unternehmen, wenn sie die mit dem Angebot von Sabbatical oder auch Workation implizierten sozialen Werte wie etwa Wertschätzung, Vertrauen, Interesse an Wohlbefinden und Gesunderhaltung anbieten, durchaus mit Loyalität, Bindung, Motivation, Engagement und Fürsprache seitens der Mitarbeitenden rechnen. Obgleich für die Unternehmen das Angebot von mitarbeiterorientierten, auf die individuellen Bedürfnisse zugeschnittene Arbeitszeitmodelle wie Sabbatical und Workation unweigerlich mit einem Vertrauensvorschuss verbunden ist, stellt sich gemäß des theoretischen Ansatzes eines sozialen Austausches die moralische Verpflichtung zur Gegenleistung als bedeutsames Potenzial für die Unternehmen heraus. So wird etwa vermutet, dass sich die Beschäftigten nicht nur mit Dankbarkeit und einer gesteigerten Arbeitsmotivation nach der Rückkehr oder auch im Rahmen von Workation erkenntlich zeigen, sondern dass aus diesem Vertrauensvorschuss auch eine Leistungssteigerung, eine Kompetenzausweitung durch zum Beispiel das Einbringen der neuen Erfahrungen oder durch eine erlernte Fremdsprache sowie damit verknüpft eine erhöhte Produktivität einhergehen können (vgl. Kapitel 5.1.1, 5.2.1, 5.3.1 und 5.3.2).

Insgesamt scheint die Orientierung an Lebensphasen bei den Beschäftigten wie auch bei den Unternehmen als eine ausschlaggebende Komponente für das Angebot und die Inanspruchnahme fulminant an Bedeutung zu gewinnen. Als Strategie, sich dem Fachkräftemangel entgegenzustellen und eine lange Beschäftigungsfähigkeit der Mitarbeitenden zu erreichen, nimmt der Aspekt der Mitarbeitendenbindung zunehmend eine entscheidende Rolle ein (vgl. Kapitel 5.1.2, 5.2.1, 5.3.1 und 5.3.2). Den Fokus, den der Ansatz der Lebensphasenorientierten Personalpolitik (Rump & Eilers 2014) auf die Ermöglichung einer Vereinbarung von beruflichen, privaten und familiären Lebenswelten setzt, spiegelt sich auch in der Untersuchung wieder: sei es durch die vielzähligen Nennungen des Begriffs der Work-Life-Balance auf den Homepages der DAX 30 Unternehmen oder mit Umschreibungen dieser Vereinbarkeit in den Interviews. Neben diesem Aspekt könnte sich aber das Angebot von lebensphasenorientierten Arbeitszeitmodellen auch als weiterführende Antwort auf die von Rump & Eilers skizzierte Wertepluralität und den daraus resultierenden Herausforderungen für die Arbeitswelt erweisen. Denn, wenn von den Beschäftigten zeitgleich Leistungsorientierung und Entschleunigung angestrebt wird, kann dem Angebot und der Ausgestaltung der Modelle Sabbatical und Workation das Potenzial in zweierlei Hinsicht zugeschrieben werden. Während sie zum einen die gesellschaftlichen, mitarbeiterseitigen Erwartungen aufgreifen und berücksichtigen, lassen sie zum andern aber auch die Unternehmensinteressen nicht außer Acht und bieten Optionen, um personalpolitischen Herausforderungen zu begegnen.

6. Fazit

Als Abschlusskapitel dieses Beitrags bietet dieses Fazit einen Überblick über die durchgeführte Studie und die darin gewonnenen Erkenntnisse. Im Rückblick auf das leitende Forschungsinteresse wird Bezug auf die Fragestellung genommen, um daran anschließend die zentralen Ergebnisse nochmals in konzentrierter Form darzulegen. Dabei wird eine, die Nachvollziehbarkeit fördernde Auflistung angestrebt, die auch Verbindungen zwischen einzelnen Aspekten berücksichtigt. Eine Abweichung gegenüber der gewählten Reihenfolge in der Ergebnisdarstellung wird dafür in Kauf genommen. Weiterhin erscheint es unabdingbar und bedeutsam, abschließend auch den Forschungsverlauf sowie die Rolle der Forschenden einer kritischen Reflexion zu unterziehen.

Die hier präsentierte Untersuchung gibt anhand von zwei ausgewählten flexiblen Arbeitszeitmodellen, den Modellen Sabbatical und Workation, einen Einblick in die aktuellen Diskussionen um eine zukunftsfähige, mitarbeiterorientierte Personalpolitik. Während insbesondere die Flexibilisierung der Arbeitszeit in vielen Studien, Forderungen und Umfragen thematisiert wird, muss festgestellt werden, dass neuere Forschung zu notwendigen Ausgestaltungsoptionen sich noch als überschaubar darstellt. Eine wegweisende wissenschaftliche Annäherung findet sich aktuell lediglich bei der unlängst publizierten Dissertationsschrift von Altmann (2018). Sonstige Literatur verweist etwa auf ältere Untersuchungen, stellt diverse flexible Arbeitszeitoptionen zueinander in Beziehung oder diskutiert diese vor dem Hintergrund der Bedeutung für den Bereich des Personalmanagements (u.a. Hillebrecht 2018, Deller 2004). Zudem existiert umfangreiche Ratgeberliteratur, die jedoch vorrangig an der Perspektive von Arbeitnehmenden ausgerichtet ist und in der Mehrzahl aus Erfahrungsberichten über berufliche Auszeiten und deren möglicher individueller Ausgestaltung besteht.

Während Sabbaticals seit längerem als Option im Sinne einer längeren Auszeit vom beruflichen Alltag bereits in den Unternehmen etabliert sind, ist Workation bisher ein eher unbekanntes Modell. Definiert wird Workation in diesem Beitrag als eine Kombination von beruflichem Alltag und Urlaub mit einem Fokus auf einer Auszeit vom eigentlichen Arbeitsort. Dass abhängig Beschäftigte verstärkt Interesse an diversen Modellen von flexiblen Arbeitszeitarrangements und insbesondere an Sabbaticals haben, zeigen mitunter Umfragen, bei denen die Beschäftigten diese Wünsche äußern.

Somit wird in dieser Untersuchung anknüpfend an die Studienergebnisse von Altmann (2018) der Versuch unternommen, die beiden Arbeitszeitmodelle Sabbatical und Workation differenziert zu betrachten und dabei mögliche Handlungsoptionen für eine Attraktivitätssteigerung zu eruieren.

Arbeitswissenschaftliche Relevanz erfährt die Thematik durch den zunehmenden Fachkräftemangel, den Auswirkungen des demografischen Wandels auf die Arbeitswelt und die vermehrt von Beschäftigten eingeforderte verbesserte Vereinbarkeit von Privat- und Berufsleben. Aus neoinstitutionalistischer Perspektive sind Unternehmen gefordert, auf diese aus dem Organisationsumfeld an sie herangetragenen Erwartungen zu reagieren und daran orientierte Maßnahmen zu implementieren. Mittels eines entsprechenden Signals an die bereits Beschäftigten beziehungsweise an interessierte Bewerber*innen können Unternehmen versuchen, eine vermehrte Bedürfnisberücksichtigung und Wertschätzung zu transportieren und beabsichtigen, daraus eine gesteigerte Arbeitgeberattraktivität und eine dauerhafte Bindung von Arbeitskräften sowie Wettbewerbsvorteile zu generieren. Dabei kann bezugnehmend auf soziale Austauschtheorien ebenfalls angenommen werden, dass Unternehmen von einer erhöhten Leistungsfähigkeit, Loyalität und Motivation seitens der Beschäftigten profitieren können, wenn Sabbaticals und Workation angeboten respektive in Anspruch genommen werden. Eine mitarbeiterorientierte Personalpolitik, die auch die jeweiligen Lebensphasen der Mitarbeitenden berücksichtigt, wird im arbeitswissenschaftlichen Diskurs als zukunftsorientierte Lösungsstrategie für die gegenwärtigen und zukünftigen, multiplen Herausforderungen der Personalplanung vorgeschlagen (vgl. Rump et al. 2014: 3-18).

Die Grundlage der Untersuchung bildet eine Homepageanalyse der DAX 30 Unternehmen. Es kann gezeigt werden, dass diese Unternehmen in ihrer Außendarstellung einen Fokus auf flexible Arbeitszeitmodelle legen und insbesondere das Modell Sabbatical mehrheitlich bereits für alle Beschäftigten anbieten. Demgegenüber findet sich noch auf keiner Homepage der DAX 30 Unternehmen ein expliziter Hinweis auf das Modell Workation. Es wird jedoch vermutet, dass die auf einigen Unternehmenshomepages gefundenen Hinweise auf die Möglichkeit der mobilen, ortsunabhängigen Arbeit eine Entwicklungstendenz in Richtung Workation erkennen lassen. Folglich scheint es nur noch eine Frage der Zeit zu sein, bis die Möglichkeiten der Digitalisierung und Notwendigkeiten durch die fortschreitende Globalisierung entsprechende Lösungen herbeiführen.

Durch eine kategorienbasierte Auswertung der jeweiligen Unternehmenshomepages kann zudem empirisch belegt werden, dass die DAX 30 Unternehmen den Fokus ihres Angebots von flexiblen Arbeitszeitmodellen insbesondere mit einer gesteigerten Work-Life-Balance und mit einer besseren Vereinbarkeit mit familiären Verpflichtungen begründen. Wie die Analyseergebnisse illustrieren, wird damit eine Steigerung der Attraktivität des Arbeitgebenden, der Motivation, Leistungsfähigkeit und Zufriedenheit der Beschäftigten intendiert. Interessant erscheint ebenfalls der Aspekt, dass die Unternehmen in der Mehrzahl der Fälle keine Einschränkungen bezüglich einer bestimmten Zielgruppe vornehmen. Vielmehr stellen sie mit dem Hinweis auf diverse Lebensphasen und -lagen flexible Arbeitszeitmodelle wie Sabbaticals für alle Beschäftigtengruppen als Option in Aussicht. Einige der DAX 30 Unternehmen unterstreichen ihre Ernsthaftigkeit für das Angebot, indem sie Angaben zu den zuständigen Stellen im Unternehmen angeben beziehungsweise in ihrer Geschäftsdokumentation unternehmerische Kennzahlen zur jeweiligen Inanspruchnahme und deren zeitlicher Entwicklung herausstellen.

Während die Analyse der Homepages der DAX 30 Unternehmen zeigt, in welchem Umfang und mit welcher Relevanz die führenden deutschen Unternehmen

Auszeitangebote in ihrer Außendarstellung aufzeigen, wird im zweiten Analyseschritt durch den Einsatz von Experteninterviews ein Abgleich mit der Praxis unternommen. Hierbei gewähren einerseits die befragten Personalverantwortlichen Einblick in ihre jeweiligen unternehmensspezifischen Regelungsbedarfe. Andererseits zeigen Beratende basierend auf ihrer langjährigen Berufspraxis die Perspektive der Beschäftigten auf. Die Ergebnisse der qualitativen Auswertung dieser Interviews zeigen sowohl Parallelen als auch einige Abweichungen zu den Erkenntnissen aus der Homepageanalyse.

Übereinstimmend ist festzustellen, dass sowohl die DAX 30 Unternehmen als auch die befragten Expert*innen, das Augenmerk auf eine lebensphasenorientierte Ausrichtung von Arbeitszeitmodellen und eine damit einhergehende Verbesserung der Work-Life-Balance lenken und dabei Auszeitangebote auch unter diesem Aspekt als gewinnbringend für Unternehmen und Beschäftigte bewerten. Insbesondere die betonte Berücksichtigung familiärer Verpflichtungen seitens der Beschäftigten lässt den Rückschluss zu, dass dieser Aspekt im beruflichen Umfeld akzeptiert ist. Von beiden Expert*innengruppen wird hervorgehoben, dass eine entsprechende Ausrichtung an den Bedürfnissen der Beschäftigten als ausschlaggebend für die Bewertung der Arbeitgeberattraktivität wie ebenso als Vorteil im Wettbewerb um potenzielle Bewerber*innen gesehen wird und somit auch als Instrument der Mitarbeitendenbindung fungiert.

Mit Blick auf sensibilisierende Konzepte und Theorien kann hier der Ansatz der lebensphasenorientierten Personalpolitik (Rump & Eilers 2014) zum Tragen kommen. In diesem Zug können die Modelle Sabbatical und Workation als lebensphasenorientierte Arbeitszeitmodelle identifiziert und ihre Relevanz für aktuelle wie auch zukünftige Personalkonzepte bestätigt werden. Gleichsam liefern die Erkenntnisse auch einen Beleg für den anhand einer neoinstitionalistischen Perspektive erkannten Handlungsdruck seitens der Unternehmen. Die Untersuchungsergebnisse aus der Homepageanalyse wie auch aus den Interviews verdeutlichen, dass sich Unternehmen auf ein gesellschaftlich relevantes Bedürfnis nach Vereinbarkeit von Berufsleben und Privatleben in ihrer Argumentation berufen und diese Erwartungen aufnehmen müssen. Demgegenüber decken die Interviewergebnisse allerdings auch auf, dass nach außen kommunizierte Maßnahmen, die diese gesellschaftlichen Einforderungen bedienen sollen, nicht immer stringent und nachhaltig umgesetzt werden. Darin kann schließlich auch das Spannungsfeld zwischen verschiedenen Unternehmenszielen erkannt werden, auf das der Neoinstitutionalismus ebenfalls hinweist.

Darüber hinaus erweist sich in Anbetracht der Ergebnisse der Interviewanalyse eine mitarbeiterorientierte, wertschätzende Unternehmenskultur als unabdingbar, zumal die seitens der Beratenden vermuteten Ängste oder Sorgen hinsichtlich einer fehlenden arbeitgeberseitigen Unterstützung zu einer zurückhaltenden Einstellung gegenüber Auszeitangeboten führen können. Den hohen Stellenwert einer derartigen Unternehmenskultur unterstreicht auch Altmann, indem sie anhand ihrer Forschungserkenntnisse mitunter auch die besondere Bedeutung der Vorgesetzten herausarbeitet (vgl. Altmann 2018: 152-154).

Ein Aspekt auf den vorrangig die interviewten Beratenden hinweisen, ist die Notwendigkeit, Auszeiten auch unter dem Blickwinkel der Gesundheitsprävention zu betrachten und aufzugreifen. Aus ihrer beruflichen Praxis berichten die Expert*innen, dass Beschäftigte zunehmend aufgrund des stark fordernden und vereinnahmenden Berufsalltags psychische und andere gesundheitliche Belastungen erfahren, die sie auch vermehrt durch eine Inanspruchnahme von beruflichen Auszeiten auszugleichen versuchen. Dass Unternehmen oder deren Vertreter*innen dieses Argument nicht heranziehen, stiftet keine Verwunderung, würde damit doch eingeräumt werden, dass im Bereich der Arbeitsbelastung Defizite bestehen. Um an dieser Stelle eine Handlungsempfehlung zu wagen, sei diesbezüglich angemerkt, dass im Hinblick auf die gesundheitsfördernde Dimension von lebensphasenorientierten Arbeitszeit- beziehungsweise Auszeitmodellen diese in Zukunft auch unternehmensseitig unter diesem Gesichtspunkt intensiver diskutiert werden sollten. Denn bereits in den hier gefundenen Ergebnissen zeigt sich, dass Unternehmen auch andere schwer messbare positive Aspekte mit dem Angebot respektive der Inanspruchnahme von Auszeitoptionen verbinden. So verweisen sowohl die Ergebnisse der Homepageanalyse der DAX 30 Unternehmen als auch die befragten Expert*innen darauf, dass Beschäftigte, die die Möglichkeit eines Sabbaticals oder Workation nutzen, als motivierter, leistungsfähiger und zufriedener eingeschätzt werden können.

Im Zuge der aktuell verstärkten Bemühungen von Unternehmen, bisher ungenutzte persönliche Potentiale und Kompetenzen ihrer Beschäftigten für das Arbeitsverhältnis nutzbar zu machen, gewinnen Modelle wie Sabbatical und Workation an zusätzlicher Bedeutung. Denn wenn Beschäftigte diese Angebote nicht nur zur Erholung oder für familiäre Belange nutzen, sondern zum Beispiel mit Reisen, eigenen Projekten, sozialem Engagement oder Weiterbildungen kombinieren, können auch Unternehmen von den gesammelten Erfahrungen profitieren, indem sie ihnen Raum geben, diese gewinnbringend im Unternehmen einzubringen. Letztgenannter Punkt ist gleichzeitig von hoher Relevanz in der heutigen globalisierten und schnelllebigen Arbeitswelt, in der Unternehmen mehr denn je auf innovative, kurzfristige Lösungsideen ihrer Beschäftigten angewiesen sind. Zudem kann auch auf eine kulturelle Vielfalt sowohl in der Belegschaft als auch in der Kundschaft adäquater reagiert werden, sofern Mitarbeitende über entsprechende interkulturelle Kompetenzen verfügen.

Gegenüber den Chancen, die die Datenauswertung für die Modelle Sabbatical und Workation herausfiltert, resultiert aus der Auswertung der Expert*inneninterviews ebenso, dass unternehmens- wie auch beschäftigtenseitig Hemmnisse bezüglich des Angebots beziehungsweise der Inanspruchnahme bestehen. Hier sehen die Interviewten vornehmlich organisatorische und finanzielle Herausforderungen für beide Seiten. Dabei kommt auch zur Sprache, dass ein unternehmensseitiger Ausbau der Angebote diese Hürden verringern könne, er realisierbar und notwendig sei.

Darüber hinaus liefern die Ergebnisse weitere Handlungsspielräume, um die Attraktivität von Sabbaticals und Workation für die Unternehmen wie auch für die

Mitarbeitenden zu steigern. So können vor dem Hintergrund gesamtgesellschaftlicher Herausforderungen wie etwa durch den demografischen Wandel, durch eine Zunahme psychischer Erkrankungen oder durch einen späteren Renteneintritt eine staatliche Unterstützung hinsichtlich der Sozialversicherungspflichten für Auszeitnehmer*innen sowie für Unternehmen oder auch eine staatliche Förderung von Langzeitkonten angeregt und politisch thematisiert werden. Der aus Regierungskreisen bereits eingeforderte unternehmensseitige Ausbau von flexiblen Arbeitszeitmodellen (vgl. BMAS 2017: 73-81) bietet einen ersten Anknüpfungspunkt, um staatliche Unterstützungsoptionen im politischen Diskurs zu erörtern und die gesamtgesellschaftliche Diskussion auszubauen.

Ferner ergibt die Untersuchung weitere Handlungsspielräume im direkten unternehmerischen Einflussbereich. Es rücken insbesondere Maßnahmen in den Fokus, die auf eine längere Vorbereitung beziehungsweise Planungs- oder Antragsfrist für derartige Angebote abzielen und dabei zugleich eine Implementierung von entsprechend angepassten personalplanerischen Prozessen forcieren. Diese müssen nicht nur Prozesse für Vertretungslösungen umfassen, sondern auch einen Rahmen für den Wiedereinstieg der Auszeitnehmenden schaffen. In diesem Zusammenhang eröffnen individuelle Vereinbarungen zwischen Arbeitgebenden und Arbeitnehmenden ein mögliches Handlungspotential, um eine für beide Seiten attraktive und passgenaue Regelung abzustimmen.

Dabei verdichten die ausgewerteten Interviewaussagen den Eindruck, dass insbesondere derartigen (Einzelfall-)Lösungen einen Ansatzpunkt für die Implementierung von Workation-Angeboten bieten. Da die Zielgruppe für dieses Angebot überschaubar ist, erleichtert dies eine Einführung. Zugleich gehören zu dieser Zielgruppe nicht selten auch Mitarbeitende mit außerordentlichem Potenzial, wie etwa die auf dem Arbeitsmarkt umworbenen, jungen Fachkräfte der nachrückenden Generationen, so dass sich ein großer Benefit ergeben kann. Diesen jüngeren Generationen wird attestiert, dass sie häufig eine engere beziehungsweise flexiblere Verbindung von Arbeit und Privatem wünschen. Die Annahme liegt demzufolge nahe, dass sie auch den von den Expert*innen genannten Herausforderung von Workation wie etwa der Entgrenzung weit weniger Vorbehalte entgegenbringen als ältere Arbeitnehmende.

Der resümierende Überblick über die Ergebnisse der Datenauswertung drängt schließlich die Feststellung auf, dass bei allen Herausforderungen, mit denen Sabbaticals und Workation für die Unternehmen wie auch für die Mitarbeitenden verbunden sind, diesen Varianten als lebensphasenorientierte Arbeitszeitmodelle für beide Seiten ein hohes Potenzial innewohnt und Unternehmen diese als Instrumente einer zukunftsfähigen, strategischen Personalplanung einbauen können.

Während sich organisatorische und zeitliche Planungen dieser Untersuchung als handhabbar und realisierbar gestalteten, der Zugang zum Feld geschaffen werden konnte und sich somit auch das gewählte Vorgehen bestätigte, stellten sich in den Interviews respektive den Interviewfragen einige Hürden höher als erwartet heraus. Dies betraf die Frageformulierung der Interviewfragen nach den Chancen und Nutzen wie auch den Risiken und Hemmnissen, die Einfluss auf eine Attraktivität der Modelle Sabbatical und Workation nehmen. Neben der Erkenntnis, dass sich die Formulierungen als sperrig und schwer nachvollziehbar erwiesen, konnte auch die Erfahrung gemacht werden, dass in den überwiegenden Antworten darauf die Aussagen zu den Chancen und Nutzen mit denen zu den Risiken und Hemmnissen vermischt wurden. Wie der Eindruck gewonnen werden konnte, liegen diese beiden Fragedimensionen sehr dicht beieinander, so dass es zu weniger trennscharfen Aussagen kommen kann. In einem zukünftigen Forschungsprojekt mit diesbezüglichen Interviewfragen könnte geprüft werden, ob sich die Frage nach Optimierungsmöglichkeiten als hilfreiche Alternative erweist. Dennoch konnte festgestellt werden, dass trotz dieser Hürden aus den Antworten auf diese Fragen in vielerlei weiterer Hinsicht relevante Erkenntnisse gewonnen werden konnten.

Darüber hinaus konnte erkannt werden, dass die Perspektive der Beschäftigten von mehrdimensionaler Bedeutung ist. Daher könnte zur Erweiterung und Verifizierung der Studienergebnisse ein weiteres Forschungsvorhaben mit dem Fokus auf den Beschäftigten beziehungsweise denjenigen, die bereits Angebote wie Sabbaticals und Workation nutzen, von Interesse sein und zukünftig in Erwägung gezogen werden.

Dieses Fazit beendend soll schließlich aus der Retrospektive noch einer Reflexion des Studienverlaufs Raum gegeben werden. Gemäß des Forschungsinteresses und der Fragestellung wurde für die Untersuchung eine qualitative Herangehensweise gewählt. Qualitative Forschung erlaubt differenzierte Einblicke in Phänomene, welche mit quantitativen Methoden nur schwer zu erfassen sind. Während von diesem Vorteil in dieser Studie Gebrauch gemacht wurde, gilt es zugleich auch auf die damit einhergehenden Besonderheiten und Einschränkungen qualitativer Methoden hinzuweisen. Im Besonderen ist dabei die dem Wesen der qualitativen Forschung eingeschriebene Subjektivität zu beachten, die nicht nur in den Beforschten, sondern auch in den Forschenden zum Wirken kommt. Mit diesem Wissen war die Forschungsgruppe im gesamten Verlauf daran interessiert, diese zu beachten und zu reflektieren. Um subjektive und nicht selten unbewusste Einflüsse zu entlarven, zu diskutieren und davon geprägte, vielleicht vorschnelle Entscheidungen bei Bedarf zu korrigieren, wurde während des gesamten Forschungsprozesses ein selbstkritischer und selbstreflexiver Dialog der Gruppenmitglieder gepflegt. Von der Herausarbeitung des Forschungsthemas, dem Setzen eines Fokus in der Forschungsfrage über das Formulieren von Interviewfragen bis in den Codierungsprozess und die Ergebniszusammenstellung wurde diesem diskursiven Austausch ein hoher Stellenwert beigemessen. Dabei spielte mitunter die Tatsache eine Rolle, dass alle Forschenden selbst auch während der Studie als abhängig Beschäftigte arbeiteten und somit auch noch von verschiedenen beruflichen Kontexten beeinflusst wurden.

Eine weitere Eingrenzung des gewählten Untersuchungsdesign stellt die kleine Stichprobengröße dar, die es nicht gestattet, die Studienergebnisse zu nutzen, um daraus allgemein gültige Aussagen zu treffen. Um diese Einschränkung zumindest dezent auszugleichen, wurden bei der Datenauswertung die Ergebnisse der Homepageanalyse den Ergebnissen der Experteninterviews gegenübergestellt und abgeglichen.

Als weitere Besonderheit ist anzumerken, dass aufgrund der offensichtlich aktuell noch fehlenden Implementierung von Workation-Angeboten in den untersuchten Unternehmen die Antworten der Expert*innen ebenso wie die Diskussion zu diesem Aspekt, weitgehend als spekulativ zu bewerten sind. Um dies zu berücksichtigen, wurde versucht, Parallelen zu dem bereits weiterverbreiteteren Modell der mobilen oder ortsunabhängigen Arbeit zu suchen und diesbezüglich einige Aspekte von Workation zu diskutieren. Zudem wurde die Chance genutzt, in einem überschaubaren Selbstversuch Workation zu erleben, indem einige Mitglieder des Forschungsteams ihre Urlaube in Panama, auf den Kap Verden und in Österreich mit der Bearbeitung dieses Projekts verbunden haben. Hierdurch konnten die eigenen Erfahrungen einige der von den befragten Expert*innen vermuteten Herausforderungen bestätigen. Erwähnt werden soll an dieser Stelle lediglich, dass insbesondere die infrastrukturellen Gegebenheiten im Urlaub (angefangen mit einer stabilen Internetverbindung und Stromversorgung im außereuropäischen Raum) zweifelsohne eine dieser Herausforderungen darstellen. Gleiches konnte auch für das kontinuierlich bestehende Ablenkungspotenzial konstatiert werden, wenn etwa in einem Urlaubsumfeld mit zum Teil ungewohnten klimatischen Verhältnissen einer beruflichen Tätigkeit nachgegangen werden soll. Zudem sind nicht nur das Arbeiten im Team über beträchtliche Entfernungen hinweg und die notwendigen umfangreichen Abstimmungsprozesse, sondern auch kurzfristig entstehende, aber nicht umgehend auflösbare Unklarheiten zum Beispiel hinsichtlich unerwarteter Problemstellungen nicht zu unterschätzende Einflussgrößen. Auch die von den Expert*innen angenommene Auflösung der Grenze von Privatleben und Arbeit sowie die Herausforderung, diese Grenzziehung selbst zu definieren wie auch umzusetzen, konnten spürbar werden. Dies resultierte darin, dass nicht jedes der Projektmitglieder hierfür eine entsprechende positive persönliche Einstellung entwickeln konnte. Allerdings konnten die Forschenden während des Selbstversuchs auch eine höhere Motivation, eine gesteigerte Kreativität und Produktivität wie ebenfalls parallel dazu ein insgesamt antreibendes Freiheitsgefühl durch die umfassenden Selbstbestimmungsmöglichkeiten an sich wahrnehmen. Final soll nicht unerwähnt bleiben, dass Herausforderungen infrastruktureller als auch organisatorischer Art zudem auch die kreative Problemlösungskompetenz der Forschenden fördern konnten.

Literatur

Altmann, S., 2018: Berufliche Auszeiten als Form der Arbeitszeitflexibilisierung. Empirische Analysen zu Angebot, Nutzung und Folgen. Inaugural-Dissertation. Heinrich-Heine-Universität, Düsseldorf. Wirtschaftswissenschaftliche Fakultät.

Ausschuss für Bildung, Forschung und Technikfolgenabschätzung, 2019: Technikfolgenabschätzung (TA). Chancen und Risiken mobiler und digitaler Kommunikation in der Arbeitswelt. Hg. v. Deutscher Bundestag. Berlin. Online verfügbar unter dip21.bundestag.de/dip21/btd/19/085/1908527.pdf, zuletzt geprüft am 03.06.2019.

Badura, B.; A. Ducki; H. Schröder; J. Klose & M. Meyer, 2012: Fehlzeiten-Report 2012. Berlin, Heidelberg: Springer Berlin Heidelberg.

Barsch, P. & G. Trachsel, 2018: Chefsache Fachkräftesicherung. Wiesbaden: Springer Gabler.

Baur, N. & J. Blasius, 2019: Methoden der empirischen Sozialforschung - Ein Überblick. S. 1-28 in: N. Baur & J. Blasius (Hrsg.): Methoden der empirischen Sozialforschung. 2. Aufl. 2019. Wiesbaden: Springer Fachmedien Wiesbaden.

Blättel-Mink, B., 2015: Meyer, John W./Rowan, Brian (1977): Institutionalized Organisations: Formal Structure as Myth and Ceremony, S. 471–473 in: S. Kühl (Hrsg.), Schlüsselwerke der Organisationsforschung. Wiesbaden: Springer Fachmedien Wiesbaden.

Blau, P. M., 1964: Exchange and Power In Social Life. New York: Wiley.

Bonazzi, G., 2014: Geschichte des organisatorischen Denkens. Herausgegeben von Veronika Tacke. Wiesbaden: Springer VS.

Bundesministerium für Arbeit und Soziales (BMAS) (Hrsg.), Stand 2017: Weißbuch. Arbeiten 4.0. Arbeit weiter denken. Berlin.

Deller, C., 2004: Evaluation flexibler Arbeitszeitmodelle am Beispiel einer Unternehmensberatung. Die motivationalen Auswirkungen verschiedener Sabbatical- und Teilzeitprogramme aus Teilnehmersicht. Zugl.: Mannheim, Univ., Diss., 2003. 1. Aufl. München: Hampp.

Dresing, T. & T. Pehl (Hrsg.), 2017: Praxisbuch Interview, Transkription & Analyse. Anleitungen und Regelsysteme für qualitativ Forschende. 7. Auflage. Marburg: Eigenverlag. Online verfügbar unter https://www.audiotranskription.de/download/praxisbuch_transkription.pdf?q=Praxisbuch-Transkription.pdf, zuletzt geprüft am 19.12.2018.

Forsa, 2013: Wissenschaftsjahr 2013 - Die demografische Chance. Hrsg. v. Bundesministerium für Bildung und Forschung. Wissenschaftsjahr 2013. Berlin. Online verfügbar unter https://www.wissenschaftsjahr.de/2013/die-themen/aktuelle-meldungen/umfrage-zu-beruflichen-auszeiten.html, zuletzt geprüft am 28.01.2019.

Gläser, J. & G. Laudel, 2010: Experteninterviews und qualitative Inhaltsanalyse als Instrumente rekonstruierender Untersuchungen. 4. Auflage. Wiesbaden: VS Verlag (Lehrbuch).

Hammermann, A. & O. Stettes, 2016: Familienfreundliche Arbeitswelt im Zeichen der Digitalisierung: Befunde auf Basis des Unternehmensmonitors Familienfreundlichkeit 2016_S.31. Köln. In: IW-Trends - Vierteljahresbericht zur empirischen Wirtschaftsforschung 43, S. 3–22.

Hermeier, B.; T. Heupel & S. Fichtner-Rosada (Hrsg.), 2019: Arbeitswelten der Zukunft. Wie die Digitalisierung unsere Arbeitsplätze und Arbeitsweisen verändert. Wiesbaden: Springer Fachmedien Wiesbaden (FOM-Edition, FOM Hochschule für Oekonomie & Management).

Herzberg, F., 1997: The motivation to work. 2. Aufl. New Brunswick, N.J. [u.a.]: Transaction Publishers.

Hillebrecht, S. W., 2018: Sabbaticals für die Personalentwicklung. Arbeitshilfen für Arbeitnehmer und Personalabteilung. Wiesbaden: Springer Gabler (Essentials).

Hoebel, T., 2015: Meyer, Marshall W. (1970): Organisational Structure as Signaling. S. 474-477 in: S. Kühl (Hrsg.), Schlüsselwerke der Organisationsforschung. Wiesbaden: Springer Fachmedien.

Homans, G. C., 1961: Elementarformen sozialen Verhaltens. Köln u.a.: Westdeutscher Verlag.

Hornung, S., B. Herbig & J. Glaser, 2008: Mitarbeiterorientierte Flexibilisierung: Konzeptgeleitete Evaluation eines Fallbeispiels aus der öffentlichen Verwaltung. Journal Psychologie des Alltagshandelns 1: 33-43.

Klug, K., 2018: Vom Nischentrend zum Lebensstil. Der Einfluss des Lebensgefühls auf das Konsumentenverhalten. Wiesbaden: Springer Gabler.

Kuckartz, U.; T. Dresing; S. Rädiker & C. Stefer, 2008: Qualitative Evaluation. Der Einstieg in die Praxis. 2., aktualisierte Auflage. Wiesbaden: VS Verlag für Sozialwissenschaften / GWV Fachverlage GmbH Wiesbaden.

Langheiter, C., 2006: Mut zur Auszeit. Mit Sabbatical, Langzeiturlaub und Ausstieg auf Zei zu mehr Lebensqualität und neuen Perspektiven. München: Redline Verlag.

Matysek, S., 2015: Spence, Andrew Michael (1973): Job Market Signaling. S. 662-666 in: S. Kühl (Hrsg.), Schlüsselwerke der Organisationsforschung. Wiesbaden: Springer Fachmedien.

Meyer, J. W. & B. Rowan, 1977: Institutionalized organizations. Formal Structure as Myth and Ceremony. The American Journal of Sociology 83/2: 340–363.

Meyer, M. W., 1979: Organizational Structure as Signaling. Pacific Sociological Review. Official Journal of the Pacific Sociological Association 22/4: 481–500.

Roschker, N. S., 2013: Psychische Gesundheit als Tabuthema in der Arbeitswelt. Analyse der DAX 30 und Leitfaden für die Unternehmensberichterstattung. Wiesbaden: Springer Fachmedien Wiesbaden.

Rousseau, D. M., 2015: I-DEALS: Idiosyncratic Deals Employees Bargain for Themselves. London: Routledge.

Ruiner, C., 2015: Blau, Peter M. (1964): Exchange and Power in Social Life. S. 95-99 in: S. Kühl (Hrsg.), Schlüsselwerke der Organisationsforschung. Wiesbaden: Springer Fachmedien.

Rump, J.; G. Wilms & S. Eilers, 2014: Die lebensphasenorientierte Personalpolitik. Grundlagen und Gestaltungstipps aus der Praxis für die Praxis. S. 3-70 in: J. Rump und S. Eilers (Hrsg.), Lebensphasenorientierte Personalpolitik. Strategien,

Konzepte und Praxisbeispiele zur Fachkräftesicherung. Berlin, Heidelberg: Springer Gabler (IBE-Reihe).

Sauer, D., 2012: Entgrenzung - Chiffre einer flexiblen Arbeitswelt. Ein Blick auf den historischen Wandel von Arbeit S. 3–14. in: B. Badura, A. Ducki, H. Schröder, J. Klose und M.Meyer (Hrsg.): Fehlzeiten-Report 2012. Berlin, Heidelberg: Springer Berlin Heidelberg.

Seibert, H. & H. Solga, 2005: Gleiche Chancen dank einer abgeschlossenen Ausbildung? Zum Signalwert von Ausbildungsabschlüssen bei ausländischen und deutschen jungen Erwachsenen. Zeitschrift für Soziologie 34/5: 364-382. Online verfügbar unter http://www.zfs-online.org/index.php/zfs/article/viewFile/1198/735, zuletzt geprüft am 13.01.2019.

Siemers, B., 2005: Sabbaticals - Optionen der Lebensgestaltung jenseits des Berufsalltags. Zugl.: Bremen, Univ., Diss., 2004. Frankfurt am Main: Lang.

Spence, M., 1973: Job Market Signaling. The Quarterly Journal of Economics 87/3: 355–374.

Spitzley, H., 2007: Theorie und Empirie der Arbeitszeitflexibilisierung. Leitlinien zur Qualitätsverbesserung der betrieblichen Arbeitszeitgestaltung S. 125–140 in: I. Gerlach, H. Schneider & A. Dilger (Hrsg.): Betriebliche Familienpolitik. Potenziale und Instrumente aus multidiszipliärer Sicht. Wiesbaden: VS Verlag für Sozialwissenschaften / GWV Fachverlage GmbH Wiesbaden,

Stangel-Meseke, M.; P. Hahn & L. Steuer, 2015: Diversity Management und Individualisierung. Maßnahmen und Handlungsempfehlungen für den Unternehmenserfolg. Wiesbaden: Springer Gabler (Essentials).

Thibaut, J. W. & H. H. Kelley, 1959: The Social Psychology of Groups. New York: Wiley.

Wimdu Blog, 2016: Sabbatical-Studie: Fast jeder Zweite will eine Auszeit vom Job nehmen. Online verfügbar unter https://www.wimdu.de/blog/groesste-deutsche-sabbatical-studie, zuletzt geprüft am 24.01.2019.

Wörwag, S. & A. Cloots, 2018: Flexible Arbeitsmodelle für die Generation 50+. Wirkungsvolle Maßnahmen gegen den vorzeitigen Austritt aus der späten Erwerbsphase. Wiesbaden: Springer Gabler.

Xing, 2017: Umfrage zu Sabbaticals: Die Deutschen bekommen Lust auf Pause. Online verfügbar unter https://spielraum.xing.com/2017/01/umfrage-zu-sabbaticals-die-deutschen-bekommen-lust-auf-pause/, zuletzt geprüft am 24.01.2019.

Selbstmanagement von Lehrkräften[1]

Maleen Halter und Marie Heidelberg[2]

Abstract

Eine Ermittlung der Arbeitszeit von Lehrkräften im Deputatssystem ist aufwendig und schwer umsetzbar. Deren Gestaltung wird von Lehrkräften eigenverantwortlich organisiert, weshalb die Untersuchung des individuellen Zeitmanagements von Interesse ist. Anhand von leitfadengestützten Interviews zeigt sich, dass Lehrkräfte aus Niedersachsen ihre Arbeitszeit in der Regel strategisch organisieren. Dabei variiert die Umsetzung stark, sodass kein Muster ersichtlich ist. Entlastungspotenziale bei der Einhaltung des Zeitmanagements zeigen sich vor allem in einer Reduktion des Arbeitspensums, zusätzlichen Zeiträumen, die zur Regeneration genutzt werden können, weiteren Arbeitsräumen in der Schule sowie einer Optimierung der Zeitplanung von Pflichtterminen seitens der Schulinstitution. Ergänzend wird eine Unterstützung auf der pädagogischen Ebene gewünscht. Es empfiehlt sich, die Ergebnisse in Expertenkreisen hinsichtlich ihrer Umsetzbarkeit zu diskutieren und die erschlossenen Potenziale in einer weiterführenden Forschung zu validieren.

Gliederung

---

[1] Dieser Beitrag ist als arbeitswissenschaftliches Forschungsprojekt im Rahmen des berufsbegleitenden Masterstudiengangs Arbeitswissenschaft an der Leibniz Universität Hannover entstanden.

[2] Maleen Halter ist wissenschaftliche Mitarbeiterin am Institut für interdisziplinäre Arbeitswissenschaft der Leibniz Universität Hannover;
Email: maleen.halter@wa.uni-hannover.de
Marie Heidelberg arbeitet im Recruiting der FERCHAU GmbH in Hannover;
Email: marie.heidelberg@stud.uni-hannover.de

1. Hinführung

Gymnasiallehrkräfte an öffentlichen Schulen erhielten im Jahr 2014, infolge der Arbeitszeitverordnung durch die Landesregierung in Niedersachsen, eine Stunde mehr Unterrichtsverpflichtung (vgl. DGB 2015). Zu dem Zeitpunkt fehlte eine Offenlegung von Fakten, die eine Erhöhung der Unterrichtsstunden legitimiert hätten, weshalb das Oberverwaltungsgericht Lüneburg (OVG Lüneburg) entschied, dass diese Anpassung gegen die Fürsorgepflicht des Dienstherrn aus Art. 33 Abs. 5 GG verstößt und daher zurück zu nehmen ist (vgl. Expertengremium Arbeitszeitanalyse 2018: 12).

Bereits ein historischer Vergleich der Arbeitszeiten von Lehrkräften in Deutschland sowie deren Verteilung auf die arbeitszeitrelevanten Tätigkeiten zeigt, dass sie im Durchschnitt über derjenigen von vergleichbaren Tarifbeschäftigten und der von anderen verbeamteten Berufsgruppen im öffentlichen Dienst liegen (vgl. Hardwig & Mußmann 2018: 9). Während die Unterrichtsverpflichtung im Laufe der letzten Jahrzehnte reduziert wurde, nahmen die außerunterrichtlichen Tätigkeiten, die mit dem Lehrerberuf einhergehen, stark zu (vgl. ebd.: 4). Wie hoch die tatsächliche Arbeitszeit von Lehrkräften an öffentlichen Schulen in Niedersachsen in Wirklichkeit ist, war zum Zeitpunkt des Urteils im Juni 2015 noch nicht ermittelt. Infolge des Urteils des OVG Lüneburg wurde ein Expertengremium Arbeitszeitanalyse durch das Niedersächsische Kultusministerium beauftragt, um die arbeitszeitrelevanten Tätigkeiten von Lehrkräften und Schulleitungen zu ermitteln und nach objektiven Kriterien zu bewerten. Die Ergebnisse sollten eine rechtssichere Bewertung der Arbeitszeit sowie das Festlegen eines verbindlichen Standards ermöglichen (vgl. Expertengremium Arbeitszeitanalyse 2018: 13).

Als empirische Basis für die Arbeitszeitanalyse nutzte das Expertengremium vor allem die Ergebnisse der Göttinger Arbeitszeitstudie aus dem Jahr 2016 und aktuelle Befunde zur Belastung von Lehrkräften (vgl. Expertengremium Arbeitszeitanalyse 2018: 17). Die Arbeitszeit von Lehrerinnen und Lehrern findet zu großen Teilen außerhalb des Unterrichts und somit häufig außerhalb der Schulräumlichkeiten statt (vgl. OVG Lüneburg 2015). Das OVG Lüneburg schlussfolgerte daher, dass bei einer realitätsgerechten Ermittlung der Arbeitszeit und deren Verteilung ein Mitwirken durch die Lehrkräfte selbst notwendig sei. Damit die unterschiedlichen Belastungsphasen im Schuljahresverlauf berücksichtigt werden können, wurde außerdem ein komplettes Schuljahr als Grundlage für die Erhebung vorgegeben (vgl. ebd.).

Diesen Anforderungen wurde die Göttinger Arbeitszeitstudie gerecht, indem die Arbeitszeit mitsamt ihrer tätigkeitsbezogenen Verteilung von 2.889 Lehrkräften in Form einer elektronischen Zeiterfassung von April 2015 bis April 2016 ermittelt wurde (vgl. Expertengremium Arbeitszeitanalyse 2018: 17f.). Davon unterrichteten zum Zeitpunkt der Befragung etwa 30,7% der Lehrkräfte an Gymnasien (n=886), 18,3% an Gesamtschulen (n=529) und 35,5% an Grundschulen (n=1.025). Die sonstigen untersuchten Schulformen konnten keine repräsentativen Ergebnisse erzielen und wurden deshalb in der weiterführenden Analyse durch das Expertengremium Arbeitszeitanalyse nicht vertiefend untersucht. Die Ausdifferenzierung der arbeitszeitrelevanten Tätigkeiten geschah in Zusammenarbeit mit Schulpraktikerinnen und -praktikern, während die Auswertung der Arbeitszeiten anhand des Konstrukts der Durchschnittswoche (Umlegung der Jahresarbeitszeit auf die Schulwochen) und des Vollzeitlehreräquivalents[3] (VZLÄ) durchgeführt wurde (vgl. ebd.); „Die besondere Aussagekraft der Studie beruht auf der Vollerfassung aller beruflichen Tätigkeiten der beteiligten Lehrkräfte über komplette Tage, Wochen und Schulphasen eines gesamten pädagogischen Jahres" (ebd.).

Da in dem vorliegenden Beitrag der Fokus auf Gymnasiallehrkräfte[4] gelegt wird, werden in diesem Abschnitt auch schwerpunktmäßig die zentralen Ergebnisse aus der Göttinger Arbeitszeitstudie vorgestellt, die die Arbeitszeit und deren Verteilung von Lehrkräften an Gymnasien betreffen. Die Studie ergab, dass die durchschnittliche SOLL-Arbeitszeit von 46:38 Stunden pro Schulwoche eines VZLÄ an Gymnasien im Durchschnitt um 03:05 Stunden überschritten wird (vgl. Mußmann et al. 2016: 86). Hierbei ist zu beachten, dass die Überschreitung der SOLL-Arbeitszeit bei in Teilzeit arbeitenden Lehrkräften (bei allen drei repräsentativen Schulformen) deutlich häufiger und höher ausgeprägt ist, als bei den in Vollzeit arbeitenden Kolleginnen und Kollegen. Genau genommen besteht ein hochsignifikanter Zusammenhang zwischen der Höhe der Mehrarbeit und der individuellen, vertraglich festgelegten SOLL-Arbeitszeit. Je näher sich die vertraglich festgelegte Arbeitszeit am Vollzeit-SOLL befindet, desto geringer ist die Mehrarbeit als Differenz zwischen SOLL und IST (vgl. Mußmann et al. 2016: 143). Dies wird auf den sogenannten „Deckelungseffekt" (ebd.) zurückgeführt, welcher besagt, dass die zeitlichen Spielräume bei der individuellen Ausgestaltung der Arbeitszeit bei steigender SOLL-Arbeitszeit begrenzt sind und Teilzeit-Lehrkräfte im Umkehrschluss häufiger auf Kosten ihrer privaten Zeit Mehrarbeit leisten können (vgl. ebd.). Die Analyse der arbeitszeitrelevanten Tätigkeiten zeigt, dass die Arbeitszeit von Gymnasiallehrkräften zu knapp 30% aus reiner Unterrichtszeit besteht und fast 38% der Zeit für unterrichtsnahe Lehrarbeit genutzt wird, welche hauptsächlich Korrekturzeiten und die Unterrichtsvor- und -nachbereitung umfasst (vgl. Mußmann et al. 2016: 92). Es wird vermutet, dass eine Vollzeitkraft aufgrund begrenzter zeitlicher Ressourcen bei der unterrichtsnahen Lehrarbeit Einsparungen vornimmt, obwohl diese eigentlich notwendig wäre, um eine hohe Unterrichtsqualität sicher zu stellen, während Teilzeitlehr-

[3] „Das Vollzeitlehreräquivalent ist die Summe der individuellen Tarifstunden-SOLL-Faktoren und gibt die Anzahl der Vollzeitlehrerinnen und Vollzeitlehrer an, die eine Gruppe von Lehrerinnen und Lehrern unter Berücksichtigung der individuellen Arbeitsverfügbarkeiten repräsentiert" (Expertengremium Arbeitszeitanalyse 2018: 18).

[4] Unter die Kategorie Gymnasiallehrkräfte fallen alle Lehrer und Lehrerinnen, die an Gymnasien, Abendgymnasien, Kollegs, Beruflichen Gymnasien, an Gymnasialzweigen der Kooperativen Gesamtschulen, an den gymnasialen Oberschulen und an Seefahrtsschulen unterrichten (vgl. DGB 2015). Ergänzend dazu wurden Lehrkräfte von Integrierten Gesamtschulen einbezogen.

kräfte mehr private Zeit hierfür aufwenden und dadurch ihre SOLL-Arbeitszeit häufiger überschreiten (vgl. Expertengremium Arbeitszeitanalyse 2018: 26f.).

Die Betrachtung der Arbeitszeit im Jahresverlauf zeigt, dass es immer wieder Zeitabschnitte mit besonders hoher quantitativer Belastung gibt. Da die individuelle Streuung der erhobenen Arbeitszeiten sehr hoch ist und darüber hinaus etwa jede dritte Lehrkraft Zeitwerte aufweist, die teilweise deutlich über oder unter der Standardabweichung liegen, ist zu vermuten, dass das Ausmaß der quantitativen und qualitativen Belastungen für die Einzelperson enorm hoch ausfallen kann (vgl. Mußmann et al. 2016: 87f. & Expertengremium Arbeitszeitanalyse 2018: 26). Gemäß § 60 Abs. 2 Niedersächsisches Beamtengesetz liegt die Höchstarbeitszeitgrenze pro Sieben-Tages-Zeitraum, auf einen Durchschnitt von vier Monaten berechnet, bei maximal 48 Stunden. Gleichzeitig darf die Höchstarbeitszeitregelung des 10-Stunden-Tages nur in Ausnahmefällen überschritten werden (§ 14 ArbZG). Die Einhaltung beider Regelungen ist durch den Dienstherren zu gewährleisten. De facto liegt die Arbeitszeit pro Woche während der Schulzeit allerdings bei 17% der Vollzeitlehrkräfte aller drei repräsentativen Schulformen dauerhaft über der Höchstarbeitszeit von 48 Stunden pro Woche (vgl. Mußmann et al. 2016: 154). Auf Basis der Ergebnisse der quantitativen Göttinger Arbeitszeitstudie und aktueller Befunde zur Belastungssituation im Lehrerberuf war es dem Expertengremium Arbeitszeitanalyse allerdings möglich, Entlastungspotenziale zu identifizieren und Handlungsempfehlungen zu entwickeln.

Das Expertengremium schlägt eine gezielte Entlastung von hoch belasteten Lehrkräften in Form von Entlastungsstunden vor. Belastungsspitzen sollen außerdem zeitnah ausgeglichen werden. Außerdem wird empfohlen, dass insgesamt zwei Drittel der Mehrarbeit durch eine Bereitstellung zusätzlicher Ressourcen ausgeglichen wird, da davon ausgegangen wird, dass dieser Anteil der Mehrarbeit strukturell bedingt ist. An Gymnasien sollen somit die Anrechnungsstunden für schulfachliche Koordinationspositionen erhöht und die durchschnittliche Kursgröße in der Qualifikationsstufe der gymnasialen Oberstufe reduziert werden. Bisher unberücksichtigte Kriterien, die eine besondere unterrichtliche Beanspruchung darstellen (bspw. große Klassen), sind hierbei mit einzubeziehen. Ein weiterer Ansatz wird darin gesehen, mehr Spielräume bei der eigenständigen Gestaltung der Arbeitszeit zu ermöglichen und ein wertschätzendes Schulklima mit einem entsprechenden Führungsverhalten aufzubauen. Dokumentations- und Verwaltungstätigkeiten, die nicht Kern der Lehrtätigkeit sind, könnten zur Entlastung an andere Arbeitskräfte abgegeben werden. Es wird daher vorgeschlagen, zusätzliche Verwaltungskräfte an Schulen einzustellen, die entsprechende Aufgaben übernehmen (vgl. Expertengremium Arbeitszeitanalyse 2018: 45-55).

1.1. Fragestellung

An Gymnasien beträgt die Streuung der Arbeitszeit laut der Göttinger Arbeitszeitstudie ±07:56 Stunden. Deshalb kann davon ausgegangen werden, dass die individuelle Arbeitszeit, insbesondere zu Zeiten von Belastungsspitzen im Jahresarbeitszeitverlauf, im Wochendurchschnitt deutlich über der SOLL-Arbeitszeit liegt und eine Gefahr für die eigene Gesundheit darstellen kann (vgl. Mußmann et al. 2016: 87 & Expertengremium Arbeitszeitanalyse 2018: 21ff.). Zudem konnte festgestellt werden, dass ein Großteil der Lehrkräfte im Umgang mit den Arbeitsanforderungen und hohen Belastungen Verhaltensmuster aufweist, die „gesundheitliche Risiken der Selbstüberforderung [...] oder des permanenten Überforderungserlebens“ (Expertengremium Arbeitszeitanalyse 2018: 28) beinhalten.

Für die Autorinnen des vorliegenden Beitrages stellt sich unter Vorlage der Ergebnisse der Göttinger Arbeitszeitstudie (2016) und den Analyseergebnissen des Expertengremiums (2018) die Forschungsfrage *„Wie managen berufsunerfahrene und berufserfahrene Lehrkräfte ihre individuelle Arbeitszeit?“*. Ebenfalls von Interesse ist, wie sie mit Belastungsspitzen im Jahresverlauf umgehen und welche Entlastungsmöglichkeiten durch die Lehrkräfte selbst eingebracht werden. Bei den Ergebnissen der Göttinger Arbeitszeitstudie ist weiterhin aufgefallen, dass mit zunehmendem Alter der Lehrkräfte über die drei repräsentativen Schulformen hinweg die Mehrarbeit trotz leicht abnehmender Unterrichtsverpflichtung ansteigt. Dies ist auf eine verstärkte Übernahme von Schulleitungsfunktionen und die anderer Funktionsarbeit zurückzuführen (vgl. Mußmann et al. 2016: 146f.). Die Vermutung, dass durch die steigende Arbeitszeitbelastung, vor allem in Verbindung mit höher beanspruchenden Aufgaben mit zunehmendem Alter, auch das Belastungsempfinden ansteigt, konnte in der Niedersächsischen Arbeitsbelastungsstudie 2016 nicht bestätigt werden (vgl. Mußmann et al. 2017: 110). Die Forschenden möchten deshalb prüfen, ob die Berufserfahrung einen Einfluss auf das individuelle Zeitmanagement von Lehrkräften zeigt. Der Fokus liegt dabei auf Gymnasiallehrkräften, da diese von den meisten Überstunden und von stark eingeschränkten Erholungsmöglichkeiten betroffen sind (vgl. Mußmann et al. 2016: 86, 156). Auch die besonders hohe Arbeitszeitbelastung in den Abiturmonaten (April, Mai) stellt eine Besonderheit im Vergleich zu anderen Schulformen dar (vgl. Mußmann et al. 2016: 97).

Die Beantwortung der Forschungsfrage soll aufzeigen, welche Muster bei dem individuellen Arbeitszeitmanagement von Gymnasiallehrkräften zu erkennen sind und welche Entlastungspotenziale sowie Unterstützungsbedarfe sie sehen. Dabei werden auch die Entlastungsvorschläge seitens des Expertengremiums durch die Probanden bewertet. Daraus möchten die Autorinnen ableiten, welche Maßnahmen durch die betroffene Zielgruppe selbst als entlastend bzw. unterstützend empfunden werden. Die Unterscheidung hinsichtlich der Berufserfahrung hat zum Ziel, mögliche Lerneffekte bezüglich des Zeitmanagements bei zunehmender Berufserfahrung zu erkennen, die den weniger erfahrenen Lehrkräften bereits zu Beginn ihrer Berufstätigkeit helfen könnten.

1.2. Berichtsaufbau

Das zweite Kapitel des vorliegenden Beitrages umfasst die berufsunspezifischen, literaturbasierten Erkenntnisse, die im Zusammenhang mit der Forschungsfrage stehen und von Relevanz für deren Beantwortung sein können. Im darauffolgenden Kapitel werden einschlägige forschungsrelevante Erkenntnisse aus der Literatur aufgezeigt, die im direkten Bezug zum Lehrerberuf stehen. Im Anschluss wird im vierten Kapitel das methodische Vorgehen bei der vorliegenden qualitativen Forschungsarbeit, insbesondere bei der Datenerhebung und -auswertung, beschrieben. Darauf folgt das Ergebniskapitel, in dem die zentralen Erkenntnisse der Datenauswertung beschrieben und interpretiert werden. Abschließend wird ein Fazit gezogen, das neben einer Beantwortung der Forschungsfrage auch eine kritische Selbstreflexion durch die Forschenden beinhaltet. Ergänzend dazu werden weitere mögliche Forschungslücken aufgezeigt.

2. Arbeitszeit, Entgrenzung und Selbstmanagement

In diesem Kapitel wird aufgezeigt, welche Auswirkungen die Arbeitszeit und ihre Gestaltung auf die Belastungssituation und Gesundheit von Beschäftigten haben kann. Des Weiteren werden die Regenerationsmöglichkeiten und Ressourcen zur Bewältigung von negativ beanspruchenden Tätigkeiten dargestellt. Anschließend wird ein Überblick über Flexibilisierungs- und Entgrenzungstendenzen in der Arbeitswelt gegeben, um darauf aufbauend die Relevanz eines individuellen Zeit- und Selbstmanagements zu erläutern.

2.1. Auswirkungen von Arbeitszeit und ihrer Gestaltung auf die Belastungssituation und die Gesundheit von Beschäftigten

Arbeitszeit hat einen großen Einfluss auf die Gesundheit von Beschäftigten: Die Ergebnisse mehrerer Befragungen ergaben, dass bei einer hohen wöchentlichen Arbeitszeit[5] auch das Risiko für Erkrankungen infolge der verstärkten physischen und psychischen Belastungen vergleichsweise hoch ausfällt (vgl. Wirtz 2010: 179). Der Belastungsbegriff ist hierbei neutral zu verstehen. Schönwälder hat sein Begriffsverständnis auf Basis arbeitswissenschaftlicher Erkenntnisse abgeleitet und folgert,

> „dass alle aus Arbeitsaufgaben folgenden Anforderungen an einen Menschen, die geeignet sind, bei ihm physische und psychische Reaktionen hervorzurufen, als Belastungen zu bezeichnen sind; deren Folgen werden als Beanspruchungen benannt“ (Schönwälder 1989: 11).

Gemäß des Rahmenmodells der Belastung und Beanspruchung nach Rudow haben erst die aus der Belastungssituation resultierenden Beanspruchungsreaktionen und -folgen eine positive oder negative Wertung (vgl. Rudow 1990: 6).

Welche konkreten arbeitszeitbedingten Faktoren einen negativen Einfluss auf die Belastungssituation und Gesundheit von Beschäftigten haben, wird in dem nachfolgenden Abschnitt vorgestellt. Anschließend wird aufgezeigt, welche Ressourcen und Möglichkeiten zur Entlastung vorliegen.

---

[5] Aufgrund der zuvor genannten gesetzlichen Regelungen zur Arbeitszeit bietet sich eine Einstufung als „lange“ Arbeitszeit an, wenn sie pro Woche 40 Stunden oder pro Tag acht Stunden überschreitet (vgl. Wirtz 2010: 10).

2.1.1. Erkenntnisse zur Ausgestaltung von Arbeit auf das Belastungsempfinden von Arbeitskräften

Um eine Aussage über die Belastungssituation einer Person treffen zu können, müssen die Komponenten der Belastungshöhe und -dauer berücksichtigt werden (vgl. Schmidtke & Bubb 1993: 117f.). Bei einer negativen Wirkung der Belastungssituation infolge einer kognitiven Über- oder Unterforderung einer Person, können Reaktionen wie Ermüdung, eine geringer ausgeprägte Wachsamkeit, Sättigung oder Monotonie entstehen (vgl. Rudow 2011: 49ff.). Psychische Übermüdung (also wenn keine Erholung auf eine psychische Ermüdung folgt), chronischer Stress und Burnout können negative Beanspruchungsfolgen darstellen. Ermüdung resultiert vor allem aus Zeitdruck (Tempo) und Dauer der Tätigkeit, jedoch auch aus fehlenden oder ineffektiven Arbeitspausen. Eine qualitative und/oder quantitative Überforderung kann ebenso zur Ermüdung führen wie Anforderungen, die häufig Emotionsarbeit erfordern. Weitere Faktoren, die einen Ermüdungszustand bewirken können, sind schwierige Arbeitsaufgaben in Verbindung mit geringen Freiheitsgraden. Eine schwächer ausgeprägte Wachsamkeit geht häufig mit monotonen Tätigkeiten einher und kann aufgrund von Überforderung durch Unterforderung entstehen (vgl. ebd.). Auch Gabriel und Liimatainen nennen als negative arbeitsbedingte Belastungsfaktoren zu wenig Pausen, lange Arbeitszeiten, Fremdbestimmung, Unterforderung sowie routinierte bzw. monotone Tätigkeiten (vgl. Gabriel & Liimatainen 2000: 12).

Die Dauer, Lage und Verteilung von Arbeitszeiten sowie deren Dynamik, die den Wechsel von Arbeits- und Ruhezeiten und somit die Regelmäßigkeit beschreibt, stellen die Charakteristika von Arbeitszeiten dar (vgl. Wirtz 2010: 14). Im Arbeitskontext kann die Belastungsdauer und -intensität entsprechend durch die Ausgestaltung der Beschäftigung hinsichtlich ihrer Dauer und Zeitverteilung, aber auch ihrer Schwere beeinflusst werden (vgl. ebd.). Ein geringer Handlungsspielraum und unterschiedlich liegende Arbeitszeiten beeinflussen den Gesundheitszustand von Beschäftigten ebenfalls negativ (vgl. ebd.: 204). Liegt die Arbeitszeit in Nachmittags- und Abendstunden oder an Wochenendtagen, wird die soziale Teilhabe in Form von familiären Aktivitäten und dem Pflegen weiterer sozialer Kontakte erschwert. Durch unregelmäßige Arbeitszeiten wird zudem die Teilnahme an Aktivitäten, die regelmäßig an festen Terminen stattfinden und sozial gebunden sind, behindert (vgl. ebd.: 14). Gesundheitliche Beeinträchtigungen wie psychovegetative Beschwerden (PVB) und Muskel-Skelett-Beschwerden (MSB) stehen nicht nur mit der Länge der Arbeitszeit im Zusammenhang, sondern auch mit ihrer Lage (vgl. ebd.: 106ff.). Zunehmende Arbeitszeit in Kombination mit einer ungünstigen Lage, wie z. B. Arbeit am Abend oder am Wochenende, führt zu höheren gesundheitlichen Beschwerden als bei Personen, deren Arbeitszeitgestaltung diese Merkmale nicht aufweist (vgl. Wirtz 2010: 106ff.).

Insgesamt lässt sich festhalten, dass die individuelle Belastungssituation von Beschäftigten durch eine strategische Ausgestaltung der Arbeit sowohl positiv als auch negativ beeinflusst werden kann (vgl. Wirtz 2010: 14). Welche Ressourcen zur Bewältigung von Belastungssituationen genutzt werden können und welche

Regenerationsmöglichkeiten vorliegen, wird im nachfolgenden Abschnitt aufgezeigt.

2.1.2. Regeneration und Ressourcen

> „The key to minimizing the accumulation of excessive fatigue and other problems is the provision of adequate opportunities for rest and recovery, both during shifts (i.e. see Rest breaks, below), between successive shifts [...] and between blocks of shifts (i.e. rest days)" (Tucker & Folkard 2012: 25).

Tucker und Folkard schlussfolgern entsprechend, dass nach sechs vollen Arbeitstagen mindestens zwei Erholungstage eingelegt werden müssen, damit auf körperlicher und psychischer Ebene eine ausreichende Erholung eintreten kann (vgl. ebd.). Passend dazu ist im Arbeitszeitgesetz eine Ruhezeit von mindestens elf Stunden vorgeschrieben, um zwischen zwei Arbeitsperioden regenerieren zu können (vgl. ArbZG §5 Abs. 1). Auch Rudow zufolge ist ein Erholungsprozess eine Voraussetzung für eine aktive Regeneration (vgl. Rudow 2011: 51).

Den potenziellen Auswirkungen von (Fehl-)Belastungen in der Arbeit kann Rudow zufolge außerdem durch Ressourcen entgegengewirkt werden, welche „die physische, psychische und soziale Gesundheit eines Menschen" (Rudow 2011: 60) stabilisieren.[6] Innere Ressourcen sind dabei gesundheitsstabilisierende Handlungsmuster, Einstellungen und Überzeugungen, die vor allem in den Persönlichkeitsmerkmalen eines Menschen zum Tragen kommen. Neben der emotionalen Intelligenz zählt hierzu beispielsweise auch der Kohärenzsinn (vgl. ebd.). Äußere Ressourcen liegen in der Arbeitstätigkeit selbst sowie in der Organisation und haben zum Ziel, negative Beanspruchungsreaktionen und -folgen durch arbeitsbedingte Belastungen zu vermeiden (vgl. Rudow 2011: 60). Hierunter fällt auch der persönliche Arbeitsstil, der die individuelle angewöhnte Bewältigungsweise von Arbeitsaufgaben meint. Im engeren Sinne umfasst dies nicht nur die Planung der Arbeit und die damit verbundenen Ansprüche und Zielsetzungen, sondern auch das Erleben von Erfolgen und Misserfolgen. Das Anpassen des individuellen Arbeitsaufwands und des Anspruchsniveaus sowie das Ändern von Tätigkeitsverläufen, die in der eigenen Verantwortung liegen, zählen ebenfalls zum persönlichen Arbeitsstil (vgl. Rudow 2011: 73). Der Mensch kann somit situativ auf Belastungssituationen reagieren und dadurch deren Folgen aktiv beeinflussen. Durch eine Variation in der Arbeitsweise kann er einen wesentlichen Einfluss auf die Beanspruchungsfolgen nehmen (vgl. Brödner 2002: 14, s. Abb. 1).

---

[6] Auch Demerouti et al. berücksichtigen in ihrem Job Demands-Rerssources Modell die potenziellen positiven Auswirkungen einer Erwerbstätigkeit auf Mitarbeitende (vgl. ebd. 2001). Sie gehen davon aus, dass sowohl die mit der Arbeit verbundenen Anforderungen und Ressourcen einen positiven Effekt auf die Gesundheit und das Wohlbefinden haben können (vgl. ebd.).

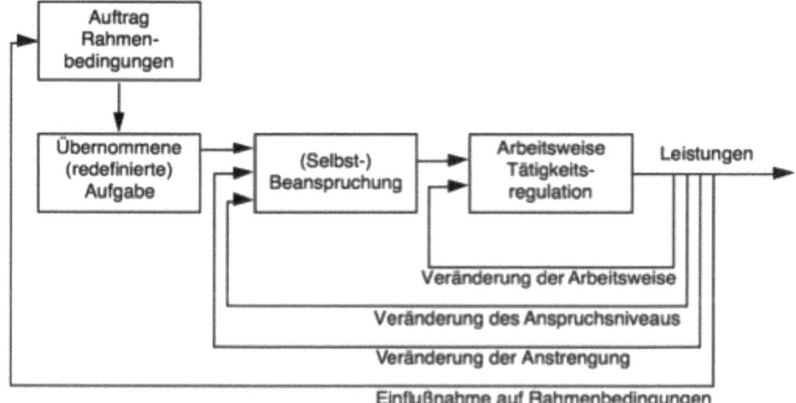

Abbildung 1: Bewältigung von Belastungen durch Tätigkeitsregulation (Brödner 2002: 14)

2.2. Flexibilisierung und Entgrenzung in der Arbeitswelt

Arbeit und Privatleben werden, insbesondere durch Flexibilisierungstendenzen in verschiedenen Sozialdimensionen, immer stärker durchmischt. Die daraus resultierende Entgrenzung von Arbeit beschreibt dabei den Auflösungsprozess von bisher existierenden Grenzen und ist eng mit dem Flexibilisierungsbegriff verknüpft. Dieser kann auf verschiedenen Ebenen des Arbeitsverhältnisses ansetzen, sodass neben der zeitlichen Flexibilisierung auch räumliche, mediale, inhaltliche und sozialorganisatorische Dimensionen variabel gestaltet werden können (vgl. Voß 1998: 473f.).

Hinsichtlich der zeitlichen Flexibilisierung stellen die „Variabilisierung der Dauer, der Lage und der Verteilung der Arbeitszeit" (Hielscher 2000: 18), ausgehend von der vertraglich festgelegten Arbeitszeit, aber auch die Kombination verschiedener Arbeitszeitregelungen und Schichtsysteme, zentrale Merkmale dar. Es gibt bei der Arbeitszeitflexibilisierung verschiedene Ausprägungen (vgl. Hielscher 2000: 18 f.):

- unklar definierte tägliche oder wöchentliche Regelarbeitszeiten (z. B. außerordentliche Schicht- und Wochenendarbeit),
- variable Arbeitszeiten, die zwar vertraglich festgelegt, allerdings nur als Durchschnittswert über einen bestimmten zeitlichen Rahmen (pro Woche, Monat oder Jahr) einzuhalten sind (z. B. Zeitkontenmodelle) oder
- permanent unregelmäßige Arbeitszeiten, die keiner festgelegten Regelarbeitszeit unterliegen (z. B. Arbeit auf Abruf).

Darüber hinaus werden die Aspekte der Individualisierung der Arbeitszeit, der Vermarktlichung des zeitlichen Arbeitseinsatzes und der Selbstorganisation der

Arbeitszeit aufgegriffen (vgl. Kratzer et al. 2003: 26ff.). Gemeint ist die Distanzierung von einer festgelegten Arbeitszeit pro Tag und eine Ausrichtung der Arbeitszeit auf situative Anforderungen bzw. Bedarfe pro Tag, welche sich aus den, zum Teil tagesaktuellen, Erfordernissen des Betriebes ergeben. Die Organisationen geben nur einen Rahmen vor, während die Aufgabenerfüllung und damit verbundene Ausgestaltung der Arbeitszeit im Verantwortungsbereich der Beschäftigten liegt (vgl. ebd.).

Moldaschl und Voß zufolge verlangen die Bedingungen, die mit Entgrenzung einhergehen, den Beschäftigten ab, ihre subjektiven Arbeitsbeiträge an die Betriebsziele anzupassen und ihre Tätigkeiten selbst zu strukturieren sowie zu rationalisieren und zu verwerten (vgl. Moldaschl & Voß 2003: 16). In Tabelle 1 werden beispielhafte Entgrenzungserscheinungen im Zusammenhang zwischen Erwerbsarbeit und Privatleben in den verschiedenen Sozialdimensionen aufgeführt. Diese verdeutlichen, dass mit der Flexibilisierung im Arbeitshandeln in der Regel auch erweiterte Handlungsmöglichkeiten und damit verbunden Autonomisierungstendenzen einhergehen. Die daraus resultierende Notwendigkeit der Selbstorganisation von den Beschäftigten unterliegt allerdings weiterhin fremdbestimmten Bedingungen durch den jeweiligen Betrieb. Die individuelle Alltagsgestaltung und Lebensführung ist daher auch bei hoher Flexibilisierung eng an die betrieblichen Rahmenbedingungen gekoppelt und geschieht nicht unter dem Aspekt der Selbstbestimmung (vgl. Voß 1998: 477ff.).

Eine Entgrenzung von Arbeit und Privatleben kann auch dazu führen, dass eine Ausübung von arbeitsrelevanten Tätigkeiten zu Tageszeiten stattfindet, die sich von der „Normalarbeitszeit" abhebt. Somit ist Arbeit, die am Abend, in der Nacht oder am Wochenende liegt, zum Teil mittlerweile auch bei Berufsgruppen zu beobachten, bei denen dies bisher nicht der Fall war (vgl. Bauer et al. 2004: 69ff.).

Als logische Konsequenz der Entgrenzungserscheinungen von Arbeit und Privatleben zeigen sich deren Auswirkungen auch im Sozialleben der Beschäftigten (vgl. Hielscher 2000: 40f.). Insbesondere, wenn die Arbeit regelmäßig am Wochenende stattfindet, wird gesellschaftliche Teilhabe in Form von Freizeitaktivitäten mit sozialen Kontakten erschwert. Auch die Lage der Arbeitszeit am Abend führt zu einem ähnlichen Effekt (vgl. Hielscher 2000: 40f.). Entgrenzungen in der Sozialdimension des Raums, z. B. in Form von Home-Office/Teleheimarbeit, „lösen eine Bindung an feste Arbeitsorte auf und verwischen dabei auch die lokalen Grenzen zur Nicht-Arbeit" (Voß 1998: 479). Fraglich ist, ob bei einem vermehrten Auftreten von Entgrenzungserscheinungen noch eine ausreichende Regeneration möglich ist (siehe Kapitel 2.1.2).

In den anderen zuvor genannten Sozialdimensionen zeigen sich Flexibilisierungsmerkmale in einer Deregulierung, der Nutzung moderner Kommunikations- und Informationstechnologien, in häufiger Um- und Weiterqualifizierung und in oftmals wechselnden sozialen Konstellationen (vgl. Gottschall & Voß 2005: 17f.).

Sozialdimension	Entgrenzungen in der Erwerbsarbeit	Entgrenzungen von „Arbeit und Leben“
Zeit	Weitreichende Flexibilisierung und Individualisierung von Arbeitszeiten in Dauer, Lage und Regulierungsform (z. B. bei Gleitzeit, exzessiver unregelmäßiger Mehrarbeit, Zeitkonten, Aufhebung von Arbeitszeiten, Arbeit auf Abruf usw.).	Durchmischung bzw. individualisierte Koordination von Arbeits- und Privatzeiten – als Folge flexible Arbeitszeiten und individualisierter Zeitwünsche und -strategien.
Raum	Abbau der Bindung von Arbeit an Orte – innerbetrieblich und betriebsübergreifend (z. B. bei exzessiver Projektarbeit, Home- und Mobil-Offices, Telearbeit, Mobilarbeit, Scheinselbständigkeit, ausgelagerten Einheiten, virtualisierten Betrieben usw.).	Abbau fester Grenzen zwischen Arbeits- und privaten Lebensorten – als Folge neuer Arbeitsformen und eines individualisierten Raumverhaltens.
Hilfsmittel/ Technik	Entstandardisierung von Arbeitsmitteln sowie wachsende Selbstorganisation und Individualisierung der Auswahl und der konkreten Nutzung von Hilfsmitteln (insbesondere bei IuK-Technologien).	Durchmischung des privaten und betrieblichen Besitzes von Arbeitsmitteln und ihrer Nutzung (z. B. bei IuK-Technologien, KFZ, Verbrauchs- und Informationsmaterialien, Fachliteratur, Räumen, Mobiliar usw.).
Arbeitsinhalt/ Qualifikation	Selbstorganisation der Arbeitsausführung, Rücknahme von Detailkontrolle und Zunahme von Rahmensteuerung; Dynamisierung von Qualifikationsanforderungen und Qualifizierung; „employability“ und fachliche Flexibilität statt Lebens-Beruf; neue überfachliche Anforderungen (z. B. Sozialqualifikation, Selbstmanagement, Kreativität und Begeisterung, Ichstärke, Belastungsresistenz usw.).	Zunehmende Bedeutung unklarer Tätigkeiten und Kompetenzen zwischen Privatheit und Arbeit (z. B. bei der allgemeinen Informationsbeschaffung, Qualifizierung, Vor- und Nachbereitung von Arbeiten, Kontakt- und Netzwerkpflege, dem Selbstmanagement und der biografischen Lebensorganisation usw.).
Sozialorganisation	Selbstorganisation der Kooperationsformen und Sozialnormen in der Arbeit – horizontal und vertikal (z. B. bei Team- und Gruppenarbeit, abgeflachten Hierarchien, kooperativer Führung, Empowermentstrategien, Cost- und Profitcentern usw.).	Wachsende Rolle diffuser Sozialformen und -normen zwischen Arbeit und Privatleben (z. B. bei dienstlichen Sozial-Events, der Aufwertung persönlicher Kontakte in der Arbeit, bei der Nutzung privater Beziehungen für berufliche Zwecke, bei der Kontaktpflege usw.).
Sinn/Motivation	Verstärkte Anforderungen an Selbstmotivierung, individuelle Sinnsetzung, Selbstbegeisterung und Disziplinierung – individuell und kooperativ.	Durchmischung von Arbeits- und Lebensmotivationen. Arbeit als aufgewertete Lebenssphäre, Privatheit als verstärkt beruflich zu nutzender Bereich und „Arbeit“.

Tabelle 1: Beispiele für Entgrenzungserscheinungen in der Erwerbsarbeit im Verhältnis von „Arbeit und Leben" in verschiedenen Sozialdimensionen (eigene Darstellung nach Voß 1998: 480)

Um den verschiedenen Anforderungen, die mit der Entgrenzung und Flexibilisierung im Berufsleben auftreten, gerecht werden zu können, wird den Beschäftigten immer mehr eigenverantwortliches Zeit- und Selbstmanagement abverlangt. Was darunter zu verstehen ist, wird im nachfolgenden Kapitel beschrieben.

2.3. Zeit- und Selbstmanagement im Arbeitskontext

Den Begriff des Selbstmanagements definiert Kehr als „die Art und Weise, wie eine Person mit ihren eigenen Motivations- und Willensprozessen umgeht“ (Kehr 2009: 15). Kleinmann und König berücksichtigen in ihrem Buch zum Selbst- und Zeitmanagement bei ihrer Definition die Ansichten verschiedener Autoren und fassen darunter letztlich sämtliche Bemühungen einer Person, die das eigene Verhalten zielgerichtet beeinflussen (vgl. Kleinmann & König 2018: 3). Von besonders großer Bedeutung im beruflichen Kontext ist Selbstmanagement immer dann, wenn bei der Ausgestaltung der Arbeit eine hohe Entscheidungsfreiheit gegeben ist und wenig externe Vorgaben vorliegen (vgl. ebd.).

Zeitmanagement im Arbeitskontext umfasst nach Seiwert

> „die konsequente und zielorientierte Anwendung bewährter Arbeitstechniken in der täglichen Praxis, um sich und die eigenen Lebensbereiche so zu führen und zu organisieren (‘=zu managen‘), dass die zur Verfügung stehende Zeit sinnvoll und optimal genutzt wird“ (Seiwert 1990: 12).

Es handelt sich hierbei um das persönliche Selbstmanagement in Form von Planung und Strukturierung der eigenen Zeit, um die Effektivität, Effizienz oder Produktivität zu optimieren (vgl. Eberle 1994: 124 und Kleinmann & König 2018: 3f.). Eine umfassende Definition von Zeitmanagement geben Weisweiler, Dirscherl und Braumandl (2013), bei der sie verschiedene vorliegende Klärungen des Begriffs verbinden. Ihnen zufolge bedeutet das Managen von Zeit die möglichst optimale Planung, Koordination und Umsetzung von anstehenden Terminen und Aufgaben (vgl. Weisweiler et al. 2012: 15).

Als Techniken des Zeitmanagements wurden bereits vor 20 Jahren durch verschiedene Autoren Empfehlungen zur optimalen Nutzung der eigenen Zeit zusammengestellt (vgl. Seiwert 1996: 9f.). Planung und Kontrolle der Zeit stellt nach Seiwert eine der Techniken dar. Ihm zufolge genügen pro Tag fünf bis 15 Minuten zur Planung eines gesamten Tagesablaufes, woraufhin mit einem Zeitgewinn von etwa einer Stunde gerechnet werden kann. Um eine entsprechende Planung aufstellen zu können, bedarf es vor allem einer exakten Übersicht des tatsächlichen Zeitverbrauches (vgl. Seiwert 1996: 9f.). Ebenfalls von Relevanz ist in diesem Zusammenhang das Einplanen von Puffern, um Tätigkeiten, deren Zeitaufwand nicht genau kalkulierbar ist, auffangen zu können (vgl. Hinz 2000: 128). Die Identifizierung und Beseitigung von Störquellen wird ebenfalls als eine Technik des Zeitmanagements genannt und soll häufige Arbeitsunterbrechungen und nicht produktiv genutzte Zeit reduzieren (vgl. Seiwert 1996: 11).

Wie anhand der vorangegangenen Begriffsklärungen bereits zu erkennen ist, sind das Selbst- und Zeitmanagement eng miteinander verknüpft. Der bedeutendste Unterschied liegt darin, dass das Management von Zeit aufgabenbezogen ist, während das Selbstmanagement auf das Befähigen der eigenen Person zur Erreichung gesetzter Ziele ausgerichtet ist (vgl. Kleinmann & König 2018: 4ff.).

In dem empirischen Teil des vorliegenden Beitrages werden die Begriffe des Zeit- und Selbstmanagements nicht klar voneinander abgegrenzt, da eine unterschiedliche subjektive Interpretation der Begriffe durch die befragten Lehrkräfte im Rahmen des vorliegenden Beitrages zu erwarten ist. Die Autorinnen haben auf eine deutliche Abgrenzung der beiden Begriffe in den Interviews mit den Probandinnen und Probanden verzichtet, um eine Beeinflussung ihrer Antworten zu vermeiden.

3. Anforderungen, Arbeitszeitbelastung und Selbstmanagement im Lehrerberuf

Im vorangegangenen Kapitel wurden allgemeingültige Erkenntnisse aufgezeigt, die im Zusammenhang mit der Forschungsfrage des vorliegenden Beitrages stehen, aber nicht auf die Berufsgruppe der Lehrkräfte bezogen sind. In diesem Kapitel wird daher ein vertiefender Überblick über die einschlägigen forschungsrelevanten Erkenntnisse zum Lehrerberuf gegeben.

3.1. Tätigkeiten und Anforderungen im Lehrerberuf

Das Spektrum an Tätigkeiten, das mit dem Lehrerberuf einhergeht, ist groß und resultiert mitunter aus den diversen Erwartungshaltungen der verschiedenen Interessengruppen, die vom Lehrerberuf betroffen sind. Hierzu zählen neben den Schülerinnen und Schülern auch deren Eltern sowie die Schule selbst und die öffentliche Gesellschaft. Anforderungen, die an die Lehrtätigkeit gestellt werden, fußen einerseits auf politikgesellschaftlichen und soziologischen, aber auch auf pädagogischen und ethischen Vorstellungen (vgl. Jung-Strauß 2000: 70ff.).

Die zentralen Arbeitsaufgaben von Lehrkräften werden in folgende Bereiche unterteilt: Unterrichten, Erziehen, Beraten, Betreuen und Entwickeln von Schule (vgl. Bauer et al. 1999: 113). In der realen Ausgestaltung setzen sich die Tätigkeiten im Lehrerberuf hauptsächlich aus Unterricht (inklusive Vertretungsstunden und Aufsichten), unterrichtsnaher Lehrarbeit (vor allem Korrekturzeiten sowie Unterrichtsvor- und -nachbereitung) und Kommunikation (Konferenzen, pädagogische Kommunikation) zusammen.[7] Bei in Vollzeit beschäftigten Lehrkräften in Niedersachsen stellen Funktionsarbeit und Schulleitungsfunktionen mit durchschnittlich 9% der Wochenarbeitszeit ebenfalls einen nennenswerten Anteil am Aufgabenspektrum dar (vgl. Expertengremium 2018: 22).

Eine Anforderung im Lehrerberuf sind Zielkonflikte, die mit den verschiedenen Interessensgruppen und ihren Erwartungshaltungen einhergehen können. Darüber hinaus haben Lehrkräfte nur bedingt Einflussmöglichkeiten auf die Lernerfolge ihrer Schülerinnen und Schüler, sodass der eigene Erfolg der Arbeit kaum gemessen werden kann. Des Weiteren ist eine Lehrkraft während des Unterrichts nicht nur inhaltlichen, sondern auch methodischen und disziplinarischen Problemen

[7] Eine ausdifferenzierte Tätigkeitszusammensetzung mitsamt der Arbeitszeitverteilung ist in Mußmann et al. (2016: 91) aufgeführt.

ausgesetzt, die sie unter Zeitdruck alleine und oft parallel zu lösen hat. Ein Aufbau von Routine, die hierbei helfen könnte, ist nur begrenzt möglich, da die Klassenzusammensetzung und die Stundenplangestaltung regelmäßig wechseln (vgl. Urbutt 2015: 9). Aber auch strukturelle Veränderungen, zum Beispiel durch Ganztagsangebote und Lehrplananpassungen, können einen Aufbau von Routinen erschweren (vgl. Mußmann et al. 2017: 117).

Aus der kurzen Übersicht wird bereits ersichtlich, dass sowohl eine Vielzahl an Arbeitsaufgaben als auch verschiedene Erwartungsträger mit dem Lehrerberuf verbunden sind. Diese sehr grob gehaltene Auflistung soll einen ersten Eindruck über die Anforderungen im Lehrerberuf geben, um nachfolgend tiefergehend auf die damit verbundene Arbeitsbelastung eingehen zu können.

3.2. Arbeitsbelastung im Lehrerberuf

Seit Ende des 20. Jahrhunderts wurden verschiedene Ansätze zur Belastungssituation im Lehrerberuf vorgestellt. Kramis-Aebischer (vgl. 1995: 98) reduziert diese auf die Wechselwirkungen der System-, Individuums- und Organisationsebene, während Böhm-Kaspar (vgl. 2004: 75) im Modell zur schulischen Belastung die Belastungs- und Beanspruchungsebene trennt:

> „Objektive Anforderungen, individuelle Voraussetzungen, Qualitäten der Sozialbeziehungen und der Sachbeziehung sind Belastungsfaktoren, die infolge eines subjektiven Deutungsprozesses zu Beanspruchung führen können, die sich in Beanspruchungsreaktionen und -folgen äußern kann“ (Cramer et al. 2018: 4).

Oesterreich (vgl. 2008: 49ff.) wiederum geht von vier Prägungen des Handelns von Lehrerinnen und Lehrern aus und hat diese in seinem allgemeinen Wirkungsmodell zur Lehrerbelastung modelliert. Eine Prägung stellen in diesem Rahmen die Arbeitsbedingungen sowie die schulische Organisation und Ausstattung dar. Die Lehrperson selbst, aber auch die Schülerinnen und Schüler sowie das Kollegium und die Schulleitung sind weitere Einflussfaktoren (vgl. Oesterreich 2008: 49ff.). In seinem Belastungs- und Beanspruchungsmodell bei Lehrpersonen hat Stiller die Ebenen des Schulsystems, der Schule selbst, des Unterrichts, der Gesellschaft und des privaten Umfeldes als belastungsrelevante Ebenen ausdifferenziert (vgl. Stiller 2015: 52ff.). Je nachdem, auf welche Ressourcen die Lehrperson zurückgreifen kann, werden die Belastungen auf den vorgestellten Ebenen unterschiedlich verarbeitet und bewertet (vgl. ebd.).

In der Niedersächsischen Arbeitsbelastungsstudie aus dem Jahr 2016 (Mußmann et al. 2017), die Lehrkräfte an öffentlichen Schulen im Untersuchungsfokus hatte, wurden fünf Belastungsschwerpunkte herausgearbeitet und näher betrachtet. Die Betrachtung der Belastungen als Folge von Arbeitsbedingungen ist einer der Schwerpunkte und wurde anhand des DGB-Index Gute Arbeit erhoben. Belastungen, die ein Resultat schulischer Tätigkeiten sind, wurden anhand der tätigkeitsbezogenen Arbeitszeitzusammensetzung bemessen. Ergänzend wurde den schulspezifischen Anforderungen (hierzu gehören z. B. auch Klassenleitungs-

oder Inklusionstätigkeiten) eine eigene Kategorie zugeordnet, da mit ihnen, im Vergleich mit der reinen Arbeitszeitzusammensetzung, zusätzliche Anforderungen verbunden sind. Die Arbeitszeit selbst stellt mit ihrer Dauer und Lage die vierte Betrachtungsebene dar. Der fünfte Schwerpunkt umfasst Einflussfaktoren, die Ressourcen oder Beanspruchungsfolgen beinhalten können. Als Ressource wurden hierbei Arbeitszufriedenheit und -emotionen sowie soziale Unterstützung berücksichtigt. Verhaltens- und Erlebensmuster im Arbeitskontext können sowohl eine Ressource als auch eine Beanspruchungsfolge abbilden. Ebenfalls einbezogen wurde die psychische Konstitution, die Rückschlüsse auf die Arbeitsfähigkeit und -zufriedenheit aber auch auf die Vereinbarkeit von Beruf und Privatleben ermöglichen soll (vgl. Mußmann et al. 2017: 14ff.)

Der DGB-Index Gute Arbeit liegt im Lehrerberuf schulformübergreifend im unteren Mittelfeld. Zurückzuführen ist dies auf den sehr schlechten Teilindex „Belastungen", der durch die positiv bewerteten Teilindizes „Einkommen und Sicherheit" und „Ressourcen" nicht ausgeglichen werden kann (vgl. Mußmann et al. 2017: 75).

Rang	Anforderung	Gesamt		Grundschule		Gesamtschule IGS/ KGS		Gymnasium		Haupt-/ Real-/ Oberschule		Förderschule		Berufsbildende Schule	
		n = 2108		n = 749		n = 396		n = 654		n = 138		n = 72		n = 99	
		Betr.	MW	Betr.	MW	Betr.	MW	Betr.	MW	Betr.	MW	Betr.	MW	Betr.	MW
1	Zeitdruck	2104	3,5	749	3,6	396	3,4	652	3,5	137	3,4	72	3,2	98	3,3
2	Arbeit am Wochenende	2107	3,3	748	3,3	396	3,2	654	3,3	138	3,1	72	2,9	99	3,2
3	Zwang zu Abstrichen bei der Qualität	2090	3,2	747	3,4	393	3,2	646	3,2	135	3,2	71	3,0	98	3,1
4	Lärm	2054	3,2	735	3,4	391	3,2	631	3,1	138	3,3	70	2,9	89	2,9
5	Keine rechtzeitige Information	989	3,2	293	3,2	195	3,2	342	3,2	64	3,2	38	3,1	57	3,1
6	Kein Einfluss auf die Arbeitsmenge	1788	3,1	629	3,2	343	3,1	563	3,1	112	3,1	55	3,1	86	3,0
7	Widersprüchliche Anforderungen	2069	3,1	737	3,3	392	3,1	637	3,0	136	3,2	71	3,0	96	2,9
8	Schlechtes Meinungsklima	985	3,1	285	3,2	205	3,2	319	3,0	74	3,0	33	2,9	69	3,1
9	KonfliktemitSuSoder Eltern	2071	3,0	743	3,2	389	2,9	633	2,9	137	3,1	71	3,1	98	2,8
10	Unbezahlte Arbeit	1913	3,0	690	3,1	367	3,0	580	3,0	125	3,0	64	2,7	87	2,8
11	Schlechte Planung des Vorgesetzten	845	3,0	272	3,0	175	2,9	262	2,9	59	3,1	34	3,0	43	3,3
12	Arbeit abends (18:00 - 23:00 Uhr)	2090	3,0	690	2,9	396	3,0	651	3,0	135	2,9	69	2,8	98	2,9
13	Fehlende Identifikation mit der Arbeit	61	2,9	8	3,4	20	3,1	18	2,7	9	2,8	1	3,0	5	2,8
14	Mangelnde Wertschätzung von Vorgesetzten	777	2,9	231	2,9	169	2,9	258	2,8	56	3,2	21	2,7	42	3,1
15	Nachtarbeit (23:00 - 6:00 Uhr)	1163	2,9	342	2,8	239	2,8	427	3,0	63	2,7	32	2,8	60	2,8
16	Keine Möglichkeit eigene Ideen einzubringen	278	2,8	70	3,0	61	2,8	88	2,7	31	3,0	1	3,0	27	2,9
17	Nicht genug Unterstützung von Kolleg/innen	259	2,7	77	2,8	34	2,6	95	2,5	16	3,1	10	2,9	27	2,6

Legende: Betr. Anzahl der Betroffenen, die Belastung erfahren MW Mittelwert der Beanspruchungsnachfrage (belastet: "nicht" = 1; "eher wenig" = 2, "eher stark" = 3, "stark"= 4)

Abbildung 2: Stärkste Beanspruchungen aus Arbeitsbedingungen (Mußmann et al. 2017: 76)

Die negativen Beanspruchungsfolgen entstehen infolge von Zeitdruck bei der Arbeit, Arbeit am Wochenende, Qualitätseinbußen infolge des hohen Arbeitspensums sowie Lärm und generell lauten Umgebungsgeräuschen (vgl. Mußmann et al. 2017: 76). In Abbildung 2 ist zu erkennen, dass die stärksten Beanspruchungen aus den Arbeitsbedingungen je nach Schulform zum Teil variieren.

Der zeitliche Aufwand für schulische Tätigkeiten wurde durch eine elektronische Zeiterfassung im Rahmen der Göttinger Arbeitszeitstudie (vgl. Mußmann et al. 2016) erfasst, woraufhin die Zeitverteilung für die einzelnen Tätigkeitsbereiche pro Durchschnittswoche ersichtlich wurde. Die Ergebnisse geben Aufschluss über die arbeitszeitbedingte Belastung der Lehrkräfte. Aus ihnen geht aber nicht hervor, wie die Beanspruchung der Lehrkräfte infolge ihrer subjektiven Bewertung der Belastungssituationen ist. Daher wurde in der Erhebung zusätzlich ermittelt, wie stark das Belastungsempfinden pro abgefragter Tätigkeit ausgeprägt ist. Anhand dessen konnte herausgefunden werden, mit welchen schulischen Tätigkeiten im Durchschnitt die höchste empfundene Beanspruchung verbunden ist (vgl. Mußmann et al. 2017: 78ff.). An Gymnasien werden Korrekturen und Abschlussprüfungen als die am stärksten beanspruchenden schulischen Tätigkeiten bewertet. Darauf folgen Schulleitungsfunktionen und Fahrten bzw. Veranstaltungen mit Übernachtungen (vgl. ebd.: 100). Das Alter wurde als signifikanter Einfluss auf die Arbeitszeitbelastung nachgewiesen. Allerdings steigt die Beanspruchung, die mit dem Teilindex „Belastungen" erfasst wurde, nicht mit zunehmendem Alter. Deshalb wird vermutet, dass die frei wählbaren, stark beanspruchenden Tätigkeiten wie Schulleitungsfunktionen von denjenigen Lehrkräften übernommen werden, die auch über die dafür nötigen persönlichen Ressourcen und Fähigkeiten verfügen (vgl. ebd.: 113).

Unter die schulspezifischen Anforderungen fallen die Verdichtung der Jahresarbeitszeit auf die Schulzeitwochen, in denen häufig auch am Wochenende gearbeitet wird. Zeitnahe Erholungsmöglichkeiten sind während der Schulzeit also begrenzt. Auch die Schulpausen, die zwischen Unterrichtsstunden liegen, werden in der Regel für arbeitsbezogene Tätigkeiten genutzt. Für die Lehrkräfte existieren an einem Schultag daher kaum Gelegenheiten zum Abschalten, was ein (eher) starkes Beanspruchungsempfinden bei über 80% der Lehrkräfte bewirkt (vgl. Mußmann et al. 2017: 118 f.). Ganztagesangebote an Schulen erfordern darüber hinaus ebenfalls Betreuung durch Lehrkräfte, was infolge der fremdbestimmten Stundenplanvorgabe zu großen zeitlichen Lücken am Tag führen kann und von einem Großteil der Lehrkräfte als (eher) stark beanspruchend bewertet wird (vgl. ebd.: 119f.). Ein weiterer Aspekt, den es zu berücksichtigen gilt, sind Aufgaben, die vor allem mit einer Klassenleitungstätigkeit verbunden sind. Gemeint sind bspw. Dokumentationsaufgaben oder erzieherische Arbeit, welche beide von über 70% der Lehrerinnen und Lehrer als (eher) stark beanspruchend wahrgenommen werden (vgl. ebd.: 122f.). Die Übersicht in Abbildung 3 zeigt zusammenfassend die stärksten negativ beanspruchenden Faktoren pro Schulform, die mit schulischen Anforderungen verbunden sind.

Zwischen dem subjektiven Belastungsempfinden von Lehrkräften und der Dauer der Wochenarbeitszeit konnte ein Zusammenhang festgestellt werden, der zeigt, dass bei einer höheren Arbeitszeit auch das Belastungsempfinden der Lehrerinnen und Lehrer zunimmt (vgl. Mußmann et al. 2017: 141ff.). Diese Ergebnisse bestätigen den in Kapitel 2.1 bereits aufgezeigten Zusammenhang zwischen der Arbeitszeit und dem Belastungsempfinden von Beschäftigten, unabhängig von ihrem Beruf. Durch den geringen Einfluss auf die Lage ihrer Unterrichtsstunden wird Lehrkräften des Weiteren eine hohe Arbeitszeitflexibilität abverlangt (vgl. Expertengremium Arbeitszeitanalyse 2018: 42).

Rang	Anforderung	Gesamt n = 2108		Grundschule n = 749		Gesamtschule IGS/KGS n = 396		Gymnasium n = 654		Haupt-/ Real- /Oberschule n = 138		Förderschule n = 72		Berufsbildende Schule n = 99	
		Betr.	MW	Betr.	MW	Betr.	MW	Betr.	MW	Betr.	MW	Betr.	MW	Betr.	MW
1	Keine Erholung in den Schulpausen	2047	3,4	729	3,5	383	3,3	636	3,2	135	3,4	67	3,2	97	3,3
2	Verwaltungsaufgaben	2024	3,3	730	3,5	372	3,2	625	3,1	136	3,5	68	3,1	93	3,2
3	Respektl. Verhalten von Vorgesetzten	919	3,2	302	3,1	187	3,2	295	3,1	57	3,3	29	3,2	49	3,1
4	Schwierige Schülerinnen/Schüler	2104	3,1	749	3,4	396	3,0	650	2,8	138	3,3	72	3,1	99	3,0
5	Erziehungsarbeit wird erwartet	2105	3,1	749	3,4	395	3,0	652	2,9	138	3,4	72	3,0	99	2,8
6	Dokumentationsaufgaben	2089	3,0	749	3,3	393	2,9	642	2,8	137	3,1	72	2,8	96	2,8
7	Große Klassen	1974	3,0	677	2,8	390	3,2	645	3,2	133	2,9	33	2,4	96	3,0
8	Respektloses Verhalten von Eltern	1526	3,0	608	3,2	276	2,9	441	3,0	107	2,8	51	2,9	43	2,4
9	Inklusionsaufgaben	1782	3,0	740	3,3	342	2,7	437	2,5	129	3,2	63	2,5	71	2,5
10	Respektloses Verhalten Kollegen	953	2,9	317	2,9	180	2,8	306	2,8	64	2,7	42	3,1	44	2,8
11	Ganztätige Bindung	2055	2,9	728	2,9	390	3,1	633	2,9	135	3,0	72	2,8	97	2,8
12	SuS Unterstützungsbedarf	1973	2,9	747	3,3	377	2,7	557	2,6	135	3,1	72	2,3	85	2,8
13	Größere Stoffmengen	1933	2,9	719	3,0	356	2,8	588	3,0	125	2,8	54	2,5	91	2,8
14	Stimme	2070	2,9	746	3,0	390	2,7	629	2,8	135	2,9	71	2,6	99	2,8
15	Änderungen in Lehrplänen/Curricula	2046	2,9	726	2,7	380	2,2	650	3,2	133	3,0	61	2,3	96	3,0
16	Klassenleitung	1901	2,8	698	3,0	366	2,8	562	2,7	125	3,0	60	2,7	90	3,0

Legende: Betr. Anzahl der Betroffenen, die Belastung erfahren MW Mittelwert der Beanspruchungsnachfrage

(belastet: "nicht" = 1; "eher wenig" = 2, "eher stark" = 3, "stark"= 4)

Abbildung 3: Die stärksten Beanspruchungen aus schulspezifischen Anforderungen (Mußmann et al. 2017: 136)

Auf den Aspekt der Ressourcen wird im nachfolgenden Kapitel genauer eingegangen, weshalb an dieser Stelle nur auf die Aspekte mit negativ bewerteten Beanspruchungsfolgen eingegangen wird. Hierzu zählt herablassendes und respektloses Verhalten, welches vor allem von Eltern oder von Schülerinnen und Schülern gegenüber Lehrkräften praktiziert wird und als (eher) stark negativ beanspruchend bewertet wird. Jede dritte bis vierte Lehrkraft gibt außerdem an, auch von dem/der Vorgesetzten, Kolleg*innen oder Externen ein solches Verhalten zu erfahren und sich davon negativ beansprucht zu fühlen (vgl. Mußmann et al. 2017: 131ff.). Insbesondere Konflikte oder Streitigkeiten mit Schülerinnen, Schülern oder Eltern werden schulformübergreifend von der Mehrheit der Lehrkräfte als (eher) stark negativ beanspruchend wahrgenommen, wobei dies an Gymnasien auf 63,5% der Lehrkräfte zutrifft (vgl. ebd.).

Matyssek (2003) nennt Feedback zu der eigenen Leistung, viel mehr noch Anerkennung und Wertschätzung für gute Leistungen, als Grundbedürfnisse von Beschäftigten (vgl. Matyssek 2003: 17f.). Im Lehrerberuf ist eine Rückmeldung zu Erfolgen oder zu der Qualität der erbrachten Leistungen von Lehrkräften kaum möglich, da diese kaum kontrolliert und gemessen werden können. Aus diesem Grund sind Ungewissheit und ein gewisser Grad an Selbstzweifeln Merkmale des Lehrerberufs, die in Kombination mit der Unwissenheit, wann qualitativ und quantitativ „genug" gearbeitet wurde, zu einer negativen Belastung der Lehrerinnen und Lehrer führen können (vgl. Jauk & Wieser 2011: 67 und Giesecke 2001: 10).

Ein hoher Gestaltungsspielraum in der Arbeitszeit stellt in der Regel eine Ressource dar. Im Lehrerberuf liegt dieser allerdings nur formal vor (vgl. Mußmann et al. 2017: 60f.). Die Arbeitsmenge kann durch Lehrkräfte kaum beeinflusst werden, was für fast 72% eine (eher) starke negative Beanspruchung darstellt. Es wird vermutet, dass die langen Arbeitszeiten und die hohe Arbeitsintensität im Lehrerberuf die formalen Gestaltungsmöglichkeiten relativieren (vgl. ebd.).

Das nachfolgende Kapitel zeigt auf, welche Möglichkeiten zur Erholung und welche Ressourcen Lehrkräfte im Beruf haben.

3.2.1. Ressourcen und Erholungsmöglichkeiten von Lehrerinnen und Lehrern

Ressourcen können dazu beitragen, negativ wirkende Beanspruchungen besser zu bewältigen und sind unter Betrachtung der zuvor aufgeführten Bandbreite an negativ beanspruchenden Faktoren im Lehrerberuf von hoher Bedeutung (vgl. Mußmann et al. 2017: 77). Neben der Reduzierung von Belastungen ist daher die Stärkung und Stabilisierung von Ressourcen ein zentraler Aspekt für gute Arbeitsbedingungen im Lehrerberuf (vgl. ebd.).

Zu den Ressourcen von Lehrkräften zählt vor allem die hohe bis sehr hohe Identifikation mit dem Beruf (vgl. Mußmann et al. 2017: 57). Über 97% der Lehrerinnen und Lehrer gaben im Rahmen der Arbeitsbelastungsstudie an, sich mit ihrem Beruf (sehr) stark zu identifizieren. 90% haben zudem den Eindruck, durch ihre Arbeit einen wichtigen gesellschaftlichen Beitrag zu leisten (vgl. ebd.).

Auch die persönlichen Entwicklungsmöglichkeiten werden von einem Großteil der Lehrkräfte als positiv beanspruchend bewertet (vgl. Mußmann et al. 2017: 59). Weitere Ressourcen liegen in der Ausgestaltung der Organisationskultur, indem ein offenes Meinungsklima gefördert und über wichtige Entscheidungen rechtzeitig informiert wird. Wertschätzung durch den oder die Vorgesetzte(n) erfahren etwa 63% der befragten Lehrkräfte, während fast 88% einen wertschätzenden Umgang im Kollegium wahrnehmen. Auch diese Aspekte werden als (eher) stark positiv beanspruchend bewertet (vgl. ebd.).

Autonomie in der Arbeitszeitgestaltung zählt ebenfalls zu den Ressourcen (vgl. Rudow 2011: 73). Diese ist formal im Lehrerberuf stark ausgeprägt, da die Pflichtstundenvorgabe und somit vorgegebene Arbeitszeit laut Stundenplan nur einen vergleichsweise geringen Anteil an der Gesamtarbeitszeit hat (28% an Gymnasien) (vgl. Mußmann 2017 et al. 140). Auch unter Berücksichtigung weiterer Tätigkeiten, die in den Räumlichkeiten der Schule zu einem vorgegebenen

Zeitpunkt zu erfüllen sind, liegt ein großer Teil der Arbeitszeitgestaltung in der Eigenverantwortung der Lehrkräfte (vgl. ebd.). Die Gestaltungsmöglichkeiten können allerdings nur begrenzt als Ressource genutzt werden, da die Arbeitsmenge und -intensität deren positive Wirkung entkräften (vgl. Mußmann et al. 2017: 60).

Hinsichtlich der Erholungsmöglichkeiten von arbeitsbedingter Ermüdung betonen sowohl Tucker und Folkard (2012) als auch Rudow (2011) die Relevanz eines Erholungsprozesses in Form von Pausen. Wie in Kapitel 2.1.2 bereits aufgezeigt wurde, sind Pausen zwischen zwei Arbeitsperioden (mindestens elf Stunden Ruhezeit), zwischen Arbeitsblöcken und zwischen aufeinanderfolgenden Schichten von Bedeutung. Die Göttinger Arbeitszeitstudie zeigt, dass die Möglichkeiten zur Erholung während der Schulzeit im Lehrerberuf begrenzt sind. Ein Großteil der befragten Lehrkräfte arbeitet an 80% aller Wochenenden; 33% überschreiten an jährlich zehn bis 15 Wochen die Höchstgrenze von 48 Wochenarbeitsstunden (vgl. Mußmann et al. 2017: 118). Pausen oder Freistunden innerhalb eines Schultages sind den Befragungsergebnissen zufolge „durch vor- und nachbereitende Tätigkeiten, verschiedene pädagogische Kommunikationsformen und Raumwechsel geprägt“ (Mußmann et al. 2017: 118f.). Das Erholungspotenzial der Schulpausen und Freistunden wird also in der Realität nicht wahrgenommen, wodurch sie nicht als Ressource genutzt werden.

Wie in diesem Abschnitt bereits ersichtlich wurde, gibt es durchaus Ressourcen und Möglichkeiten zur Erholung von der arbeitsbedingten Ermüdung im Rahmen des Lehrerberufs. Sie setzen sich sowohl aus inneren als auch äußeren Ressourcen nach Rudow (2011) zusammen. Das Wahrnehmen der äußeren Ressourcen erfordert aufgrund der großen Selbstverantwortung in der Arbeitszeitgestaltung ein Selbstmanagement der Lehrkräfte, auf das im folgenden Abschnitt näher eingegangen wird.

3.2.2. Selbstmanagement der Arbeitszeit im Lehrerberuf

Im Kapitel 2.2 wurden allgemeingültige Merkmale von Flexibilisierungs- und Entgrenzungstendenzen vorgestellt. Wie anhand der vorangegangenen Abschnitte erkenntlich wurde, lassen sich einige dieser Merkmale auch im Lehrerberuf wiederfinden. Auf der Ebene der Zeit zählen hierzu bspw. die Dauer, Lage und Regulierungsform. Durch die nur anteilige Arbeitsausführung in schulischen Räumlichkeiten ist auch eine räumliche Entgrenzung vorhanden. Des Weiteren können im Lehrerberuf überfachliche Anforderungen (z. B. eine hohe Belastungsresistenz) und Selbstorganisation bei der Arbeitsausführung als Entgrenzungsmerkmale auf Ebene des Arbeitsinhaltes und der Qualifikation festgestellt werden (vgl. Rothland 2013: 24). Auch auf Ebene der Motivation können bei Lehrerinnen und Lehrern Entgrenzungstendenzen vorliegen, da die qualitative Ausführung der Arbeitsaufgaben (bspw. Korrekturen oder Unterrichtsvor- und -nachbereitung) durch die Lehrkräfte eigenverantwortlich gehandhabt wird. Passend dazu nannte Rothland (2013) fehlende Kontrollmöglichkeiten der Arbeitszeit und der Aufgabenerfüllung im Lehrerberuf. Auch er erkannte, dass es in der Verantwortung einer Lehrkraft liegt, ihre Arbeitszeit eigenständig zu organisieren und dafür Sorge zu tragen, dass in der verfügbaren Zeit alle zu erfüllenden Aufgaben qualitativ angemessen erledigt werden (vgl. Rothland 2013: 24).

Mußmann et al. (2017) haben untersucht, mit welchen Ressourcen Lehrerinnen und Lehrer ihre Arbeitsanforderungen bewältigen und haben dafür das Analyseinstrument der „Arbeitsbezogenen Verhaltens- und Erlebensmuster“ (AVEM) nach Schaarschmidt und Fischer (2013) als Grundlage genutzt (vgl. Mußmann et al. 2017: 160). Hierbei wird nach verschiedenen Verhaltensweisen und Empfindungen im Zusammenhang mit der Erwerbstätigkeit differenziert. In Abbildung 4 wird eine Kurzcharakteristik der vier AVEM Muster gegeben.

Muster Gesundheit	Muster Schonung	Risikomuster A	Risikomuster B
Gesundheitsförderliches Arbeitsverhältnis	Schonung / Schutzhaltung	Risiko i.S. der Selbstüberforderung	Risiko i.S. von chronischem Erschöpfungserleben
Nicht exzessive Werte im Arbeitsengagement	Geringe Werte im Arbeitsengagement	Hohe Verausgabungsbereitschaft	Niederige Ausprägung des Arbeitsengagement
Hohe Werte bei positiven Emotionen	Relativ hohe Lebenszufriedenheit	Fehlende positive Emotionen	Geringe Ausgeglichenheit & Lebenszufriedenheit
Günstige Widerstandskraft ggn. Belastungen	Mittlere Widerstandskraft ggn. Belastungen	Schwache Widerstandskraft ggn. Belastungen	Schwache Widerstandskraft ggn. Belastungen
Eher niedrige Resignationstendenz	Eher niedrige Resignationstendenz	Eher hohe Resignationstendenz	Hohe Resignationstendenz

Abbildung 4: Kurzcharakteristik der AVEM Muster (Mußmann et al. 2017: 161)

Bei der Untersuchung der Verhaltens- und Erlebensmuster bei den befragten Lehrkräften ist aufgefallen, dass 62% tendenziell den Risikomustern zuzuordnen sind (33% A und 29% B) und dass in der Altersgruppe 55-59 Jahre sogar fast 67% entsprechende Muster auftreten (vgl. Mußmann et al. 2017: 163ff.). Auch für etwa 60% der Lehrerinnen und Lehrer, die sich noch in den ersten zehn Jahren ihrer Berufslaufbahn befinden, konnte eine Einordnung in eines der Risikomuster vorgenommen werden. Des Weiteren ist aufgefallen, dass das Risikomuster B, welches sich durch eine passiv-leidende Haltung auszeichnet, bei tendenziell etwa jeder dritten Teilzeitkraft auftritt, während dies bei Vollzeitkräften nur zu etwa 24% der Fall ist. Da bei Teilzeitkräften auch ein vergleichsweise hoher Anteil dem Muster Schonung zuzuordnen ist, wird vermutet, dass Lehrkräfte, die mit den hohen Anforderungen des Lehrberufs nicht gut umgehen können, im Umkehrschluss ihre Arbeitszeit reduzieren. Außerdem ist aufgefallen, dass Risikomuster mit etwa 66% bei weiblichen Lehrkräften deutlich häufiger auftreten als bei ihren männlichen Kollegen (49%) (vgl. Mußmann et al. 2017: 168).

Bei einer detaillierten Betrachtung der Tätigkeitsstruktur, differenziert nach Verhaltens- und Erlebensmuster, fällt auf, dass Lehrkräfte des Musters Schonung (insgesamt 23%) und des Risikomusters B anteilig mehr Zeit für Unterricht aufwenden, als dies Lehrerinnen und Lehrer tun, die den anderen beiden Mustern zugeordnet sind (vgl. Mußmann et al. 2017: 175ff.). Die durchschnittliche Wochenarbeitszeit von Lehrkräften des Verhaltens- und Erlebensmusters Schonung liegt mit 43:51 Stunden deutlich unter derjenigen von Lehrkräften der anderen drei Kategorien. Dabei ist zu erkennen, dass dem Muster Schonung zugeordnete Lehrkräfte umgerechnet pro Unterrichtsstunde deutlich weniger Zeit in die Vor- und -nachbereitung investieren (32 Minuten im Vergleich zu 37,4 bis 41 Minuten bei den anderen drei Mustern) und der Anteil der pädagogischen Kommunikation ebenfalls geringer ausfällt. Auffällig ist weiterhin, dass der Zeitanteil für Schulleitungsfunktionen bei Lehrkräften des Musters Gesundheit (insgesamt 15%) deutlich höher als bei den anderen Kolleginnen und Kollegen in den Kategorien ist und etwa 14% der Durchschnittswoche ausmacht (bei den anderen Mustern maximal 7%) (vgl. ebd.: 175ff.).

Zusammenfassend ist das Muster Schonung nicht nur mit einer kürzeren Durchschnittswoche, sondern auch mit einer anderen Ausgestaltung der Tätigkeitsstruktur verbunden. Einfluss darauf haben einerseits der persönliche Arbeitseinsatz, das Engagement, persönliche Fähigkeiten und gesundheitliche Möglichkeiten. Andererseits ist auch das Ausmaß der übertragenen Verantwortung ein großer Einflussfaktor (vgl. Mußmann et al. 2017: 177).

4. Methodik bei der empirischen Erhebung

Aufbauend auf der Göttinger Arbeitszeitstudie (Mußmann et al. 2016) sowie auf den Handlungsempfehlungen des Expertengremiums Arbeitszeitanalyse (2018) soll dieser Beitrag qualitativ exploratorisch zeigen, inwiefern die Dauer der Berufserfahrung im Zusammenhang mit dem individuellen Selbstmanagement der zeitlichen Ressourcen von Lehrkräften steht und wie dieses ausgestaltet ist (vgl. Kapitel 1, 2 und 3). Dazu dienten leitfadengestützte, problemzentrierte Interviews (vgl. Witzel 1985), die mit der inhaltlich strukturierenden qualitativen Inhaltsanalyse (vgl. Kuckartz 2016) ausgewertet wurden. Letzteres erfolgte mithilfe des Programms MAXQDA. Zur Beantwortung der Forschungsfrage „Wie managen berufsunerfahrene und berufserfahrene Lehrkräfte ihre individuelle Arbeitszeit?“ wurden insgesamt 15 Gymnasiallehrkräfte an niedersächsischen Schulen interviewt.

Im Folgenden wird im ersten Schritt die Auswahl für den qualitativen Ansatz begründet. Anschließend werden die Zusammensetzung der Stichprobe beschrieben und der Feldzugang dargestellt. Dabei werden neben den Vorgehensweisen auch die damit verbundenen Herausforderungen dargelegt. Im darauffolgenden Kapitel wird die Methodik der Datenerhebung beschrieben und daran anknüpfend erläutert, wie methodisch bei der Datenauswertung verfahren wurde. Im letzten Schritt wird die Berücksichtigung der Gütekriterien und der forschungsethischen Aspekte aufgeführt.

4.1. Qualitativer Ansatz

Zu Beginn des Forschungsprozesses lag die Problemstellung zum Thema des Selbstmanagements der zeitlichen Ressourcen von Lehrkräften nur als theoretische Annahme vor. Die literaturbasierten vorliegenden Kenntnisse, welche die Autorinnen zu der Problemstellung führten, wurden bereits in den Kapiteln 1, 2 und 3 ausführlich beschrieben. Sie konzeptualisierten eine qualitative Erhebungsstudie, da die bisherigen Erkenntnisse zur vorliegenden Thematik in der Literatur zum Zeitpunkt des Forschungsvorhabens nur gering waren und eine Vertiefung sowie Erweiterung des bestehenden Wissens daher als sinnvoll erachtet wurde.

„Im Konzept der Triangulation (Flick 2010) übernehmen die qualitativen Daten die Aufgabe, die quantitativen Ergebnisse zu validieren – und vice versa" (Kuckartz & Rädiker 2019: 441). Qualitative Forschung zielt dabei nicht auf eine Verallgemeinerbarkeit und Repräsentativität ab, wie im Vergleich dazu quantitative Forschung in Verbindung mit den gängigen Gütekriterien (Reliabilität, Validität und Objektivität), sondern versucht, subjektive Sichtweisen oder Alltagswissen des Forschungsfeldes zu erfassen (vgl. Flick 2019: 472ff.). Es geht deshalb im Besonderen darum, keine standardisierte Methode anzuwenden, sondern durch qualitative Erhebungsinstrumente mehr Flexibilität und vor allem Offenheit zu generieren (ebd.). Dies wird ermöglicht, indem das Erhebungsinstrument im laufenden Forschungsprozess noch verändert werden kann. Bezeichnet wird dieser Prozess als zirkulärer Forschungsablauf (vgl. Hug & Poscheschnik 2010: 90). Die individuelle persönliche Wahrnehmung der Befragten steht dabei als subjektive Lebenswelt im Vordergrund der Erhebung (vgl. ebd.: 89).

Die Befunde der vorliegenden Erhebung sollen ermöglichen, eine Tendenz im Verhalten von Lehrkräften aufzuzeigen. Aus diesem Grund wird auf ein klar definiertes Konzept verzichtet. Stattdessen soll herausgefunden werden, ob im Zeitmanagement der Lehrkräfte ein Muster zu erkennen ist, sodass in einem darauf aufbauenden, späteren Forschungsprozess eine Operationalisierung durch Hypothesen vollzogen werden kann. Dieses Vorgehen bildet im Rahmen des Forschungsprozesses die Funktion von sensibilisierenden Konzepten ab, welche eine notwendige Voraussetzung sozialwissenschaftlicher Untersuchungen in einem wenig erforschten Wirklichkeitsbereich (Felderkundung) darstellen (vgl. Kelle & Kluge 2010: 28ff.).

Unter Berücksichtigung der oben genannten Ansätze haben sich die Autorinnen für leitfadengestützte Interviews als Methode der Datenerhebung entschieden, welche per Tonaufnahme aufgezeichnet, anschließend transkribiert und danach analysiert wurden. Im folgenden Kapitel wird der Fokus auf die Operationalisierung gelenkt. Die Erhebungs- und Auswertungsinstrumente werden danach aufgezeigt und ausführlich erläutert.

4.2. Sample

Der Feldzugang verlief über das sogenannte Schneeballsystem als eine der vielen Möglichkeiten des Sampling-Prozesses (vgl. Hensel & Kreuz 2018: 78ff.). Das angestrebte Untersuchungsfeld der Gymnasiallehrkräfte umfasst, wie in der Einleitung bereits beschrieben, alle Lehrerinnen und Lehrer, die an Gymnasien, Abendgymnasien, Kollegs, Beruflichen Gymnasien, an Gymnasialzweigen der Kooperativen Gesamtschulen, an den gymnasialen Oberschulen, an Integrierten Gesamtschulen oder an Seefahrtsschulen unterrichten. Um einen Zugang zu den potenziellen Probandinnen und Probanden herstellen zu können, wurde ein Anschreiben verfasst, in dem kurz die Thematik und Begründung des Forschungsvorhabens vorgestellt und die Gewährleistung des Datenschutzes und einer Anonymisierung zugesichert wurde (vgl. Porst 2001: 8). Das Anschreiben wurde im sozialen Umfeld der Forschenden verteilt und dieses darum gebeten, alle Lehrkräfte im Bekanntenkreis für eine Teilnahme zu motivieren.

Eine erste Herausforderung im Forschungsprozess stellte eine geringe Rücklaufquote dar, die insbesondere bei männlichen Lehrkräften im Rahmen der ersten Kontaktaufnahme beobachtet werden konnte. Darüber hinaus befand sich der Zeitpunkt der Befragung in der Abiturphase, die mit einem erhöhten Arbeitsaufwand auf Seiten der Lehrkräfte verbunden ist (vgl. Mußmann et al. 2016: 97). Daraus ergab sich eine weitere Hürde, da die zeitlichen Ressourcen der Gymnasiallehrkräfte limitiert waren. Die Forschenden vermuten, dass Lehrkräfte im Rahmen ihres zeitlichen Selbstmanagements Abstriche bei freiwilligen, außerschulischen Projekten machen. Ob und inwiefern sich die Rücklaufquote zu einem anderen Zeitpunkt im Jahresverlauf unterscheiden würde, bleibt an dieser Stelle ungeklärt.

Angelehnt an die Methoden zur Erhöhung der Rücklaufquote bei postalischen, quantitativen Befragungen (vgl. Porst 2001) wurde auch bei der Verteilung der schriftlichen Anfragen zu den Interviews bei den Lehrkräften darauf geachtet, einen optisch seriösen und ansprechenden Eindruck durch das Anschreiben zu vermitteln, der motivierend wirkt und gleichzeitig die Sinnhaftigkeit der Forschung hervorhebt (vgl. ebd.). Dadurch, dass die Befragten selbst von der Thematik betroffen sind, sahen die Autorinnen davon ab, eine besondere Aufmerksamkeit auf die Relevanz der Thematik zu lenken. Im Anschluss an das Versenden der Interviewanfragen wurde eine Nachfassaktion durchgeführt, um die Rücklaufquote zu erhöhen (vgl. Porst 2001: 7f.). Diese wurde bis zu dem Zeitpunkt zu dem das Sample vollständig war, bis zu drei Mal wiederholt.

Für die hier vorliegende wissenschaftliche Untersuchung wurde eine Samplegröße von insgesamt 16 Lehrkräften gewählt. Die Fallauswahl sollte für die Interviews möglichst gleichermaßen aus weiblichen und männlichen Lehrkräften bestehen, die jeweils zu gleichen Teilen berufserfahren, beziehungsweise berufsunerfahren sind. Um die Berufserfahrung zu quantifizieren, legten die Autorinnen eine Berufserfahrung von fünf Jahren als Grenzwert fest. Die Grenzziehung zwischen den Kategorien „berufsunerfahren“ und „berufserfahren“ tätigten die Autorinnen nach eigenem Ermessen, da im aktuellen Forschungsstand zum Erhebungszeitpunkt diesbezüglich keine konkreten Angaben zu finden waren. Somit ergeben sich vier Kategorien für die Zusammensetzung des Samples: weiblich und maximal fünf Jahre Berufserfahrung; weiblich und mehr als fünf Jahre Berufserfahrung; männlich und maximal fünf Jahre Berufserfahrung sowie männlich und mehr als fünf Jahre Berufserfahrung. Das Idealsample bestünde demnach aus jeweils 4 Personen: männlich, weiblich, mit wenig und viel Erfahrung.

Es ergibt sichim Laufe des Forschungsprozesses die folgende reale Samplezusammensetzung, bestehend aus 15 Personen:

		Erfahrung		
		wenig	**viel**	**Summe**
Geschlecht	**männlich**	4	**3**	**7**
	weiblich	3	**5**	**8**
	Summe	7	**8**	**15**

Tabelle 2: Zusammensetzung des Samples (eigene Darstellung)

Es wurden acht Lehrerinnen und sieben Lehrer interviewt, wovon insgesamt sieben Personen eine Berufserfahrung von kleiner/gleich fünf Jahren vorwiesen und acht Personen über eine Berufserfahrung von mehr als fünf Jahren verfügten. Ergänzt durch die jeweiligen Alias, infolge der Anonymisierung, ergibt sich damit folgendes Sample:

		Erfahrung	
		wenig	viel
Geschlecht	männlich	M30, unerf. M32, unerf. M33, unerf. M37, unerf.	M38, erf. M52, erf. M64, erf.
	weiblich	W29, unerf. W30, unerf. W32, unerf.	W33, erf. W49, erf. W51, erf. W56, erf. W59, erf.

Tabelle 3: Personenbezogene Zusammensetzung des Samples (eigene Darstellung)

Zu erkennen ist, dass die angestrebte Samplezusammensetzung nahezu erreicht wurde. Die Altersspanne der Befragten umfasst 29 bis 64 Jahre, während die Spanne bei der Länge der Berufserfahrung von einem bis zu 38 Jahren reicht.

4.3. Methoden der Datenerhebung

Als Grundlage für die Datenerhebung dienten leitfadengestützte problemzentrierte Interviews (vgl. Witzel 1985). Diese gehören zur Gruppe standardisierter narrativer Interviews, welche eine hochgradig erkenntnisbringende Form der Erhebungstechnik darstellen (vgl. Diekmann 2014: 529ff.). Gründe dafür sind der nahe Bezug zum Feld und der direkte Face-to-Face-Kontakt zu den Befragten (vgl. ebd.). Ergänzt wurde der qualitative Ansatz durch den quantitativen Einsatz eines Kurzfragebogens[8] und eines Postskripts. Dieses ergänzende Design stellt die häufig verwendete Forschungsstrategie der Triangulation dar (vgl. Diekmann 2014: 543). Im Fokus steht dabei die teilstrukturierte Befragung mit geschlossenen und offenen Fragen. Die Befragung wurde in den jeweiligen (Arbeits-) Räumlichkeiten der Lehrkräfte (zu Hause oder in der Schule) durchgeführt, da Befragte erfahrungsgemäß in vertrauter Umgebung eher offen antworten als in fremder Umgebung. Die Autorinnen nehmen an, dass durch dieses Vorgehen potenzielle Fehlerquellen (Response Errors) minimiert werden konnten (vgl. Schnell et al. 2013: 345).

Als Voraussetzung für die Durchführung der Interviews stimmten die Lehrkräfte in Form einer schriftlichen Einwilligungserklärung zu, freiwillig teilzunehmen. Die Forschenden sicherten den Befragten die Rücksichtnahme auf den Datenschutz und eine Anonymisierung in Form einer Vertraulichkeitserklärung zu. Vor dem Start der Tonaufnahme füllten die Befragten einen Kurzfragebogen aus, in dem soziodemographische Daten und projektspezifische quantitative Eckdaten abgefragt wurden. Dabei wurden Unterrichtsfächer, Klassengröße und -stufe sowie eine prozentuale Verteilung des subjektiv wahrgenommenen Zeitaufwandes pro Woche erhoben. Als Grundlage für diese Kategorien wurden die Ergebnisse des Expertengremiums Arbeitszeitanalyse herangezogen (vgl. Kapitel 1 und 3). Durch dieses Vorgehen konnte ein narrativer, ununterbrochener Erzählfluss der Befragten gewährleistet werden, ohne dass für die Forschung relevante, quantitative Daten aus der Erhebung ausgeschlossen bleiben.

In Anlehnung an den zuvor konzipierten problemzentrierten Interviewleitfaden wurden die Interviews durch die Forschenden mit einer sogenannten Eisbrecher-Frage gestartet, bspw. die Frage nach einer Kurzvorstellung durch die befragte Person. Anhand dessen sollte ein offener Gesprächseinstieg erreicht werden, welcher das Schaffen einer gewissen Vertrauensbasis als Ziel hatte (vgl. Schnell et al. 2013: 319f.).

Darauffolgend wurden offene Fragen gestellt um herauszufinden, wie die Lehrkräfte ihr eigenes Handeln beschreiben und wahrnehmen sowie darüber hinaus, wie zufrieden sie mit ihrem individuellen Zeitmanagement sind (vgl. Schnell et al. 2013: 319f.). Die Forschenden verwendeten im Rahmen der Interviews offene Fragen, da diese die größte Bandbreite an möglichen Antworten ermöglichen (vgl. ebd.). Der konzeptualisierte Leitfragebogen beinhaltet dabei zwei große Blöcke:

[8] Der Kurzfragebogen lieferte allerdings keine aussagekräftigen Erkenntnisse und wurde deshalb im laufenden Forschungsprozess verworfen (siehe Kapitel 5 Ergebnisse).

- Block A) „Deckeneffekte/ Zeit- & Selbstmanagement – Status Quo“ und
- Block B) „Wünsche/Anregungen/Unterstützungsbedarf/Entlastungspotenziale“

Bei der Konzeption des Leitfragebogens wurden zum Einen bereits vorhandene Erkenntnisse aus der Literatur (siehe Kapitel 1, 2 und 3) auf ihr Vorkommen im Berufsleben der Lehrkräfte erfragt, zum Anderen wurden die Probandinnen und Probanden gebeten, die entsprechenden Aspekte hinsichtlich ihrer Ausgestaltung detaillierter auszuführen.

In Block A wurden zunächst die Schwankungen der Arbeitsintensität im Jahresverlauf erfragt. Im Anschluss daran wurden die Organisation des eigenen Zeitmanagements und die förderlichen Faktoren dazu erschlossen. Darauffolgend wurde nach Faktoren guter Unterrichtsqualität und eventuellen freiwilligen Zusatzaufgaben gefragt. Die Befragten wurden außerdem darum gebeten, ihre persönliche Priorisierung von zentralen Aufgaben zu erläutern. Eine weitere Frage war, ob eine Überschreitung der Höchstarbeitszeitgrenze vorkommt. Die letzte Kategorie in Block A beinhaltet die Frage nach dem subjektiven Gefühl von Belastungs- und Beanspruchungsfaktoren und Zeitdruck. In Block B wurden die persönlichen, individuellen Wünsche bezüglich des Zeitmanagements und der Entlastung im Lehrerberuf erfragt. Es wurden verschiedene Anregungen seitens des Expertengremiums Arbeitszeitanalyse diskutiert, wie bspw. längerer Erholungsurlaub, mehr Entlastungsstunden oder eine höhere Vergütung. Die Lehrkräfte wurden unter anderem gefragt, wodurch Unterrichtsqualität steigen könnte und was sie von zusätzlichen Arbeitsplätzen und/oder Verwaltungskräften in der Schule halten. Abschließend hatten die Befragten die Möglichkeit, weitere Aspekte zu nennen, die in ihren Augen relevant sind und durch die Forschenden nicht aufgeführt oder erfragt wurden.

Das Postskript wurde von den Interviewenden im direkten Anschluss an die Interviews ausgefüllt um sicherzustellen, dass die Einschätzungen in der anschließenden Auswertung möglichst objektiv ausfallen und um potenzielle spätere Gedächtnislücken zu schließen. Somit ist ein Hineinversetzen in die Feldsituation zu einem späteren Zeitpunkt möglich. Um Unterschiede bei der Durchführung der Interviews gering zu halten, wurde vor der Datenerhebung ein Pretest durchgeführt, in dem eine angehende Lehrkraft aus dem Bekanntenkreis unter denselben Rahmenbedingungen wie in den tatsächlichen Interviewsituationen befragt wurde.

Die Zeitspanne der Interviewdauer beträgt für das vorliegende Sample 15 Minuten bis maximal 45 Minuten. Der Großteil der Interviews dauerte zwischen 22 bis 38 Minuten. Der Median der Dauer beträgt 28 Minuten und die Durchschnittsdauer 29,8 Minuten. Nach dem Abschluss aller Interviews wurden die digitalen Audiodateien mithilfe des Programms f4/f5 transkribiert und somit schriftlich dokumentiert. Dazu diente das Regelwerk nach Dresing und Pehl „Vereinfachtes Transkriptionssystem“ (2011). Mit dieser Datenaufbereitung schließt die Datenerhebung ab und die Datenanalyse beginnt (siehe dazu folgendes Kapitel).

4.4. Methoden der Datenanalyse

Zur Datenaufbereitung und Datenbereinigung dient als Grundlage die Vorgehensweise in der qualitativen Sozialforschung nach Kuckartz und Rädiker (2019: 441ff.). Die anschließende qualitative Inhaltsanalyse als Auswertungsmethode der Interviews wird nach Mayring und Fenzl (2019: 633ff.) durchgeführt. Die Transkriptionen wurden standardgemäß mithilfe der Software MaxQDA ausgewertet (vgl. Kuckartz & Rädiker 2019: 441). Im Anschluss an die Datenaufbereitung werden die Daten überprüft und im nächsten Schritt in die QDA-Software importiert:

> „Mit der qualitativen Inhaltsanalyse steht ein Verfahren qualitativ orientierter Textanalyse zur Verfügung, das mit dem technischen Know-how der quantitativen Inhaltsanalyse (…) große Materialmengen bewältigen kann, dabei aber im ersten Schritt qualitativ-interpretativ bleibt und so auch latente Sinngehalte erfassen kann. Das Vorgehen ist dabei streng regelgeleitet und damit stark intersubjektiv überprüfbar, wobei die inhaltsanalytischen Regeln auf psychologischer und linguistischer Theorie alltäglichen Textverständnisses basieren" (Mayring & Fenzl 2019: 633).

Ziel der qualitativen Inhaltsanalyse ist nicht zwangsläufig die Generierung einer neuen Theorie; sie kann stattdessen auch als Theorieüberprüfung verstanden werden (vgl. Kuckartz & Rädiker 2019: 452f.). Auf Basis des konzipierten Leitfadens wurden zunächst deduktive Kategorien gebildet, die in Form eines Kategoriesystems in MaxQDA implementiert wurden. Dieser sogenannte Codewortbaum stellt die Grundlage der darauffolgenden Auswertung dar.

> „Inhaltlich relevante Teile des Textes (…) werden Kategorien zugeordnet, wobei das gesamte Datenmaterial systematisch durchgearbeitet und codiert wird. Sehr weit verbreitet sind Formen inhaltlich strukturierender Inhaltsanalyse (…), wobei in den meisten Fällen mit thematischen Kategorien und Subkategorien gearbeitet wird" (Kuckartz & Rädiker 2019: 453).

Unter Kategorien werden dabei Aspekte verstanden, die sich deduktiv, also theoriegeleitet, aus dem Ausgangsmaterial und dem Forschungsstand ergeben und/oder, in Anlehnung an die Grounded Theory (nach Glaser & Strauss 2017), induktiv direkt aus dem Material heraus resultieren (vgl. Mayring & Fenzl 2019: 634ff.). Die Kategorien werden hierarchisch geordnet und dabei mit bis zu fünf Unterkategorien im Kategoriensystem angeordnet (vgl. ebd.). Unter Codieren wird die Zuordnung der betroffenen Textstelle per Drag-and-Drop zu der Kategorie verstanden (vgl. Kuckartz 2010: 69). Der Codewortbaum unterliegt folgenden Regeln: Die Voraussetzung ist bei allen Codes die Nähe zur Forschungsfrage; sie dürfen darüber hinaus nicht zu feingliedrig oder zu umfassend sein und sie müssen genau beschrieben sein, damit beide Autorinnen dasselbe Verständnis von dem Code haben (vgl. Kuckartz 2016: 103). Konkret wurde in diesem Beitrag im ersten Schritt mit den folgenden deduktiven Oberkategorien aus den Literaturerkenntnissen, orientiert an dem Leitfragebogen, codiert:

1) Kurzfragebogen
2) Arbeitszeit im Jahresverlauf
3) Organisation von Zeitmanagement
4) unterstützende Faktoren (äußere Ressourcen)
5) Einflussfaktoren hoher Unterrichtsqualität
6) freiwillige Zusatzaufgaben
7) Höchstarbeitszeitgrenze
8) Belastung-/Beanspruchung
9) Entlastungspotenziale und Unterstützungsbedarfe

Im ersten Codiervorgang wurde das gesamte Material anhand dieser deduktiven Kategorien codiert. Anschließend erfolgte eine detailliertere Aufschlüsselung der Hauptkategorien in Unterkategorien. Im zweiten Codiervorgang wurden die Erkenntnisse den deduktiven Unterkategorien oder, sofern es sich um neue Erkenntnisse handelte, den induktiven Unterkategorien zugeordnet, deren Bestimmung direkt aus dem erhobenen Datenmaterial erfolgte (vgl. Kuckartz 2016: 101ff.). Darüber hinaus wurde während des zweiten Codiervorgangs die Oberkategorie Deduktive Erkenntnisse in Ergänzung zum Interviewleitfaden (literaturbasiert) hinzugefügt und durch Unterkategorien ausdifferenziert. Ihnen wurden diejenigen Erkenntnisse zugeordnet, die nicht den Kategorien des Leitfragebogens entsprachen. Dadurch konnten weitere Zusammenhänge zwischen dem theoretischen Vorwissen aus den Kapiteln 1, 2 und 3 und den Erkenntnissen aus den Interviews des vorliegenden Beitrages aufgezeigt werden.

Die letzte Phase des Codiervorgangs bestand aus dem erneuten Codieren des gesamten Interviewmaterials mit dem vollständig ausdifferenzierten Kategoriensystem. Im Anschluss daran erfolgte eine Auswertung der Ergebnisse derjenigen Kategorien, die durch die Autorinnen als für die Forschungsfrage erkenntnisbringend erachtet wurden. Dazu werden im Ergebniskapitel Beispielaussagen aus den Interviews zitiert und erläutert sowie Ergebnisse deskriptiv aufgeführt und zum Teil visualisiert (vgl. Kuckartz 2016: 120). Des Weiteren werden interpretativ Zusammenhänge zu den Literaturerkenntnissen aus den vorangegangenen Kapiteln gebildet sowie Zusammenhänge zwischen thematisch ähnlichen Codes hergestellt und analysiert (vgl. ebd.: 119).

4.5. Gütekriterien und Forschungsethik

In diesem Kapitel geht es darum, die zugrundeliegenden Gütekriterien dieses Beitrages darzulegen. Wie in Kapitel 4.1 beschrieben, liegen nicht die klassischen quantitativen Gütekriterien der Objektivität, Reliabilität und Validität zugrunde (vgl. Flick 2010: 395ff.).

Als Orientierung werden die Gütekriterien Intra- und Interkoderübereinstimmung nach Mayring und Fenzl (2019: 636ff.) sowie die Kriterien nach Mayring (1999: 119ff.) herangezogen. Letztere bestehen aus der Verfahrensdokumentation, der argumentativen Interpretationssicherung, der Regelgeleitetheit, der Nähe zum Gegenstand, der kommunikativen Validierung und der Triangulation (ebd.). Die qualitative Inhaltsanalyse kann die Güte insofern gewährleisten, als dass sie die zentralen Kriterien nach Intrakoderübereinstimmung und Interkoderübereinstimmung berücksichtigt:

> „Die Intrakoderübereinstimmung wird dadurch bestimmt, dass nach Abschluss der Analyse noch einmal von Beginn an ausgewertet wird, ohne die vorher zugeordneten Kategorisierungen anzusehen. Sie ist ein Indikator für die Stabilität des Vorgehens und damit ein Reliabilitätsmaß. Für die Bestimmung der Interkoderübereinstimmung wird ein zweiter Kodierer herangezogen. Übereinstimmungen sind ein Kriterium für die Objektivität (...) des Verfahrens. Für die qualitative Inhaltsanalyse reicht dabei oft schon eine ausschnittsweise Überprüfung. Ziel kann auch nicht völlige Übereinstimmung sein, da die interpretativen Bestandteile einen gewissen Spielraum bedingen, besonders bei induktiver Kategorienbildung“ (Mayring & Fenzl 2019: 637).

Die Verfahrensdokumentation wird hier insofern gewährleistet, als dass eine nachvollziehbare Gestaltung der Forschung in Form dieses Beitrages inklusive aller Anhänge vorliegt und alle Schritte dokumentiert und nachvollziehbar erläutert werden. Die argumentative Interpretationssicherung wird dadurch sichergestellt, dass intersubjektiv nachvollziehbar ist, dass keine Willkür oder Beliebigkeit in der Forschung vorliegen. Gewährleistet wird dies, indem die Interpretationen detailliert dokumentiert und der gesamte Forschungsprozess argumentativ begründet wird. Regelgeleitetheit bedeutet im Forschungsprozess die Einhaltung bestehender Regelwerke bei der Datenerhebung und der Datenauswertung (vgl. Kapitel 4.3 und 4.4). Die Nähe zum Gegenstand ist im Speziellen durch den in Kapitel 4.3 beschriebenen Zugang zum Feld beschrieben, indem die Lebenswelt der Befragten berücksichtigt wurde, ebenso wie die zugrundeliegenden Annahmen aufgrund der Arbeitszeitstudie (vgl. Kapitel 1 und 3), auf die dieser Beitrage aufbaut. Darüber hinaus achteten die Autorinnen darauf, die kommunikative Validierung (Flick 2019: 476) sicherzustellen. Dies geschah durch die regelmäßige Wiederholung des Gesagten der Lehrkräfte und somit einer Zustimmung der Befragten sowie der Erläuterung des Forschungsvorhabens zu Beginn der Interviews durch das Anschreiben.

Neben den Gütekriterien für eine hohe Qualität der Forschung wird an dieser Stelle auch auf die Wahrung forschungsethischer Aspekte hingewiesen. Diesem Beitrag liegen der Ethik-Kodex der Deutschen Gesellschaft für Soziologie (DGS) und der des Berufsverbands Deutscher Soziologen (BDS) zugrunde. Die Teilnahme an den Interviews war uneingeschränkt freiwillig. Durch eine nachgelagerte Anonymisierung der personenbezogenen Informationen wird darüber hinaus der Datenschutz der Befragten gewahrt.

5. Ergebnisse

In diesem Abschnitt werden die Auswertungsergebnisse gemäß dem methodischen Vorgehen aus Kapitel 4.4 aufgezeigt. Zu erwähnen ist, dass nicht alle ausgewerteten Kategorien und Unterkategorien präsentiert werden, da während der Auswertung eine Vorauswahl bezüglich der Relevanz zur Beantwortung der Forschungsfrage durch die Autorinnen getroffen wurde. Im ersten Schritt wird eine Übersicht mit den für die Forschungsfrage relevanten Kategorien aufgeführt, die noch nicht die Ausprägungen der Kategorien im Detail beinhaltet. Diese werden erst bei der darauffolgenden vertiefenden Darlegung der Ergebnisse aufgezeigt. Die deduktiven Kategorien werden in den detaillierten, ausdifferenzierten Code-Übersichten im Ergebniskapitel mit dem Codelabel (d) versehen, während die induktiven Kategorien mit (i) gekennzeichnet sind.

Deduktive Erkenntnisse in Ergänzung zum Interviewleitfaden (literaturbasiert)

1. Einbußen in der Freizeit
   a) Fremdbestimmung
   b) Selbstverantwortung
   c) Entgrenzungserscheinungen
2. Arbeitszeit im Jahresverlauf
   a) Arbeitsintensive Monate
   b) Arbeitsschwache Monate
3. Organisation von Zeitmanagement
   a) Vorgehensanpassungen
   b) Priorisierung bei Zeitengpässen
4. Unterstützende Faktoren (äußere Ressourcen)
5. Einflussfaktoren hoher Unterrichtsqualität
6. Freiwillige Zusatzaufgaben
7. Höchstarbeitszeitgrenze
8. Belastung/Beanspruchung
   a) Regelmäßiger Zeitdruck
   b) Stark beanspruchende Faktoren
   c) Zielkonflikte
   d) Verschiedene gleichzeitige Anforderungen
   e) Bewältigungsstrategien/Copingmechanismen
   f) Erholungskomponenten
9. Entlastungspotenziale und Unterstützungsbedarfe

Die Erkenntnisse aus dem Kurzfragebogen haben sich als stark limitiert erwiesen. Die personenbezogenen Daten wie Alter, Dauer der Berufserfahrung und Geschlecht konnten ausgewertet werden. Da das Format, in dem die Arbeitszeitangaben getätigt wurden variierte, konnten die entsprechenden Informationen nicht ausgewertet werden. Neben Zeitstunden wurden auch Unterrichtsstunden, Prozentangaben oder der Begriff „Vollzeit“ von den Befragten verwendet. Dadurch konnten auch die darauf aufbauenden vertiefenden Fragen zur subjektiv geschätzten Arbeitszeitverteilung nicht für einen Erkenntnisgewinn herangezogen werden.

Die Autorinnen haben sich deshalb entschieden, die Angaben aus dem Kurzfragebogen im Rahmen des vorliegenden Beitrages nicht weiter zu berücksichtigen und lediglich die zuvor genannten personenbezogen Daten zu verwenden.

5.1. Deduktive Erkenntnisse in Ergänzung zum Interviewleitfaden (literaturbasiert)

Während des Codierens haben die Forschenden bereits weitere deduktive, über den Leitfragebogen hinausgehende, literaturbasierte Kategorien gebildet. Einschlägige Aussagen wurden im zweiten Codiervorgang entsprechend zusätzlich codiert und durch die induktiven Erkenntnisse in Form der von den Befragten genannten Ausprägungen erweitert und konkretisiert.

a. Einbußen in der Freizeit (d)
   a.1. Erholung durch Freizeit (i)
   a.2. Freizeit mit schlechtem Gewissen (i)
b. Gestaltungsspielräume (d)
   b.1. Fremdbestimmung (d)
   b.1.1 Fremdbestimmung: quantitativ (Dauer und Lage der Arbeitzeit) (d)
c. b.1.2 Fremdbestimmung: qualitativ (inhaltliche Arbeitszeitzusammensetzung) (i)
   b.2. Selbstverantwortung (d)
d. Entgrenzungserscheinungen (d)

Durch das Visualisierungs-Tool „Visual Tool“ von MAXQDA wurde über die Funktion „Code-Relations-Browser“ deutlich, dass alle Codes im Codewortbaum durchgängig relativ gleichmäßige Überschneidungen zueinander haben, ohne besondere Ausreißer. Herausgestochen sind lediglich die beiden nachfolgenden Relationen, die beide in der Oberkategorie *Deduktive Erkenntnisse in Ergänzung zum Interviewleitfaden (literaturbasiert)* angesiedelt sind. *Einbußen in der Freizeit* steht demzufolge in Verbindung mit (kurz i. V. m.) Entgrenzungserscheinungen und Selbstverantwortung, wobei letztere Kategorie auch in Verbindung mit *Erholung durch Freizeit* steht.

Fast alle Befragten berichteten von *Einbußen in der Freizeit*, was sich vor allem in den Ausprägungen des fehlenden Schlafs, geringeren sozialen Kontakten und dem abnehmenden individuellen Wohlbefinden niederschlägt. Die berufserfahrene Lehrerin W56, erf. äußerte in diesem Zusammenhang:

> „Also dann arbeite ich mal in die Abendstunden, was mich furchtbar anstrengt und nervt oder eben wie gesagt schlafe ich schlecht [...]“, während M30, unerf. schilderte „Also früher habe ich immer von Woche zu Woche geplant oder von Tag zu Tag. Das war sehr anstrengend für mich, weil ich immer den Druck hatte, ich kann jetzt heute Abend nicht ins Kino gehen, weil ich morgen Unterricht vorbereiten muss.“

Die Mehrheit der befragten Lehrkräfte gab an, *Erholung durch Freizeit* zu erhalten, was für sie durch eine bewusste Abgrenzung und das Schaffen von Freiräumen möglich ist. Als Erholungskomponenten wurden in diesem Rahmen das Ausüben von Hobbies und Zeit mit der Familie genannt. Auffällig war, dass Erholung durch Sport und Bewegung allgemein nur von jüngeren Lehrerinnen und Lehrern als Erholungsfaktor angeführt wurde. Es gab allerdings auch mehrere Personen, die äußerten, dass sie sich in ihrer Freizeit nur schlecht von der Arbeit lösen können, da sie immer im Hinterkopf hätten, dass sie noch mehr für die Arbeit erledigen könnten. Diese Erkenntnis spiegelt sich vor allem in den folgenden Aussagen wider:

> „Also als Lehrer empfinde ich es so, dass ich ja nie fertig bin. Ich könnte immer, immer, immerzu an den Schreibtisch" (W56, erf.)
> und
> „Man hat in diesem Job sofort das Gefühl, also ganz tough sagt man immer so: ‚Ich mache jetzt nichts', und dann kriegt man eine WhatsApp: ‚Ich bin gerade dabei, das und das zu machen' und man denkt sich schon: ‚Oh scheiße [sic!], der arbeitet das schon und ich mache jetzt hier grad etwas mit der Familie. Scheiße [sic!], dann muss ich heute Abend auf jeden Fall noch an den Schreibtisch'" (W30, unerf.).

Einige der befragten Lehrerinnen und Lehrer nehmen Merkmale der quantitativen und qualitativen Fremdbestimmung in ihrem Berufsleben wahr, wobei die *qualitative* und somit *inhaltliche Fremdbestimmung* deutlich häufiger genannt wird als die *Fremdbestimmung in der Arbeitszeitdauer und -lage*. Die inhaltlichen Vorgaben meinen hierbei nicht die inhaltliche Unterrichtsgestaltung, sondern auferlegte zu erledigende Aufgaben außerhalb des Unterrichts. Genannt wurden in diesem Kontext z. B. die Klassenbuchführung, die Benachrichtigung der Eltern bei gefährdeten Fächern und die Anzahl zu schreibender Prüfungen, die zeitliche Kapazitäten für andere Themen stark reduzieren. *Fremdbestimmung* vor dem Hintergrund der *Arbeitszeitlage und -dauer* meint hiermit unter anderem die von außen auferlegte Stundenplangestaltung (Freistunden, Tageszeitpunkt der Unterrichtsstunden), aber auch Konferenzen und Elternsprechzeiten.

Der Aspekt der Selbstverantwortung lässt sich bei einem Großteil der Befragten wiederfinden und beinhaltet mit 55 Codierungen in zwölf Interviews die meisten zugeordneten codierten Textstellen. Die zugehörigen Ausprägungen sind, ähnlich wie bei der zuvor aufgeführten *Fremdbestimmung*, im quantitativen und qualitativen Kontext einzuordnen. Nennungen mit quantitativem Bezug kamen vor allem hinsichtlich der eigenverantwortlichen Arbeitszeitgestaltung vor. Äußerungen hierzu beinhalteten häufig die Kernbotschaft, dass die Zeit für die zu erledigende Arbeit (z. B. Korrekturen, Unterrichtsvor- und -nachbereitung, pädagogische Kommunikation etc.) durch die Arbeitskraft selbst aufgeteilt und strukturiert wird. Zusammenfassend obliegt das Zeitmanagement für alle anfallenden Aufgaben der vollständigen Eigenverantwortung der Lehrkräfte. Die qualitative *Selbstbestimmung* umfasst, den Aussagen der Befragten zufolge, vor allem den Spielraum bei der Unterrichtsgestaltung.

Passend zu der sehr häufigen Nennung von Aspekten der *Selbstverantwortung*, berichteten fast alle Befragten von Erscheinungen, die im Zusammenhang mit Entgrenzung stehen. Die Aussagen der Lehrkräfte ähneln sich in großen Teilen inhaltlich und umfassen vor allem räumliche und zeitliche aber auch motivationale *Entgrenzungserscheinungen.* Äußerungen hinsichtlich der räumlichen Entgrenzung adressieren, dass die meisten außerunterrichtlichen Aufgaben außerhalb der Schul- und stattdessen in privaten Räumlichkeiten ausgeführt werden (bspw. Korrekturen und Unterrichtsvor- und -nachbereitung). Merkmale der *zeitlichen Entgrenzung* zeigen sich vor allem anhand von Aussagen zu der ständigen Erreichbarkeit für Eltern sowie Kolleginnen und Kollegen (*„Wir haben das Gefühl, wir müssen IMMER da sein, IMMER erreichbar sein"* W30, unerf.) und anhand des mehrfach geäußerten Gefühls, nie fertig zu sein, da es immer Arbeit gäbe, die sofort erledigt werden könnte. Zudem berichtete ein Großteil der Befragten, ihr Privatleben um die zu erledigende außerunterrichtliche Arbeit herum zu gestalten und regelmäßig in den Abendstunden zu arbeiten. Zusammenfassend ist zu erkennen, dass in der Regel keine klare Grenze zwischen Berufs- und Privatsphäre hinsichtlich der räumlichen und zeitlichen Ebene bei den Befragten vorliegt. Es gab zudem Nennungen, die auf eine *motivationale Entgrenzung* hindeuten, welche aber im Gegensatz zu den räumlichen und zeitlichen *Entgrenzungserscheinungen* nicht von der Mehrheit der Befragten benannt wurden. W56, erf. äußerte in diesem Kontext:

> „[...]und danach gar nicht mehr an den Schreibtisch gehe, habe ich fast ein schlechtes Gewissen. Und da denke ich dann schon, da stimmt was nicht im Zeitmanagement, also ich sollte eigentlich, auch wenn ich nicht voll arbeite, ruhig mal einen Tag mit gutem Gewissen am Nachmittag gar nichts für die Schule machen und das kommt selten vor."

Der vorangegangene Abschnitt umfasst die Erkenntnisse, die in den Interviews nicht gezielt abgefragt wurden, aber im Zuge der Auswertung in MaxQDA durch die Forschenden in Bezug mit den Literaturerkenntnissen gesetzt wurden. Im Folgenden werden die forschungsrelevanten deduktiven und induktiven Ergebnisse aufgezeigt, die im direkten Bezug mit den Leitfragen der Interviews stehen. Vorangehend an eine Ausführung der Ergebnisse wird für jede relevante Kategorie (siehe Punkt 1-9 in Kapitel 5 des Beitrages) eine detaillierte Ausdifferenzierung der zugehörigen Unterkategorien im Format des Codewortbaums (vgl. ebd.) dargelegt.

5.2. Arbeitszeit im Jahresverlauf

a. Arbeitsintensive Monate (d) i. V. m. Abschlussprüfungen (d)
b. Arbeitsschwache Monate (d)

Die erste Oberkategorie stellt die *Arbeitszeit im Jahresverlauf* dar. Die Befragten sollten hierbei Angaben zu besonders *arbeitsintensiven* und *arbeitsschwachen* Monaten machen. Auffällig war, dass insbesondere im Zeitraum von Abschlussprüfungen bzw. des Abiturs (April und Mai) sowie zum Schuljahres- und Halbjahresende (Juni, Dezember, Januar) ein hohes Arbeitspensum geäußert wurde. In der nachfolgenden Grafik (s. Abb. 5) ist eine Visualisierung der kumulierten, subjektiv empfundenen Arbeitsintensitäten im Jahresverlauf zu sehen. Um die qualitativen Aussagen darüber grafisch aufbereiten zu können, haben die Forschenden die Aussagen der Befragten in drei Kategorien unterteilt und mit einer Gewichtung versehen. Aussagen, die auf eine vergleichsweise geringe Arbeitsintensität schließen lassen, wurden mit einer 1 gewichtet, während bei Aussagen zu einer starken oder hohen Arbeitsintensität eine 10 als Gewichtung vergeben wurde. Als dritte, eher neutrale, Gewichtungskategorie wurde eine 5 gewählt. Die Forschenden fragten konkret nach besonders arbeitsintensiven (Gewichtung=10) und arbeitsschwachen (Gewichtung=1) Monaten, weshalb bei den Monaten, die hier nicht genannt wurden, eine Gewichtung mit 5 erfolgte. Da es sich bei der vorliegenden Forschung um eine qualitative Erhebung mit einer geringen Datenmenge handelt, soll an dieser Stelle noch einmal darauf hingewiesen werden, dass die Grafik lediglich dazu dienen soll, eine Tendenz aufzuzeigen (s. Abb. 5).

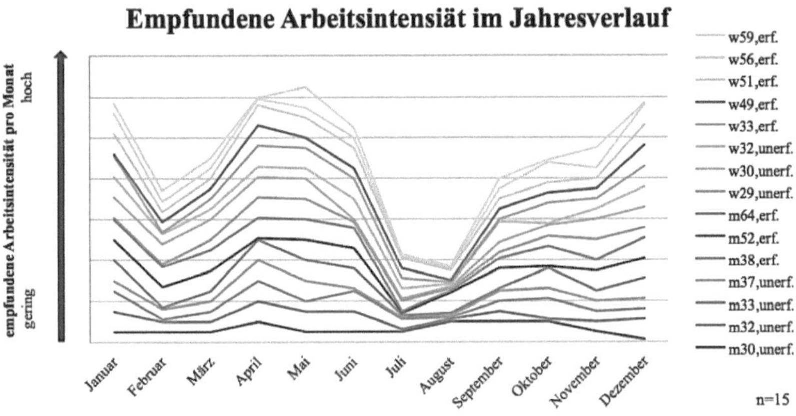

Abbildung 5: Empfundene, kumulierte Arbeitsintensität im Jahresverlauf (eigene Darstellung)

Um die Ergebnisse zu der subjektiv empfundenen Arbeitsintensität im Jahresverlauf im Rahmen des vorliegenden Berichtes mit der objektiv erfassten Arbeitszeit in der Göttinger Arbeitszeitstudie (vgl. Mußmann et al. 2016: 97) vergleichen zu können, folgt eine tabellarische Gegenüberstellung (siehe Tabelle 4). In ihr werden die Tendenzen hinsichtlich der monatlichen Arbeitsintensität farblich aufgezeigt, wobei „vertikale Linien“ für eine vergleichsweise niedrige, „grau“ für eine mittlere und „schwarz“ für eine hohe Arbeitsintensität steht. Die linke Spalte pro Monat entspricht jeweils der subjektiv empfundenen Arbeitsintensität, während in der rechten Spalte jeweils die objektiv gemessene Arbeitszeit kategorisiert und mit der entsprechenden Farbe versehen wurde. Bei dieser Kategorisierung wurde die wochenbezogene Auswertung der Daten aus der Göttinger Arbeitszeitstudie auf monatliche Durchschnittswerte umgerechnet, sodass die Ferienzeiten in den betroffenen Monaten mitberücksichtigt werden konnten. Dies ermöglicht einen Vergleich der subjektiven Wahrnehmung der Arbeitsintensität mit der gemessenen Arbeitszeit aus der Göttinger Arbeitszeitstudie.

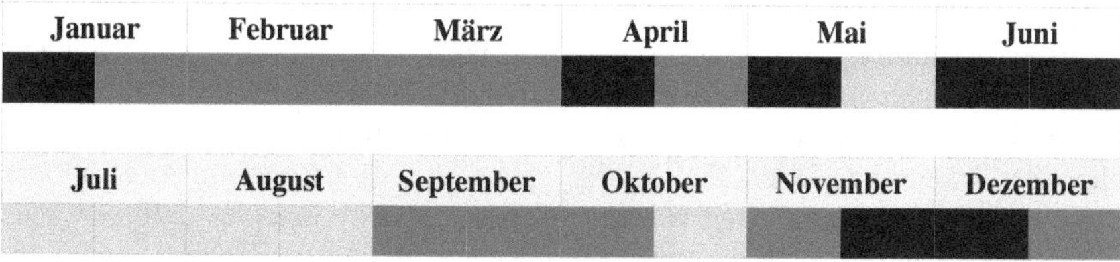

Tabelle 4: Gegenüberstellung subjektiv empfundener und objektiv gemessener Arbeitsintensität im Jahresverlauf (eigene Darstellung)

Die Gegenüberstellung zeigt, dass die subjektive Wahrnehmung der Arbeitsintensität in einigen Monaten von der gemessenen Arbeitszeit abzuweichen scheint. Auffällig ist, dass vor allem in den Monaten Januar, April, Mai, Oktober und Dezember eine Abweichung zu erkennen ist, in denen unterrichtsfreie Zeiträume in Form von Ferien oder mehreren Feiertagen liegen. Bei einer vergleichsweise geringeren durchschnittlichen Arbeitszeit in den betroffenen Monaten wird die Arbeitsintensität dennoch als hoch wahrgenommen. Besonders auffällig ist dies für den Mai, da die gemessene Arbeitszeit im Durchschnitt eher gering ist, während viele der Befragten in der qualitativen Erhebung diesen Monat als besonders arbeitsintensiv benannt haben. Zu nennen ist an dieser Stelle, dass im Mai die Hochphase der Abiturzeit in Form von Korrekturen und mündlichen Prüfungen liegt. Die Autorinnen vermuten zusammenfassend, dass eine geringere monatliche Arbeitszeit infolge von unterrichtsfreier Zeit die subjektiv empfundene Arbeitsintensität in den betroffenen Monaten nicht reduziert.

5.3. Organisation von Zeitmanagement

   a. Vorgehensanpassungen (d) i. V. m. Methodik zur Vorbereitung von Unterricht und Korrekturen (d)
   b. Räumliche Ordnung (i)
   c. Strukturierte Arbeitszeiten (i) i. V. m. Strategische Arbeitszeitgestaltung (d)
   d. Vorhaben für die Zukunft (d)
   e. Priorisierung bei Zeitengpässen (d)

a. Hohe Priorität (d)
   i. Deadlines (i)
   ii. Unterrichtsvorbereitung (i)
   iii. Dringliche, chronologisch zu erledigende Aufgaben (i)
   iv. Pflichttermine (i)

b. Abstriche (d)
   i. Unterrichtsvorbereitung und -qualität (d)
   ii. Korrekturen (i)

iii. Schlaf (i)
iv. Außerschulisches Engagement (i)

In diesem Fragenabschnitt wollten die Autorinnen herausfinden, wie die Lehrkräfte ihr *individuelles Zeitmanagement organisieren* und ob sie mit zunehmender Berufserfahrung ihr *Vorgehen angepasst* haben oder sie dies in der Zukunft vorhaben. Unabhängig von der Dauer der Berufserfahrung nannten die meisten der Befragten *Anpassungen in ihrem Vorgehen*, die jedoch in sehr unterschiedlichen Bereichen angesiedelt sind. Einige gaben eine veränderte *Methodik bei der Unterrichtsvorbereitung oder bei Korrekturen* an. Ein Beispiel dafür ist eine frühzeitige Unterrichtsvorbereitung, um auf unvorhersehbare Ereignisse oder ungeplante zusätzliche Aufgaben reagieren zu können. Der Aufbau von Routine wurde ebenfalls mehrfach angeführt. Jede dritte Lehrkraft gab zudem an, ein *räumliches Ordnungssystem* aufgebaut zu haben, z. B. in Form von Regal- oder Kategoriesystemen. M30, unerf. berichtet dazu:

> „So, dass ich für mich ein strukturiertes System aufbaue, um schneller quasi auf diese einzelnen Fächer zuzugreifen [sic!]. Und falls ich dann eben wieder eine neue Klassenstufe mit dem gleichen Thema usw. habe, muss ich mir eigentlich nur meine Mappe greifen, die Bücher darunter greifen und Material darunter noch mal anschauen, ob alles vorrätig ist und dann quasi mit wenig Zeitaufwand anfangen zu unterrichten."

Vorhaben für die Zukunft wurden überwiegend in dem Bereich der zeitlichen Grenzziehung genannt. Konkret äußerten die Befragten in diesem Rahmen ein gezieltes Freihalten von Zeiträumen zur Erholung, welche entweder einen ganzen Wochen(end)tag oder einen Tageszeitpunkt (z. B nicht mehr nach 20 Uhr arbeiten) umfassen.

Besonders viele Nennungen gab es bezüglich einer *strategischen Arbeitszeitgestaltung*. Fast alle gaben an, ihre *Arbeitszeit gezielt zu strukturieren*. Die Vorgehensweise dabei fällt den Aussagen der Befragten zufolge aber sehr unterschiedlich aus, weshalb die Forschenden kein Muster bei der Ausgestaltung erkennen konnten. Somit gibt es Personen, die angaben, ihren Tag nach Möglichkeit wie einen gewöhnlichen Bürojob auszurichten und jeden Wochentag, unabhängig von der Lage der Unterrichtszeit, zur gleichen Zeit aufzustehen und mit der Arbeit zu beginnen. Im Umkehrschluss setzen sie auch eine Uhrzeit fest, zu der ihr Arbeitstag für sie offiziell endet und die Freizeit beginnt. Weitere Nennungen gab es hinsichtlich einer weit vorausschauenden Unterrichtsvorbereitung in arbeitsschwächeren Phasen (bspw. Ferienzeiten), sodass Arbeitspakete in diesem Bereich nur periodisch anfallen. Andere berichteten, dass sie nach Dringlichkeit und Wichtigkeit priorisieren und die Aufgaben in Form von selbst festgelegten Deadlines abarbeiten. Es gab aber auch einige Lehrkräfte, die zwar angaben, ihre Arbeitszeit gezielt zu strukturieren, diese Struktur aber aufgrund von Zeitengpässen häufig nicht plangemäß einhalten zu können.

Die vertiefende Frage nach der *Priorisierung bei Zeitengpässen* ergab, dass an erster Stelle mehrheitlich einzuhaltende *Deadlines, nach Dringlichkeit zu erledigende Aufgaben* sowie Pflichttermine (z. B. Konferenzen, Elternsprechabende etc.) stehen. Die Autorinnen stellten zudem fest, dass *Unterrichtsvorbereitung* zwar mehrfach als hohe Priorität genannt wird, aber einige Lehrkräfte im Gegensatz dazu angaben, bei der Vorbereitung des Unterrichts eher Abstriche zu machen.

Damit einhergehend werden *Abstriche* besonders häufig bei der *Qualität des Unterrichts* gemacht. Oft wird eine mangelnde Vorbereitung hierbei als Ursache für Abstriche in der Unterrichtsqualität genannt:

> „Die leidet definitiv, wenn ich viele Klausuren habe zu korrigieren, weil dann einfach weniger Zeit in die Unterrichtsvorbereitung gesteckt wird“ (M33, unerf.) oder „Bei mir leidet ja die Qualität manchmal so ein bisschen durch das Fehlen von, ich sage mal, Vor- und Nachbereitung. Das heißt, wenn ich mehr Zeit hätte, da nochmal im Vorfeld oder auch im Nachfeld das zu bereiten, das wäre für mich sehr hilfreich“ (M32, unerf.).

Darüber hinaus wurden mehrfach *Abstriche* bei *Korrekturen*, bei *außerschulischem Engagement*, *Schlaf* und *pädagogischen Gesprächen* (mit Schülern, Kolleg*innen oder Eltern) genannt.

5.4. Unterstützende Faktoren (äußere Ressourcen)

a. Konkrete Arbeitsmethodik (d)
b. Aufgabenverteilung unter Kolleginnen und Kollegen (d)
c. Kommunikation unter Kolleginnen und Kollegen (i) i. V. m. Positives Schulklima (d)
d. Teilen von Unterrichtsmaterial (i)

Des Weiteren wurden die Befragten gebeten zu berichten, wer oder was sie dabei unterstützt, ihre Arbeit bewältigen zu können. Bei der zuvor gestellten Frage nach Vorgehensanpassungen für ein verbessertes Zeitmanagement gab es bereits einige Nennungen hinsichtlich einer Änderung der Methodik für Unterrichtsvorbereitung und Korrekturen. Passend dazu gab auch an dieser Stelle die Mehrheit der Befragten eine *konkrete Arbeitsmethodik* als *unterstützenden Faktor* an. Fast jede Lehrkraft äußerte zudem, eine *Aufgabenverteilung unter den Kolleginnen und Kollegen* als unterstützend zu empfinden. W59, erf. berichtet hierzu:

> „Diese Arbeitsteilung im Kollegium, die ist eigentlich ganz gut. Auch in Arbeitsgruppen, dass man sich Arbeit aufteilt, dass nicht jeder alles machen muss. [...] Wir arbeiten auch in den Jahrgangsteams eng zusammen. Zum Beispiel erstellt einer eine Klassenarbeit, die die anderen dann mit übernehmen und solche Dinge, das spart ja auch enorm Zeit.“

Auch das Teilen von Unterrichtsmaterial wurde in mehreren Interviews als eine Unterstützung aufgeführt:

> „Und was mich ja tatsächlich auch entlastet, sagte ich glaube ich vorhin schonmal, ist eben dieser Austausch mit Kollegen. Dass man manchmal Klassenarbeiten austauscht oder Unterrichtsmaterialien einfach und das hängt sehr von den Kollegen ab, da kann ich mich in meinem Umfeld irgendwie überhaupt nicht beschweren“ (W56, erf.).

Eine *Kommunikation mit Kolleginnen und Kollegen* über fachliche und pädagogische Themen wurde ebenfalls durch etwa die Hälfte der Befragten als entlastend benannt. Einige nehmen zudem Kollegialität und ein allgemein *positives Schulklima* als unterstützend wahr. Ein weiterer *unterstützender Faktor*, der ebenfalls einige Male im Kontext mit den *Vorgehensanpassungen für ein verbessertes Zeitmanagement* genannt wurde, ist die Einhaltung einer *räumlichen Ordnung*, wie bereits zuvor ausgeführt.

Die in den Interviews gestellte Frage nach den *Einflussfaktoren hoher Unterrichtsqualität* wurde durch die Autorinnen im Nachhinein als nicht erkenntnisbringend für die Forschungsfrage erachtet. Aus diesem Grund wird in dem vorliegenden Beitrag auf eine Zusammenfassung der Ergebnisse zu dieser Frage verzichtet.

5.5. Freiwillige Zusatzaufgaben

Freiwillige Zusatzaufgaben gaben alle Befragten an, wenn auch in einem stark unterschiedlichen Umfang. W29, unerf. nennt in diesem Kontext beispielhaft die freiwillige Betreuung eines Vorlesewettbewerbs. M64, erf. äußert:

> „Das System Schule ist auf freiwillige Zusatzaufgaben geradezu angewiesen, weil es ja so ist, wie ich es gerade angedeutet habe, dass die Ressourcen leider sehr, sehr begrenzt sind.“

5.6. Höchstarbeitszeitgrenze

a. 48 Stunden pro Woche (d)
b. 10 Stunden am Tag (d)

In Anlehnung an die Ergebnisse der Göttinger Arbeitszeitstudie (vgl. Mußmann et al. 2016) und an die Warnung des Expertengremiums Arbeitszeitanalyse (adressiert an den Dienstherrn) (vgl. Expertengremium Arbeitszeitanalyse 2018: 26), ließen die Autorinnen die befragten Lehrkräfte einschätzen, ob sie die *gesetzliche Höchstarbeitszeitgrenze von zehn Stunden am Tag* oder *48 Stunden in einem Sieben-Tages-Zeitraum* innerhalb von vier Monaten mehrfach überschreiten. Während eine *Überschreitung der 48 Stundengrenze* nur von zwei Lehrkräften bestätigt wurde, gab fast die Hälfte der Befragten an, die *tagesbezogene Höchstarbeitszeitgrenze von zehn Stunden* gelegentlich oder sogar regelmäßig zu überschreiten. Da die SOLL-Wochenarbeitszeit eines Vollzeitlehreräquivalents an

Gymnasien während der Schulzeit allerdings 46:38 Stunden beträgt (vgl. Mußmann et al. 2016: 50) und laut den Ergebnissen der Arbeitszeiterfassung im Durchschnitt bei 49:43 Stunden liegt (vgl. ebd.: 94), stellt sich für die Autorinnen die Frage, ob die subjektive Einschätzung der Wochenarbeitszeit durch die Befragten von der tatsächlich geleisteten Arbeitszeit abweicht. Die Annahme bei der Berechnung der genannten SOLL-Wochenarbeitszeit war allerdings, dass die Lehrkräfte in den Schulferien nicht arbeiten, was ebenfalls nicht den realen Gegebenheiten entspricht (vgl. ebd.). Eine eindeutige Aussage zu der *Überschreitung der Höchstarbeitszeitgrenze* kann deshalb an dieser Stelle nicht getroffen werden.

5.7. Belastung/Beanspruchung

a. Regelmäßiger Zeitdruck (d)
b. Stark beanspruchende Faktoren (d)
c. Zielkonflikte (d)
d. Verschiedene gleichzeitige Anforderungen (d)
e. Bewältigungsstrategien/Copingmechanismen (d)
f. Erholungskomponenten (d)

Weiterhin wollten die Forschenden herausfinden, ob die Befragten sich *regelmäßig unter Zeitdruck* fühlen und welche Faktoren darüber hinaus für sie eine *besonders starke Beanspruchung* darstellen. Etwa die Hälfte der Lehrkräfte gab an, regelmäßig unter Zeitdruck zu sein, wobei W49, erf. dies sehr deutlich zum Ausdruck brachte:

> „Permanenter Druck. Man fühlt sich wie so ein Hamster im Laufrad und man kommt da nicht raus. Man muss immer funktionieren und immer auch jeden Tag immer super organisiert sein, dass man nichts vergisst. Keine Zettel zu lesen, irgendwelche Sachen, die man durchführen muss. Ja, man muss immer organisiert sein. Das finde ich ist so ein permanenter Druck irgendwie."

Als *stark beanspruchend* wurden einige unterschiedliche Faktoren aufgeführt. Unvorhersehbares/Außerplanmäßiges wurde wiederholt genannt und von W30, unerf. folgendermaßen beschrieben:

> „Also ich arbeite gerne mit viel Belastung und ich würde sagen, ich bin auch sehr gut organisiert, was man - wie du ja wahrscheinlich schon herausgefunden hast - sein muss in dem Beruf. Nichtsdestotrotz ist es so, dass gerade bei uns immer sehr viel *spontan* dazwischenkommt, sodass Pläne immer wieder durcheinander geworfen werden und dann auf einmal sich die Arbeit so *anhäuft*, dass man das nicht mehr schafft."

Aber auch das Gefühl, nie fertig zu werden und zeitintensive Aufgaben, die nicht direkt dem Unterricht zuträglich sind, wurden als *stark beanspruchend* benannt. Ein weiterer negativ beanspruchender Aspekt, der an einer anderen Stelle bereits aufkam, ist die ständige Erreichbarkeit für Kolleginnen und Kollegen sowie Eltern.

Ungefähr die Hälfte der Befragten berichtete von einer Belastung durch *verschiedene, gleichzeitige Anforderungen*, die vor allem in Korrekturphasen besonders stark ausgeprägt sind:

> „Man muss sich mit mehreren Klassen beschäftigen, die auf die Klausuren richtig vorbereiten, dann die Klausuren korrigieren, einen Erwartungshorizont schreiben. Dann sich um die Nachschreiber zu kümmern, die dann ausgefallen sind. Dann vielleicht nochmal Nachschreiber, die dann doch nicht gekommen sind“ (M30, unerf.).

Auch losgelöst von Korrekturen wurde bspw. von M64, erf. geäußert, dass häufig viele verschiedene Anforderungen vorliegen, die „gleichsam mitschwingen, über einem schweben und in ihrer Komplexität fast gar nicht mehr zu erfassen sind“.

Vor dem Hintergrund des Zeitmanagements wurden von ebenfalls etwa der Hälfte der Befragten Äußerungen getätigt, die auf *Zielkonflikte* hindeuten. Insbesondere das Abwiegen der Investition zeitlicher Ressourcen in unterrichtsnahe Tätigkeiten (Korrekturen, Unterrichtsvor- und -nachbereitung) oder pädagogische Kommunikation, in der Regel mit den Eltern, scheint sich hierbei als herausfordernd zu gestalten. W56, erf. kritisiert diesbezüglich:

> „Das stört mich sehr, weil ich nach wie vor so ein bisschen immer denke ich bin ja eigentlich für die Schüler da und finde meine Zeit sollte im Unterricht liegen und nicht in diesem noch ’ne Elternmail beantworten.“

Als *Bewältigungsstrategien* bzw. *Copingmechanismen* für hohe negative Beanspruchungen gab eine Vielzahl der Befragten an, gezielt Freiräume einzuplanen und somit entweder einen ganzen Tag am Wochenende oder bestimmte Zeitfenster am Tag bewusst nicht zu arbeiten. W56, erf. sagt hierzu:

> „Also was sich verändert hat ist, dass ich zum Beispiel versuche, einen Wochenendtag freizuhalten. Das habe ich früher nicht gemacht. Also als Lehrer empfinde ich es so, dass ich ja nie fertig bin. Ich könnte immer, immer, immerzu an den Schreibtisch. [...] Da würde ich mir wünschen, dass ich mehr trennen kann, weil ich schon glaube, dass das eben zur Arbeitszufriedenheit oder zur Entspannung beiträgt und die brauche ich tatsächlich, also weil ich schneller müde bin, das ist irgendwie so.“

Darüber hinaus wurden neben regelmäßigen Pausen auch eine Reduktion der Unterrichtsstunden sowie das Aneignen der Fähigkeit, Arbeit einfach mal liegen zu lassen, als *Copingmechanismen* aufgeführt.

Als *Erholungskomponente* wurde am häufigsten die Zeit mit Familie aufgeführt:

> „Erholung bekomme ich durch meinen einen freien Tag mit meinem Baby, (lacht) weil ich da einfach nicht an Schule in der Regel denke“ (W30, unerf.).

Rückhalt im Kollegium, das Ausüben von Hobbies und Sport wurden ebenfalls als Faktoren genannt, die zur *Erholung* beitragen.

Im Anschluss an den vorangegangenen großen Themenblock bezüglich der IST-Situation der Befragten, enthielt der Leitfragebogen einen zweiten Block, welcher die Erschließung von *Entlastungspotenzialen* und *Unterstützungsbedarfen* für die Lehrkräfte, vor dem Hintergrund eines verbesserten Zeitmanagements, zum Ziel hatte. Dabei ließen die Forschenden die Lehrkräfte zunächst einige der Handlungsempfehlungen seitens des Expertengremiums Arbeitszeitanalyse bewerten.

5.8. Entlastungspotenziale und Unterstützungsbedarfe

a. zusätzliche Entlastungsstunden (d) oder -tage (i)
b. höhere Vergütung (d)
c. Erholungsurlaub (d)
d. Zusätzliche Verwaltungskräfte (d)
e. Zusätzliche Arbeitsplätze (d)
f. bessere Organisation (i)
g. zusätzliche Förderlehrkräfte (i)
h. Team-Teaching (i)
i. weniger (spontane) terminliche Verpflichtungen (i)
j. Stundenplanung optimieren (i)
k. Unterstützung Zeitmanagement (i)
l. Reduktion von Klassenarbeiten (i)
m. institutionelle Unterstützung (Politik, Behörde, Regelungen) (i)
n. Aufsicht für Arbeitsbedingungen (i)

Der Vorschlag *zusätzlicher Entlastungsstunden* wurde als *Entlastungspotenzial* bestätigt und dadurch ergänzt, dass auch zusätzliche freie Tage, die ähnlich wie ein Feiertag hin und wieder einen *Entlastungstag* darstellen würden, als große Entlastung gesehen wird. Insbesondere der hohe Arbeitsaufwand während der Abiturkorrekturzeit erfordert den Aussagen zufolge mehr Entlastung. W30, unerf. berichtet in diesem Kontext:

> „Wir haben das Abitur als Gymnasiallehrkräfte und das ist, nachdem ich es jetzt einmal durchgemacht habe, ein echter Batzen. Also wenn ich jetzt einen Geschichts-LK- oder -EA-Kurs hätte, hätte ich bei uns 23 Leute in dem Kurs sitzen. Eine EA-Klausur wird mit *sechs* Stunden korrigiert und dafür kriegen wir lächerliche *drei* freie Tage.“

Ebenfalls genannt wurde eine pädagogische Entlastungsstunde, welche ermöglichen könnte, in dieser Zeit ausschließlich pädagogische Themen mit der Klasse besprechen zu können. Eine weitere Lehrkraft äußerte passend dazu, dass eine

Unterstützung im Unterricht durch eine Sonderpädagogin oder einen Sonderpädagogen eine Entlastung darstellen könnte.

Der Vorschlag einer *höheren Vergütung* wurde durch keine der befragten Personen als entlastend bewertet. Die Reaktionen ähnelten sich sehr stark, indem nahezu alle die Höhe der Vergütung als hoch genug bezeichneten.

Zusätzlicher Erholungsurlaub wurde von den meisten Lehrkräften nicht als entlastend bewertet. Der Großteil gab an, dass die Länge der Ferien ausreichend sei, sie sich aber wünschen würden, die Ferien auch mehr als solche nutzen zu können, indem sie mehr „richtige" Freizeit hätten.

Die Frage nach dem Entlastungspotenzial durch *zusätzliche Verwaltungskräfte* wurde sehr unterschiedlich beantwortet. Somit gab etwa die Hälfte an, dass es sinnvoller wäre und schneller ginge, selber die Verwaltungstätigkeiten zu erledigen. Die andere Hälfte bejahte, eine Entlastung durch zusätzliche Verwaltungskräfte zu erhalten. Bei einer näheren Betrachtung ist aufgefallen, dass insbesondere Lehrkräfte mit Funktionsstellen positiv auf den Vorschlag reagierten. Die Forschenden vermuten deshalb, dass mit Funktionsstellen verhältnismäßig viele Verwaltungsaufgaben einhergehen, weshalb in diesen Fällen zusätzliche Verwaltungskräfte eine Entlastung darstellen könnten.

Zusätzliche Arbeitsplätze in Form von Büro-, Gruppen- oder Individualarbeitsräumen wurden von fast allen Befragten als entlastend bewertet. W59, erf. beschreibt den Zustand in ihrer Schule wie folgt:

> „Also Schreibtische haben wir überhaupt nicht zurzeit. Wir haben zwar jeder einen Stuhl im Lehrerzimmer. Ich habe jetzt auf meinem Tisch auch einfach einen Zettel gelegt „mein Platz schon immer" aber ansonsten setzt sich jeder hin, wo er gerade einen Platz findet. Arbeiten ist dort praktisch nicht möglich. Wenn ich in der Schule arbeite, suche ich mir einen freien Klassenraum."

Des Weiteren bezog sie sich auf das amerikanische System, bei dem jede Lehrerin und jeder Lehrer einen Raum hat, in dem sie/er ausschließlich unterrichtet und entsprechend auch ihre/seine kompletten Unterrichtsmaterialen dort aufbewahren kann:

> „Es gibt ja dieses amerikanische System, wo die Lehrer ihren Home-Room haben, also ein Lehrer hat einen Klassenraum und die Schüler kommen zu ihm, wenn sie bei ihm Unterricht haben. [...] Und das wäre ein System, was ich mir super vorstellen könnte. Dann hätte ich meine Heimat in der Schule, hätte alle meine Materialien auch dort. [...] Das ist einfach das Problem, dass bei uns zu wenig Räume zur Verfügung stehen. Wir sind bei uns an der Schule über 120 Kollegen und Kolleginnen, damit ist das gestorben. Aber das wäre das fantastischste System überhaupt. Ich habe es in Amerika kennengelernt, dass Kollegen sich dort wirklich ihren Arbeitsbereich komplett an den Arbeitsplatz Schule

> auch verlagert haben und zu Hause praktisch nichts mehr machen müssen“ (W59, erf.).

Es gab auch Lehrkräfte, die bereits zusätzliche Arbeitsplätze in den Schulräumlichkeiten zur Verfügung gestellt bekommen und dies als entlastend bzw. unterstützend bewerteten.

Neben der Bewertung der Handlungsempfehlungen durch das Expertengremium Arbeitszeitanalyse (2018) wurden die Befragten gebeten, eigene Ideen und Vorschläge zu nennen, die sie als Entlastungspotenzial sehen und die sie unterstützen würden. Besonders häufig wurde eine *Optimierung der Stundenplanung* (z. B. durch eine gleichmäßigere Arbeitsbelastung in Form von ähnlich liegenden Unterrichtszeiten) genannt sowie eine *bessere Organisation* insgesamt (bspw. Lage der Klausuren, Lage und Inhalt von Konferenzen). In diesem Zusammenhang wurde auch der Wunsch nach *weniger terminlichen Verpflichtungen* mehrfach kommuniziert.

Ein vermehrter Unterstützungsbedarf scheint auch auf der pädagogischen Ebene vorzuliegen, da einige der Befragten sich *zusätzliche Förderlehrkräfte* zur Entlastung wünschten. Andere bewerteten ein Unterrichten zu zweit, im Sinne von *„Team-Teaching“*, als entlastend. Die Vorstellungen über die Ausgestaltung dessen waren allerdings unterschiedlich. Eine Variante war, die pädagogische Aufsicht und Betreuung während des Unterrichts an eine zweite Person abzugeben, um den Fokus auf den Unterrichtsinhalt setzen zu können:

> „Und eben halt auch dieses Team-Teaching, was ich eben schon angesprochen habe, um vielleicht Unterrichtsstörungen durch diese schwierigen Schüler oder rebellierenden Schüler irgendwie besser zu begegnen und das besser zu handeln“ (W32, unerf.).

Eine andere Variante war das Teilen der fachlichen Verantwortung, sodass beide Lehrkräfte gleichermaßen fachlich am Unterricht beteiligt sind. Weitere Entlastungspotenziale wurden in der Reduktion von Klassenarbeiten und der Verkleinerung der Klassengrößen gesehen. Einige der Befragten äußerten zudem, generell *Unterstützungsbedarf bei dem Management ihrer Zeit* zu empfinden, da sie damit auf sich allein gestellt seien.

Ein Aspekt, der mehrfach adressiert wurde, bezieht sich auf eine *institutionelle Unterstützung*, welche auf der Ebene der Schulorganisation aber auch der politischen Ebene gefordert wurde:

> „Ich meine, ich liebe meinen Job, das macht mir trotz dem Stress, der eben ab und an da ist, sehr viel Spaß. Und ich würde mir einfach noch ein bisschen mehr Unterstützung vom Land und den Landesschulbehörden wünschen und ich denke, dann hätte ich vielleicht auch bisschen mehr Zeit neben meinem Job noch“ (M32, unerf.).

Eine Aussage, die von einem sehr berufserfahrenen Lehrer mit Leitungsfunktion in diesem Zusammenhang getätigt wurde, wird an dieser Stelle für den Abschluss des deskriptiven Ergebnisteils herangezogen:

> „Die Arbeitszeit von Lehrerinnen und Lehrern ist ein ganz zentraler Aspekt in deren beruflichen Leben. Er ist wichtig, angemessen betrachtet zu werden. Es ist auch wichtig, dass die Politik irgendwann mal die Entscheidungen UMSETZT, die angeblich erkannt sind. Man hat da doch gelegentlich das Gefühl, dass das eine Hängepartie ist, dass hier bestimmte Dinge ausgesessen werden, bis zum nächsten Kultusminister oder Kultusministerin. Ja, man kann da aber nur warnen und sagen, es ist ein so zentraler Punkt, dass das System mittelfristig an die Wand gefahren werden könnte, wenn da keine Lösungen gefunden werden. Weil es entweder nicht mehr genügend Lehrerinnen und Lehrer gibt, oder die, die da sind überfordert sind, erkranken. Es kein Lehrerinnen- und Lehrerleben lang mehr schaffen oder oder oder" (M64, erf.).

In dem vorliegenden Beitrag sollte nicht nur herausgefunden werden, wie Lehrkräfte ihr individuelles Zeitmanagement gestalten, sondern auch, inwiefern ein Unterschied bei berufserfahrenen und berufsunerfahrenen Lehrerinnen und Lehrern vorliegt. Um diese Frage beantworten zu können, bildeten die Autorinnen im Nachgang an die nicht nach Berufserfahrung differenzierte Auswertung zwei Sets. Diese wurden nach wenig und viel Berufserfahrung (in Anlehnung an die aufgezeigte Zuordnung im Sample) aufgeteilt. Dabei konnten insgesamt kaum eindeutige Unterschiede erkannt werden. Diejenigen Unterschiede, die aber eindeutig waren, können der nachfolgenden tabellarischen Übersicht (Tabelle 5) entnommen werden.

	Nennungen pro Kategorien aus der Perspektive der Berufserfahrung				
	Aufbau von Routine	*Kommunikation unter Kolleg*innen*	*Unterrichtsmaterial teilen*	*Wunsch nach besserer Technikausstattung*	*Unterstützungsbedarf Zeitmanagement*
Berufsunerfahren	1	3	1	6	1
Berufserfahren	4	8	5	1	7
Gesamt	5	11	6	7	8

Tabelle 5: *Unterschiede nach Berufserfahrung (eigene Darstellung)*

Aufgrund der begrenzten Stichprobengröße haben diese Ergebnisse allerdings nur eine begrenzte Aussagekraft, sodass keine Aussage darüber getätigt werden kann, ob tendenziell tatsächlich kaum Unterschiede in dem individuellen Zeitmanagement von Lehrkräften, in Abhängigkeit mit ihrer Berufserfahrung, vorliegen. Aufgrund der kaum erkennbaren Unterschiede im geringen Strichprobengröße, sahen die Autorinnen von einer vertiefenden Analyse ab und ließen die dahingehende forschungsleitende Annahme fallen. Stattdessen wurde der Fokus auf die generelle Thematik des individuellen Zeitmanagements der Lehrkräfte, deren

Umgang mit Belastungsspitzen im Jahresverlauf sowie deren Vorschläge für Entlastungsmöglichkeiten gesetzt. Die deskriptiven Ergebnisse dazu wurden bereits im vorangegangenen Abschnitt ausführlich dargelegt.

Zusammenfassend lässt sich festhalten, dass das Zeitmanagement vollständig der Eigenverantwortung der Lehrkräfte unterliegt und nahezu alle Befragten eine eigene Strategie entwickelt haben, um ihre Arbeitszeit bestmöglich organisieren und nutzen zu können. Die Forschenden konnten allerdings kein konkretes Muster bei der strategischen Arbeitszeitgestaltung der Lehrkräfte erkennen und vermuten deshalb, dass das Vorgehen von privaten, meist familiären, Verpflichtungen und von individuellen Präferenzen hinsichtlich der Lage der Arbeitszeit abhängt.

Insgesamt fühlen sich einige Lehrkräfte regelmäßig unter Zeitdruck und/oder stark belastet bzw. beansprucht. Als besonders stark belastend wird Unvorhergesehenes bzw. Außerplanmäßiges bewertet. Die Autorinnen vermuten, dass Außerplanmäßiges das Einhalten des sowieso schon knapp bemessenen Zeitmanagements erschwert und deshalb als starke Belastung wahrgenommen wird. Darüber hinaus wird das Gefühl nie fertig zu sein sowie die immer vorliegende Erreichbarkeit für Kolleginnen, Kollegen und Eltern, als stark beanspruchend empfunden. Dies könnte auf eine Ineffektivität von Arbeitspausen hindeuten und würde entsprechend die Zeiträume für eine Regeneration reduzieren. Die am häufigsten genannte Bewältigungsstrategie zum Umgang mit hohen Belastungen ist ein gezieltes Freihalten von Zeitfenstern zur Erholung, was in Form eines ganzen Wochenendtages oder eines Zeitfensters pro Tag umgesetzt wird. Passend dazu erhalten viele der Befragten Erholung, wenn sie Zeit mit ihrer Familie verbringen. Deckungsgleich befinden sich die Vorhaben für die Zukunft überwiegend im Bereich der Grenzziehung/aktiven Begrenzung, indem sich viele der Lehrkräfte mehr Konsequenz bei der gezielten Freihaltung von Zeiträumen zur Erholung vornehmen.

Bei Zeitengpässen erfolgen die Priorisierung von Aufgaben und das Tätigen von Abstrichen nach eigenem Ermessen. Den Aussagen zufolge werden dabei in der Tendenz Korrekturen und die Unterrichtsqualität aufgrund mangelnder Vorbereitung vernachlässigt. Abstriche werden aber nicht nur tätigkeitsbezogen gemacht: viele der Lehrkräfte äußerten, Einbußen in der Freizeit zu haben. Gründe dafür sind neben dem hohen Arbeitspensum auch die zum Teil fremdbestimmte Lage der Arbeitszeit im Sinne der Stundenplangestaltung und der schulischen Pflichttermine. Insgesamt sind in allen Interviews Äußerungen zu finden, die auf räumliche und zeitliche, zum Teil jedoch auch motivationale Entgrenzung schließen lassen. Deshalb vermuten die Forschenden, dass Entgrenzungserscheinungen im Lehrerberuf eher die Regel als die Ausnahme sein könnten.

Die empfundene Arbeitsintensität im Jahresverlauf scheint zudem nur bedingt mit der gemessenen Arbeitszeit aus der Göttinger Arbeitszeitstudie übereinzustimmen: in den Monaten, in denen Herbst-, Winter- oder Osterferien liegen, wird die Arbeitsintensität höher als die erfasste Arbeitszeit wahrgenommen. Darüber hinaus werden freiwillige Zusatzaufgaben, die alle Lehrkräfte in unterschiedlichem

Umfang haben, oft nicht als Arbeitszeit gewertet und werden somit bei der Bemessung der erbrachten Arbeitszeit kaum berücksichtigt. Eine realitätsgerechte Aussage über eine Tendenz bei dem Vorkommen der Überschreitung der Höchstarbeitszeitgrenze bei den Befragten ist mitunter aus diesem Grund kaum zu tätigen, weshalb die Autorinnen davon absehen.

Hinsichtlich der Entlastungspotenziale und Unterstützungsbedarfe wurden die Empfehlungen seitens des Expertengremiums Arbeitszeitanalyse in den meisten Punkten als entlastend bestätigt. Lediglich eine höhere Vergütung wurde von allen Befragten als nicht erforderlich bewertet, genauso wie zusätzlicher Erholungsurlaub wenig Zuspruch fand. Stattdessen wünschen sich die Lehrkräfte, passend zu den Empfehlungen des Expertengremiums, vor allem zusätzliche Entlastungsstunden, insbesondere zu Zeiten der Abschlussprüfungen. Zusätzliche Verwaltungskräfte scheinen tendenziell eher für Lehrkräfte mit Funktionsstellen eine Entlastung darzustellen. Zusätzliche Schularbeitsplätze wurden von fast allen Befragten als entlastend bewertet. Ergänzt wurden die Empfehlungen durch eine Unterstützung auf der pädagogischen Ebene, z. B. in Form von zusätzlichen Förderlehrkräften oder pädagogischen Entlastungsstunden. Weitere Potenziale umfassen eine optimierte Stundenplanung, eine bessere allgemeine Schulorganisation und weniger terminliche Verpflichtungen. Zuletzt wünschen sich einige Lehrkräfte auch mehr Unterstützung bzw. Entlastung auf der institutionellen Ebene hinsichtlich einer Reduktion des Arbeitspensums und adressieren hierbei nicht nur die Institution der Schule, sondern auch die Politik.

6. Fazit

In diesem Kapitel erfolgt eine abschließende Betrachtung des Themas *Selbstmanagement von Lehrkräften* im Rahmen des vorliegenden Beitrages. Die Beantwortung der Forschungsfrage geschieht in Verbindung mit einer Zusammenfassung der dafür relevanten Ergebnisse aus der Datenerhebung. Im Anschluss werden eine kritische Selbstreflexion hinsichtlich des Forschungsprozesses und weitere mögliche Forschungsbedarfe aufgezeigt.

Die eingangs festgelegte Forschungsfrage für den vorliegenden Beitrag lautet *„Wie managen berufsunerfahrene und berufserfahrene Lehrkräfte ihre individuelle Arbeitszeit?“*. Die Ergebnisse infolge der explorativen qualitativen Datenerhebung zeigen, dass zwar kein Muster bei der Arbeitszeitgestaltung von Lehrkräften zu erkennen ist, aber nahezu alle Befragten eine eigene Strategie/Methodik entwickelt haben, um ihre Arbeit in der ihnen zur Verfügung stehenden Zeit bewältigen zu können. Unterschiede mit zunehmender Berufserfahrung konnten insgesamt kaum festgestellt werden, weshalb diese Annahme von den Forschenden verworfen wurde.

Die Priorisierung von Aufgaben erfolgt nach eigenem Ermessen der Lehrerinnern und Lehrer und variiert somit. Abstriche werden nicht nur bei den Aufgaben der Lehrertätigkeit, sondern auch bei dem Freizeitverhalten vorgenommen. Eine klare Unterscheidung zwischen Arbeits- und Freizeit scheint insgesamt schwierig, was sich an den häufigen Aussagen zu Entgrenzungserscheinungen im Lehrerberuf zeigt. Unvorhersehbares bzw. Außerplanmäßiges wird besonders häufig als Hindernis bei der Einhaltung des individuellen Zeitmanagements genannt und als belastend bewertet. Starke Beanspruchungen sind den Ergebnissen zufolge neben regelmäßigem Zeitdruck auch das Gefühl, nie fertig und immer ansprechbar oder erreichbar zu sein. Die Forschenden vermuten, dass Arbeitspausen nur eingeschränkt für eine Regeneration genutzt werden und deshalb oftmals ineffektiv sein könnten. Ein eigenverantwortliches, gezieltes Freihalten von Zeiträumen zur Erholung wird passend dazu mit Abstand am häufigsten als Copingmechanismus zum Umgang mit hohen Belastungen genannt. Entlastungspotenziale und Unterstützungsbedarfe sehen die Lehrkräfte in zusätzlichen Entlastungsstunden oder -tagen, zusätzlichen Arbeitsräumen in der Schule und in einer Unterstützung auf der pädagogischen Ebene. Die Lehrkräfte wünschen sich mehrheitlich eine Reduktion des Arbeitspensums und nennen darüber hinaus eine verbesserte Organisation im Sinne der Stundenplangestaltung und weiterer fremdbestimmter terminlicher Verpflichtungen als Entlastungspotenzial.

Auffällig ist zudem, dass das subjektive Belastungsempfinden im Jahresverlauf zum Teil von der quantitativen Arbeitszeitbelastung (vgl. Mußmann et al. 2016) abweicht. Dies könnte ein Hinweis darauf sein, dass die Belastungsspitzen in den betroffenen Phasen ein so hohes Ausmaß erreichen, dass die anschließende, niedrigere Arbeitszeitbelastung nicht als Ausgleich ausreicht, um einen Zustand der Erholung bewirken zu können. Die Forschenden vermuten, dass insbesondere zu Zeiten von Belastungsspitzen Unterstützungsbedarf beim individuellen Zeitmanagement von Lehrkräften vorliegen könnte, um einer Überlastung entgegenwirken zu können.

An dieser Stelle möchten die Autorinnen noch einmal darauf verweisen, dass es sich bei dem vorliegenden Beitrag um ein Projekt im Rahmen eines berufsbegleitenden Studiums handelt. Daraus ergaben sich zeitlich begrenzte Ressourcen, weshalb der Umfang des Samples bzw. die Anzahl der durchgeführten Interviews begrenzt sind. Der Zeitpunkt der Erhebung kollidierte mit den Abiturprüfungen, weshalb zu vermuten ist, dass die zeitlichen Kapazitäten der Lehrkräfte zum Befragungszeitpunkt eingeschränkt waren. Möglicherweise resultiert die mehrheitlich sehr hoch empfundene Arbeitsintensität im Mai aus der hohen Belastungssituation im Befragungszeitraum, da die meisten Interviews im April und Mai 2019 durchgeführt wurden.

Aufbauend auf den Ergebnissen des vorliegenden Beitrages schlagen die Autorinnen eine vertiefende Forschung auf der qualitativen und quantitativen Ebene vor, um die Handlungsempfehlungen bezüglich der Entlastungs- und Unterstützungspotenziale wissenschaftlich zu stützen. Im Rahmen einer weiteren qualitativen Erhebung könnte bspw. erforscht werden, wie die genannten Entlastungs- und Unterstützungspotenziale in der Realität im Detail umgesetzt werden können und welche Aspekte dabei zu berücksichtigen sind.

Die Ergebnisse der Interviews zeigen außerdem, dass mit dem Lehrerberuf ein hohes Maß an Selbstverantwortung verbunden ist und dass die Lehrkräfte ihr

Zeitmanagement eigenverantwortlich gestalten müssen. Eine frühzeitige, gezielte Unterstützung der Lehrkräfte bei der individuellen Ausgestaltung eines für sie passenden Zeitmanagements könnte daher hilfreich sein, um die vielfältigen Anforderungen des Lehrerberufs erfolgreich bewältigen zu können. Im Rahmen fortführender Forschungsvorhaben könnte ermittelt werden, wie eine solche Unterstützung gestaltet sein könnte.

Da in fast allen Interviews Aussagen getätigt wurden, die Rückschlüsse auf Entgrenzungserscheinungen zwischen dem Arbeits- und Privatleben der Lehrkräfte ermöglichen, erachten die Autorinnen eine Ermittlung von Begrenzungsmöglichkeiten im Lehrerberuf als relevant. Diese sollten sowohl aus der Perspektive der fremdbestimmten als auch der eigenverantwortlichen Begrenzung erfolgen.

Abschließend lässt sich festhalten, dass sich die gewählte Erhebungs- und Auswertungsmethodik retrospektiv als zielführend erwies, da ein erkenntniserweiterndes Wissen über die Vorgehensweise bezüglich des Selbstmanagements von Lehrkräften und die potenziellen Entlastungs- sowie Unterstützungsmöglichkeiten generiert werden konnte. Außerdem empfehlen die Autorinnen, die Thematik des Zeitmanagements von Lehrkräften weiter zu verfolgen und vertiefend zu erforschen, um diesbezüglich weitere wissenschaftlich fundierte Handlungsempfehlungen geben zu können. Die Relevanz der Thematik wurde bereits anhand der Ergebnisse der Göttinger Arbeitszeitstudie und der Arbeitsbelastungsstudie aufgezeigt und ist durch die Erkenntnisse der vorliegenden Arbeit bestätigt worden.

Literatur

Bauer, F., H. Groß, K. Lehmann & E. Munz, 2004: Arbeitszeit 2003. Arbeitszeitgestaltung, Arbeitsorganisation und Tätigkeitsprofile. Berichte des ISO, 70. https://www.iab.de/389/section.aspx/Publikation/k040830801 (20.6.2019).

Bauer, K.-O., A. Kopka & S. Brindt, 1999: Pädagogische Professionalität und Lehrerarbeit. Eine qualitativ empirische Studie über professionelles Handeln und Bewußtsein. Weinheim: Juventa-Verlag

Baur, N. & J. Blasius (Hrsg.), 2019: Handbuch Methoden der empirischen Sozialforschung. Wiesbaden: VS Verlag für Sozialwissenschaften.

Böhm-Kasper, O., 2004: Schulische Belastung und Beanspruchung. Eine Untersuchung von Schülern und Lehrern am Gymnasium. Münster: Waxmann.

Brödner, P., 2002: Macht Arbeit wieder krank? Flexibilität und nachhaltige Gestaltung von Arbeit. Gelsenkirchen.

Cramer, C., Friedrich, A. & S. Merk, 2018: Belastung und Beanspruchung im Lehrerinnen- und Lehrerberuf. Übersicht zu Theorien, Variablen und Ergebnissen in einem integrativen Rahmenmodell. Bildungsforschung: 1-23.

Demerouti, E., Bakker, A.B., Nachreiner, F., & W.B. Schaufeli, 2001: The job demands resources model of burnout. Journal of Applied Psychology, 86, 499-512.

DGB, 2015: Stellungnahme des DGB und der Mitgliedsgewerkschaften. Zum Entwurf der Niedersächsischen Verordnung über die Arbeitszeit der Beamtinnen und

Beamten an öffentlichen Schulen. DGB Bezirk Niedersachsen – Bremen – Sachsen-Anhalt. Hannover.

Diekmann, A., 2014: Empirische Sozialforschung. Grundlagen, Methoden, Anwendungen. Reinbek bei Hamburg: Rowohlt-Taschenbuch-Verlag

Dresing, T. & T. Pehl, 2011: Vereinfachtes Transkriptionssystem: 1-4.

Eberle, T.S., 1994: Zeitmanagement-Experten. S. 124-145 in: R. Hitzler, A. Honer & C. Maeder (Hrsg.), Expertenwissen: Die institutionalisierte Kompetenz zur Konstruktion der Wirklichkeit. Opladen: Westdeutscher Verlag

Expertengremium Arbeitszeitanalyse, 2018: Empfehlungen zur Entwicklung arbeitszeitrechtlicher Normen für Lehrerinnen und Lehrer sowie Schulleitungen an niedersächsischen Schulen. Bericht des Expertengremiums Arbeitszeitanalyse. Hannover.

Flick, U., 2010: Gütekriterien qualitativer Forschung. S. 395-407 in: G. Mey & K. Mruck (Hrsg.), Handbuch Qualitative Forschung in der Psychologie: VS Verlag für Sozialwissenschaften (GWV).

Flick, U., 2019: Gütekriterien qualitativer Sozialforschung. S. 473-488 in: Baur, N. & J. Blasius (Hrsg.), 2019: Handbuch Methoden der empirischen Sozialforschung. Wiesbaden: VS Verlag für Sozialwissenschaften.

Blasius (Hrsg.), Handbuch Methoden der empirischen Sozialforschung. Wiesbaden: VS Verlag für Sozialwissenschaften.

Gabriel, P. & M.-R. Liimatainen (2000): Mental Health in the Workplace: Situation Analyses. United Kingdom.

Giesecke, H., 2001: Was Lehrer leisten. Porträt eines schwierigen Berufes. Weinheim: Juventa-Verlag

Glaser, B.G. & A.L. Strauss, 2017: The Discovery of Grounded Theory: Routledge.

Gottschall, K. & G.G. Voß, 2005: Entgrenzung von Arbeit und Leben. Zum Wandel der Beziehung von Erwerbstätigkeit und Privatsphäre im Alltag. München: Hampp.

Hardwig, T. & F. Mußmann, 2018: Zeiterfassungsstudien zur Arbeitszeit von Lehrkräften in Deutschland. Konzepte, Methoden und Ergebnisse von Studien zu Arbeitszeiten und Arbeitsverteilung im historischen Vergleich. Göttingen.

Helfferich, C., 2011: Die Qualität qualitativer Daten. Manual für die Durchführung qualitativer Interviews. Wiesbaden: VS Verlag für Sozialwissenschaften / Springer Fachmedien Wiesbaden GmbH Wiesbaden.

Hensel, T. & S. Kreuz, 2018: (Um-)Wege im Feld. Qualitative Fallauswahl zwischen Gegenstandskonstituierung und Feldbeschaffenheit. S. 75-92 in: M.S. Maier, C.I. Keßler, U. Deppe, A. Leuthold-Wergin & S. Sandring (Hrsg.), Qualitative Bildungsforschung. Methodische und methodologische Herausforderungen in der Forschungspraxis. Wiesbaden: Springer VS Verlag für Sozialwissenschaften.

Hielscher, V., 2000: Entgrenzung von Arbeit und Leben? Die Flexibilisierung von Arbeitszeiten und ihre Folgewirkungen für die Beschäftigten; eine Literaturstudie.

Hinz, A., 2000: Psychologie der Zeit. Umgang mit Zeit, Zeiterleben und Wohlbefinden. 1999. Münster: Waxmann.

Hitzler, R., A. Honer & C. Maeder (Hrsg.), 1994: Expertenwissen: Die institutionalisierte Kompetenz zur Konstruktion der Wirklichkeit. Opladen: Westdeutscher Verlag

Hug, T., G. Poscheschnik & B. Lederer, 2010: Empirisch forschen. Die Planung und Umsetzung von Projekten im Studium. Konstanz: UVK- Verlagsgesellschaft

Jauk, M. & A. Wieser, 2011: GO!-L Gesundheit und Optimismus für LehrerInnen. Entwicklung und Evaluation eines Präventionsprogramms gegen Stress, Angst, Depression und Burnout. Eine Pilotstudie. https://docplayer.org/13103348-Go-l-gesundheit-und-optimismus-fuer-lehrerinnen-entwicklung-und-evaluation-eines-praeventionsprogramms-gegen-stress-angst-depression-und-burnout.html (20.6.2019).

Jung-Strauß, E.M., 2000: Widersprüchlichkeiten im Lehrerberuf. Eine Untersuchung unter Verwendung der Rollentheorie. Frankfurt am Main: Lang.

Kehr, H.M., 2009: Authentisches Selbstmanagement - Ein wirksames Konzept zur Stärkung von Motivation und Wille. Weinheim: Beltz.

Kelle, U. & S. Kluge, 2010: Vom Einzelfall zum Typus. Fallvergleich und Fallkontrastierung in der qualitativen Sozialforschung.

Kleinmann, M. & C.J. König, 2018: Selbst- und Zeitmanagement. Göttingen: Hogrefe Verlag.

Klier (geb. Rager), A., 2001: Die Zeit im Griff - im Griff der Zeit. Zeitmanagement und die Suche nach einer neuen Zeitkultur. Werkstattbericht.

Kramis-Aebischer, K., 1995: Stress, Belastungen und Belastungsverarbeitung im Lehrberuf. Bern: Haupt Verlag.

Kratzer, N., Sauer, D., Hacket, A., Trinks, K., & Wagner, A, 2003: Flexibilisierung und Subjektivierung von Arbeit: 2–51. Köln.

Krause, A., H. Schüpbach, E. Ulich & M. Wülser (Hrsg.), 2008: Arbeitsort Schule. Organisations- und arbeitspsychologische Perspektiven. Wiesbaden: Betriebswirtschaftlicher Verlag Dr. Th. Gabler | GWV Fachverlage GmbH Wiesbaden.

Kuckartz, U., 2010: Einführung in die computergestützte Analyse qualitativer Daten. Wiesbaden: Springer VS Verlag für Sozialwissenschaften.

Kuckartz, U., 2012: Qualitative Inhaltsanalyse. Methoden, Praxis, Computerunterstützung. Weinheim, Basel: Beltz Juventa.

Kuckartz, U. & S. Rädiker, 2019: Datenaufbereitung und Datenbereinigung in der qualitativen Sozialforschung. Handbuch Methoden der empirischen Sozialforschung: 441-456.

Maier, M.S., C.I. Keßler, U. Deppe, A. Leuthold-Wergin & S. Sandring (Hrsg.), 2018: Qualitative Bildungsforschung. Methodische und methodologische Herausforderungen in der Forschungspraxis. Wiesbaden: Springer VS Verlag für Sozialwissenschaften

Matyssek, A.K., 2003: Chefsache: Gesundes Team - gesunde Bilanz. Ein Leitfaden zu[r] gesundheitsgerechten Mitarbeiterführung. Wiesbaden: Universum Verlagsanstalt

Mayring, P., 1999: Einführung in die qualitative Sozialforschung. Eine Anleitung zu qualitativem Denken. Weinheim: Psychologie Verlags Union.

Mayring, P., 2010: Qualitative Inhaltsanalyse. S. 601-613 in: G. Mey & K. Mruck (Hrsg.), Handbuch Qualitative Forschung in der Psychologie. Wiesbaden: Springer VS Verlag für Sozialwissenschaften

Mayring, P. & T. Fenzl, 2019: Qualitative Inhaltsanalyse. Handbuch Methoden der empirischen Sozialforschung: 633-648.

Mey, G. & K. Mruck (Hrsg.), 2010: Handbuch Qualitative Forschung in der Psychologie: Wiesbaden: Springer VS Verlag für Sozialwissenschaften

Moldaschl, M., 2003: Subjektivierung von Arbeit. München: Hampp.

Mußmann, Frank, Riethmüller, Martin, Hardwig & Thomas, 2016: Niedersächsische Arbeitszeitstudie. Lehrkräfte an öffentlichen Schulen 2015/2016: Ergebnisbericht. Göttingen.

Mußmann, F., M. Riethmüller & T. Hardwig, 2017: Niedersächsische Arbeitsbelastungsstudie 2016. Lehrkräfte an öffentlichen Schulen. Göttingen.

Oesterreich, R., 2008: Konstrukte und Methoden in der Forschung zur Lehrerbelastung. S. 49-74 in: A. Krause, H. Schüpbach, E. Ulich & M. Wülser (Hrsg.), Arbeitsort Schule. Organisations- und arbeitspsychologische Perspektiven. Wiesbaden: Betriebswirtschaftlicher Verlag Dr. Th. Gabler | GWV Fachverlage GmbH Wiesbaden.

Porst, R., 2001: Wie man die Rücklaufquote bei postalischen Befragungen erhöht. Zentrum für Umfragen, Methoden und Analysen -ZUMA- How-to-Reihe.

Rothland, M., 2013: Beruf: Lehrer/Lehrerin - Arbeitsplatz: Schule. Charakteristika der Arbeitstätigkeit und Bedingungen der Berufssituation. S. 21-39 in: M. Rothland (Hrsg.), Belastung und Beanspruchung im Lehrerberuf. Modelle, Befunde, Interventionen. Wiesbaden: Springer VS Verlag für Sozialwissenschaften.

Rudow, B., 1990: Konzepte zur Belastungs-und Beanspruchungsanalyse im Lehrerberuf. Zeitschrift für Pädagogische Psychologie 4: 1-12.

Rudow, B., 2011: Die gesunde Arbeit. Arbeitsgestaltung, Arbeitsorganisation und Personalführung. München: Oldenbourg Verlag.

Schaarschmidt, U. & A.W. Fischer, 2013: AVEM Arbeitsbezogenes Verhaltens- und Erlebensmuster. Frankfurt a.M.: Pearson.

Schmidtke, H. & H. Bubb, 1993: Das Belastungs-Beanspruchungs-Konzept. S. 116-120 in: H. Schmidtke & R. Bernotat (Hrsg.), Ergonomie. München: Hanser.

Schnell, R., P.B. Hill & E. Esser, 2013: Methoden der empirischen Sozialforschung. München: Oldenbourg Verlag.

Schoenwaelder, H.-G., 1989: Belastungen im Lehrerberuf. Empir. Daten, Befunde, Aspekte. Pädagogik 11-14. Weinheim.

Seiwert, L.J., 1990: Mehr Zeit für das Wesentliche. Landsberg/Lech: Verlag für Moderne Industrie.

Seiwert, L.J., 1996: Selbst-Management. Persönlicher Erfolg - Zielbewußtsein - Zukunftsgestaltung. Landsberg am Lech: mvg-Verlag

Stiller, M., 2015: Belastungen, Ressourcen und Beanspruchungen bei Lehrkräften. Bad Heilbrunn: Klinkhardt.

Tucker, P. & S. Folkard, 2012: Working time, health and safety. A research synthesis paper. Geneva: ILO Conditions of Work and Employment Branch.

Urbutt, A., 2015: Belastungen im Lehrerberuf. Faktoren der Belastung und Strategien der Belastungsbewältigung. Hamburg: Diplomica-Verlag

Voß, G.G., 1998: Die Entgrenzung von Arbeit und Arbeitskraft. Eine subjektorientierte Interpretation des Wandels der Arbeit. Mitteilungen aus der Arbeitsmarkt- und Berufsforschung 31: 473-487.

Weisweiler, S., B. Dirscherl & I. Braumandl, 2013: Zeit- und Selbstmanagement. Ein Trainingsmanual - Module, Methoden, Materialien für Training und Coaching. Arbeitsmaterialien im Web. Berlin, Heidelberg: Springer Verlag.

Wirtz, A., 2010: Gesundheitliche und soziale Auswirkungen langer Arbeitszeiten. Dortmund/Berlin/Dresden: Bundesanstalt für Arbeitsschutz und Arbeitsmedizin.

Witzel, A., 1985: Das problemzentrierte Interview. Handbuch Methoden der empirischen Sozialforschung: 227-255.

Zeitfracht Medien GmbH
Ferdinand-Jühlke-Straße 7
99095 Erfurt, Deutschland
produktsicherheit@kolibri360.de